Mark Zahel

Weserbergland

Von Hann. Münden bis Porta Westfalica – mit Weserberglandweg

67 ausgewählte Touren

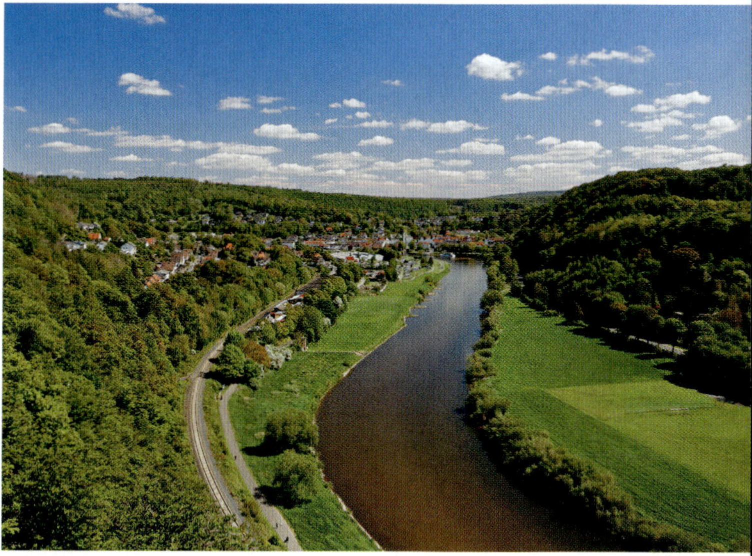

ROTHER
BERGVERLAG

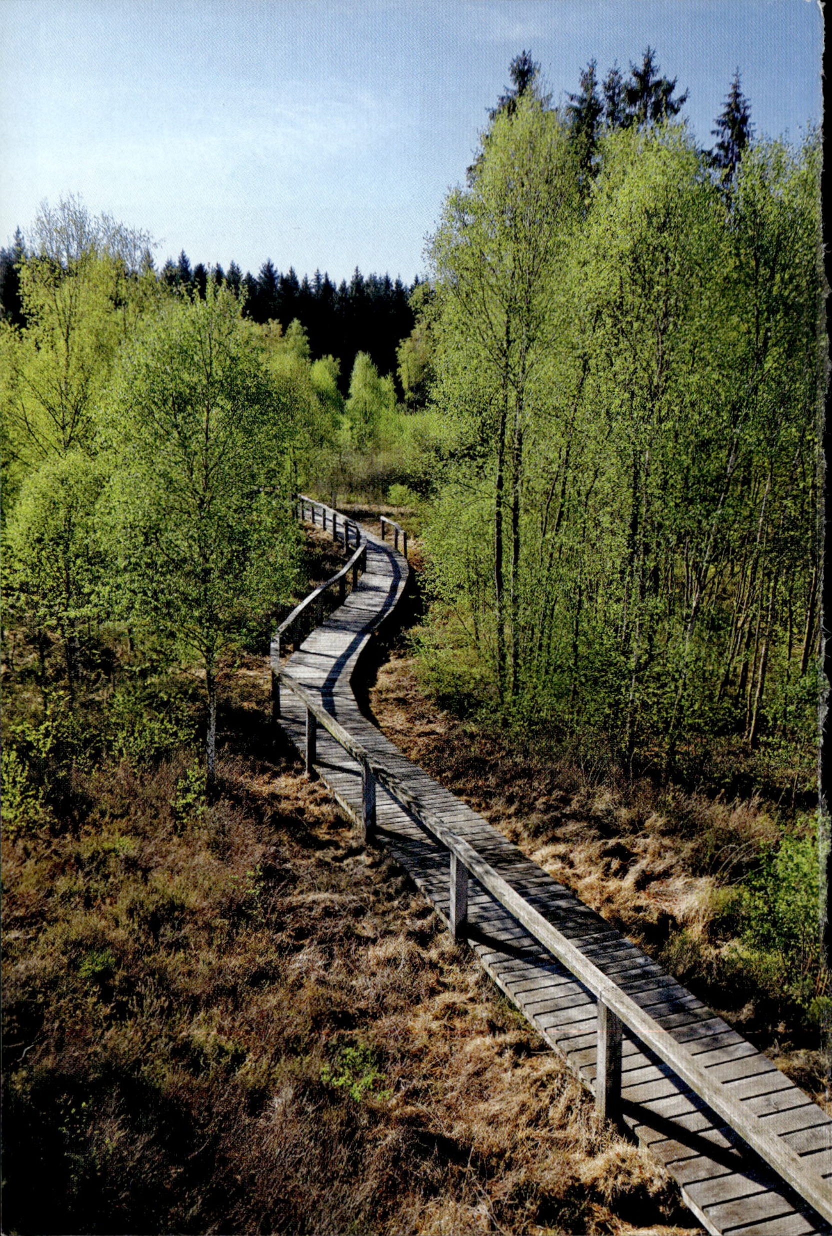

VORWORT

Vom historisch bedeutsamen Städtchen Hann. Münden, wo sich Werra und Fulda zum Weserfluss vereinigen, bis zur Porta Westfalica, wo dieser in die Norddeutsche Tiefebene hinausströmt, erstreckt sich das Weserbergland. Es ist eine Region reicher Sagen und Legenden, über Generationen überliefert in Figuren wie dem Rattenfänger von Hameln, Lügenbaron Münchhausen aus Bodenwerder oder Dr. Eisenbart, der in Hann. Münden wirkte. Auch Märchen der Gebrüder Grimm haben hier ihren Ursprung.

Das Berg- und Hügelland links und rechts der Weser ist zum Wandern wie geschaffen. Die meist bewaldeten Höhenzüge verleihen dem windungsreichen Flusslauf einen anmutigen Rahmen und offenbaren dabei durchaus auffällige Unterschiedlichkeit, wenn man etwa die weitläufigen Bundsandsteinschollen des Solling, Bramwaldes und Reinhardswaldes mit den aus oberjurassischem Korallenoolith aufgebauten, schmalen Kämmen von Ith oder Wesergebirge vergleicht. Vor allem im westfälischen Lipperland öffnet sich die Szenerie häufig zu großzügig geschwungenen, ackerbaulich genutzten Hochflächen. Zu entdecken gibt es jedenfalls viele interessante Detailmuster, nicht nur in unmittelbarer Nähe zur Weser (die selbst naturgemäß immer wieder wunderbare Akzente setzt), sondern auch abseits davon. Viele Touren führen an naturkundlichen oder kulturellen Besonderheiten vorbei, lassen uns bei alten Burgen und Wallanlagen einen historischen Bezug knüpfen oder von Aussichtstürmen weit übers Land blicken. Mancher Ort lockt mit typischen Bauwerken aus der Weserrenaissance, beispielsweise das pittoreske Schloss Hämelschenburg im Seitental der Emmer.

Mit der 6. Auflage ist der Wanderführer »Weserbergland« in meine Autorenhände übergegangen und daraufhin vollkommen neu erarbeitet worden. In der vorliegenden 7. Auflage ist alles auf den neuesten Stand gebracht. Die Tourenauswahl zeigt sich nicht nur weitgehend neu ausgetüftelt, sondern zahlenmäßig auch stark erweitert. Als Highlight darf ich Interessierten jetzt – überhaupt erstmals in der Wanderliteratur – den vollständigen Weserberglandweg präsentieren, der als ausgewiesener »Qualitätsweg« die gesamte Region in 13 Tagesetappen durchquert. Davon abgesehen umfasst dieser Band eine dichte Auswahl attraktiver Tages- und Halbtagestouren, die meist in einem Rundkurs wieder zum Ausgangspunkt zurückführen und mitunter durch touristische Besonderheiten bereichert werden können. Wer darüber hinaus im östlichen Teil noch mehr Vorschläge wünscht (z. B. im Solling-Umfeld), dem sei zusätzlich der ähnlich ausführliche Wanderführer »Südniedersachsen« ans Herz gelegt.

Viel Freude auf den in Summe gut 1000 Wanderkilometern wünscht Ihnen

Frühjahr 2024 Mark Zahel

INHALTSVERZEICHNIS

Nördliches Weserbergland (Holzminden – Porta Westfalica)

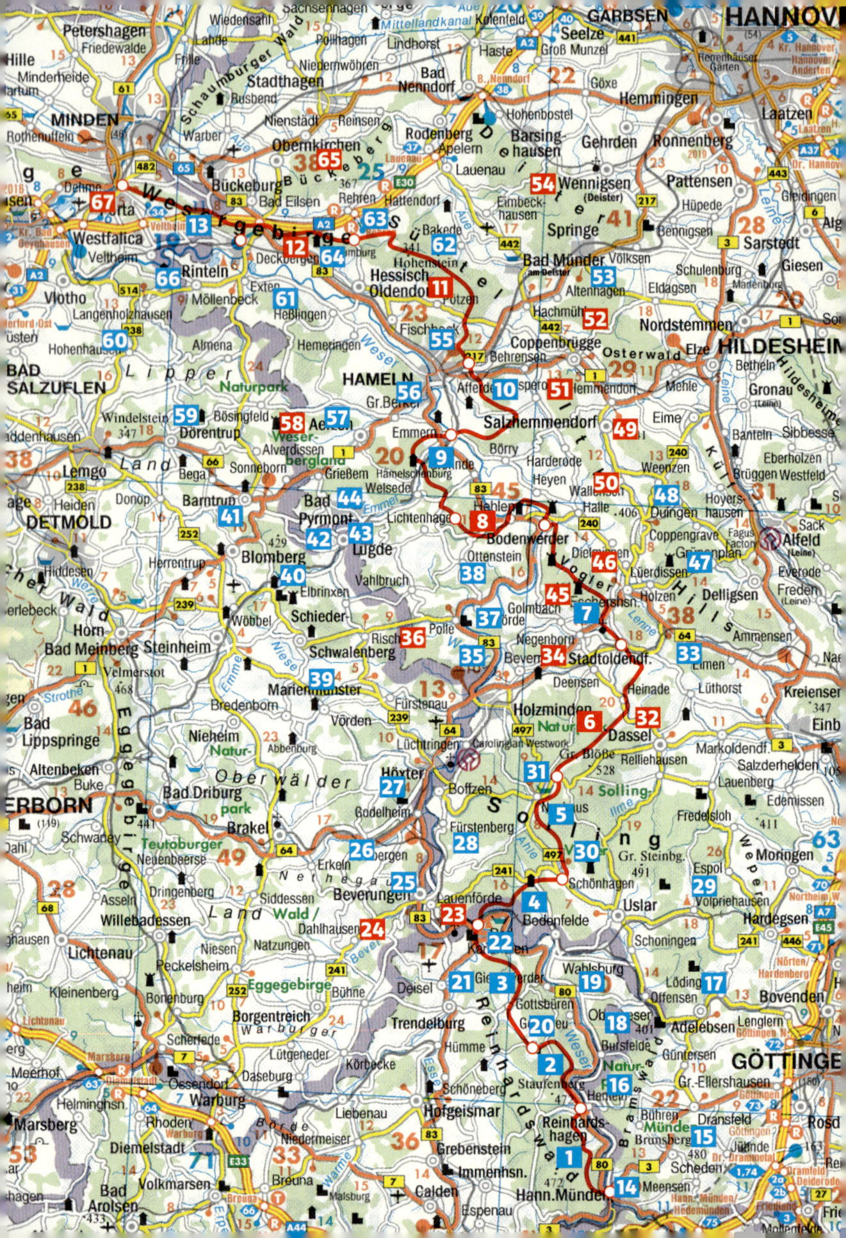

HANNOVER
GARBSEN
Seelze
Petershagen
Friedewalde
Hille
MINDEN
Stadthagen
Bad Nenndorf
Hemmingen
Laatzen
Obernkirchen
Bückeburg
Rodenberg
Barsinghausen
Gehrden
Ronnenberg
Wennigsen
Pattensen
Westfalica
Rinteln
Vlotho
Hessisch Oldendorf
Springe
Bad Münder
Sarstedt
Giesen
Nordstemmen
HILDESHEIM
BAD SALZUFLEN
HAMELN
Coppenbrügge
Salzhemmendorf
Lemgo
Dörentrup
DETMOLD
Barntrup
Bad Pyrmont
Lügde
Blomberg
Bodenwerder
Alfeld
Horn
Bad Meinberg
Steinheim
Schieder
Schwalenberg
Stadtoldendorf
Marienmünster
Holzminden
Dassel
Bad Lippspringe
Altenbeken
Nieheim
Höxter
Bad Driburg
Brakel
Boffzen
Fürstenberg
Beverungen
Lauenförde
Bodenfelde
Uslar
Moringen
Hardegsen
Willebadessen
Lichtenau
Borgentreich
Trendelburg
Göttingen
Warburg
Hofgeismar
Reinhardshagen
Hann. Münden
Marsberg
Diemelstadt
Volkmarsen
Bad Arolsen
Calden
Weserbergland
Solling
Reinhardswald
Wesergebirge
Süntel
Deister
Osterwald
Vogler
Teutoburger Wald
Eggegebirge

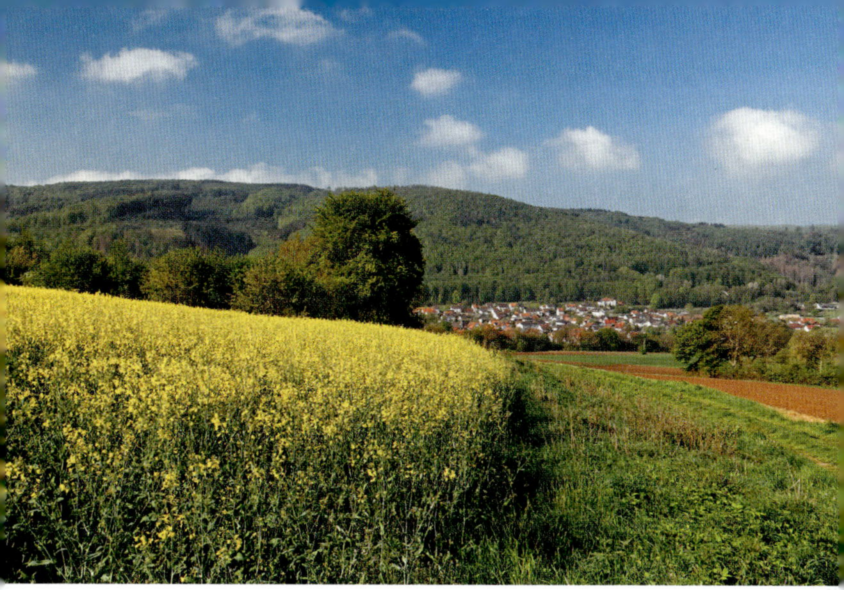

Oben: Im Frühjahr sind Wanderungen an der Oberweser besonders schön.
Unten: Lügde gilt als kleine Perle im Ostwestfälischen.

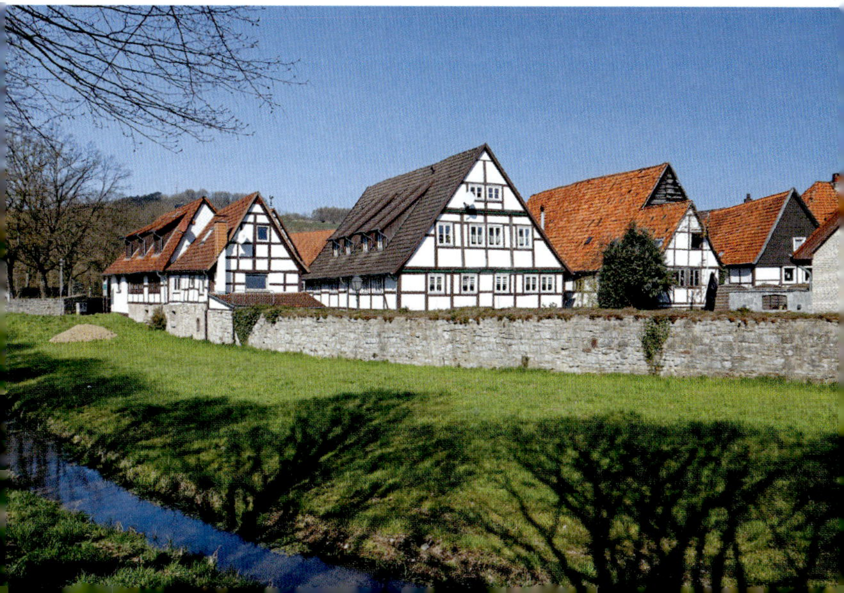

TOP-TOUREN

Hann. Münden – Veckerhagen
Reizvolle Auftaktetappe des großen Weserberglandweges im ostseitigen Sockelbereich des Reinhardswaldes *(Tour 1, 4.15 Std.).*

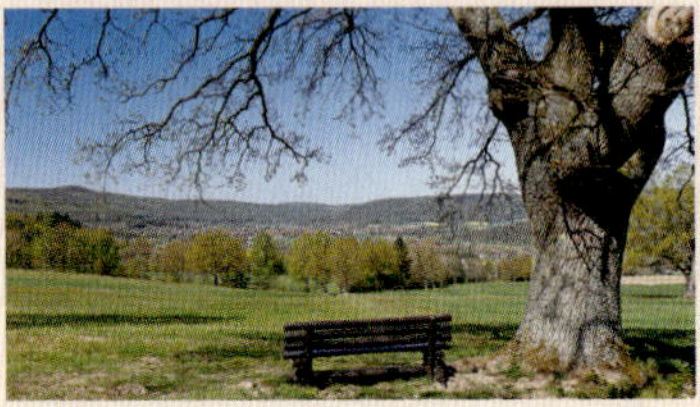

Weser-Skywalk, Hugenottenturm und Krukenburg
Drei der attraktivsten Wanderziele rund um das sehenswerte Bad Karlshafen, zusammengefasst in einer relativ kompakten Rundtour *(Tour 23, 3.00 Std.).*

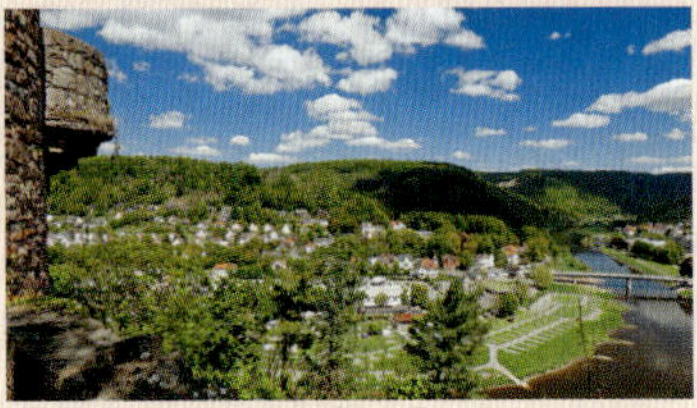

Stadtoldendorf – Bodenwerder
Herzstück der 7. Etappe am Weserberglandweg ist der Höhenzug des Vogler, der längs überschritten wird; dabei besteigt man drei tolle Aussichtstürme *(Tour 7, 5.00 Std.).*

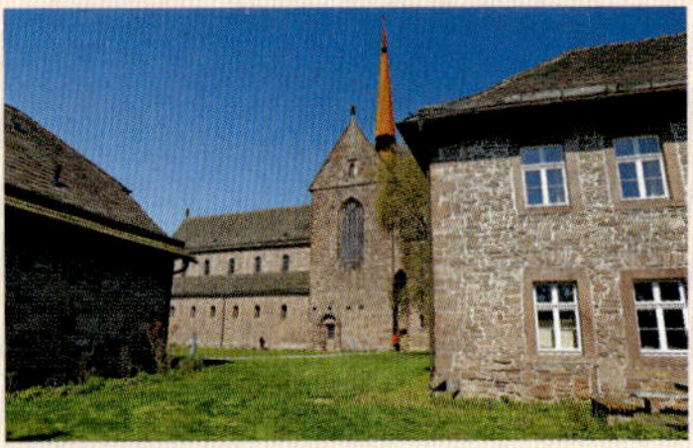

Rund um Ottbergen und Bruchhausen
Unter dem Motto »Vielfalt« ziemlich verwinkelt angelegter Premium-Wanderweg im westfälischen Seitental der Nethe *(Tour 26, 3.40 Std.).*

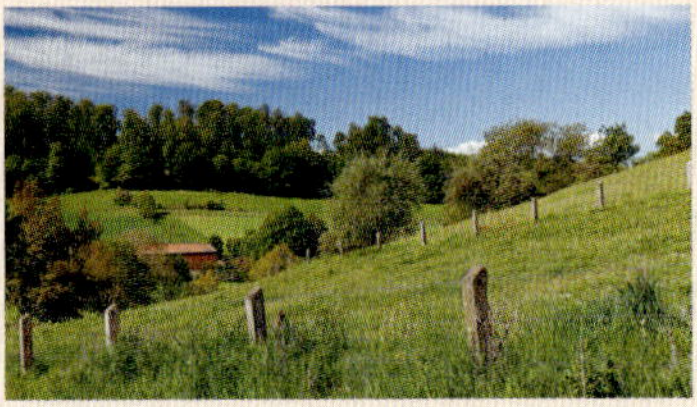

Rohdental – Rinteln
Urwüchsige Pfade im Wesergebirge, dem der abwechslungsreiche 12. Abschnitt am Weitwanderweg gewidmet ist *(Tour 12, 5.00 Std.).*

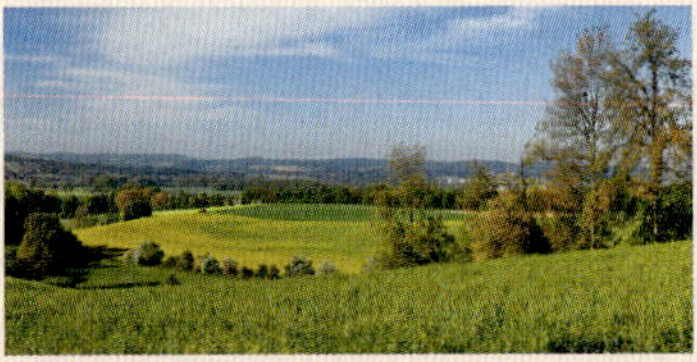

Von Dassel in den Nördlichen Solling
Eher individuell zusammengestellte, stille Tour am Nordrand des waldreichen Solling, besonders idyllisch im Hellental *(Tour 32, 4.50 Std.).*

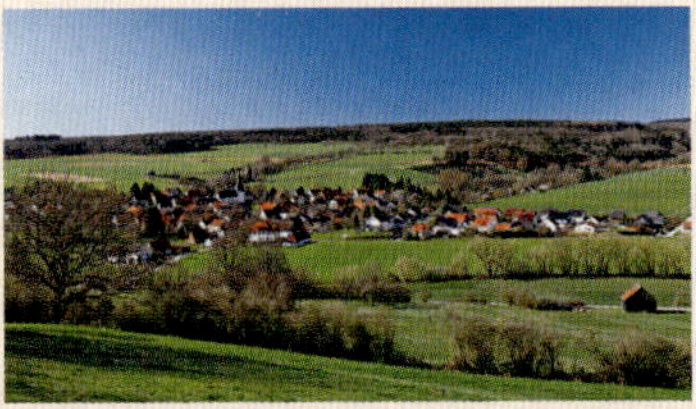

Von Polle zum Köterberg
Längerer Zugang von einem der hübschesten Weserorte zum topografisch wie touristisch wohl prominentesten Gipfel des Weserberglandes *(Tour 36, 5.30 Std.).*

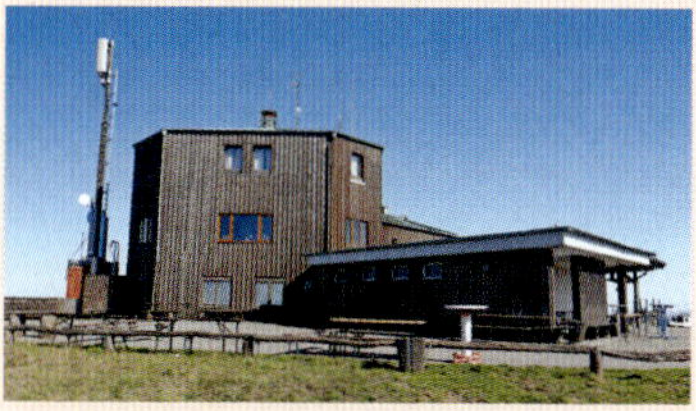

Durch die Rühler Schweiz
Das kleingekammerte Relief auf der Weserseite des Vogler gilt als eine der reizvollsten Landschaften weit und breit *(Tour 45, 5.30 Std.).*

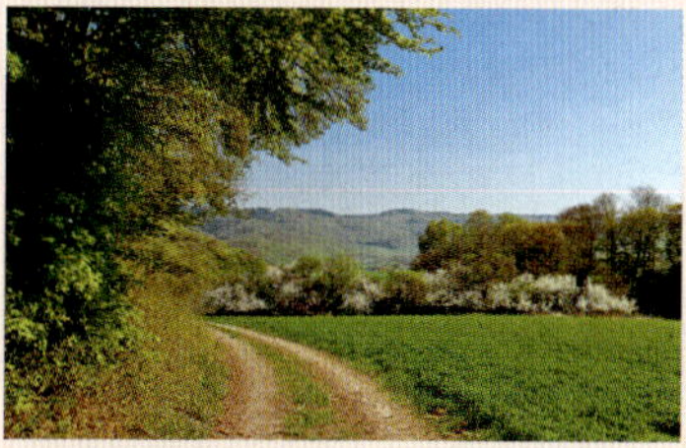

Im Nördlichen Ith
Romantische Pfade zu skurrilen Klippen und einem tollen Aussichtsturm, ausgedehnt zu einer längeren Rundwanderung *(Tour 51, 5.30 Std.).*

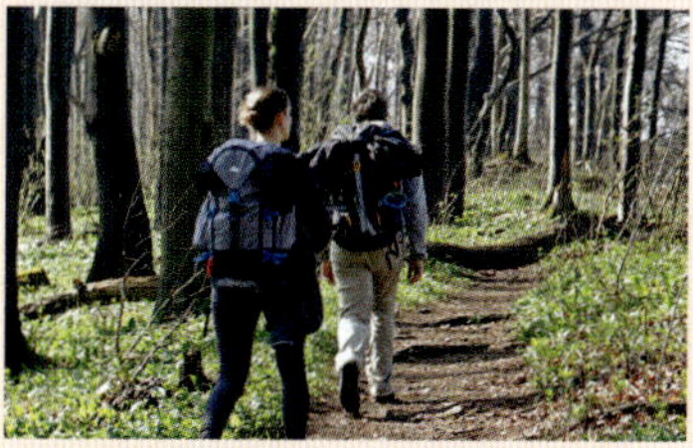

Steinberg und Burg Sternberg
Vielfältige, sehr naturnahe Wanderung, die das typische Landschaftsbild des Lipper Berglandes hervorragend vermittelt *(Tour 59, 3.45 Std.).*

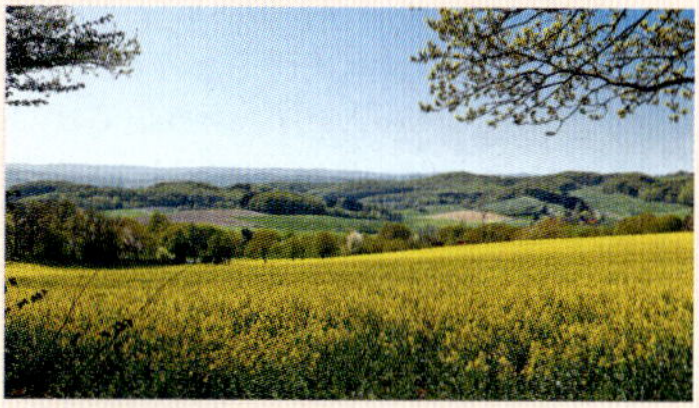

Hohenstein
Kompakte Tour an den höchsten Felsklippen Norddeutschlands mit atemberaubendem Tief- und Fernblick *(Tour 62, 2.00 Std.).*

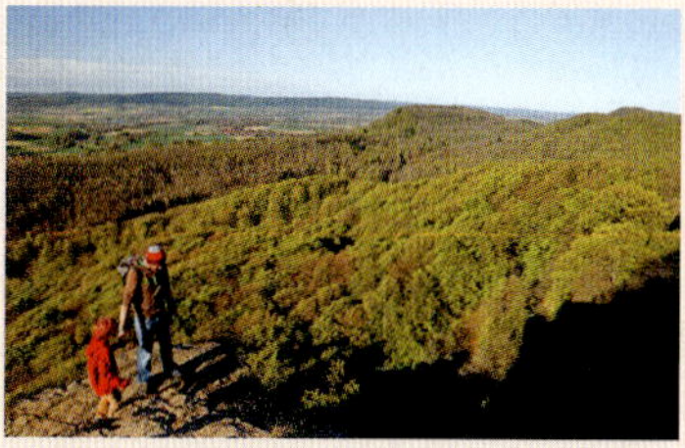

Aussichtspunkte bei Porta Westfalica
Klassische Wander- und Ausflugsziele dort, wo das Weserbergland seinen spektakulären Abschluss findet *(Tour 67, 3.15 Std.).*

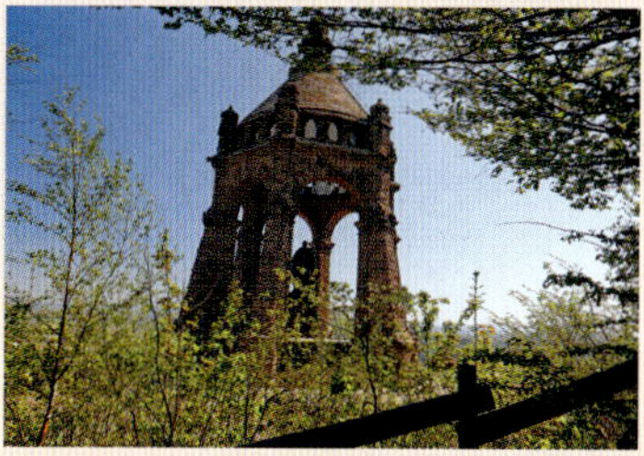

HINWEISE FÜR UNTERWEGS

Mehr Wandern als Spazierengehen

Bewegung in der Natur ist immer eine gute, gesunde Sache, ganz gleich mit welcher Ambition dies geschieht. Im vorliegenden Tourenführer geht es hauptsächlich um zielorientiertes Wandern mit einem gewissen konditionellen Hintergrund. Das bedeutet, dass die Marschstrecken für Ungeübte schon spürbare Anforderungen stellen. Nur wenige Vorschläge bleiben unter 10 Streckenkilometern (sofern man keine Abkürzungen wählt, was allerdings häufig auch möglich ist), während die 30-Kilometer-Marke in etwa als obere Grenze angesehen werden kann. Der über alle Tourenvorschläge gemittelte Durchschnittswert beträgt 15,5 Kilometer. Die meisten verlangen eine reine Gehzeit zwischen drei und fünf Stunden, womit untermauert sei, dass es sich eindeutig um richtiges Wandern handelt und nicht um gemächliches Spazierengehen. Auch wenn wir im Weserbergland nicht im Hochgebirge unterwegs sind, so gilt es daneben auch die Höhenunterschiede ins Kalkül zu ziehen. Auf einer tagfüllenden Tour kann durchaus ein erkleckliches Steigpensum zusammenkommen, ohne dass jedoch anhaltende Steilstücke wie in den Alpen auftreten würden und auch kaum einmal anspruchsvolles, ausgesetztes Gelände.

Anforderungen

Den vorhergehenden Bemerkungen zufolge werden in diesem Wanderführer zwei Kategorien unterschieden, die sich am wandertechnischen sowie

Am Wanderweg zwischen Bursfelde und Oedelsheim.

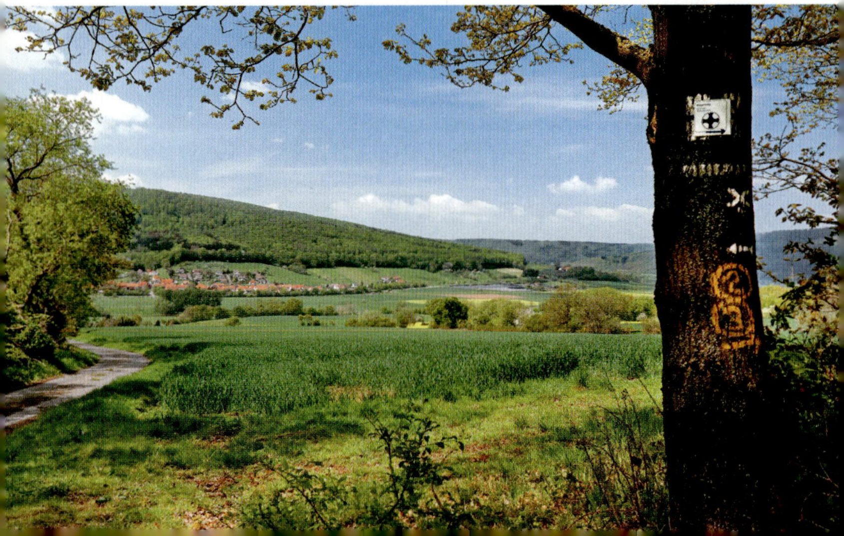

am konditionellen Anspruch orientieren. Die Einstufung »schwarz«, die man in alpiner Literatur standardmäßig findet, entfällt hier angesichts der fehlenden Geländeschwierigkeiten.

SCHWIERIGKEITSKATEGORIEN

■ = Leicht

Diese Routen verlaufen überwiegend auf breiten bzw. hindernisarmen Trassen und sind höchstens kurzfristig mal steil. Das absolute Streckenlimit beträgt 20 Kilometer. Wer sich der jeweilig geforderten Ausdauerleistung bewusst ist, kann sie problemlos auch bei mäßigem Wetter begehen.

■ = Mittel

Diese Routen verlaufen streckenweise deutlich schmaler, holpriger oder steiler und lassen zumindest eine elementare Trittsicherheit vorteilhaft erscheinen. Außerdem werden Strecken von mehr als 20 Kilometern stets in dieser Kategorie eingeordnet, zumal die Anforderung an die Ausdauer bei typischen Mittelgebirgswanderungen meist das wichtigste selektive Kriterium darstellt. Die Touren eignen sich für trainierte Wanderer bzw. anderweitig sportliche Menschen.

Gehzeiten

Angegeben wird immer ein Richtwert für die reine Marschzeit, das heißt Pausen sind dabei nicht berücksichtigt, auch wenn sie faktisch natürlich bei jeder Wanderung anfallen. Dies gestaltet sich allerdings individuell sehr unterschiedlich. Auf hindernislosen und nicht besonders steilen Wegen bewältigt ein flotter Wanderer ohne allzu sportlichen Ansporn rund vier Kilometer in der Stunde, wobei je nach Leistungsvermögen in der Praxis natürlich eine gewisse Streuung auftritt. Man wird seinen persönlichen Zeitmaßstab nach ein paar Erfahrungen bald herausfinden und kann diesen dann bei der Anwendung des Führers mit berücksichtigen. Die Gesamtgehzeit steht als essenzielle Größe sofort erkennbar in der Titelzeile, ebenso die zu bewältigenden Höhenmeter im Auf- und Abstieg.

Kurzinfo

In jedem Kapitel wird vorab in einer Hinführung auf Besonderheiten, Hintergründiges und den jeweiligen Grundcharakter eingegangen. Darunter steht der Tourensteckbrief als wichtigstes Werkzeug zur konkreten Planung. Folgende Elemente sind standardmäßig enthalten:

Kloster Corvey entwickelte sich bald nach seiner Gründung im 9. Jahrhundert zu einem geistigen und kulturellen Zentrum.

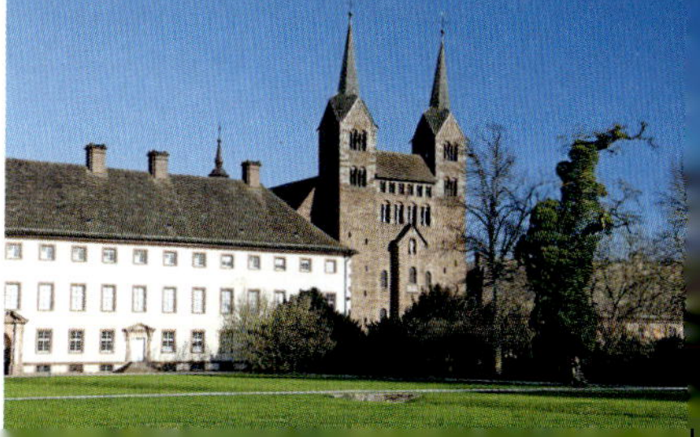

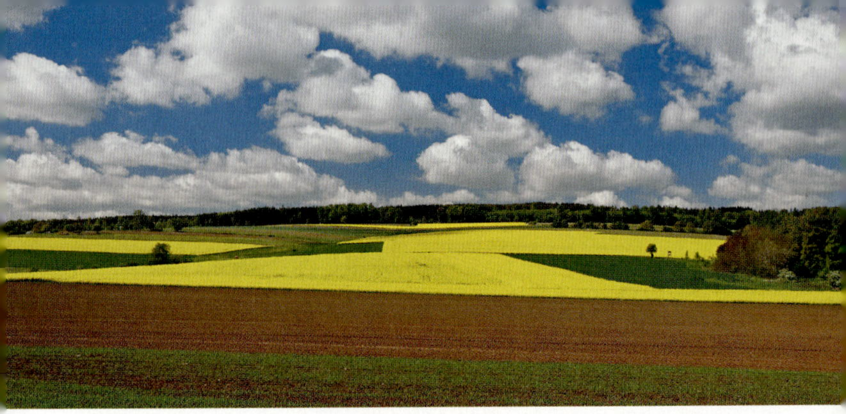

Bei Espol auf der Ostseite des Solling.

- **Ausgangspunkt:** Üblicherweise wird eine Parkmöglichkeit empfohlen und die verfügbaren öffentlichen Verkehrsmittel werden angegeben (i. d. R. Buslinien vom nächstgelegenen Bahnhof). Sofern der Endpunkt abweicht, wird dieser ebenfalls genannt.
- **Anforderungen:** Es wird über die Beschaffenheit der Wege sowie über etwaige besondere Merkmale Auskunft gegeben. Auch die Punkte Orientierung und Kondition finden Erwähnung. Im Zusammenspiel dieser Fakten drückt sich letztlich auch die Farbe der Tourennummer (siehe oben) aus.
- **Einkehr:** Aufgeführt werden nicht nur Einkehrmöglichkeiten entlang der Strecke (sofern vorhanden), sondern auch jene in den Ortschaften am Ausgangs- respektive Endpunkt. Man informiere sich vorab über die Öffnungszeiten, z. B. im Internet oder telefonisch.

GPS-TRACKS UND KOORDINATEN DER AUSGANGSPUNKTE

Auf **gps.rother.de** stehen zu diesem Wanderführer GPS-Tracks und die Koordinaten der Ausgangspunkte zum kostenlosen Download bereit. Dieser QR-Code führt direkt zum Download.
7. Auflage, Passwort: **457307mty**
Die GPS-Tracks können in die **Rother App** importiert werden. In der App kann man unterwegs stets sehen, wo man gerade ist und wo es langgeht. **Anleitungen dazu: rother.de/gps**
Trotz sorgfältiger Prüfung können wir Fehler und zwischenzeitliche Veränderungen nicht ausschließen. Verlassen Sie sich für die Orientierung niemals einzig und allein auf die GPS-Daten, sondern beurteilen Sie die Verhältnisse vor Ort.

SYMBOLE

Symbole im Tourenkopf

- Mit Bahn/Bus erreichbar
- Einkehrmöglichkeit unterwegs
- für Kinder geeignet

Symbole im Höhenprofil

- Ort mit Einkehrmöglichkeit
- Einkehrmöglichkeit
- Unbewirtschaftete Hütte, Alm
- Parkplatz
- Bushaltestelle
- Bahnhof / S-Bahn-Haltestelle
- Gipfel
- Kirche, Kapelle
- Burg, Ruine
- Schloss
- Aussichtsturm
- Aussichtsplatz
- Quelle
- Abzweigung
- Höhle
- Windmühle
- markanter Baum
- archäologische Stätte
- Rastplatz
- Brücke

- **Varianten:** In diesem Punkt beschränkt sich der Wanderführer auf ausgesuchte Optionen, die in wirklich sinnvoller Weise mit der beschriebenen Tour im Zusammenhang stehen, etwa eine relevante Abkürzung. Prinzipiell bietet das dichte Wegenetz oft reichlich Spielraum zur individuellen Gestaltung, doch sollen die einzelnen Kapitel damit keinesfalls überfrachtet werden.
- **Tipps:** Erwähnung besonderer Sehenswürdigkeiten oder touristischer Angebote im näheren Umkreis der Tour, etwa im Ausgangsort.

Routenbeschreibungen

Die Routenbeschreibungen sind angemessen ausführlich gestaltet, ohne jedoch mit allzu vielen Details und Verschachtelungen überladen zu sein. Der Verfasser hat sich um klar nachvollziehbare Angaben bemüht, empfiehlt daneben aber auch die Nutzung eines GPS-Gerätes, denn nicht jede kleine Wegverzweigung kann verbal genauestens erklärt werden. Gleichwohl wird den eigentlichen Routen ein beträchtlicher Platz in diesem handlichen Führer eingeräumt. Wichtige Wegpunkte sind fett gedruckt, Straßennamen kursiv.

Kartenausschnitte und Profile

Weitere visuelle Planungshilfen sind der Kartenausschnitt sowie das Höhenprofil, das die wesentlichen Steigungsverläufe wiedergibt und den Überblick über die Gehzeiten (einschließlich Zwischenwerte) enthält. Zudem sind jeweils wichtige Wegpunkte, die auch in der Routenbeschreibung kenntlich gemacht werden und mit dem GPS-Track korrespondieren, verortet.

Der Umwelt zuliebe ...

Auch beim Wandern hinterlassen wir einen ökologischen Fußabdruck, aber im Einklang mit der Natur unterwegs zu sein, ist gar nicht so schwer!

VORBEREITUNG UND ANFAHRT

- Sich vorab informieren, worauf in Bezug auf Natur und Umwelt in der jeweiligen Wanderregion besonders zu achten ist.
- Soweit möglich mit Bahn und Bus anreisen, Wander- und Rufbusse nutzen.
- Ist eine Anfahrt mit dem Auto nötig, Fahrgemeinschaften bilden.
- Bei weiten Anfahrten Mehrtagestouren planen oder von einem Quartier vor Ort aus mehrere Touren absolvieren.
- Flugreisen möglichst reduzieren und durch Beiträge zu Klimaschutzprojekten kompensieren.

KLEIDUNG UND AUSRÜSTUNG

- Beim Kauf von Outdoor-Kleidung auf umweltfreundliche und faire Herstellung achten und Kleidungsstücke möglichst viele Jahre nutzen.
- Ausrüstung kann man eventuell auch gebraucht kaufen oder ausleihen.
- Reparieren statt neu kaufen.

VERPFLEGUNG

- Beim Einkauf Bio-Ware, regionale und saisonale Erzeugnisse bevorzugen.
- Hütten und Gasthäuser auswählen, die regionale Produkte verwenden.
- Auf Einwegflaschen und Plastikverpackungen verzichten, stattdessen wiederverwendbare Trinkflaschen und Brotzeitboxen benutzen.

ÜBERNACHTUNG

- Bei lokalen Anbietern buchen, damit Menschen vor Ort profitieren.
- Auf Hütten und in anderen Unterkünften Strom und Wasser sparen.

UNTERWEGS

- Wege benutzen und Abkürzer vermeiden.
- Sperrungen von Wegen und Schutzgebieten respektieren.
- Keine Blumen pflücken und keine Pflanzen entnehmen.
- Waldbrandgefahr beachten.
- Müll wieder mit nach Hause nehmen und dort entsorgen.
- Toilettengänge in freier Natur möglichst vermeiden.
- Lärm vermeiden.
- Hunde an die Leine nehmen.

ROTHER
BERGVERLAG

ALLGEMEINE HINWEISE

Ausrüstung

Man wähle gleichermaßen robustes wie bequemes Schuhwerk, für Routen über Stock und Stein durchaus einen sogenannten Trekkingschuh mit griffiger Profilsohle. Für ausgedehnte Wanderungen gehören wetterfeste Kleidung (angepasst an Jahreszeit und Wetterprognose) sowie ausreichend Getränke und Proviant in den Rucksack. Auch an Sonnenbrille, Sonnenschutzcreme und ein Taschenmesser sollten wir denken, nicht zuletzt an eine Wanderkarte, ein GPS-Gerät (sofern vorhanden) und natürlich diesen Führer.

Markierungen

Im Weserbergland gibt es eine Vielzahl gut und zuverlässig markierter Wanderwege. Als quasi tadelloses Musterbeispiel sei hier jene Langstreckenroute angeführt, die wir in den ersten 13 Tourenkapiteln kennenlernen. Allgemein ist das Ausmaß der Beschilderung ein zumindest tendenzieller Gradmesser für die wandertouristische Bedeutung auf lokaler Ebene. Das impliziert allerdings auch, dass einem das Zurechtfinden nicht überall so leicht gemacht wird. Echte Wegweiser sind natürlich nutzerfreundlicher als nur sporadisch aufgepinselte Bezeichnungen oder Symbole, die auf einer individuell gewählten Route auch noch wechseln und zum Teil auch mal ganz fehlen. Dabei ist ferner zu bedenken, dass ein Großteil der Wege

Rühle zählt zu den malerischsten Dörfern an der Weser.

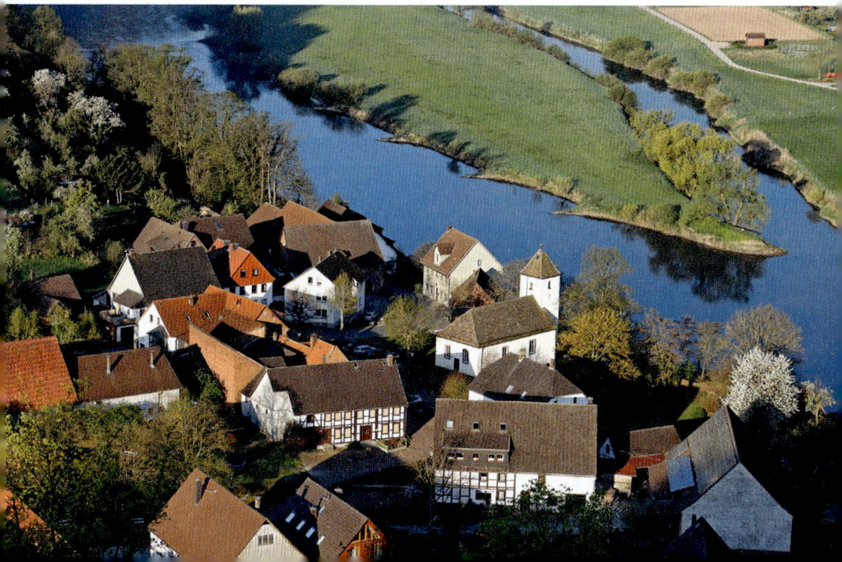

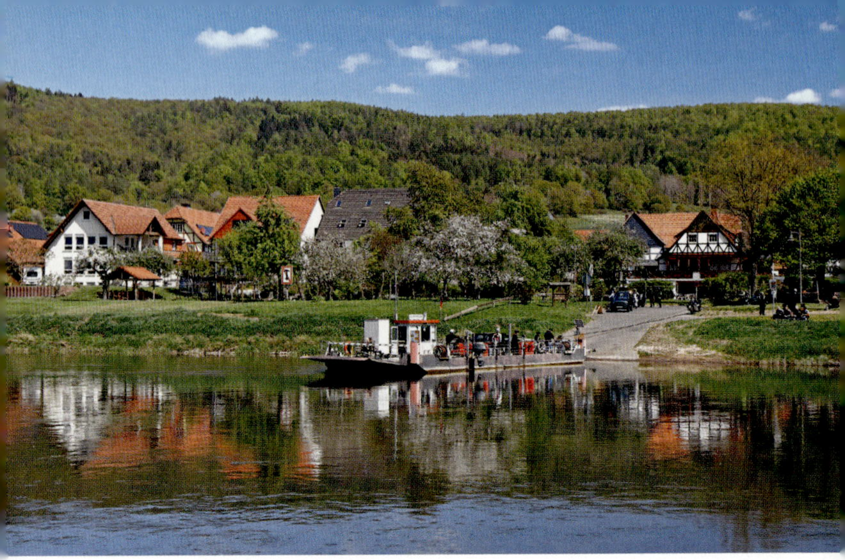

Hemeln und Veckerhagen verbindet eine Gierseilfähre.

Immer ein Auge auf die Markierung ...

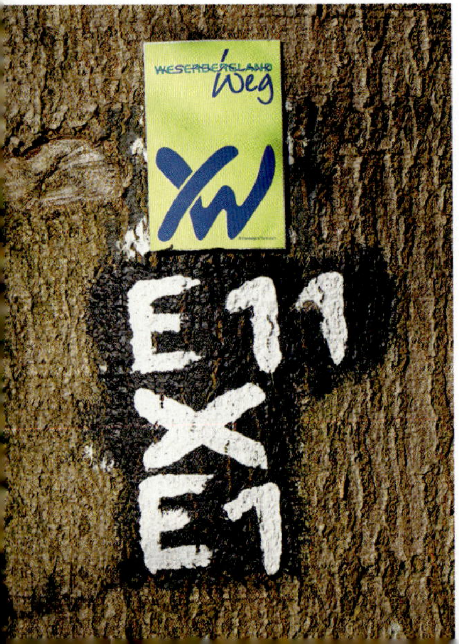

auch oder sogar hauptsächlich einer forstwirtschaftlichen bzw. bäuerlichen Nutzung unterliegt. Das Wegenetz in unserer Region – und mithin im Rahmen der beschriebenen Touren – ist also heterogen zusammengesetzt.

Orientierung mit Karte und GPS

Eine persönliche Erfahrung des Autors, der sich auch sehr viel in hochalpinen Gefilden bewegt, mag erstaunen: Viel häufiger als dort erweist sich die Nutzung von GPS auf unseren Streifzügen im Weserbergland als ausgesprochen nützlich. Mitunter gelingt die Orientierung sogar nur mittels dieser modernen Technik wirklich zuverlässig und geschmeidig. Das liegt daran, dass wir es hier mit einem deutlich dichteren und unübersichtlicheren Wegenetz zu tun haben als in den touristisch gut erschlossenen Alpen, wo man auch nicht alle paar Minuten vor einer Verzweigung steht. Bei uns sind viele Wald- und Feldwege zudem nicht markiert, Beschilderungen oft rar. Neben einer guten topografischen Karte, die zur Grundausstattung gehören sollte, kann ein GPS-Gerät sehr wertvolle Dienste leisten, wenn man den Umgang damit beherrscht und eine passende Karte installiert hat. Neben kommerziellen Anbietern gibt es auch kostenlose Alternativen, die man aus dem Internet herunterladen kann, zum Beispiel die Openmtbmap oder die NOPS Reit- und Wanderkarte. Per GPS weiß man zumindest stets, wo man sich befindet, und kann auf dem Display bis ins Detail zoomen, um Abzweigungen zweifelsfrei zu orten. Ein größerer Überblick gelingt dennoch meist besser mit einem herkömmlichen Kartenblatt. Ohnehin gehört das Kartenlesen ja zu den elementaren Fähigkeiten beim Wandern.

Verfügbare Karten

Obgleich nicht in allen Details immer ganz zuverlässig, seien zuvorderst die beiden Weserbergland-Karten, die seitens der Kartografischen Kommunalen Verlagsgesellschaft herausgegeben worden sind, genannt (Maßstab 1:50.000). Sie bestehen aus wetterfester Folie und sind in ihrer Darstellung gut lesbar. Der Nordteil erstreckt sich auf das Gebiet zwischen Minden und Holzminden, der Südteil zwischen Holzminden und Hann. Münden. Ein spezielles Blatt gibt es außerdem noch zum Ith-Hils-Weg (Maßstab 1:35.000). Allerdings erreichen wir damit leider noch keine Komplettabde-

Das Mecklenbruch im Solling gilt als bedeutendstes Hochmoor weit und breit.

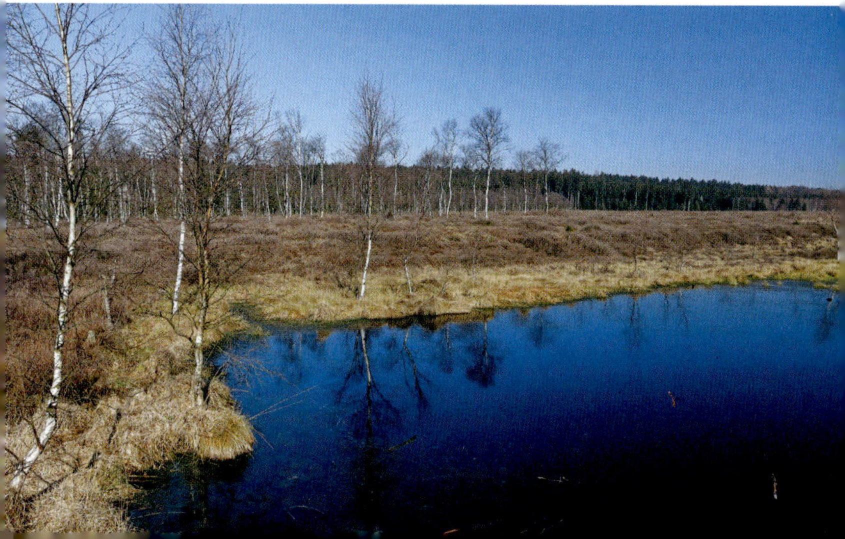

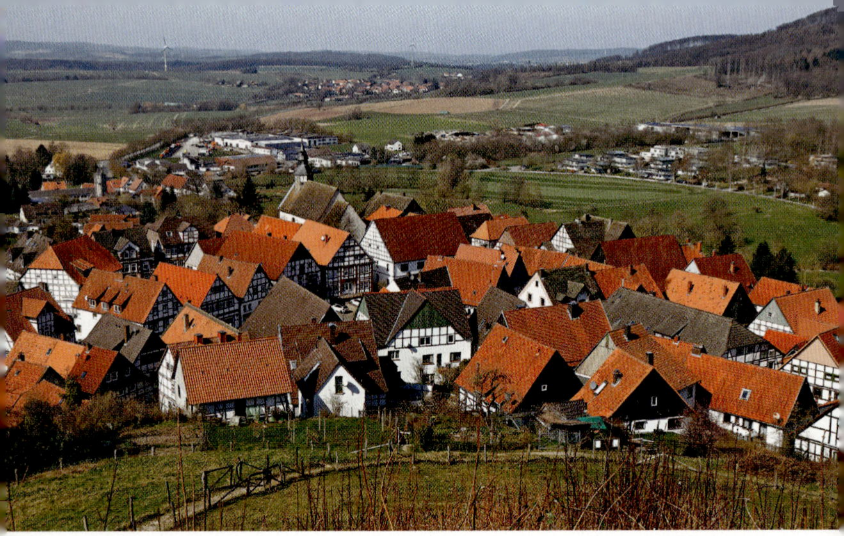

Mit seinem Fachwerkschmuck wirkt Schwalenberg wie ein »Lippisches Rothenburg« in Kleinausgabe.

ckung für unsere Tourenauswahl, denn Teilbereiche im äußersten Nordosten und Westen fehlen. Zurückgegriffen werden kann auf die Blätter der Landesvermessungsbehörden, die im regelmäßigen Blattschnitt verfügbar sind (Maßstab 1:50.000 bzw. mit höherer Detailgenauigkeit, aber kleinerer Grundfläche auch 1:25.000).

Beste Jahreszeit

Das Weserbergland ist im Prinzip ganzjährig für Wanderungen geeignet. In den Mittelgebirgslagen können im Winter natürlich Einschränkungen herrschen, falls die Landschaft dick verschneit ist. Allerdings passiert das infolge des aktuellen Klimawandels mittlerweile spürbar seltener als noch vor einigen Jahrzehnten. Die kalte Jahreszeit hat sogar den Vorteil, dass auf bewaldeten Höhenzügen die Aussicht nicht durch ein dichtes Blätterdach vollkommen verborgen ist. Andererseits fehlen die Farben in der Natur, das frische Grün des Frühlings oder die bunte Pracht des Herbstes, sodass in diesen Jahreszeiten womöglich der größte Wandergenuss aufkommt. Für die Mehrheit der Wanderer dürfte dann auch das Temperaturniveau am angenehmsten sein – weder zu kalt noch zu warm. Letzteres ist wohl das am meisten zu berücksichtigende Manko im Hochsommer. Mag ein Sommermorgen in Wald und Flur wunderbare Emotionen hervorrufen, so kann sich die Hitze im Tagesverlauf durchaus noch zur unangenehmen Begleiterscheinung entwickeln. Ein kluger Wanderer richtet auch darauf seine Taktik aus.

ÖFFENTLICHE VERKEHRSMITTEL ONLINE

Niedersachsen: vbn.de bzw. efa.de
Nordrhein-Westfalen: mobil.nrw bzw. vrr.de
Hessen: nvv.de bzw. rmv.de

Öffentliche Verkehrsmittel

Die meisten Touren sind so angelegt, dass sie auch gut mit öffentlichen Verkehrsmitteln durchführbar sind. Für detaillierte Informationen über Verbindungen und Fahrpläne siehe nebenstehenden Kasten. Man stelle sich jedoch darauf ein, dass manche Buslinien am Wochenende nur eingeschränkt oder gar nicht verkehren. Für eine überregionale Anreise mit öffentlichen Verkehrsmitteln wird normalerweise die Bahn genutzt. Dazu die folgende Aufstellung der Strecken mit den wichtigsten Bahnhöfen im Einzugsbereich dieses Führers:

- Hannover – Stadthagen – Bückeburg – Minden – Porta Westfalica – Löhne – Osnabrück bzw. Bielefeld
- Hannover – Gehrden – Barsinghausen – Bad Nenndorf – Haste
- Hannover – Springe – Bad Münder – Hameln – Emmertal – Bad Pyrmont – Lügde – Schieder – Steinheim – Altenbeken – Paderborn
- Hannover – Elze – Alfeld – Göttingen
- Hildesheim – Elze – Osterwald – Coppenbrügge – Hameln – Hessisch Oldendorf – Rinteln – Löhne – Bünde
- Kreiensen – Stadtoldendorf – Holzminden – Höxter – Ottbergen – Altenbeken – Paderborn

Schon im 16. Jahrhundert erfuhr das Kurbad Pyrmont Popularität.

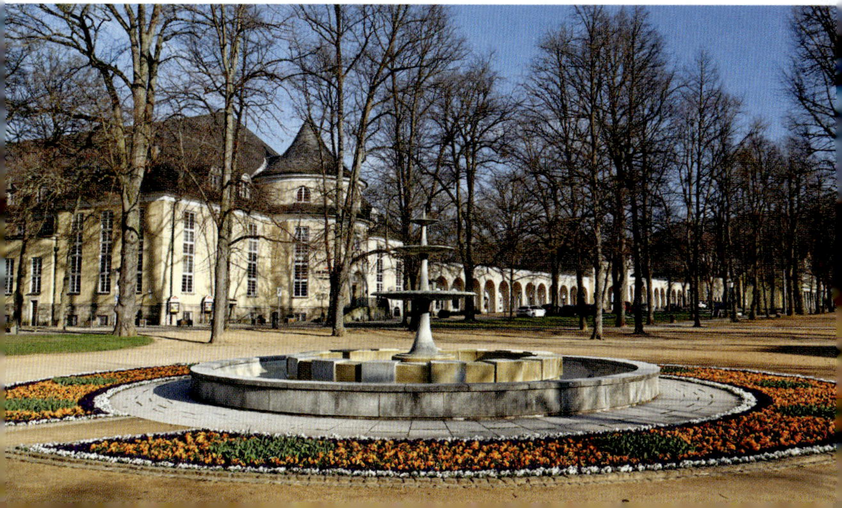

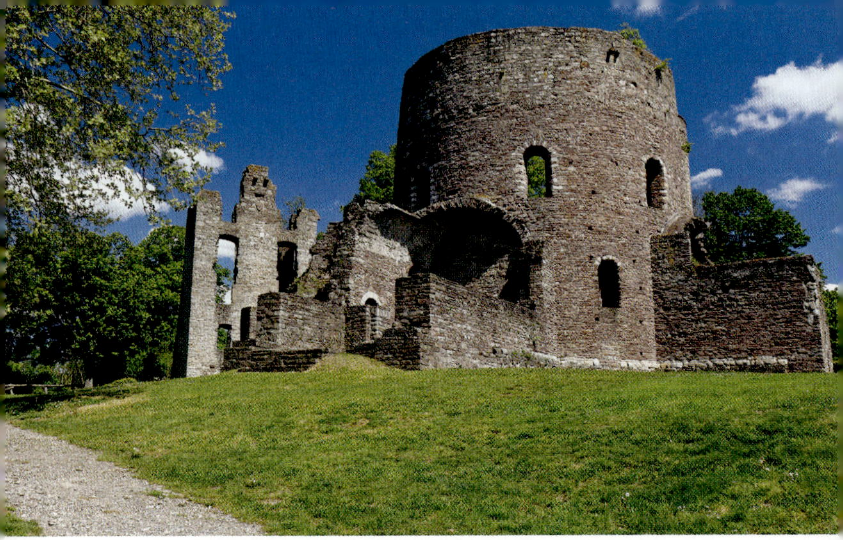

Die hochmittelalterliche Krukenburg bei Bad Karlshafen.

- Herford – Lage – Detmold – Altenbeken – Paderborn
- Bielefeld – Lage – Lemgo
- Herzberg – Northeim – Hardegsen – Volpriehausen – Uslar – Bodenfelde
- Göttingen – Adelebsen – Vernawahlshausen – Bodenfelde – Bad Karlshafen – Lauenförde/Beverungen – Ottbergen – Paderborn
- Kassel – Hann. Münden – Göttingen
- Kassel – Hofgeismar – Warburg

Touristische Informationen

- Weserbergland Tourismus, Deisterallee 1, 31785 Hameln, Tel. +49 5151 93000, .weserbergland-tourismus.com
- Tourist-Information im Rathaus, Lotzestraße 2, 34346 Hann. Münden, Tel. +49 5541 75313 oder 75343, hann.muenden-erlebnisregion.de
- Tourist-Information, Weserstraße 19, 34385 Bad Karlshafen, Tel. +49 5672 9226140, bad-karlshafen-tourismus.de
- Touristinfo, Historisches Rathaus, Weserstraße 11, 37671 Höxter, Tel. +49 5271 9634242, hoexter-tourismus.de
- Solling-Vogler-Region im Weserbergland, Lindenstraße 8, 37603 Holzminden-Neuhaus, Tel. +49 5536 96097-0, solling-vogler-region.de
- Tourist-Information, Münchhausenplatz 1, 37619 Bodenwerder, Tel. +49 5533 40541, muenchhausenland.de
- Tourist-Information, Marktplatz 7, 31737 Rinteln, Tel. +49 5751 403980, westliches-weserbergland.de

EINFÜHRUNG IN DIE REGION

Die Eckpunkte für das Weserbergland sind an zwei Stellen quasi punktgenau definiert: Im Süden ist es Hann. Münden, wo die Weser aus dem Zusammenfluss von Werra und Fulda »geboren« wird, im Norden die Porta Westfalica, wo sie zwischen Weser- und Wiehengebirge hindurch das bewegte Relief Richtung Flachland verlässt. Der seitliche Rahmen kann hingegen nicht so eindeutig angegeben werden. Im zu Niedersachsen gehörenden Ostteil geht das Weserbergland ohne eindeutige Zäsur in das Leinebergland über. Höhenzüge wie Deister, Ith oder Hils beispielsweise lassen sich je nach Blickwinkel beiden Räumen zuordnen, welche unter geologisch-geografischen Gesichtspunkten sogar zusammengefasst werden könnten. Im benachbarten Wanderführer »Südniedersachsen« wird dieser Überlappung Rechnung getragen. Auf westfälischer Seite schließt sich weiter im Westen der Teutoburger Wald an, der ebenfalls in einem eigenen Rother-Wanderführer behandelt wird. Wir ziehen deshalb die Begrenzung ungefähr entlang einer imaginären Linie von Porta Westfalica über Lemgo, Steinheim und Brakel bis an die Ausläufer des Reinhardswaldes. Mit Letzterem besitzt übrigens auch das Bundesland Hessen Anteil am Weserbergland.

Die Tourenabfolge soll in diesem Buch – gemäß der Fließrichtung der Weser – grundsätzlich vom Süden gen Norden erfolgen, wobei wegen der

Das Dorf Wahmbeck schmiegt sich in eine Weserschleife zwischen Gieselwerder und Bad Karlshafen.

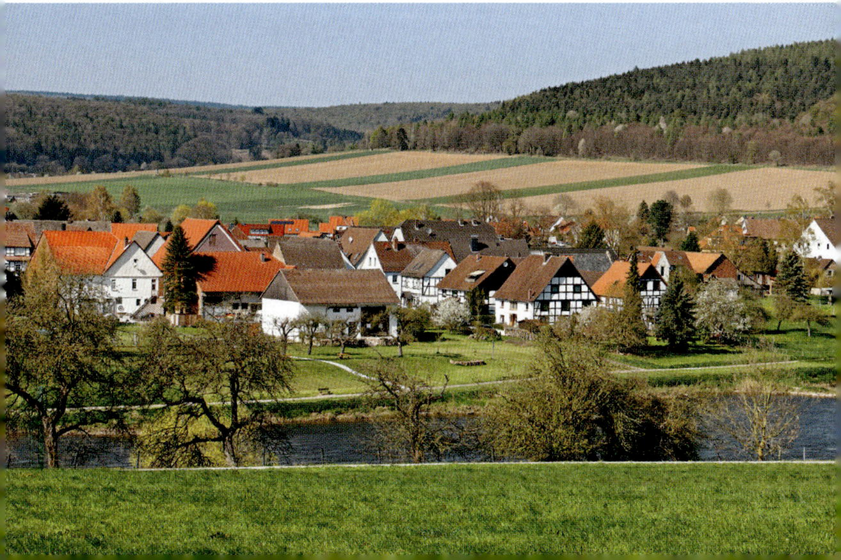

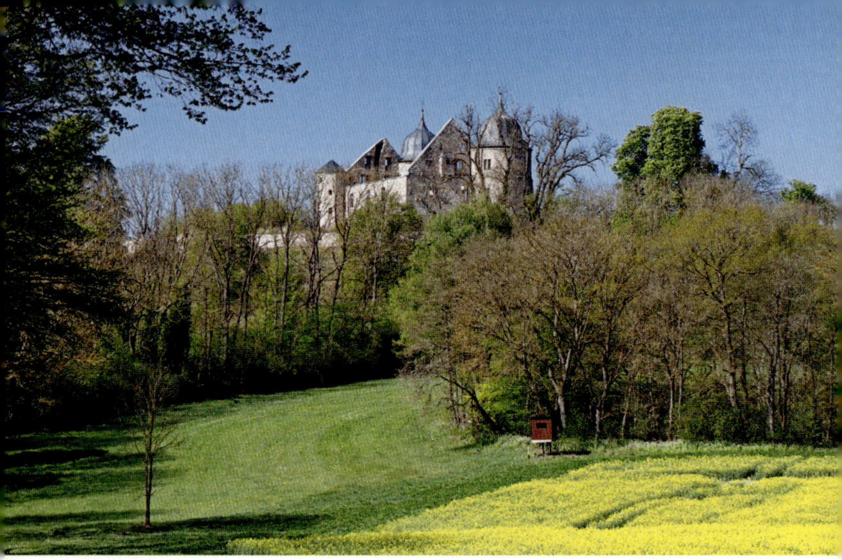

Dornröschens Märchenschloss: die Sababurg im Reinhardswald.

»Breite« der Region natürlich einige große Schlenker nicht ausbleiben. Vorweggenommen wird dieser Verlauf zunächst von der zusammenhängenden Weitwanderroute des Weserberglandweges, dessen 13 Tagesetappen direkt aneinandergereiht beschrieben werden sollen. Deshalb setzen die Einzeltouren mit der Nr. 14 wieder bei Hann. Münden an.

In ihrem ersten Abschnitt schlängelt sich die Oberweser zwischen Reinhardswald und Bramwald dahin. Über relativ steilen Flanken liegen im Hinterland Waldhochflächen erstaunlicher Ausdehnung. Besonders im Reinhardswald fühlt man sich zuweilen in die Märchenwelt der Gebrüder Grimm versetzt, wozu die anderswo schon selten gewordenen Eichenbestände, lichte Hutewaldareale und nicht zuletzt das Dornröschenschloss der Sababurg szenisch beitragen. Refugien der Stille und Waldeinsamkeit umgeben uns hier.

Wo die idyllische Diemel in die Weser mündet, befindet sich mit Bad Karlshafen ein Hotspot des regionalen Tourismus. Nach einigen markanten Schleifen und vorübergehender Westrichtung entschließt sich unser Fluss wieder zum Verlauf gen Norden und strömt zunächst Beverungen, dann Höxter und Holzminden entgegen. Die westfälische Seite firmiert in diesem Bereich auch unter dem Begriff »Oberwälder Land«, während sich auf niedersächsischem Boden mit dem Solling das flächengrößte und auch höchste Mittelgebirge der ganzen Weserregion aufwölbt. In der Großen Blöße werden 528 Meter Seehöhe erreicht. Allerdings zeigt der Solling

kaum schroffe Züge, wirkt vielmehr wie ein dunkelgrüner Schild, der vergleichsweise wenig zergliedert und weithin von dichten Forsten (hauptsächlich Fichten) bedeckt ist. Wer »ewige« Waldmärsche nicht als eintönig empfindet, ist hier bestens aufgehoben. Eingelagerte, stille Wiesenhochtäler treten darin allerdings umso reizvoller in Erscheinung. Als besonders wertvolle »Oasen« gelten heutzutage Hochmoore wie das Mecklenbruch. Die meisten sind leider längst dem Torfabbau oder der Trockenlegung zum Opfer gefallen. Auch die Kohlemeiler, die im Solling früher allenthalben rauchten, entdeckt man heute höchstens noch punktuell als archäologisches Relikt.
Fast rings um die eigentliche Sollingplatte (außer weserseitig) werden die angrenzenden Geländewellen gern als Sollingvorland bezeichnet. Hier bestimmt nun häufiger ein Wechsel von offenen, landwirtschaftlich genutzten Szenerien und kleineren Waldzügen das Landschaftsbild, so wie es für weite Teile Südniedersachsens typisch ist. Amtsberge, Elfas, Homburg und Burgberg bilden gleichsam das Übergangsgebiet zu den markanteren Aufwerfungen von Vogler, Hils und Ith. Die drei Letztgenannten tragen allesamt einen sehr eigenständigen Charakter hinsichtlich ihrer Reliefbildung und gelten als besonders interessante Wandergebiete. Der stark zertalte Vogler etwa liegt der Weser (die hier einige besonders malerische Schleifen beschreibt) am nächsten und birgt an seinen südwestlichen Ausläufern eine Landschaft, die als »Rühler Schweiz« geadelt wird: eine sehenswerte Gegend im Wandel der Jahreszeiten, ganz besonders aber zur Zeit

Ottbergen bettet sich ins Tal der Nethe südwestlich von Höxter.

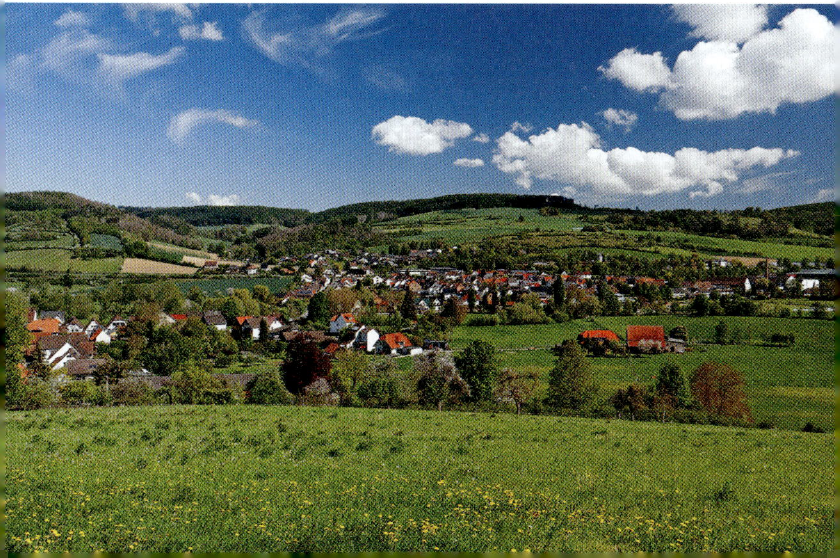

der Kirschblüte. Der Hils wiederum formiert rückseitig seiner Schichtstufe eine großräumige Wannenstruktur, die sogenannte Hilsmulde. Und der Ith zeichnet sich durch eine schmale, sehr lang gestreckte Orografie mit praktisch durchgehender Schichtrippe aus, seine eindrücklichen Klippen sind legendär.
Bleiben wir vorerst noch im niedersächsischen Bereich östlich der Weser und rücken dort weiter nach Norden vor: Die Flächen zwischen den einzelnen Höhenzügen werden nun tendenziell breiter und geben der Landwirtschaft mehr Raum. Gleichwohl setzen auch Osterwald, Süntel und Deister sowie die Bückeberge noch markante Akzente. Es handelt sich dank ausgedehnter Buchenwälder um treffliche Naherholungsgebiete, im Falle des Deister vor allem für die Hannoveraner. Im Süntel avanciert die Felswand am Hohenstein zum landschaftlichen Highlight; verblüfft wird sein, wer die speziellen, knorrigen Süntelbuchen entdeckt.
Mit einem Sprung zurück an die Weser sei ein Streiflicht über die größte Stadt an ihrem Oberlauf geworfen: Hameln. Die günstige geografische Lage verhalf ihr im Mittelalter zum Aufschwung, im 16. und 17. Jahrhundert zur größten Blüte. Den Baustil der Weserrenaissance können wir in der Altstadt – neben anderen ausgewählten Orten in der Region, die bei den Touren gelegentlich Erwähnung finden – bewundern. Berühmt wurde Hameln vor allem durch die Rattenfängersage, die auf eine traurige Begebenheit aus dem Jahr 1284 zurückgeht. Nördlich der Stadt weitet sich das Wesertal merklich. Via Hessisch Oldendorf und Rinteln schwenkt der Flusslauf für

Hameln in der Panoramaansicht vom Klüt.

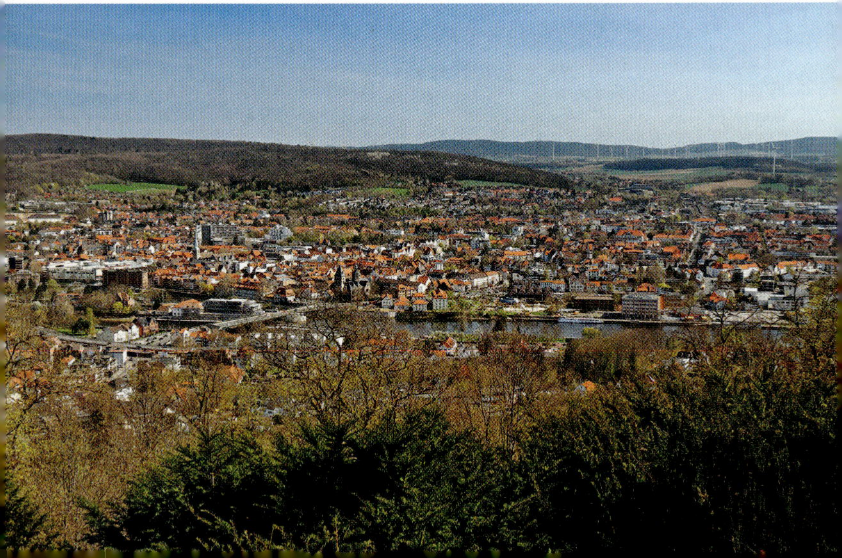

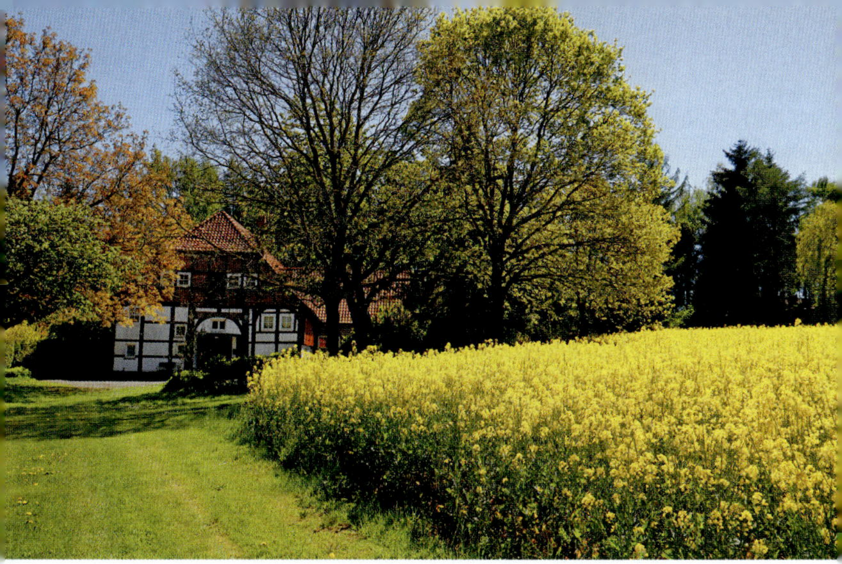

Einschichthof bei Alverdissen im Lipperland.

eine Weile in westliche Richtung ein, ohne dabei jedoch auf ein paar seiner typischen Schleifen zu verzichten.

Bevor wir uns schließlich dem Durchbruch an der Porta Westfalica nähern, darf jedoch ein wichtiger Bereich des Weserberglandes nicht vergessen werden: das Lipper bzw. Lippische Bergland. Größtenteils auf nordrhein-westfälischem Boden gelegen (auch wenn Niedersachsen mit Bad Pyrmont und der Ottensteiner Hochfläche ebenfalls Anteile links der Weser hat), offenbart sich hier ein buntes Mosaik von Kuppen und Hochflächen sowie Tälern und Senken – ein bewegtes Relief, in dem allerdings der weite Schwung dominiert und nur selten Erhebungen so markant herausstechen, wie dies beim Köterberg der Fall ist. Viele Dörfer und Kleinstädte mit schmucken Fachwerkbauten betten sich darin ein, z. B. das geschlossen anmutende Lügde oder das mittelalterliche Schwalenberg, dazu Windmühlen, Burgen und einige Klöster wie die Abtei Marienmünster. Emmer, Exter und Kalle sind die wichtigsten Flüsse, die der Weser von dieser Seite aus zufließen.

Unser Hauptakteur – nordseitig vom langen Kammzug des Wesergebirges begleitet – setzt am Ende noch zu einem großen Bogen an, um schließlich seinen Durchschlupf in der Porta Westfalica, der schmalen Lücke zwischen Weser- und Wiehengebirge, zu finden. Von nun an kann er wohl die Freiheit des Flachlands »auskosten«, entbehrt aber jener großartigen Umrahmung, die ihm das vielgestaltige Weserbergland zuvor beschert hat. Die Nordsee ist freilich noch fern ...

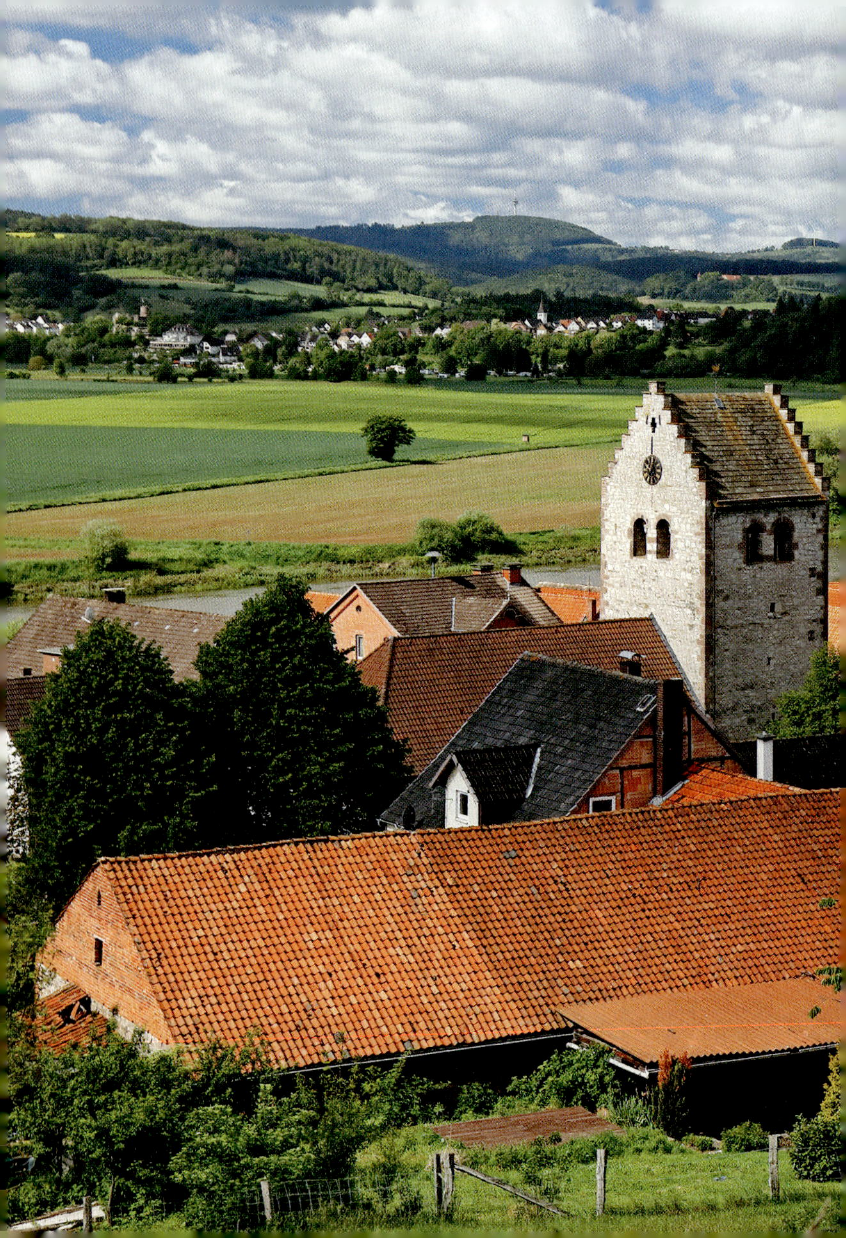

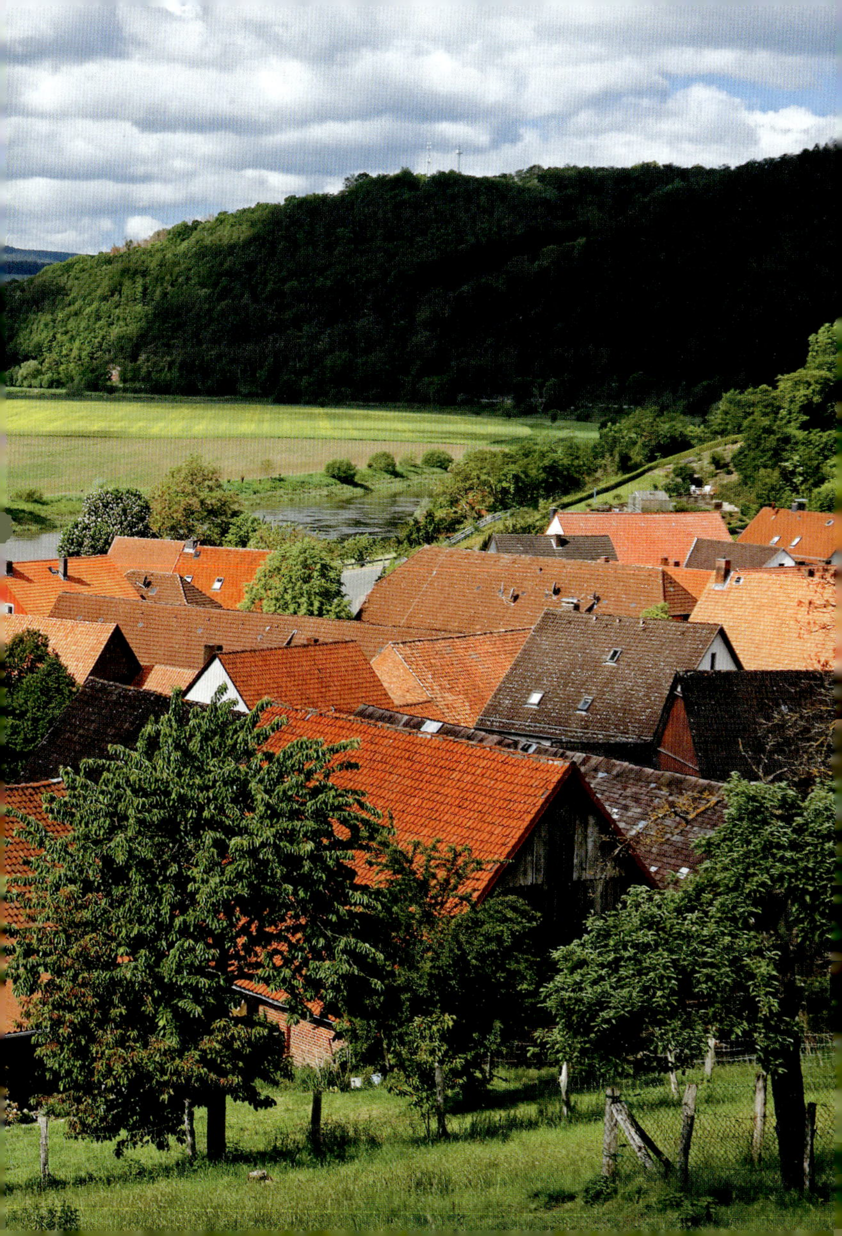

DER WESERBERGLANDWEG

Als absolutes Aushängeschild des Wandertourismus in unserer Region darf der 2012 vom Deutschen Wanderverband als »Qualitätsweg« zertifizierte Weserberglandweg gelten. Auf 225 Kilometern Länge (nach offizieller Angabe) verbindet er Hann. Münden mit Porta Westfalica und berührt dabei nicht nur viele landschaftliche und kulturhistorische Glanzpunkte im Weserbergland, sondern nutzt auch häufig sehr reizvolle Wanderstrecken, die in Summe reichlich Abwechslung bieten. Deshalb ist der Verlauf nicht unter der Vorgabe zeitlicher Effizienz konzipiert, sondern unternimmt so manchen Schlenker, um den Erlebniswert zu steigern und möglichst unterschiedliche Facetten entlang der Weser (mitunter auch in einiger Entfernung davon) nahezubringen. Wo immer es sich anbietet, erhalten naturnahe Wege den Vorzug.

Die Etappeneinteilung kann prinzipiell individuell erfolgen, doch erscheint das vom Tourismusverband vorgeschlagene und hier weitgehend übernommene Schema von 13 Abschnitten ziemlich stimmig und praxistauglich. Mit einigen kleinen Modifikationen hinsichtlich Quartiernahme bzw. verkehrstechnischer Logistik beläuft sich die Gesamtstrecke nach Erhebungen des Autors (wie nachfolgend beschrieben) schließlich auf rund 234 Kilometer. Die einzelnen Tagesmärsche bewegen sich zwischen etwa 13 und 28 Kilometer, also zumindest auf den längeren Teilstücken schon für robuste Geher gedacht. Natürlich kann man sich auch einzelne oder eine kleinere Folge von Etappen herauspicken und den Weserberglandweg sozusagen häppchenweise erkunden. Abgesehen von der Ausdauerleistung sind kei-

Hann. Münden aus erhöhter Perspektive.

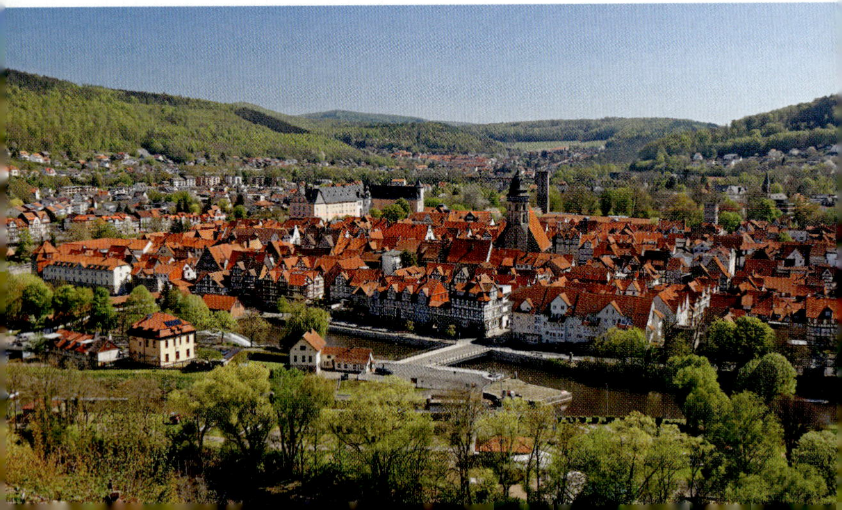

DIE ETAPPEN IM ÜBERBLICK

Etappe	Von – nach	Strecke	Anstieg	Abstieg	Zeit
1. Tag	Hann. Münden – Veckerhagen	15,7 km	430 Hm	430 Hm	4.15 Std.
2. Tag	Veckerhagen – Sababurg	14,4 km	440 Hm	220 Hm	3.45 Std.
3. Tag	Sababurg – Bad Karlshafen	17,9 km	360 Hm	590 Hm	4.50 Std.
4. Tag	Bad Karlshafen – Schönhagen	12,8 km	400 Hm	280 Hm	3.30 Std.
5. Tag	Schönhagen – Silberborn	15,1 km	460 Hm	240 Hm	4.10 Std.
6. Tag	Silberborn – Stadtoldendorf	23,0 km	440 Hm	640 Hm	6.00 Std.
7. Tag	Stadtoldendorf – Bodenwerder	18,0 km	580 Hm	740 Hm	5.00 Std.
8. Tag	Bodenwerder – Lüntorf	19,6 km	700 Hm	550 Hm	5.30 Std.
9. Tag	Lüntorf – Emmerthal	14,6 km	200 Hm	360 Hm	3.40 Std.
10. Tag	Emmerthal – Rohrsen (Hameln)	19,4 km	460 Hm	460 Hm	5.00 Std.
11. Tag	Rohrsen (Hameln) – Rohdental	27,9 km	920 Hm	870 Hm	7.45 Std.
12. Tag	Rohdental – Rinteln	17,9 km	630 Hm	700 Hm	5.00 Std.
13. Tag	Rinteln – Porta Westfalica	17,7 km	600 Hm	600 Hm	5.00 Std.

ne spezielleren Fähigkeiten erforderlich, wirklich anspruchsvolle oder gar gefährliche Passagen kommen nicht vor und die Trassen sind meist von guter Beschaffenheit. Auch die Markierung erweist sich als vorbildlich, mit eigenem, regelmäßig angebrachtem Routenlogo (blaues XW auf grünem Grund) und wiederholter Beschilderung der Zwischenziele. Die Orientierung sollte also niemanden vor sonderliche Probleme stellen.

In groben Zügen umrissen, durchquert der Weserberglandweg von Hann. Münden aus zunächst den hessischen Reinhardswald Richtung Bad Karlshafen und wechselt anschließend in den Solling, um auch dessen ausgedehnte Waldareale binnen drei Tagen ausgiebig kennenzulernen. Zwischen Stadtoldendorf und Bodenwerder steht die Vogler-Überschreitung auf dem Programm, ehe man vorübergehend auf der Westseite der Weser unterwegs ist. An Hameln vorbei nähern wir uns dem Süntel, der später in das lang gezogene Wesergebirge überleitet. Dort vollziehen sich die beiden letzten Etappen bis Porta Westfalica. Summa summarum eine eindrückliche Streckenwanderung, die sicher zu den schönsten Mittelgebirgs-Trekkings Deutschlands zählt und an dieser Stelle erstmals zur Gänze präsentiert wird.

Die Klippen am Hohenstein flößen Respekt ein.

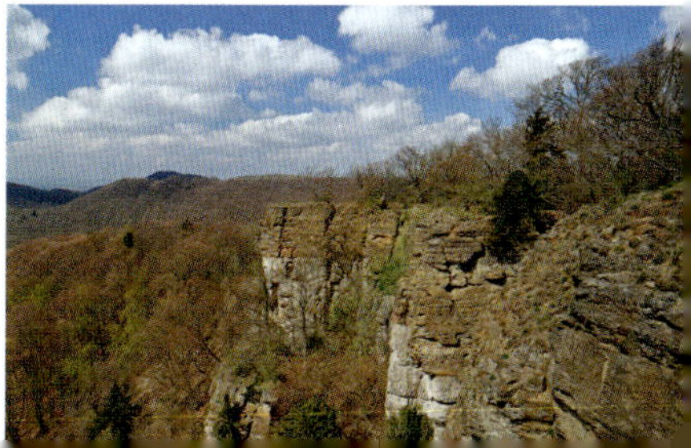

TOP

1

↗ 430 m | ↘ 430 m | 15.7 km

Etappe 1: Hann. Münden – Veckerhagen

4.15 h

»Wo Werra sich und Fulda küssen …

… sie ihren Namen büßen müssen, und hier entsteht durch diesen Kuss, deutsch bis zum Meer der Weser Fluss«. Die patriotische und romantisierende Inschrift am Weserstein in Hann. Münden gehört wohl zu den bekanntesten Slogans deutscher Landschaften. Fast zwangsläufig muss der große, 13 Tagesetappen umfassende Weserberglandweg hier am Zusammenfluss von Werra und Fulda beginnen. Eine knappe halbe Stunde später lässt sich das schmucke historische Altstadt-Ensemble Hann. Mündens bereits aus erhöhter Perspektive betrachten: von der legendären Tillyschanze aus. Anschließend setzen wir zu einer langen Traverse am Osthang des Reinhardswaldes an, die uns am ersten Tag bis Veckerhagen führen wird. Dabei sind wir nicht dauernd in tiefen Forsten unterwegs, und gerade die schönen Ausblicke von den Waldrändern – insbesondere von den Ahlewiesen – lassen diese Auftaktetappe als sehr reizvoll erscheinen. Sie findet auch von der Länge her ein gutes Maß.

Die Tillyschanze – ein erster toller Aussichtspunkt.

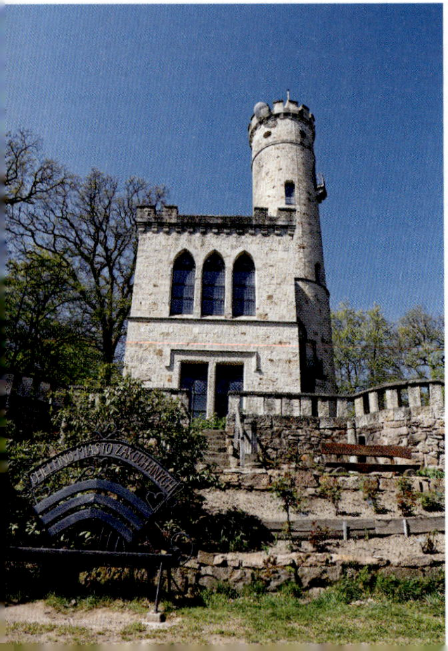

Ausgangspunkt: Weserstein, 118 m, in Hann. Münden. Große Parkplätze. Der Bahnhof liegt etwas abseits des Zentrums (Verbindungen mit Göttingen, Kassel und Halle).
Endpunkt: Veckerhagen, bei Weigands Hotel Peter, ca. 117 m. Busverbindung nach Hann. Münden.
Anforderungen: Relativ hoher Anteil an Naturwegen mit wiederholten Auf- und Abstiegen, steil allerdings nur am Anfang zur Tillyschanze. Die Markierung ist vorbildlich (regelmäßig gut erkennbare Symbole, hin und wieder auch Wegweiser). Durchschnittlich lange Etappe.
Einkehr: Hann. Münden, Waldgaststätte Tillyschanze (tägl. ab 11 Uhr, Mo Ruhetag, in der Wintersaison nur am Wochenende geöffnet), Landgasthof Büllers Höhe (Übernachtungsmöglichkeit, Tel. +49 5544 462), Veckerhagen (Schnitzel-Schmiede, Da Vinci) sowie Weigands Hotel Peter (Übernachtungsmöglichkeit, Tel. +49 5544 1038). Weitere Unterkunft: Zum Lindenwirt in der Örtlichkeit Weißehütte kurz vor Gottstreu (Tel. +49 5574 402, evtl. Abholservice vom Endpunkt).

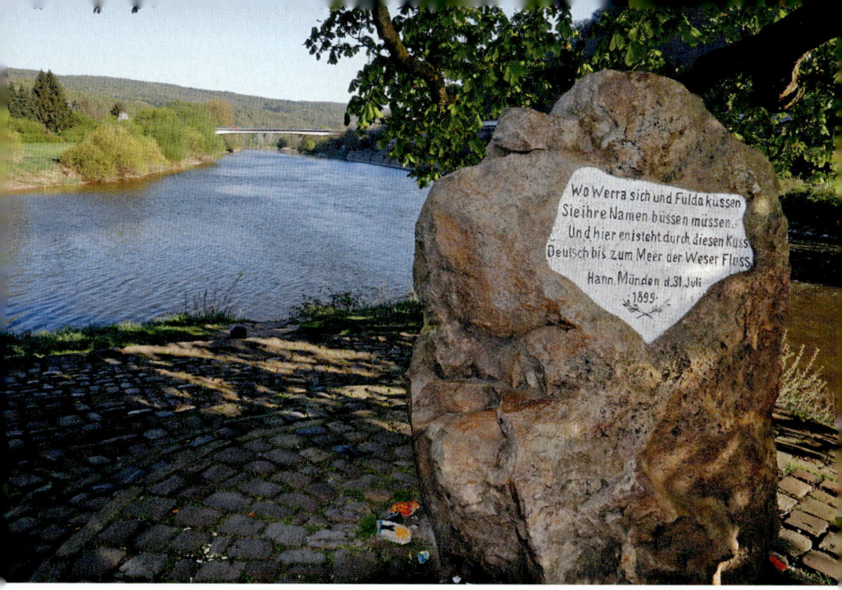

Am Weserstein in Hann. Münden geht's voller Erwartung los …

Tipp: Bevor man loswandert, lohnt sich ein kleiner Streifzug durch Mündens Altstadt. Die baulichen Sehenswürdigkeiten können hier gar nicht alle aufgezählt werden, ballen sich aber recht eng im Zentrum zusammen.

Vom Weserstein in **Hann. Münden** ❶ führt der Weserberglandweg über die Fußgängerbrücke zum Fischerweg und knapp links versetzt mit einigen Kehren am Hang hinauf zur **Tillyschanze** ❷ mit Waldgaststätte gleich nebenan. Von dort wandern wir am Hangweg Richtung Norden, kommen kurz auf eine asphaltierte Straße, fahren aber alsbald auf angenehmen Naturwegen fort und passieren mit wenig Abstand den Freyastein. Richtungswechsel sind wie stets am Weserberglandweg gut signalisiert. Eine weitere Teerstraße schaltet sich ein, doch weichen wir abermals auf einen parallelen Pfad aus, der uns am Waldrand zum **Piepengraben** ❸, 172 m, bringt. Nach einem Höhengewinn gelangen wir über einen Grasweg nacheinan-

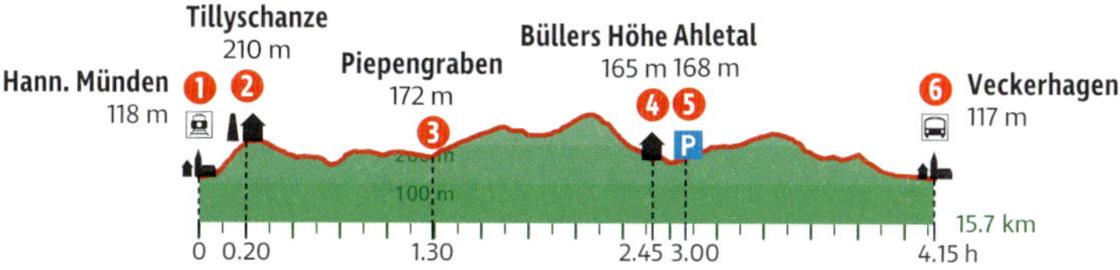

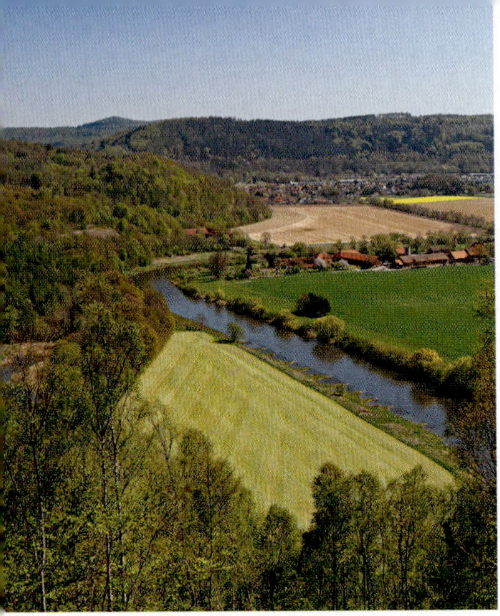

Zwischendurch ein überraschender Ausblick ins Wesertal.

der zu zwei Aussichtspunkten mit herrlichen Blicken ins Wesertal. Beim zweiten geht es spitzwinklig nach links weiter und damit am Graben der Trockenen Ahle entlang. Mit einem Rechtsknick auf die Höhe eines Bergrückens, dann von der Forststraße geradeaus auf einen Erdweg wechselnd und im Bereich eines Windwurfgebiets abwärts zu den Ahlewiesen. Die Umgebung zählt zu den schönsten überhaupt. Auf Grasnarbe folgen wir der zuverlässigen Markierung und kommen in die Nähe des Landgasthofs **Büllers Höhe** 4, nur einen Katzensprung rechts abseits der Route. Als Nächstes im Bogen durch die Senke des **Ahletals** und zu einem Parkplatz 5, 168 m, oberhalb der Ortschaft Vaake. Diese haben wir

Bei Vaake beschreiten wir das Schlussstück der 1. Etappe.

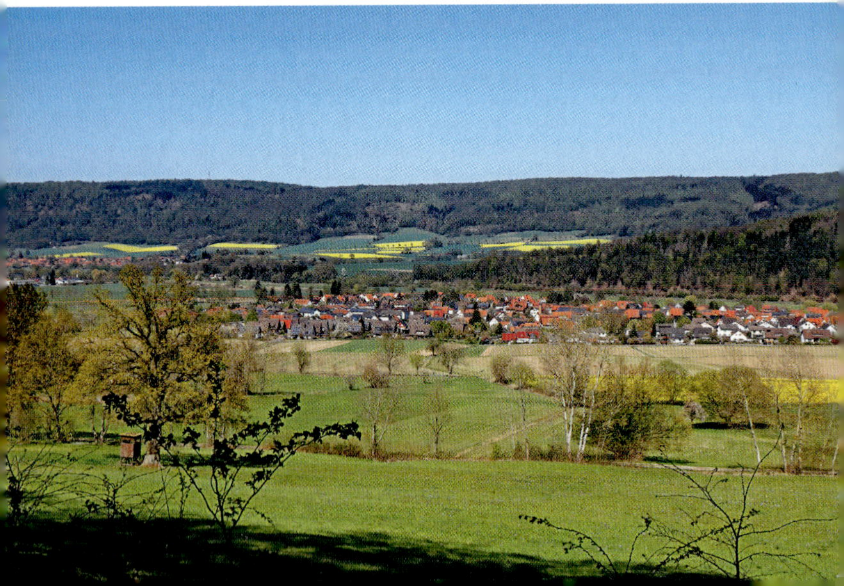

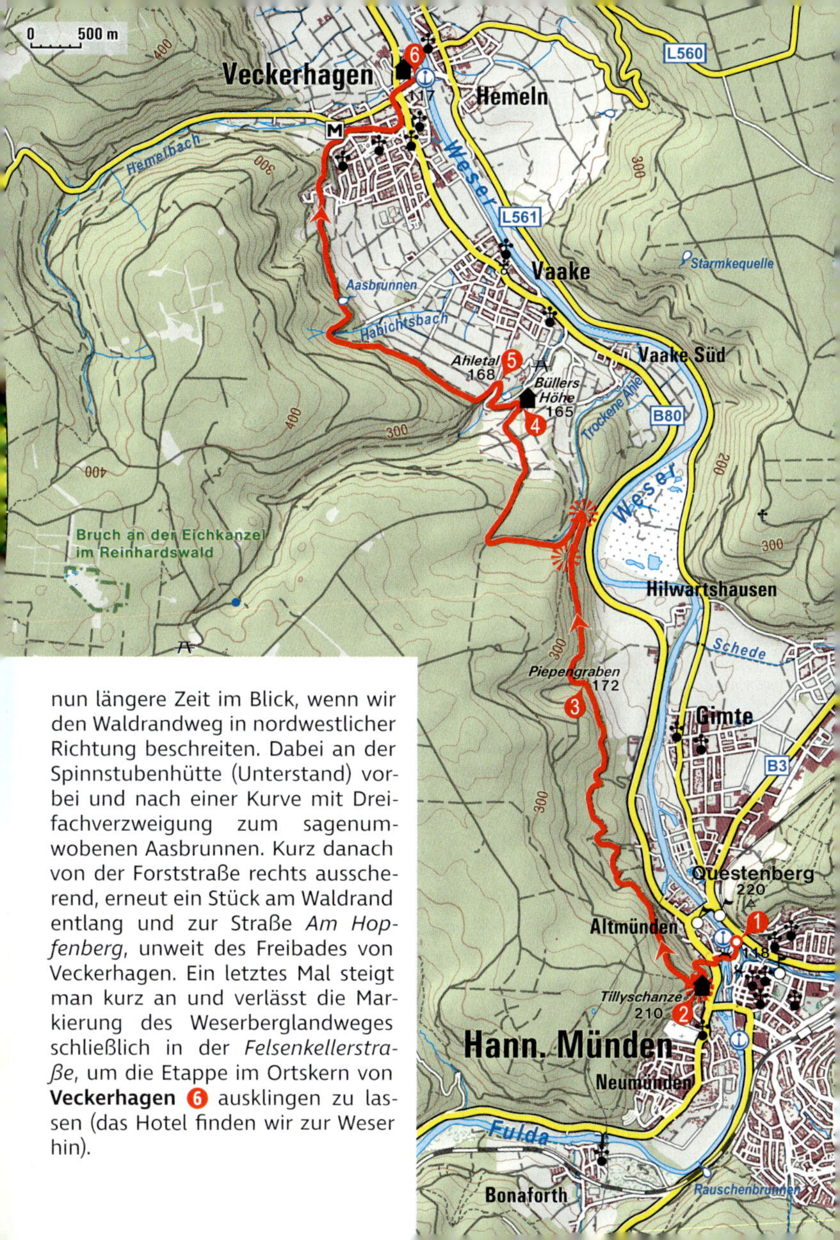

nun längere Zeit im Blick, wenn wir den Waldrandweg in nordwestlicher Richtung beschreiten. Dabei an der Spinnstubenhütte (Unterstand) vorbei und nach einer Kurve mit Dreifachverzweigung zum sagenumwobenen Aasbrunnen. Kurz danach von der Forststraße rechts ausscherend, erneut ein Stück am Waldrand entlang und zur Straße *Am Hopfenberg*, unweit des Freibades von Veckerhagen. Ein letztes Mal steigt man kurz an und verlässt die Markierung des Weserberglandweges schließlich in der *Felsenkellerstraße*, um die Etappe im Ortskern von **Veckerhagen** ❻ ausklingen zu lassen (das Hotel finden wir zur Weser hin).

↗ 440 m | ↘ 220 m | 14.4 km

2 Etappe 2: Veckerhagen – Sababurg

3.45 h

Ins Herz des märchenhaften Reinhardswaldes

Am zweiten Tag führt uns der Weserberglandweg zunächst noch eine Weile am östlichen Sockel des Reinhardswaldes entlang, um schließlich in seine ausgedehnten Forste einzutauchen und auch die plateauartigen Höhen zu gewinnen. Ziemlich genau mittendrin liegt dort das »Dornröschenschloss« der Sababurg, ein fotogenes Kleinod in herrlicher Umgebung und kulturell sicher ein Glanzpunkt.

Ausgangspunkt: Veckerhagen, 117 m. Buslinien von den Bahnhöfen Hann. Münden und Hofgeismar.
Endpunkt: Sababurg, ca. 330 m. Busverbindung nach Gieselwerder und Hofgeismar (Haltestelle knapp unterhalb der Burg beim Tierpark). Der Hotelbetrieb im Schloss ist momentan eingestellt.
Anforderungen: In der ersten Hälfte häufig naturbelassene Wege und Pfade, manchmal auch in offenem Gelände, danach überwiegen breitere Forststraßen. Durchschnittlich lange Etappe mit mehr Auf- als Abstieg. Wie üblich einheitlich bezeichnet, bei einigen Abzweigungen muss man aber aufmerksam sein.
Einkehr: Veckerhagen, Sababurg (Gasthaus Zum Thiergarten).
Variante: Bei der Wegkreuzung (2) dem hölzernen Hinweis zur Sababurg folgend auf einem Pfad eine ganze Weile zum Teil recht kräftig bergauf Richtung

Auf den Wegen am Waldrand genießt man meist die beste Aussicht.

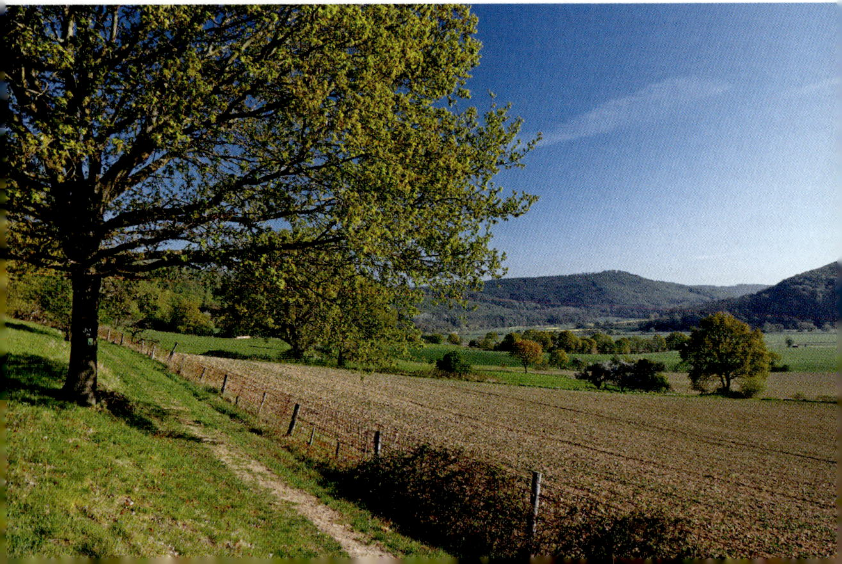

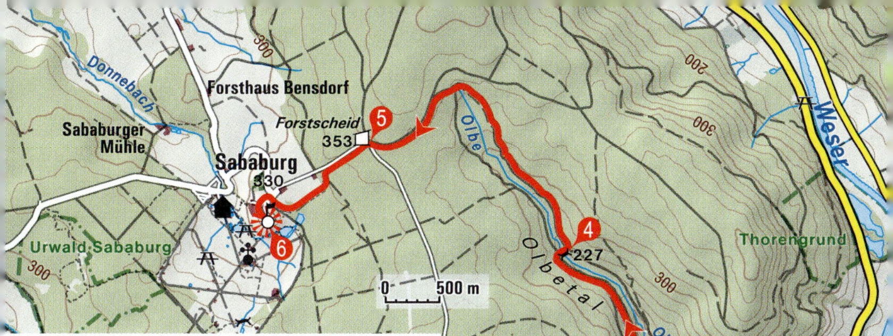

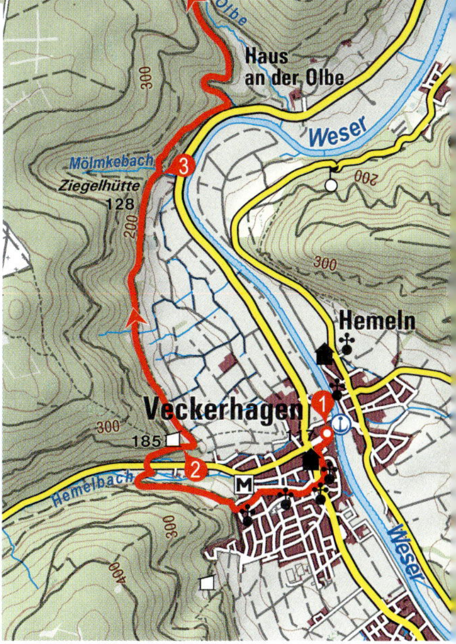

Staufenberg. Dort mit der Route Nr. 4 an einer Unterstandshütte vorbei nordwärts in den ausgedehnten Friedwald und später – nach Passieren eines Parkplatzes – links die Judenbaumstraße einschlagend. Die Örtlichkeit und ihre Geschichte soll übrigens Annette von Droste-Hülshoff zu ihrer bekannten Novelle »Die Judenbuche« inspiriert haben. Schließlich nähert man sich der Sababurg von Süden her.

Tipp: Siehe Tour 20 »Rund um die Sababurg«.

In **Veckerhagen** ❶ nehmen wir durch die *Obere Kasseler Straße* Richtung *Felsenkellerstraße* wieder die mit XW signalisierte Route des Weserberglandweges auf. Zunächst nur wenig ins Gehölz eintauchend, teilweise auch über vorgelagerte Wiesenwege, wird beim Mühlgraben die *L3229* ein paar Meter nach links versetzt gekreuzt. Dahinter rechts zu einer Mehrfachkreuzung ❷, wo

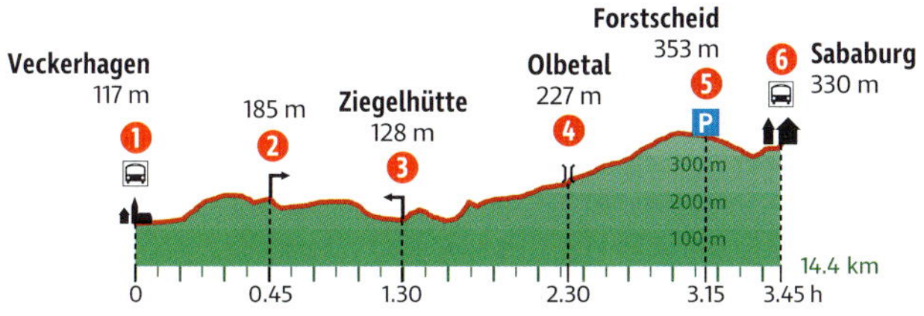

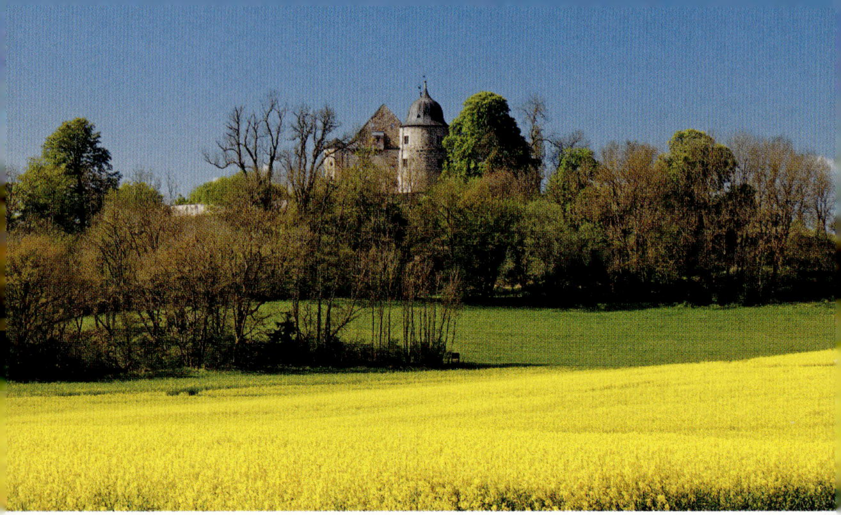

Ein magischer Moment, wenn wir die Sababurg erstmals erblicken.

die Sababurg einerseits bergauf ausgewiesen wird (siehe Variante), auf unserem XW allerdings leicht abwärts zum Waldrand hin (undeutlich markiert an dieser Stelle; andererseits vom Quartier in Veckerhagen auch etwas direkter anlaufbar). Auf der Fortsetzung gen Norden begleiten uns jetzt eine ganze Weile freie Blicke über das Wesertal. Kurz vor **Ziegelhütte** ❸, 128 m, links haltend über den Mölmkebach hinweg, nach wenigen Metern Höhengewinn aber bereits wieder leicht abwärts bis in unmittelbare Nähe der *B80* respektive der Weser. Hier beginnt nun eine längere Steigung, die sich dem Olbetal anschmiegt. Aufpassen, dass man den breiten Forstweg an entsprechender Stelle verlässt, um den Bachlauf auf ein paar Steinen nach rechts zu überschreiten ❹ – dafür leitet ein Pfad kurz abwärts und wieder steil hinauf zur anderen, quasi parallel verlaufenden Forststraße. Wir gewinnen weiter an Höhe und drehen später links ein. Vom **Parkplatz Forstscheid** ❺, 353 m, neben der Straße geringfügig bergab bis zum Rand der großen Freifläche, wo erstmals die romantische Sababurg ins Blickfeld tritt. Wir vermeiden allerdings den direkten Straßenverlauf, holen stattdessen nach links aus und gelangen schließlich über eine Wiesenpassage Richtung Parkplätze, dann mit den letzten Schritten hinauf zur **Sababurg** ❻.

In Veckerhagen brechen wir zur 2. Etappe auf.

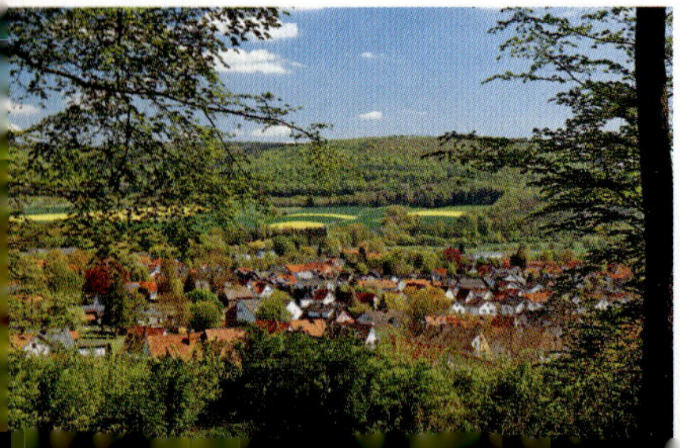

↗ 360 m | ↘ 590 m | 17.9 km

4.50 h

Etappe 3: Sababurg – Bad Karlshafen

3

Im nördlichsten Winkel Hessens

Mit dem dritten Abschnitt komplettieren wir die Durchquerung des Reinhardswaldes, der als Märchenstube gilt. Das romantische Dornröschenschloss der Sababurg mag dafür als Wahrzeichen stehen, die häufigen Eichen passen zum Ambiente. Inmitten ausgedehnter Wälder liegt um Gottsbüren auch mal eine offene Landschaft hingebreitet. Besonders reizvoll erscheint das Finale der Etappe, vom Wechselberg entlang der letzten Diemelschleife bis ins beliebte Weserstädtchen Bad Karlshafen, das in der Zeit des Barock von Hugenotten gegründet wurde und heutzutage viele Ausflügler und natürlich auch Kurgäste sieht. Es handelt sich übrigens um die nördlichste Stadt Hessens.

Ausgangspunkt: Sababurg, ca. 330 m, im Reinhardswald. Bushaltestelle beim nahen Tierpark (Linie zwischen Gieselwerder und Hofgeismar).
Endpunkt: Bad Karlshafen, 101 m, beim Schiffsanleger, am Hafenplatz (zentrale Bushaltestelle) oder am Bahnhof.
Anforderungen: Wechsel von Naturpfaden und Forstwegen, vor Gottsbüren meist in offener Szenerie, anschließend mehrheitlich bewaldet. In einigen Windbrucharealen kann die Route etwas beeinträchtigt sein, auch was die ansonsten tadellose Markierung betrifft. Konditionell normale Tagesetappe mit einigem Auf und Ab.

Auf dem heutigen Abschnitt kommen wir nach Gottsbüren.

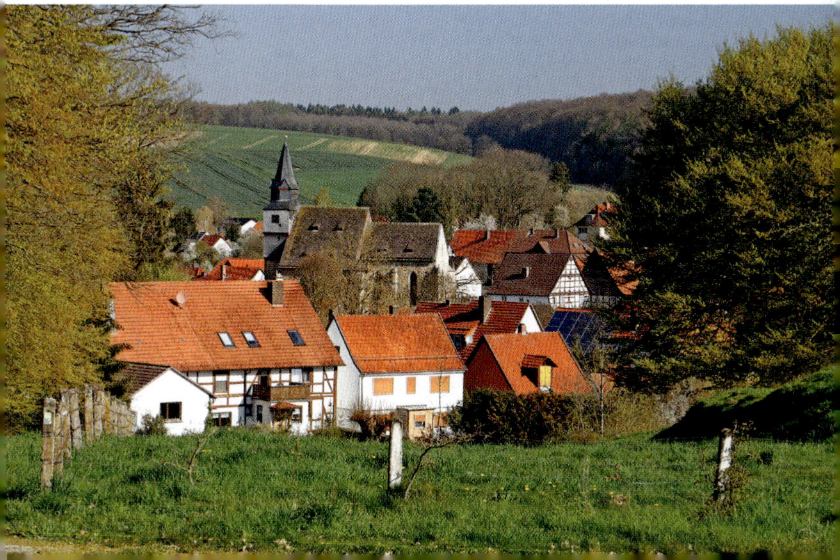

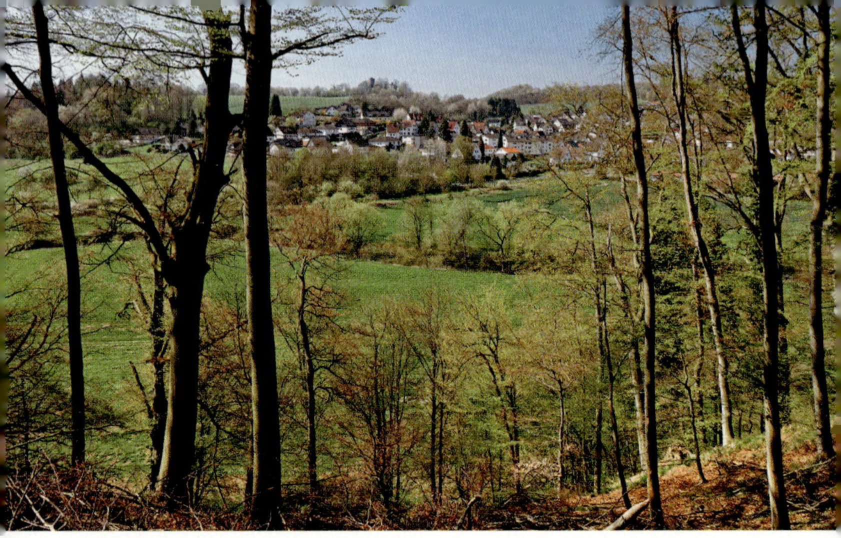

Im Tal der Diemel erspähen wir Helmarshausen.

Einkehr: Sababurg, Gottsbüren (Gasthof Zum Anker) und zahlreich in Bad Karlshafen (auch mit Übernachtung).
Variante: Der ursprüngliche Weserberglandweg zieht vom P. 324 bis fast nach Gieselwerder hinunter (mit Übernachtungsmöglichkeit ggf. als alternativer Etappenzielort), um dann wieder kräftig anzusteigen. Im Georgengrund war eine Begehung aufgrund von Sturmschäden zuletzt erschwert, weshalb die beschriebene Umleitung eingerichtet (und auch gut markiert) wurde. Ohnehin stellt diese eine merkliche und vorteilhafte Abkürzung dar!
Tipp: In Bad Karlshafen sind das Deutsche Hugenotten-Museum und die Weser-Therme einen Besuch wert.

Von der **Sababurg** ❶ anfangs abwärts zum Tierpark, über die Parkplätze und dahinter rechts über die Straße hinweg. Der Weg führt ein Stück weit am Waldrand entlang und nähert sich rechter Hand der Sababurger Mühle. Bald darauf treten wir auf große, landwirtschaftlich genutzte Freiflächen mit dem Flurnamen »Große Beckerseite« hinaus. Unsere Route führt ziemlich geradlinig und stets aussichtsreich gen Nordwesten, zwischen den Aussiedlerhöfen »Auf dem Gleichen« hindurch und später rechts hinab nach **Gottsbüren** ❷, ca. 195 m. Im Ort an der Wallfahrtskirche vorbei und *Am Rusteberg* gegen Norden hoch. Wir verlassen die

Stiller Weiher im Finkenbruchgraben.

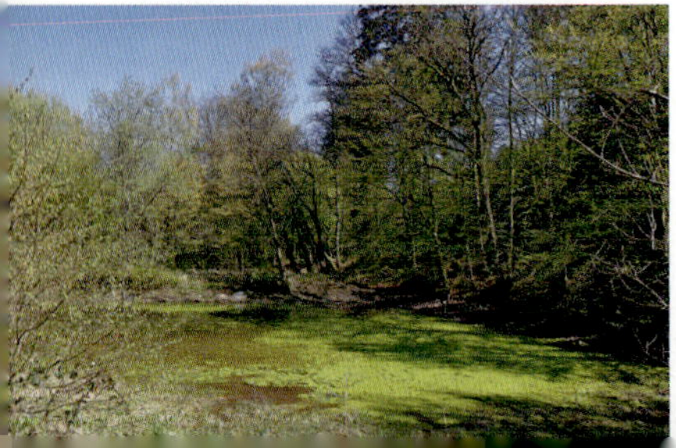

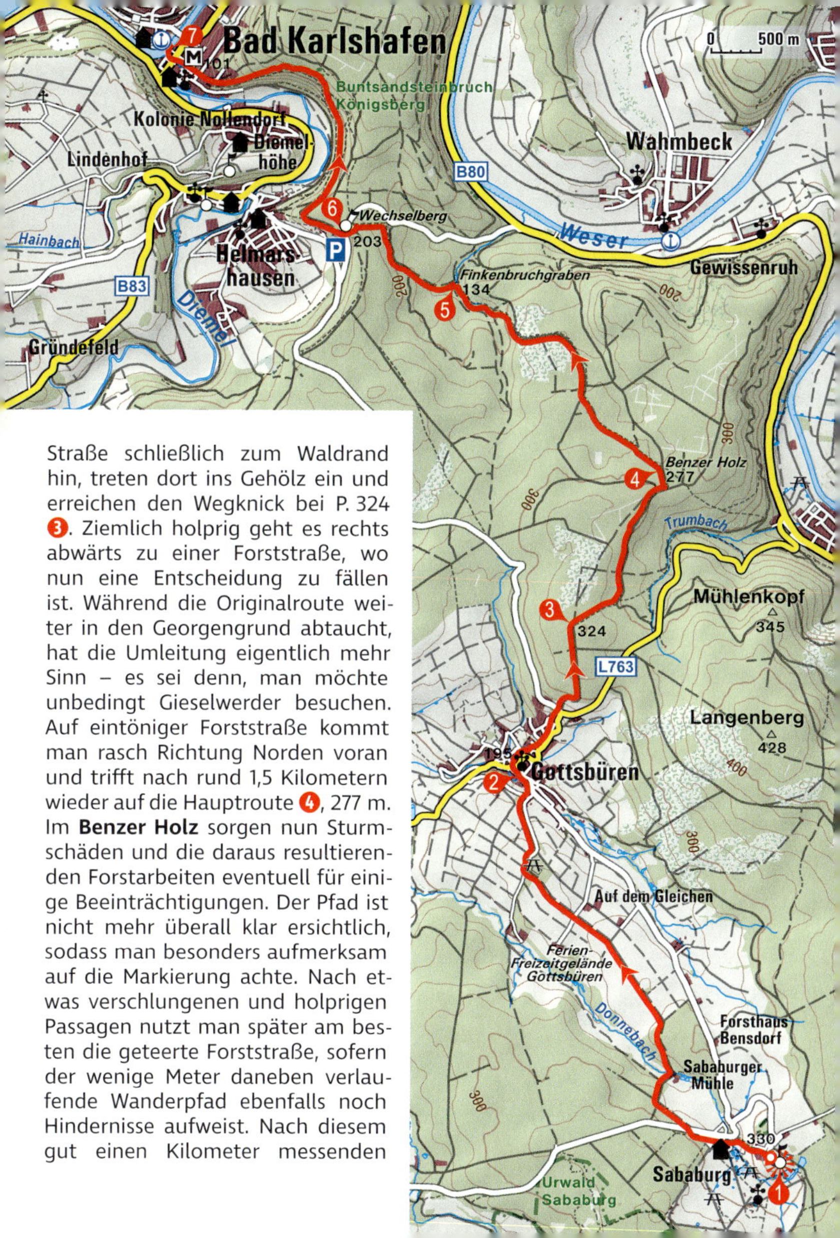

Straße schließlich zum Waldrand hin, treten dort ins Gehölz ein und erreichen den Wegknick bei P. 324 ❸. Ziemlich holprig geht es rechts abwärts zu einer Forststraße, wo nun eine Entscheidung zu fällen ist. Während die Originalroute weiter in den Georgengrund abtaucht, hat die Umleitung eigentlich mehr Sinn – es sei denn, man möchte unbedingt Gieselwerder besuchen. Auf eintöniger Forststraße kommt man rasch Richtung Norden voran und trifft nach rund 1,5 Kilometern wieder auf die Hauptroute ❹, 277 m. Im **Benzer Holz** sorgen nun Sturmschäden und die daraus resultierenden Forstarbeiten eventuell für einige Beeinträchtigungen. Der Pfad ist nicht mehr überall klar ersichtlich, sodass man besonders aufmerksam auf die Markierung achte. Nach etwas verschlungenen und holprigen Passagen nutzt man später am besten die geteerte Forststraße, sofern der wenige Meter daneben verlaufende Wanderpfad ebenfalls noch Hindernisse aufweist. Nach diesem gut einen Kilometer messenden

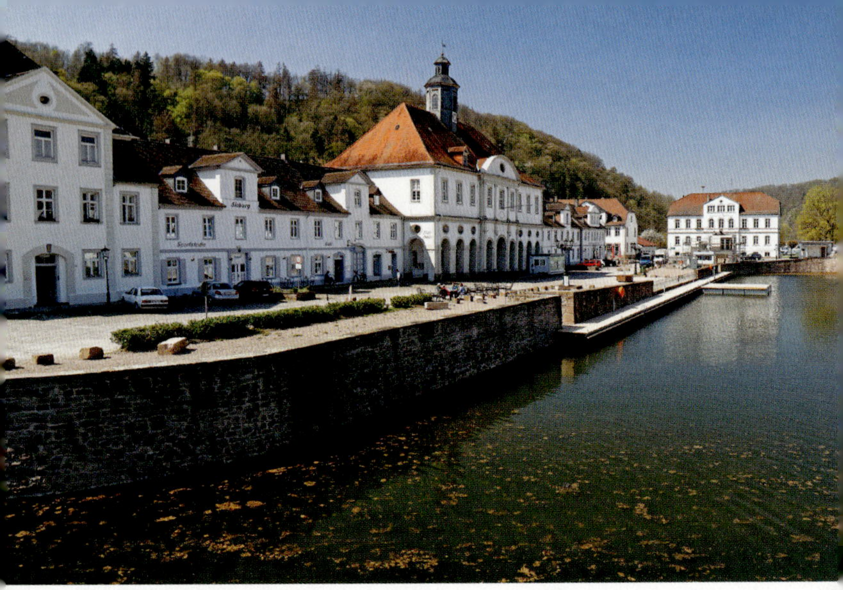

Bad Karlshafen ist eine »geplante« Stadt.

flotteren Abschnitt scheren wir nach links aus und steigen bis in den **Finkenbruchgraben** ⑤, 134 m, ab. Dort bei zwei Weihern links aufwärts und mittels Gegensteigung Richtung **Wechselberg** ⑥, 203 m, wo bei einem Wanderparkplatz die Kreisstraße gekreuzt wird. Wir wählen den linken Weg und befinden uns damit am Abhang zur Diemel hin. Während der Traverse ergeben sich schöne Durchblicke auf Helmarshausen mit der Krukenburg. Einmal müssen wir steil auf einen höheren Weg wechseln, wobei das Zwischenstück jüngst in schlechtem Zustand war. Man passiert noch einen schönen Aussichtspunkt und wandert zuletzt in mäßigem Gefälle von Süden nach **Bad Karlshafen** hinein. Dort durch *Schützenallee* und *Lutherstraße* zum Hafen und gegebenenfalls zum Anleger ⑦, dem offiziellen Zielpunkt der Etappe.

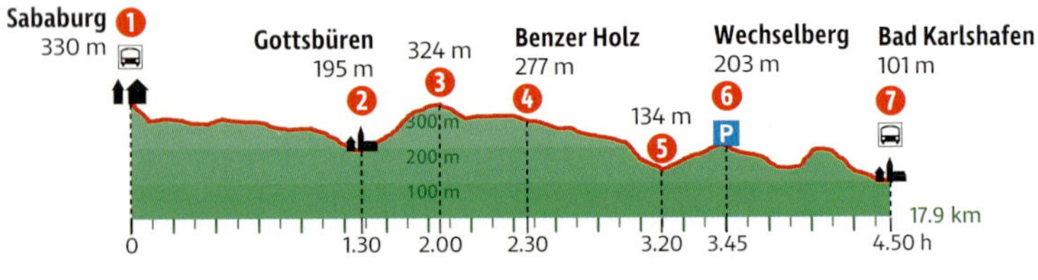

↗ 400 m | ↘ 280 m | 12.8 km

3.30 h

Etappe 4: Bad Karlshafen – Schönhagen

4

Der erste Tag im großen Solling

Im vierten Abschnitt treten wir von Süden her in den Solling ein – ins ausgedehnteste Waldgebiet des gesamten Weserberglandes. Über die ersten Höhen am Steilabfall zur Weser kommen wir ins abgeschiedene Nienover, wo man nicht glauben würde, dass dort im Mittelalter einmal eine Stadt existierte. Sie fiel wüst und geriet sogar komplett in Vergessenheit, ehe erst in jüngerer Zeit die Archäologie wieder darauf aufmerksam geworden ist. In Schönhagen, malerisch im Hochtal der Ahle gelegen, endet diese relativ kurze Etappe – es sei denn, jemand mag gleich weiterlaufen und erst in Neuhaus bzw. Silberborn wieder Quartier beziehen.

Ausgangspunkt: Bad Karlshafen, 101 m. Entweder beim Anleger, beim Bahnhof oder beim individuellen Quartier nach einer Übernachtung.
Endpunkt: Schönhagen, 215 m, im südlichen Solling. Busverbindungen nach Uslar bzw. Holzminden.
Anforderungen: Auf den ersten zwei Dritteln mehrheitlich Naturwege mit, bis auf kurze Passagen, gut gefügter Trasse, später meist breit und befestigt. Konditionell gemäßigt.
Einkehr: Bad Karlshafen, Schönhagen (Übernachtungsmöglichkeiten: Gasthaus Zur Harburg, Tel. +49 5571 92390; Hotel Fröhlich Höche, Tel. +49 5571 2612).

»Lug-ins-Land«: der Name dieses Flecks am Solling-Südrand ist Programm.

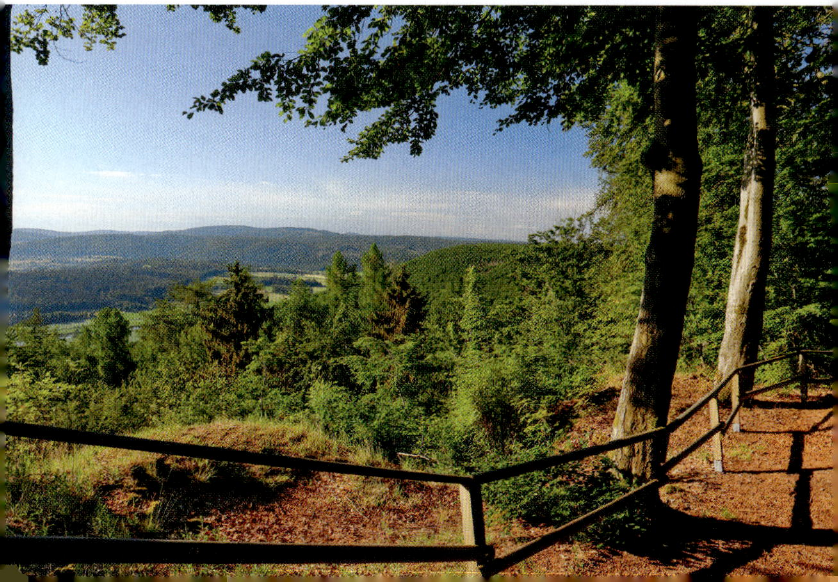

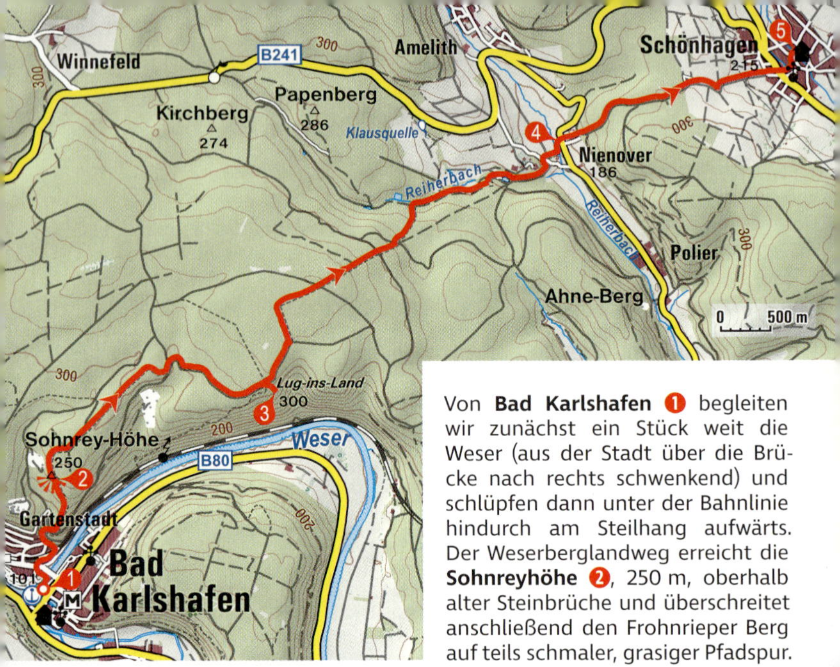

Von **Bad Karlshafen** ❶ begleiten wir zunächst ein Stück weit die Weser (aus der Stadt über die Brücke nach rechts schwenkend) und schlüpfen dann unter der Bahnlinie hindurch am Steilhang aufwärts. Der Weserberglandweg erreicht die **Sohnreyhöhe** ❷, 250 m, oberhalb alter Steinbrüche und überschreitet anschließend den Frohnrieper Berg auf teils schmaler, grasiger Pfadspur.

Kurz vor Schönhagen finden wir einen See als lauschigen Rastplatz.

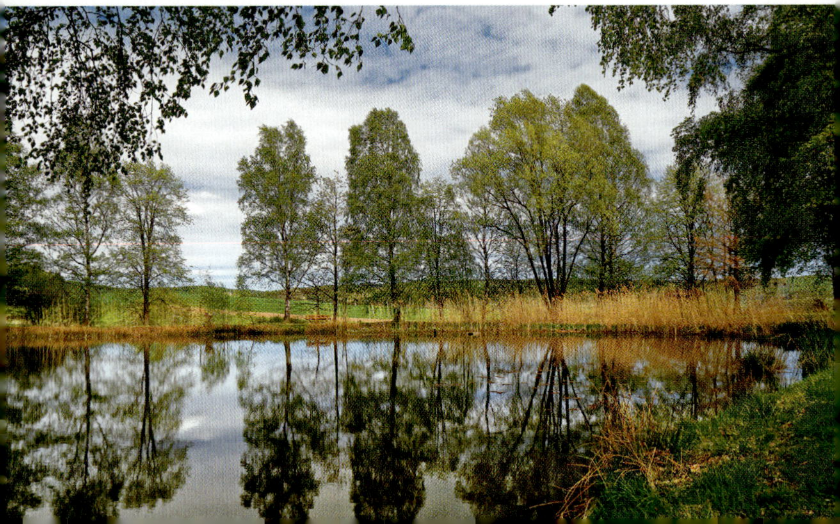

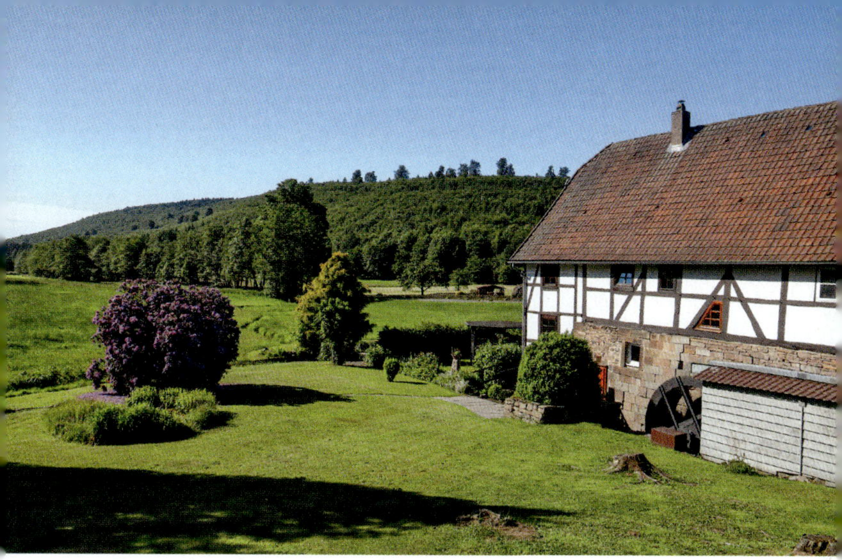

Alte Mühle bei Nienover.

Nach einer Weile stoßen wir auf eine breite Forststraße und achten auf mehrere kleinräumige Richtungswechsel. Nächstes Ziel ist der **Lug-ins-Land** ❸, ca. 300 m, ein herrlicher Rastplatz mit Blick ins Wesertal. Gute 500 Meter weiter biegt man vom Hauptforstweg nach links ab, vollzieht am Plateau namens Tellerbusch erneut einen rechten Winkel und folgt dem längeren Gefällabschnitt ins Reiherbachtal, wo ein traditionelles Hutewald-Projekt initiiert worden ist. Am Carolinenteich vorbei nähern wir uns **Nienover** ❹, 186 m, und kreuzen bei der Mühle nicht nur den Reiherbach, sondern in Kürze auch die *L551*. Nun gilt es die bewaldete Höhe (P. 271) hinüber nach Schönhagen zu überschreiten – wobei uns oben ein erstaunlich großer Weiher verblüfft und sich das Blickfeld alsbald öffnet. Das Gefälle verläuft auf Hartbelag, ehe wir in **Schönhagen** ❺ via *Bohlweg* und *Mittelstraße* beim Gasthaus Zur Harburg eintreffen.

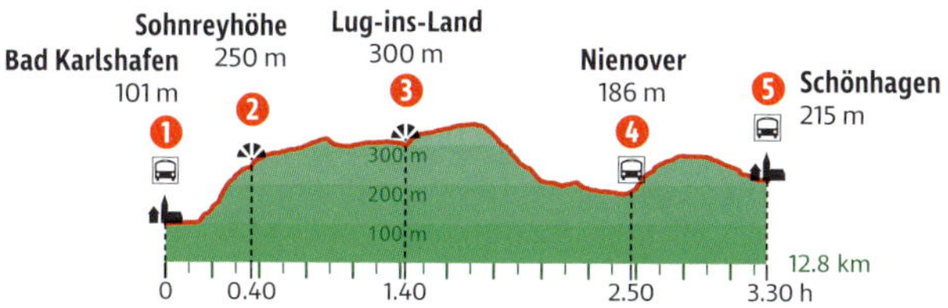

↗ 460 m | ↘ 240 m | 15.1 km

5

Etappe 5: Schönhagen – Silberborn

4.10 h

Im Herzen des Solling

Auf dieser Wanderung stoßen wir in den erholsamen Hochsolling vor und erreichen am Ende mit Silberborn auch das höchstgelegene Dorf Niedersachsens außerhalb des Harzes. Zuvor führt die Route noch an zwei interessanten Offerten vorbei, die man eigentlich nicht ausschlagen sollte: Bei Schönhagen lockt ein Erlebniswald mit seinen pädagogischen Angeboten, bei Neuhaus der Wildpark, wo man viele einheimische Tiere – unter anderem Wolf und Luchs, Sika- und Damwild sowie diverse Eulen und Greifvögel – aus nächster Nähe beobachten kann. Kurz vor Silberborn besteigen wir dann noch den aussichtsreichen Hochsollingturm, dessen Plattform schon über die 500-Meter-Marke hinausreicht und damit quasi die höchste Stelle auf dem gesamten Weserberglandweg bildet.

Ausgangspunkt: Schönhagen, ca. 215 m. Busverbindungen von Uslar und Holzminden.
Endpunkt: Silberborn, 432 m. Diesselbe Buslinie.
Anforderungen: Ungefähr je zur Hälfte Forststraßen und Naturwege. Insgesamt mehr Aufstieg, aber bis auf kurze Abschnitte nur moderate Steigungen. Etwas unterdurchschnittliche Etappenlänge, daher nicht übermäßig anstrengend.
Einkehr: Schönhagen, Wildpark Neu-

Zeugnisse einstiger Bewirtschaftung im Solling.

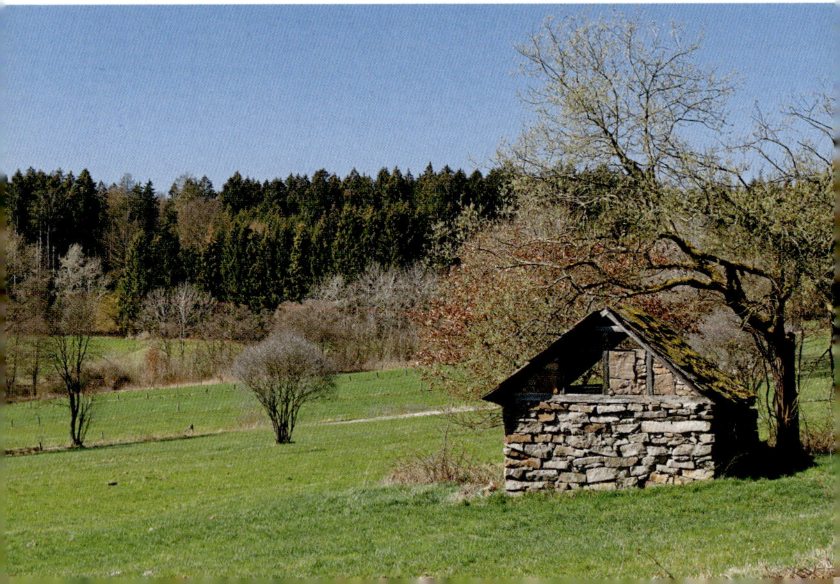

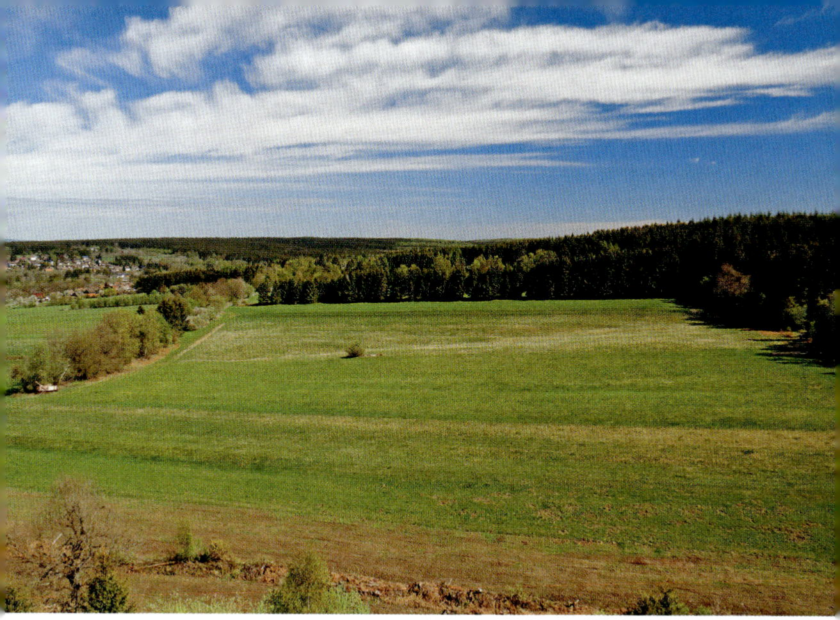

Ausblick vom Hochsollingturm bei Neuhaus nach Norden (oben) und Westen.

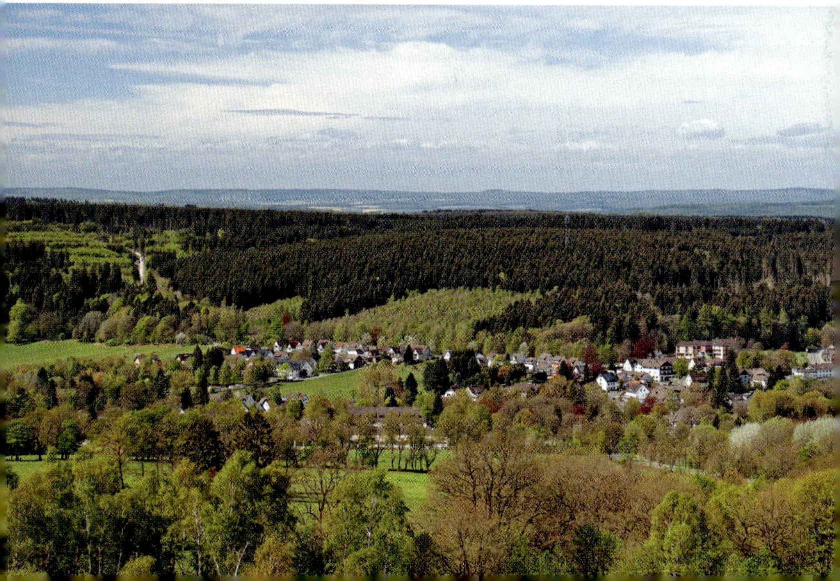

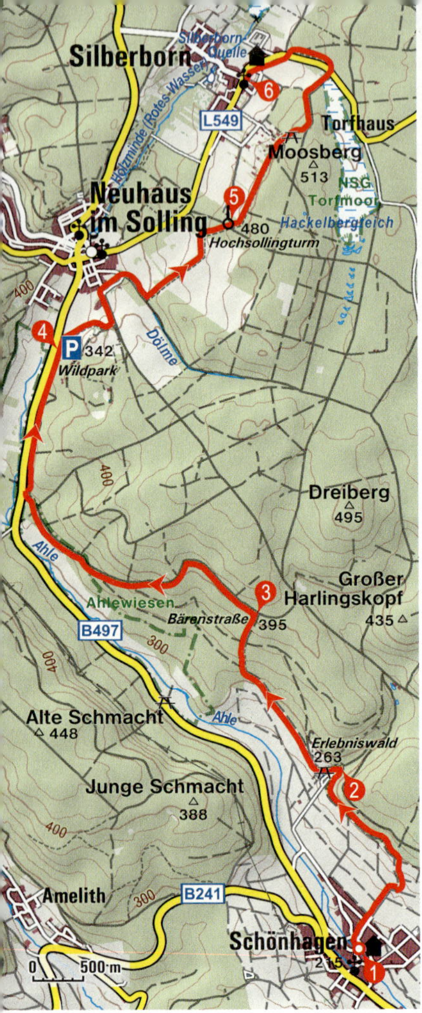

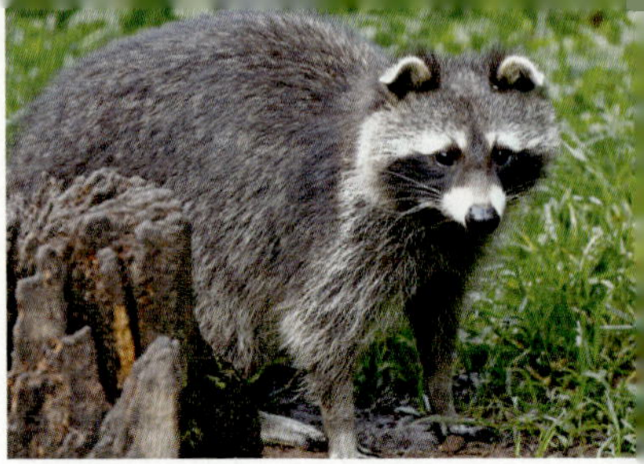

Waschbär im Wildpark Neuhaus.

haus, Silberborn (Landgasthaus Sollinghöhe, Gasthaus Zum Kreuger, Restaurant Zum Wilddieb).

Variante: Alternative Übernachtung in Neuhaus; dafür von der Eichenallee kurz weiter in die Ortschaft und zum individuellen Quartier.

Tipps: 1. Erlebniswald Schönhagen, angelegt im Rahmen der Expo 2000. Nähere Infos unter erlebniswald.de.
2. Wildpark Neuhaus, geöffnet täglich 9 bis 19 Uhr (Wintersaison bis 17 Uhr).

In **Schönhagen** ❶ leiten *Steintorstraße* und *Lauenfelder Straße* aus dem Ort heraus und am südwestexponierten Hang bergauf. Sehr reizvoll ist der Abschnitt am Waldsockel entlang bis zum Campingplatz mit dem nahegelegenen **Erlebniswald** ❷, 263 m, der gegen Gebühr erkundet werden kann. Der Weserberglandweg tangiert das Areal unterhalb und führt am Waldrand in Grundrichtung Nordwest weiter. Später muss man die breite Trasse verlassen und auf einem Erdweg rund 80 Höhenmeter bis zur sogenannten **Bärenstraße** ❸, 395 m, ansteigen. Diese führt mit ganz sachtem Gefälle oberhalb der extensiv beweideten Ahlewiesen (Quellmoor) entlang und kommt in unmittelbare Nähe der *B497*. Ein an sich schöner Pfad schlängelt sich parallel dazu durchs niedere Gehölz und bringt uns schließlich zum **Wildpark Neuhaus** ❹, 342 m. Noch vor der Ortschaft steigt die Route am Wiesenhang wieder an (schöner Blick), kommt

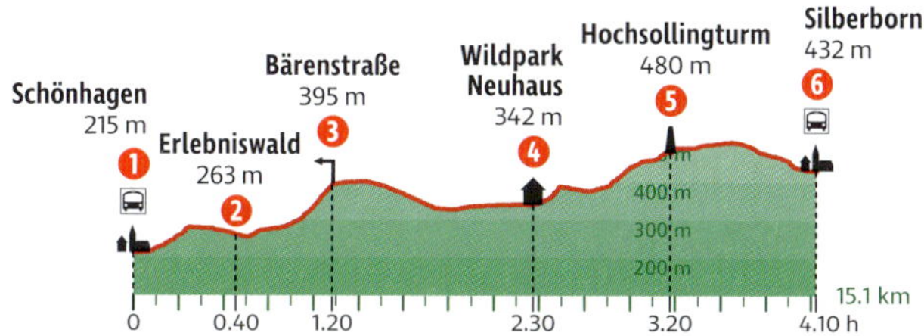

bis zur *Eichenallee* voran, um dann abermals vor den Siedlungen rechts abzudrehen. Wir queren zum *Dölmeweg*, achten nach ca. 300 Metern auf den Linksabzweig und begleiten nun eine der gebietstypischen Trockenmauern, die einst zur Abgrenzung der Weideareale aufgeschichtet worden sind. Nächstes Ziel ist der **Hochsollingturm** 5, 480 m, eine massive dreieckige Holzkonstruktion mit 178 Stufen bis zur Aussichtsplattform, die uns weit übers Land blicken lässt, speziell nach Westen bis ins Westfälische. Kurz zurück, wandern wir anschließend auf lauschigem Pfad am Waldrand entlang, kommen auf eine breitere Forststraße und dann zur *L549*. Parallel dazu verläuft der Wanderweg zu einem Parkplatz am nördlichen Ortseingang von **Silberborn** 6, wo wir unseren persönlichen Übernachtungsplatz ansteuern.

Schönhagen, scheinbar burgartig überragt vom Kirchturm.

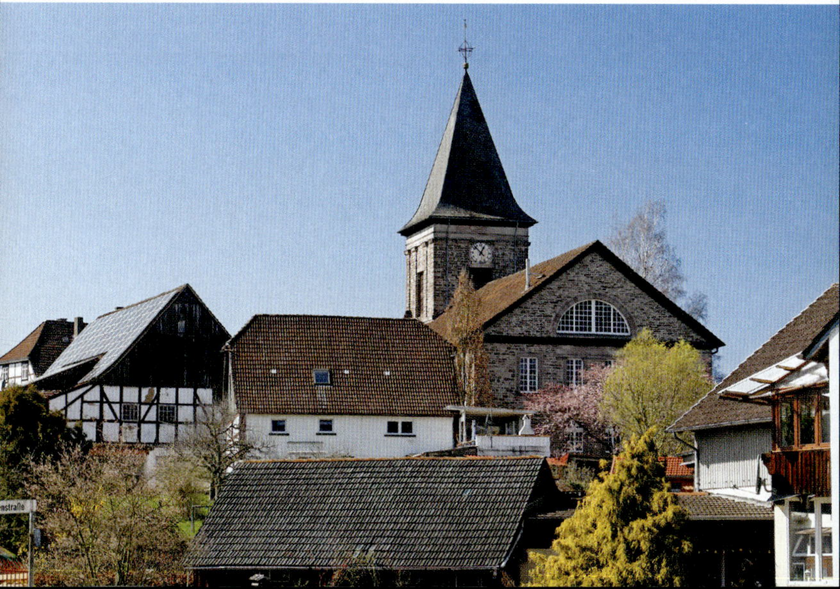

↗ 440 m | ↘ 640 m | 23.0 km

6 Etappe 6: Silberborn – Stadtoldendorf

6.00 h

Durchs idyllische Hellental und von Heinade über den Holzberg

Aus dem Hochsolling bis ins nördliche Vorland führt diese Etappe des Weserberglandweges. Zu Beginn durchstreifen wir mit dem Mecklenbruch ein Hochmoor von überregionaler Bedeutung – einst für den Torfabbau genutzt, nach seiner Renaturierung wieder ein Hort seltener Pflanzen und obendrein voller Mystik. Malerische Akzente setzt auch das Hellental mit seinen zahllosen Quellen und der gleichnamigen Ortschaft, die auf eine alte Glasmachertradition zurückblickt. Durchs Hellental entschwinden wir den tiefen Sollingwäldern und überschreiten hinter Merxhausen und Heinade den Holzberg, der übrigens nicht viel niedriger als der Solling ist, aber weitaus weniger ausgedehnt. Von den Klippen bietet sich ein herrlicher Blick über die geschützten Holzbergwiesen am Nordabhang bis zu unserem Etappenziel Stadtoldendorf.

Ausgangspunkt: Silberborn, 432 m, im Hochsolling. Busverbindungen nach Holzminden und Uslar.
Endpunkt: Stadtoldendorf, 232 m. Busverbindungen nach Holzminden, Bodenwerder, Dassel und Einbeck. Bahnhof an der Strecke Kreiensen – Paderborn.

Anforderungen: Naturpfade (besonders am Holzberg, dort auch kurzfristig steil) sowie breitere Feld- und Forstwege gemischt. Tagfüllende Gesamtstrecke, insofern Ausdauer erforderlich.
Einkehr: Hellental (Hotel Lönskrug), diverse Gaststätten in Stadtoldendorf.

Das abgeschiedene Hellental öffnet Herz und Sinne.

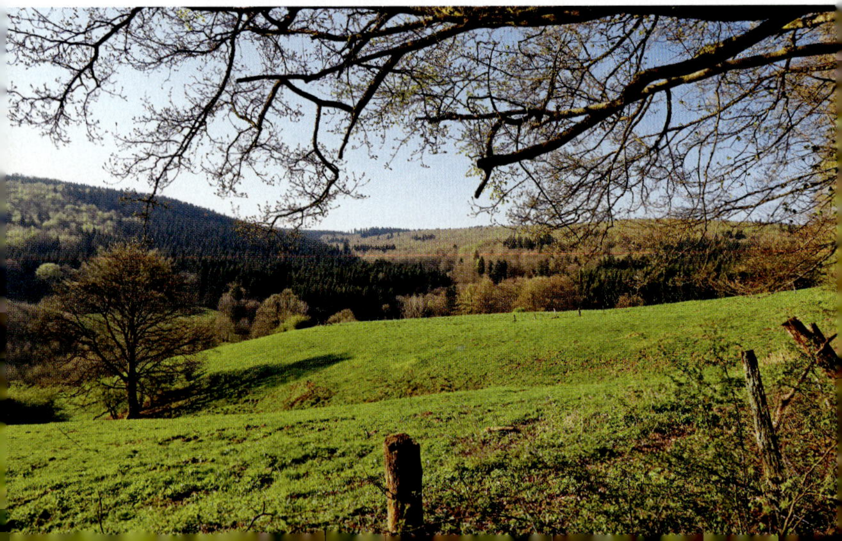

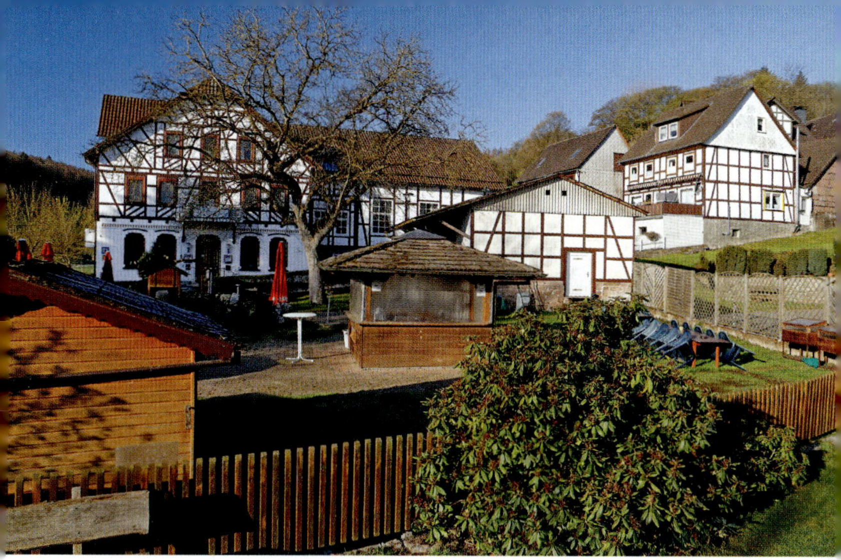

In der Ortschaft Hellental finden wir den Lönskrug.

In **Silberborn** (1) zum nördlichen Ortsausgang und bei einem Wanderparkplatz auf die Forststraße, der man rund einen Kilometer folgt, bis links der Bohlenweg ins **Mecklenbruch** abzweigt. In Kürze erreichen wir dort den Beobachtungsturm (2), ca. 455 m. Noch ein Stück weit schlängelt sich die Route durchs Hochmoor, bevor es im Wald die Richtungswechsel zu beachten gilt – der Weserberglandweg schwenkt in Grundrichtung Nordost. Nach einer langen Geraden verzweigt sich der Forstweg (3), 477 m. Hier rechts abwärts und eine halbe Stunde später bei einem weiteren Abzweig scharf rechts. Ein kurzes Pfadstück bringt uns in den Grund des Hellentals zu einem **Rastplatz** (4), ca. 370 m. Durch das idyllische Wiesenhochtal wandert es sich nun eine ganze Weile beschaulich hinaus bis in die abgeschiedene Ortschaft **Hellental** (5), 282 m. Gleich hinter dem Lönskrug

Im Mecklenbruch bei Silberborn.

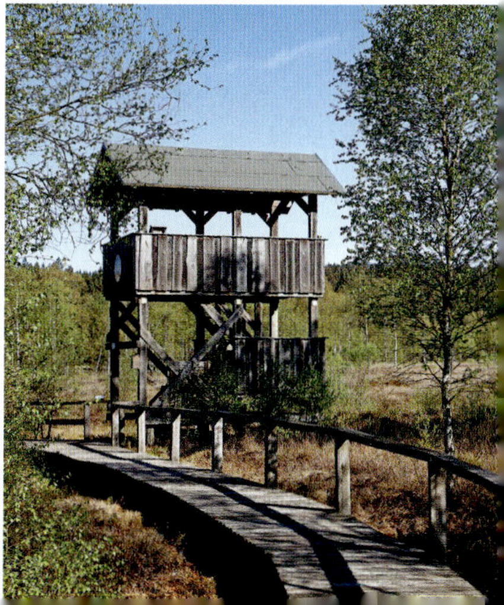

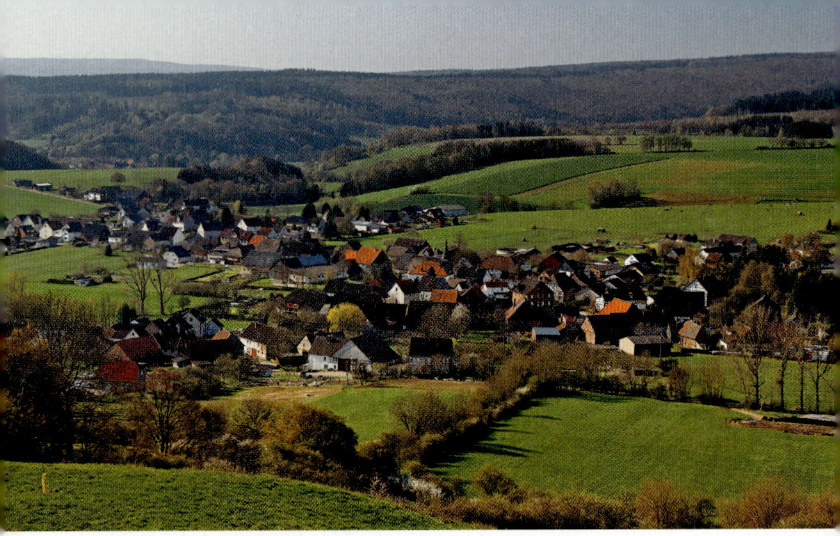

Der Rückblick auf Heinade zählt zum Reizvollsten auf dieser Etappe.

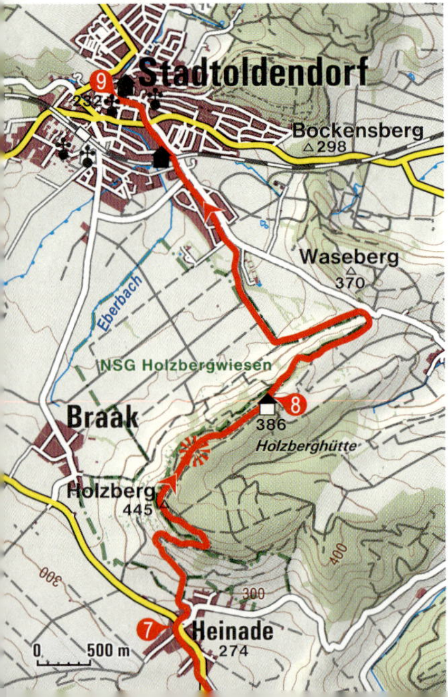

aufwärts, rechts haltend zur Straße *Am Schusterhof* und damit auf den Wanderweg, der sich am Waldrand entlangzieht. Allmählich nähert sich die Route **Merxhausen** 6, 238 m, bleibt aber schließlich knapp abseits der Ortslage und kreuzt die *L580* etwas später nach einem Wiesenabschnitt. Gegenüber geht es über eine freie Anhöhe hinweg und damit nach **Heinade** 7, 274 m, hinein. Hinter der Kirche schlagen wir rechts den *Schulbrink* bzw. die *Denkiehäuser Straße* ein und beginnen eine längere Steigung, die nach einer ausgeprägten Rechtsschleife steil zur Kammhöhe am **Holzberg** aufschließt. Dort folgen wir einem schmalen Pfad, der sich durch Bärlauchteppiche schlängelt und auch einige Klippenabbrüche berührt. Etwas später kommen wir zur **Holzberghütte** 8, 386 m, ver-

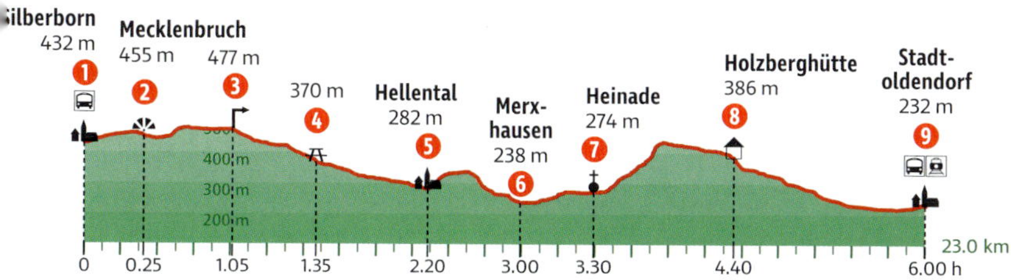

lieren steil an Höhe und wandern weiter am nordöstlichen Ausläufer des Höhenzuges zur *Linnenkämper Straße (K42)*. Dieses umständliche Eck muss ausgegangen werden, weil die Holzbergwiesen, in die wir nun eintauchen, nur auf offiziellen Wegen begangen werden dürfen. Durch eine offene, von Wiesen, Hecken und Büschen gekennzeichnete Szenerie nähern wir uns schließlich **Stadtoldendorf**, passieren einen Industriekomplex an der *Linnenkämper Straße* und begeben uns je nach Vorhaben ins Zentrum 9, wo sich auch die Tourist-Info befindet, oder Richtung Bahnhof.

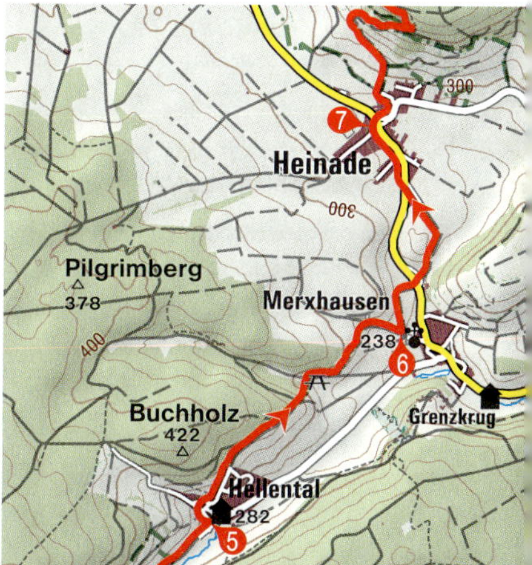

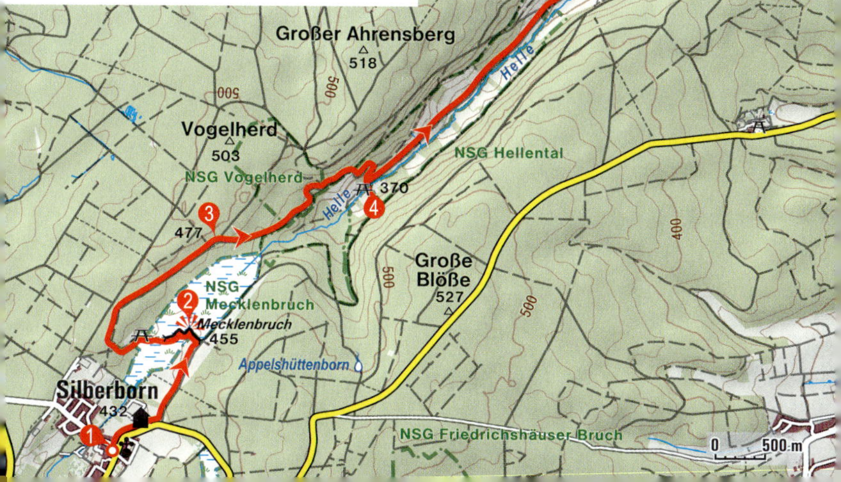

TOP 7

↗ 580 m | ↘ 740 m | 18.0 km

Etappe 7: Stadtoldendorf – Bodenwerder

5.00 h

Über den Vogler mit seinen drei Aussichtstürmen

Als kulturelles Highlight dieser Etappe darf das 1135 gegründete Zisterzienserkloster Amelungsborn gelten, das wir binnen einer knappen Wegstunde ab Stadtoldendorf erreichen. Ein Stück weiter, bei Holenberg, steigen wir in den Vogler ein, um diesen markanten Höhenzug des Weserberglandes der Länge nach zu überschreiten. Von drei Panoramatürmen lässt sich eine großartige Fernschau genießen: Als Erstes erreichen wir den hölzernen Ebersnackenturm, im weiteren Verlauf den stählernen Bodoturm und kurz vor dem Ziel die steinerne Königszinne, wo speziell auch der Tiefblick auf die Münchhausenstadt Bodenwerder fasziniert. Karl Friedrich Hieronymus von Münchhausen ging seiner abenteuerlichen Erzählungen wegen als »Lügenbaron« in die Geschichte ein.

Ausgangspunkt: Stadtoldendorf, 232 m. Bahnhof im Ort (Strecke Kreiensen – Holzminden – Paderborn), außerdem Buslinien in diverse Richtungen.
Endpunkt: Bodenwerder, 76 m. Busverbindungen nach Holzminden, Hameln und Stadtoldendorf (zentrale Haltestelle »Im Hagen«).
Anforderungen: Im ersten Abschnitt teils Hartbelag bzw. Forstwege, auf den Vogler-Höhen dann öfters unbefestigte, gut zu begehende Waldwege. Durchaus stattliche Höhenunterschiede mit der längsten Steigung von Holenberg zum

Amelungsborn – ein stattlicher Klosterbau aus dem 12. Jahrhundert.

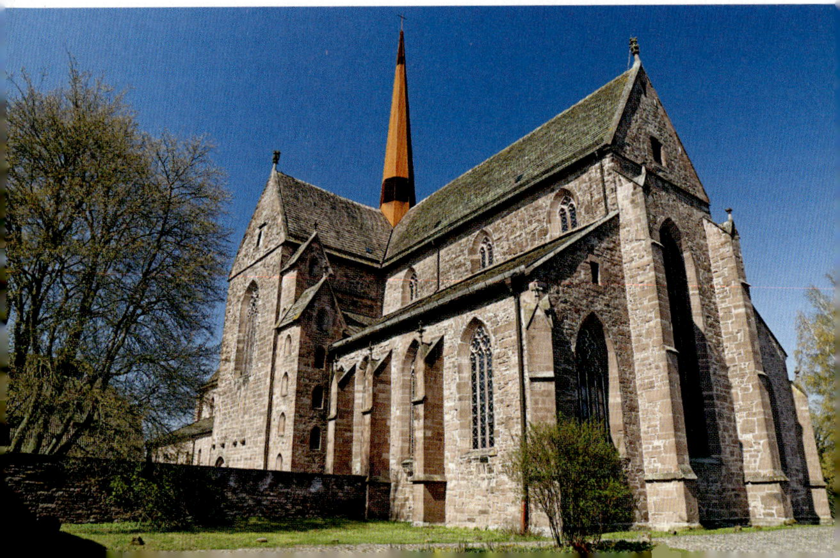

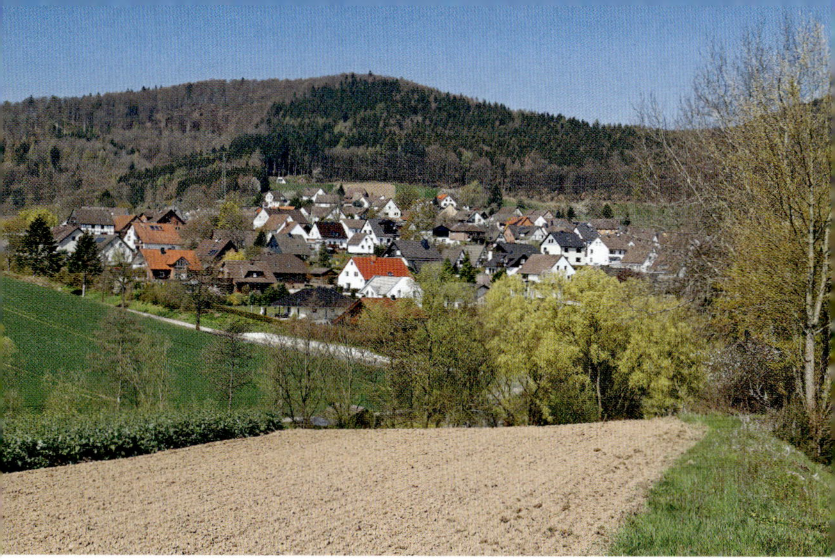

Vor der Vogler-Überschreitung gelangen wir nach Holenberg.

Ebersnacken; insgesamt aber konditionell durchschnittliche Etappe.
Einkehr: Nur in Stadtoldendorf und Bodenwerder.
Tipp: Im Kloster Amelungsborn finden von Zeit zu Zeit Veranstaltungen statt. Infos unter kloster-amelungsborn.de.

Aus dem Kern von **Stadtoldendorf** ❶ gelangen wir über die alte Stadtmauer, kreuzen den *Mühlenanger* und verlassen den Siedlungsbereich über den *Rosenbuschweg* in nordwestlicher Richtung. Man kommt in ein von Steinbrüchen durchzogenes Waldgebiet (zuletzt Sturmschäden), steigt bis vor den Forstbach ab und wandert am Mühlenteich vorbei zum Kloster **Amelungsborn** ❷, ca. 215 m. An der stark befahrenen *B64* schlagen wir ein Stück nach rechts versetzt die *K37* nach Holenberg ein. Noch vor dem Ort zunächst

Der Ebersnackenturm markiert die höchste Erhebung im Vogler.

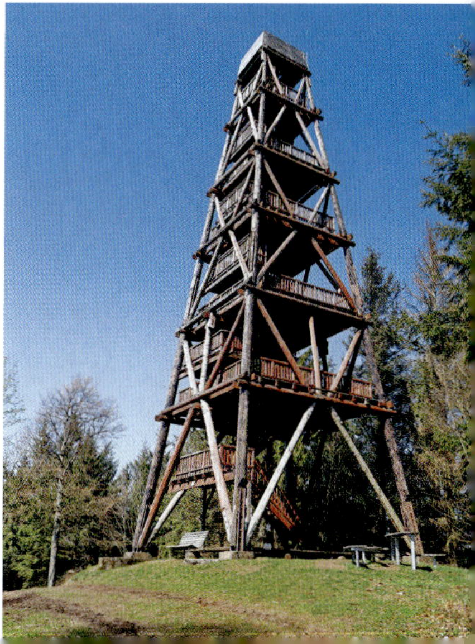

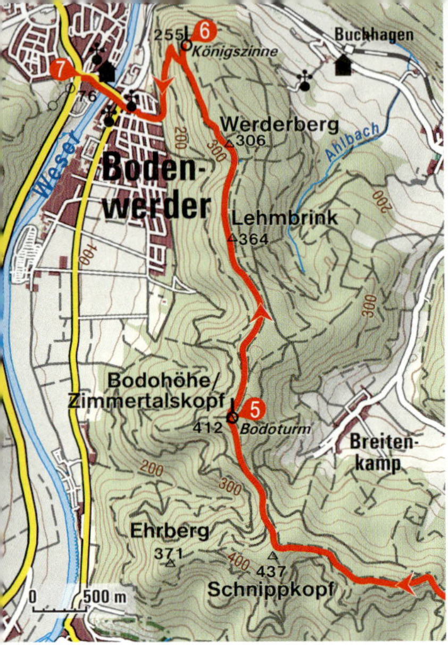

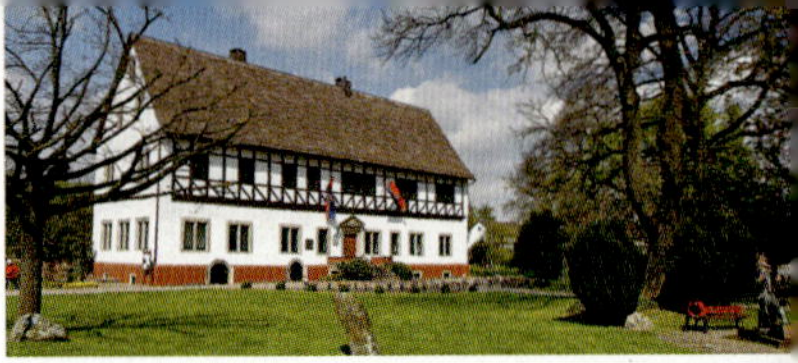

Bodenwerder besitzt ein hübsches Gemeindehaus.

am Wiesenhang aufwärts und in **Holenberg** ❸, 235 m, selbst dann via *Karl-Strote-Straße*, *Herbrink* und *Ebersnackenweg* gegen den Vogler hinauf. Im Wald will noch einiges an Höhe gewonnen werden, ehe wir über einen sekundären Rücken hinweg mit einer Traverse auf die Kammroute und die Markierung X10 stoßen. Damit noch einen knappen Kilometer bis zum **Ebersnacken** ❹, 460 m, der höchsten Erhebung am gesamten Vogler. Der Aussichtsturm legt nochmals 26 Meter drauf

Vom Ebersnackenturm schweift der Blick weit über die Voglerhöhen hinaus.

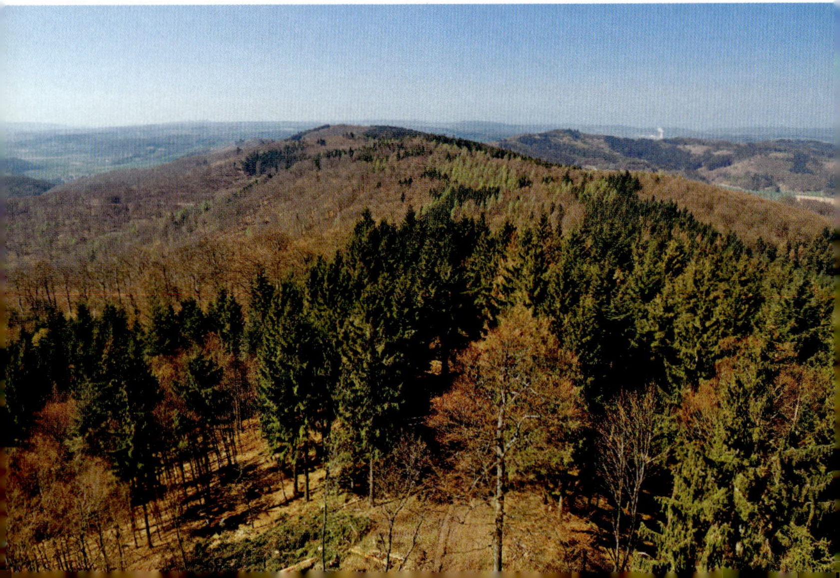

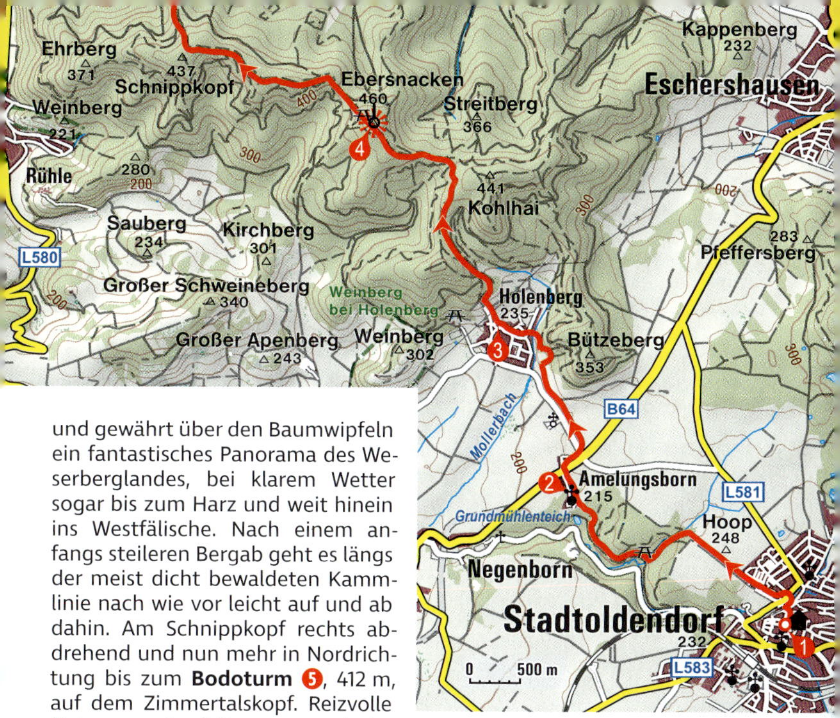

und gewährt über den Baumwipfeln ein fantastisches Panorama des Weserberglandes, bei klarem Wetter sogar bis zum Harz und weit hinein ins Westfälische. Nach einem anfangs steileren Bergab geht es längs der meist dicht bewaldeten Kammlinie nach wie vor leicht auf und ab dahin. Am Schnippkopf rechts abdrehend und nun mehr in Nordrichtung bis zum **Bodoturm** ❺, 412 m, auf dem Zimmertalskopf. Reizvolle Naturwege begleiten uns auch im weiteren Verlauf über Lehmbrink und Werderberg. Etwas in die westliche Flanke ausweichend gelangt man zur **Königszinne** ❻, 255 m, und ihrer reizvollen Perspektive auf Bodenwerder. Dorthin führt schließlich ein steilerer, aber gut angelegter Waldpfad, wobei wir zuletzt vom gewohnten Symbol des Weserberglandweges nach links abschweifen. In **Bodenwerder** ❼ überschreiten wir schließlich die Weserbrücke und kommen damit ins Zentrum.

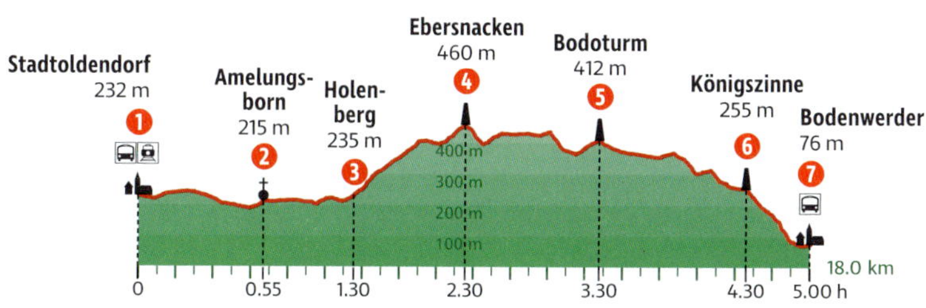

↗ 700 m | ↘ 550 m | 19.6 km

8 Etappe 8: Bodenwerder – Lüntorf

5.30 h

Über Hehlen auf die Ottensteiner Hochfläche

Am Bismarckturm erhaschen wir bald die Perspektive von oben auf das Bilderbuchstädtchen Bodenwerder, ehe der weitere Verlauf teils sehr reizvoll an Heyen vorbeiführt und sich wieder unmittelbar dem Weserfluss anschmiegt. Bei Hehlen beeindruckt das wehrhafte Wasserschloss. Wir lassen das Dorf schließlich unterhalb zurück und begeben uns in Richtung Ottensteiner Hochfläche. Nach 70 Prozent der Wegstrecke treffen wir bei der Sievershagener Mühle ein, bevor mit dem Hagenberg ein letzter Waldrücken überschritten wird. Doch Wechsel ist heute gleichsam Motto, denn bei Lüntorf ist die Szenerie wieder weithin offen.

Ausgangspunkt: Bodenwerder, 76 m. Busverbindungen u. a. nach Holzminden und Hameln.
Endpunkt: Lüntorf. Busverbindung zum Bahnhof Hameln.
Anforderungen: Längere Strecken auf Naturwegen, mitunter relativ steile Passagen. Zwischendurch auch befestigte Forststraßen bzw. Hartbelag (z. B. am Weser-Radweg). Wie üblich tadellose Bezeichnung mit dem grünen Symbol des Weserberglandweges. Aufgrund des aufsummierten Höhenunterschiedes solide Kondition angezeigt.
Einkehr/Unterkunft: Hehlen (Landgasthaus Hoffmeister, Tel. +49 5533 4800); Schlosswirtschaft; Gasthof Bahnhof Hehlen; Sievershagener Mühle (Mi bis So ab mittags, Tel. +49 5286 202); in Lüntorf mehrere Ferienwohnungen in der Mönkebergstraße.
Variante: Lüntorf wird auf der offiziellen Route etwas verwinkelt umgangen (falls wir dort nicht das Etappenziel wählen).

Mit dem Herbstlaub unter den Sohlen geht es am Waldrand entlang.

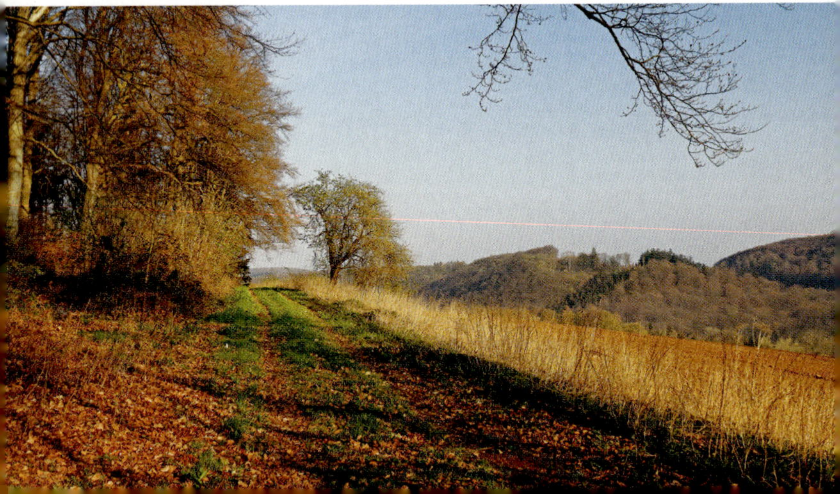

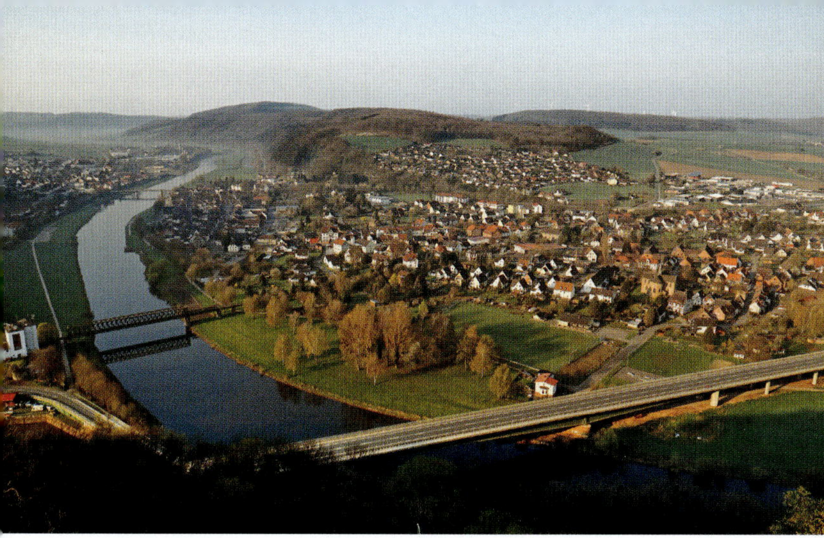

Die reizvollste Perspektive auf Bodenwerder ergibt sich vom Bismarckturm.

Wir starten bei unserem individuellen Quartier bzw. im Zentrum von **Bodenwerder** ❶, wechseln auf die andere Seite der Weserbrücke und wandern am Radweg nordwärts. Unter der *B240* hindurch finden wir den Einstieg des steilen Zickzack-Weges hinauf zum **Bismarckturm** ❷, 204 m, der vom Eckberg eine wunderbare Perspektive auf Bodenwerder bietet. Auf der anderen Seite kurz abwärts und links am Waldrand entlang. Die Markierung lotst uns ins Gehölz, wo sich ein urwüchsiger Pfad am Steilhang zur *Kampstraße (K10)* hinunterschlängelt. Schräg gegenüber parallel dazu wieder aufwärts und dann weglos über eine Wiese am Heiligenberg entlang queren (also nicht bis zur Kammhöhe empor). Wo man wieder ans Gehölz stößt, leitet ein Rechtsknick zu einer nahen Forststraße. Mit schönem Blick auf Heyen und Umgebung gewinnen wir einige Meter und zweigen am **Hopfenberg** ❸, ca. 180 m, links ab, um auf einem reizvollen, verwinkelten Pfad bis in die Talsohle abzusteigen. Dort verläuft der Weser-Radweg, dem man nun rund 1,6 Kilometer bis **Daspe** folgt. Gleich jenseits der Brücke

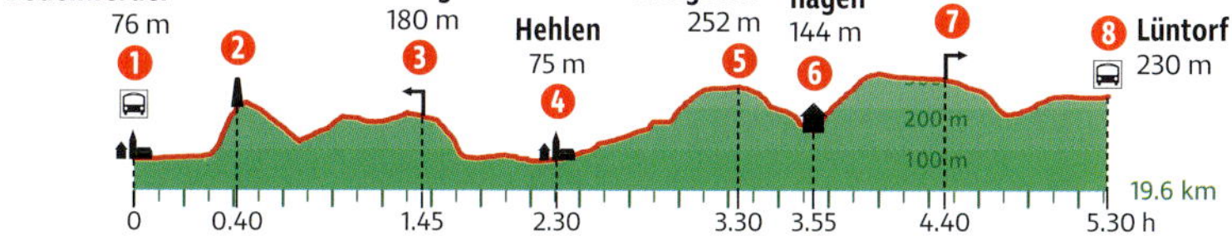

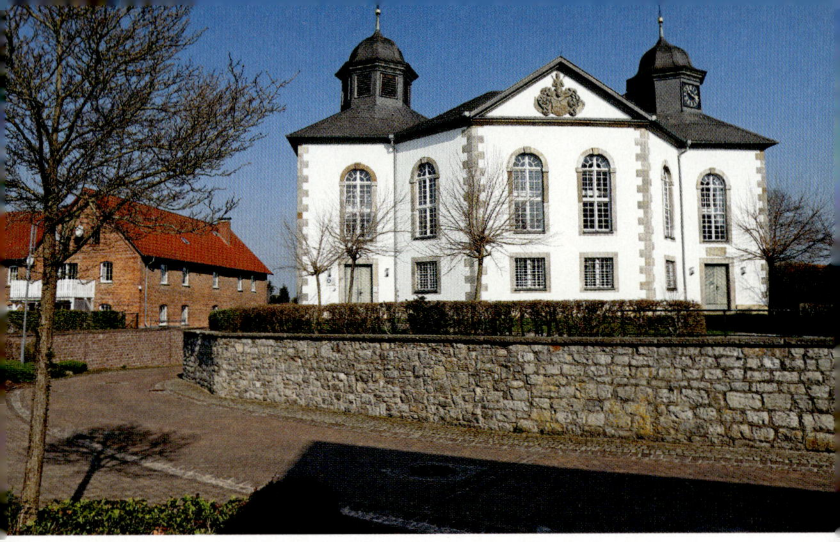

Die Immanuelkirche in Hehlen, errichtet im Stil des Weserbarock.

liegt **Hehlen** 4, 75 m, mit Wasserschloss und Immanuelkirche als Sehenswürdigkeiten.

Letztere passieren wir in Kürze und biegen später von der *Brökelner Straße* in den *Bergweg* ein. In der Feldflur ein gutes Stück bergauf, ehe es vor dem Wald pfadlos über eine Wiese nach links geht und anschließend auf schönem Naturweg über die seichte Kuppe P. 255,4 zum **Vorwerk Övelgönne** 5, ca. 250 m. Kurz dahinter rechts hinab und gemeinsam mit dem Pilgerweg – den wir an der Wiese vorübergehend verlassen hatten – hinab nach **Sievershagen** 6, 144 m. Im Landgasthaus könnte man sich stärken (auch Übernachtungsmöglichkeit). Ein knackiger Gegenanstieg bringt uns auf die Höhen am Hagenberg, wo wir am **Dreikantstein**, 283 m, vorbeikommen und knapp 1,5 Kilometer dahinter rechts abzweigen 7, ca. 270 m. Auf Forst- und Erdwegen ein gutes Stück bis in ein Tälchen hinunter, dort kurzfristig nach rechts und mit

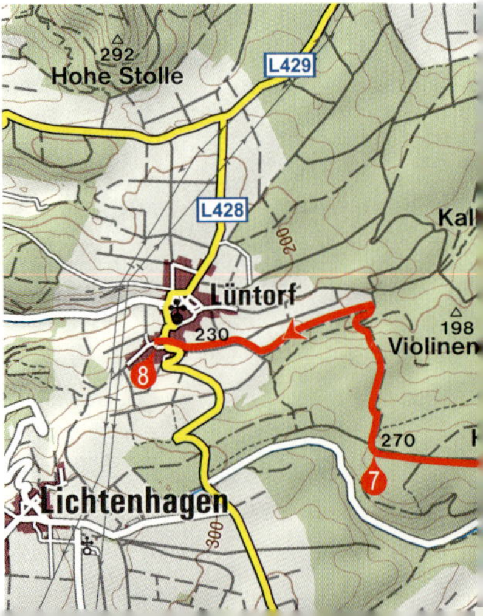

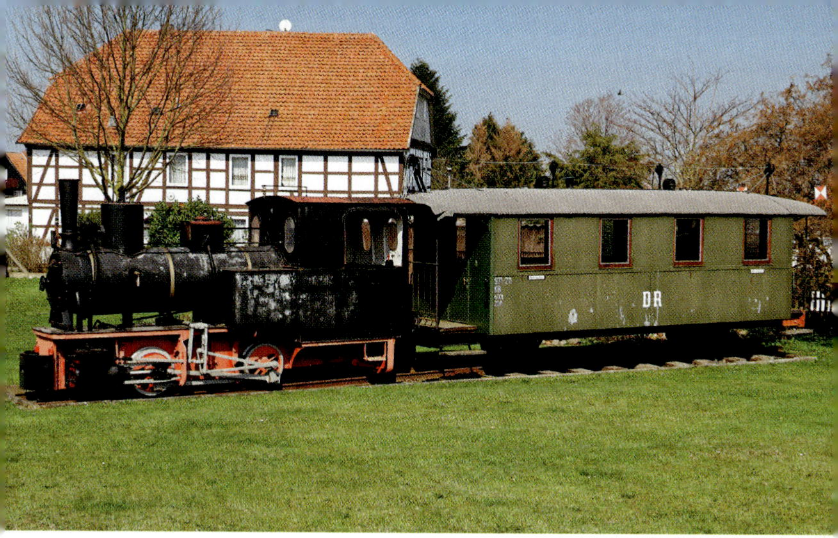

»Eisenbahnromantik« in Lüntorf.

einem scharfen Linksknick am Waldrand entlang. Der Grasweg steigt wiederum eine Weile an und mündet dann in einen befestigten Flurweg, der uns schließlich ins Dorf **Lüntorf** 8 bringt. Wer hier übernachten möchte, hat beim Ferienhof Sander in der *Holderstraße* Gelegenheit – ansonsten geht's zur nahen Bushaltestelle.

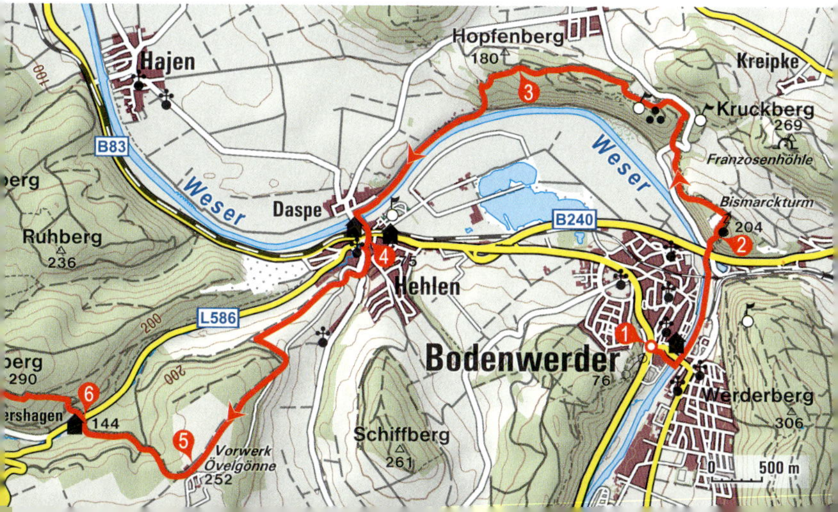

↗ 200 m | ↘ 360 m | 14.6 km

9 Etappe 9: Lüntorf – Emmerthal

3.40 h

Zum Schloss Hämelschenburg im idyllischen Tal der Emmer

Verglichen mit den meist doch recht strammen Märschen am Weserberglandweg wirkt der Abschnitt zwischen Lüntorf und Emmerthal beinahe wie eine Erholungsetappe. Wir nähern uns dem Tal der Emmer, das noch ganz lauschige, naturnahe Fleckchen präsentiert. Als kulturelles Highlight empfängt uns das prunkvolle Wasserschloss Hämelschenburg, ein nachgerade krönendes Beispiel der Weserrenaissance, entstanden an der Wende vom 16. zum 17. Jahrhundert.

Ausgangspunkt: Lüntorf, ca. 230 m, beim Ferienhof Sander oder im Dorfzentrum (Bushaltestelle; wochentags Linie von Hameln).
Endpunkt: Emmerthal, Ortsteil Kirchohsen, 71 m, entweder beim Bahnhof (Linie Paderborn – Hameln – Hannover) oder beim Hotel Pfeffermühle in der Berliner Straße (für Nächtiger).

Anforderungen: Feld- und Waldwege gemischt, in Siedlungsnähe auch Hartbelag. Aufgrund gemäßigter Steigungen und Streckenlänge nicht sehr anstrengende Etappe. Wie immer gut markiert; Aufmerksamkeit bei zahlreichen Abzweigungen bzw. Richtungswechseln.
Einkehr: Amelgatzen (Zum schweren Dragoner), Hämelschenburg (Café beim

Dieser Feldweg bringt uns hinab nach Amelgatzen.

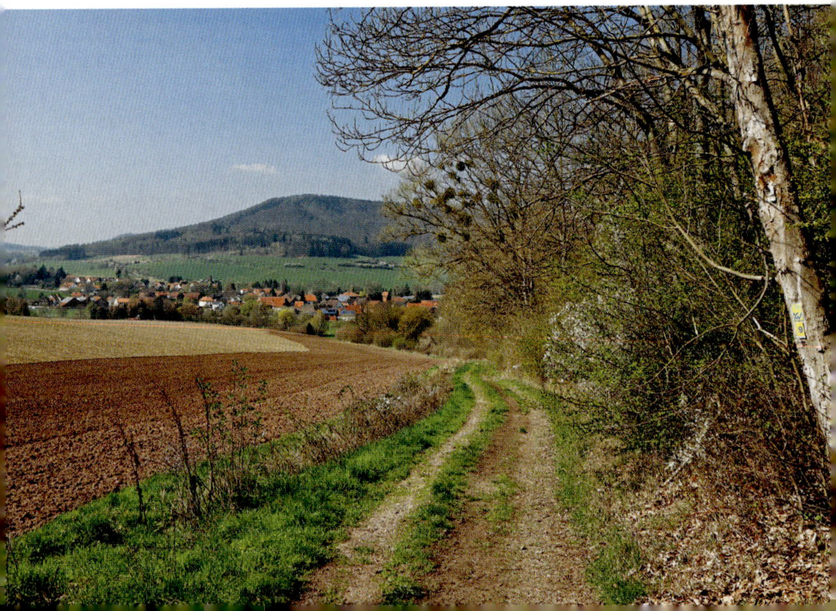

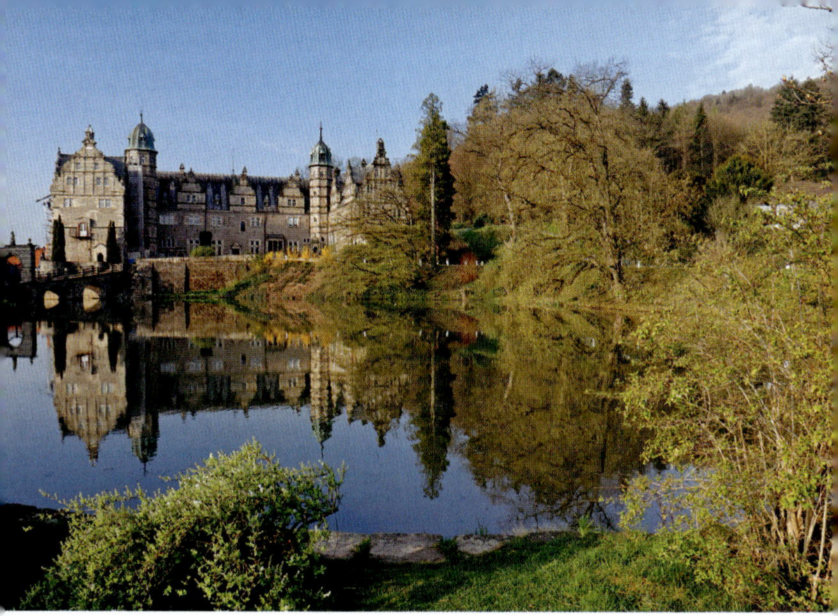

Aushängeschild der Weserrenaissance: die Hämelschenburg.

Schloss), Emmerthal (Hotel Pfeffermühle, für Übernachtung: Tel. +49 5155 97290, sowie weitere Gaststätten).
Varianten: 1. Folgt man ab Lüntorf anfangs der Route des Pilgerweges (blaues Kreuz), entsteht ein begradigter Verlauf ohne erkennbare Nachteile.
2. Bei Amelgatzen auf den Radweg (etwas schneller).
Tipp: Besichtigung von Schloss Hämelschenburg (Mitte April bis Ende Oktober, außer montags).

Zu Beginn durchwandern wir **Lüntorf** ❶ an der Kirche vorbei und biegen kurz vor oder kurz hinter dem nördlichen Ortsende rechts in die Feldmark ab. Dort stößt man wieder auf die Bezeichnung XW des Weserberglandweges. Nach einer Weile vom Gehölz links abrückend und auf Feldwegen über die *L429* ❷ hinweg. Es folgt ein Linksknick, ehe es nach rund 800 Metern rechtwinklig nach rechts geht (hier kommt der *Pilgerweg* erneut dazu). Mit zwischenzeitlichem Anstieg durch ein Waldgebiet (südlichster Ausläufer

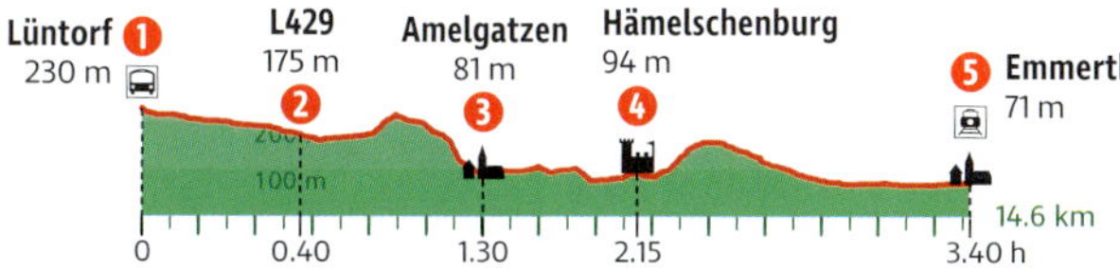

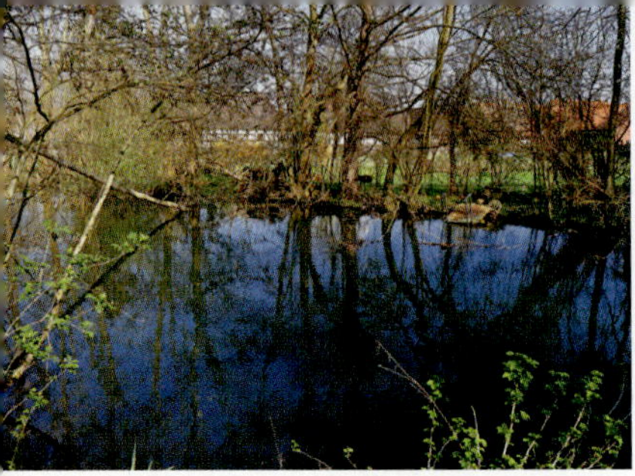

An der Emmer bei Kirchohsen, wo die 9. Etappe endet.

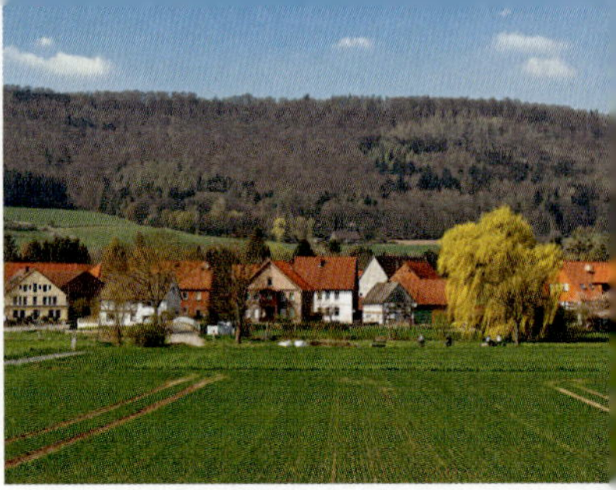

Amelgatzen liegt malerisch im Tal der Emmer.

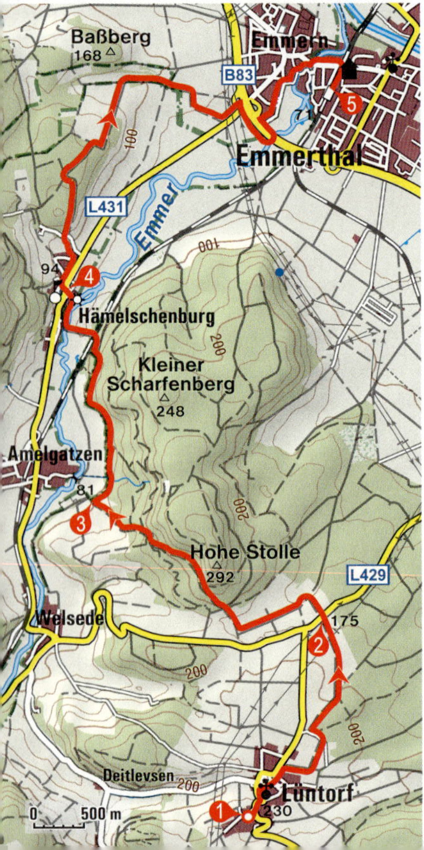

des Scharfenbergs) und auf schönem Weg Richtung **Amelgatzen** ❸, 81 m, abwärts. Noch bevor man den Radweg und die Emmerbrücke erreicht, empfiehlt sich der Rechtsabzweig auf einen schmalen Pfad. Dieser stellt direkt am Waldrand einen optimierten Verlauf dar. Ein gutes Stück weiter nordwärts nähern wir uns dem Radweg, unterqueren die Bahntrasse und treffen jenseits der Emmer in **Hämelschenburg** ❹, 94 m, ein. Hier gibt es einiges zu entdecken. Nach gut 300 Metern in nördlicher Richtung links zum *Steinigen Weg* und etwas ansteigend in ein plateauartiges Waldareal, wo man gut auf die Richtungswechsel achten sollte. Später nähern wir uns auf teils ausgebauten, teils grasigen Flurwegen der *Pyrmonter Straße (L431)* bei Emmern, biegen vor dem Knotenpunkt mit der *B83* rechts ab, um diese versetzt zu unterqueren, und laufen im Industriegebiet *(In der Meinte)* von Emmern ein. Zuletzt weiterhin etwas verwinkelt in Nähe des Flüsschens zur *Hauptstraße* und damit hinein nach **Kirchohsen**, d. h. ins Zentrum der Gemeinde **Emmerthal** ❺ respektive zum Bahnhof.

↗ 460 m | ↘ 460 m | 19.4 km

5.00 h

Etappe 10: Emmerthal – Rohrsen (Hameln)

Im südöstlichen Hamelner Umland

Eigentlich ist es von Emmerthal nach Hameln bloß ein Katzensprung (benachbarte Bahnstationen). Doch der Weserberglandweg holt zu einem großen Bogen über die Waldberge um Völkerhausen und Voremberg aus, führt später vermehrt durch die offene Flur und bringt uns auf dieser Etappe via Hastenbeck – dem Schauplatz einer folgenschweren Schlacht während des Siebenjährigen Krieges (1757) – nach Rohrsen im Tal der Hamel, einem östlichen Weserzufluss. Das Landschaftsbild wird schon vergleichsweise weitläufig.

Ausgangspunkt: Emmerthal, Ortsteil Kirchohsen, 71 m. Entweder beim Bahnhof (Linie Hannover – Hameln – Paderborn) oder beim Hotel Pfeffermühle nach einer Übernachtung.
Endpunkt: Rohrsen, 79 m, an der B1 östlich von Hameln. Busverbindung in die Kreisstadt.
Anforderungen: Meist befestigte Trassen, streckenweise mit Hartbelag, vereinzelt aber auch Naturpfade. Einigermaßen tagfüllende Etappe, die grundlegende Ausdauer verlangt.
Einkehr: Kirchohsen (diverse), Hagenohsen (Restaurant Korfu), Afferde (Weser Grill), Rohrsen (Übernachtungsmöglichkeiten: Pension Gestüt Morgenstern, Tel. +49 5151 16808; Pension Hamel-Blick,

Die Domäne Ohsen am Weserufer der Gemeinde Emmerthal.

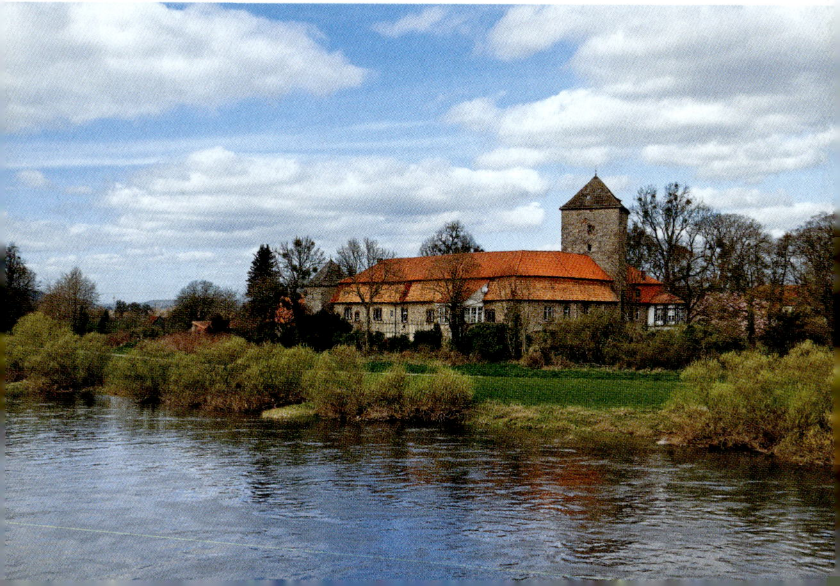

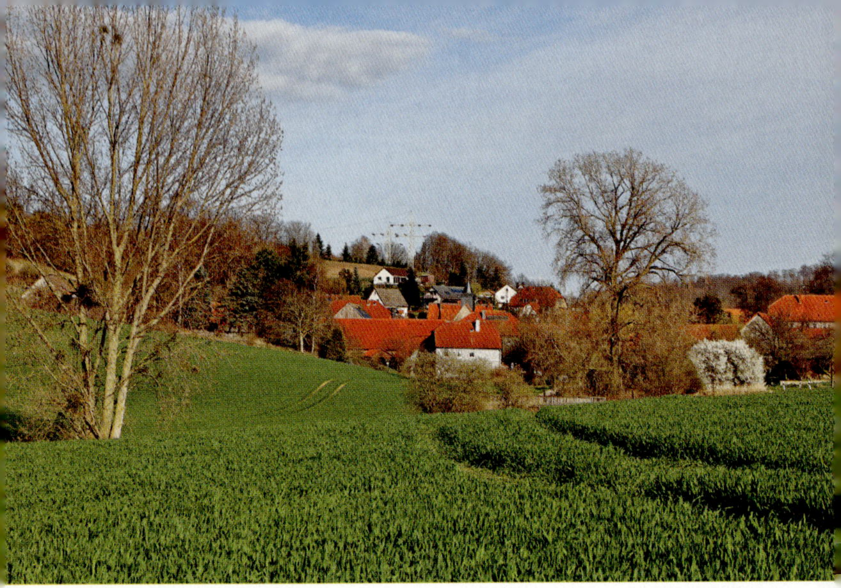

Voremberg im Hamelner Hinterland.

Tel. +49 5151 43701). Weitere in Hameln.
Variante: In Voremberg kann man ein Stück abkürzen, indem man der Straße folgt.
Tipp: Hinsichtlich der Nächtigungs-Organisation ließe sich erwägen, diesen Abschnitt um knapp 2 Std. bis Unsen zu verlängern (Hotel Waldhof Unsen, Di Ruhetag; Übernachtungsmöglichkeit, Tel. +49 5151 88222). Die nachfolgende Etappe würde damit nicht ganz so lang ausfallen.

Vom Bahnhof **Emmerthal** ❶ stoßen wir in Kürze auf den Weserberglandweg und weichen dem Ortsgebiet von Kirchohsen entlang der Emmer um das Klärwerk herum aus. An der Eisenbahnbrücke vorbei kommt man zurück auf die *Berliner Straße* (hierher direkt vom Hotel Pfeffermühle) und überschreitet nun die Weser in den Ortsteil **Hagenohsen** ❷, 74 m, wo man vom Anleger schräg gegenüber die *Alte Straße* einschlägt. *Am Brink* geht die Route in einen Treppenweg über und schwenkt oberhalb nach rechts zum Bückeberg. Man verschwindet im Gehölz und gelangt nach einem Linksknick zur *K50* ❸, 156 m. Diese begleiten wir nun rund

Im Abschnitt zwischen Hastenbeck und Afferde.

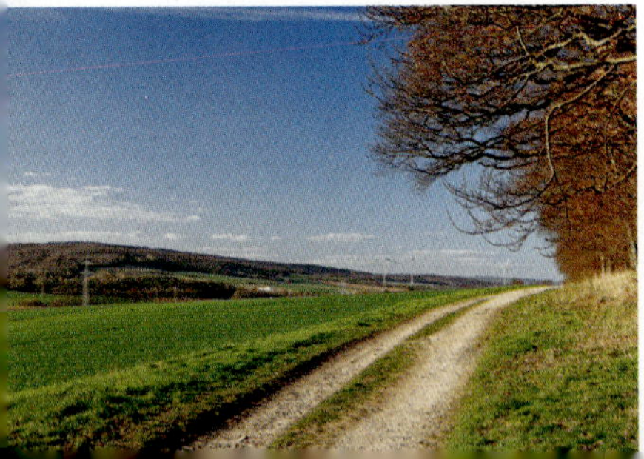

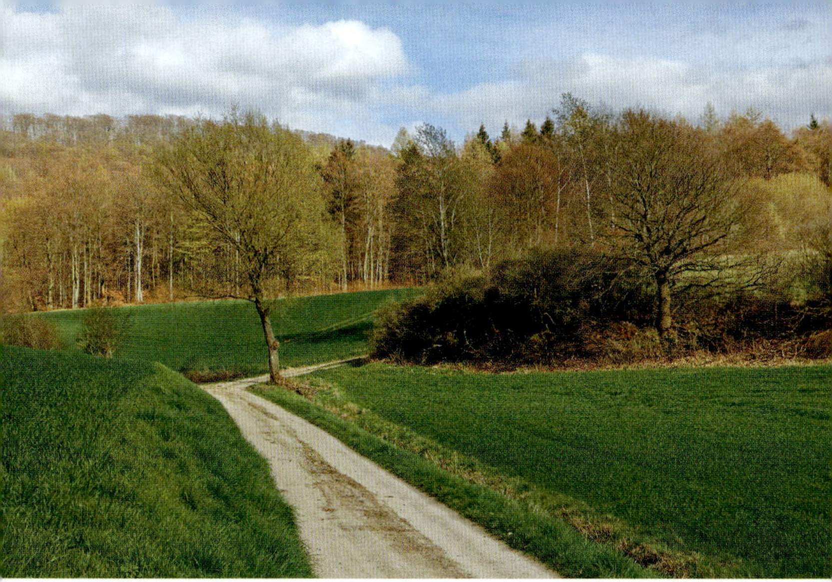

Dieser Feldweg bei Völkerhausen leitet zum Höhenzug der Hasselburg.

500 Meter, bis die Markierung links abwärts leitet. Bei der nächsten T-Kreuzung rechts und auf der Forststraße vorübergehend wieder leicht ansteigend. Wenige Schritte hinter einer Unterstandshütte achten wir auf den Rechtsabzweig eines eventuell matschigen Erdweges. Mit diesem kommen wir Richtung **Völkerhausen** ④, 141 m, voran und gehen rechts in den Ort. Dort ost- bis nordostwärts gegen die Hasselburg aufwärts. Noch bevor das Waldstück auf die Bisperoder Seite durchschritten ist, erfolgt ein Linksschwenk. Die Route führt am Rand eines Gehölzes zur *Bisperoder Straße (K16)* hinunter und knickt kurz vor Voremberg scharf rechts aufwärts ab ⑤. Jetzt sind wir am Waldzug der Obensburg unterwegs, bleiben allerdings deutlich unterhalb der Kammlinie und orientieren uns mit der Forststraße bald wieder talwärts. In **Voremberg** ⑥, 121 m, auf dem Radweg gen Westen aus dem Ort heraus und alsbald rechts in die Feldmark, wo ein schöner Ab-

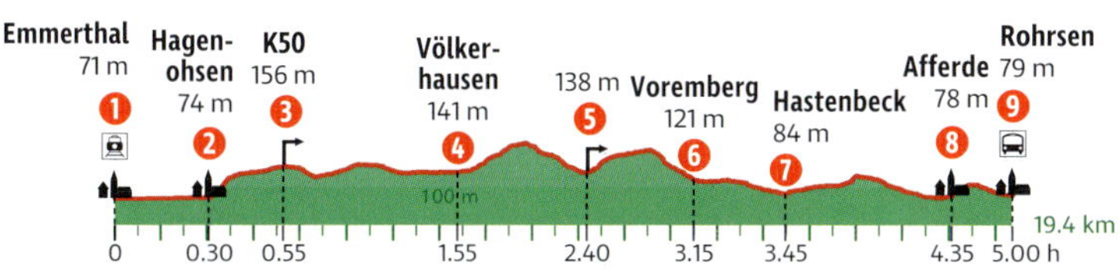

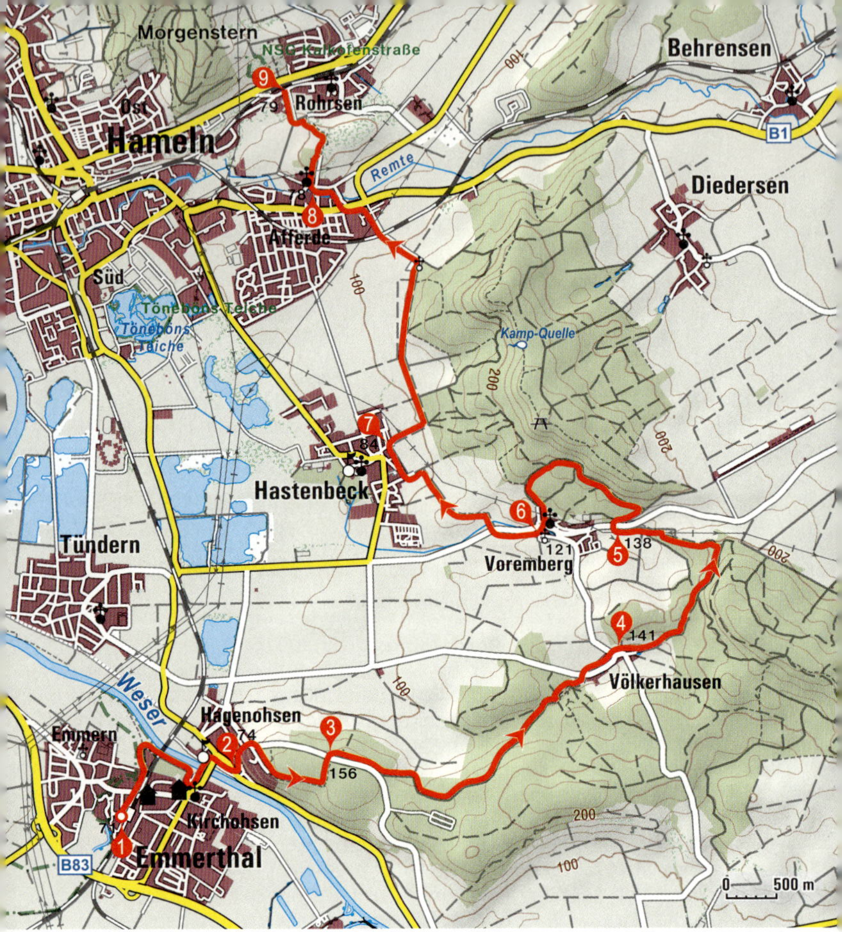

schnitt hinüber nach **Hastenbeck** 7, 84 m, bevorsteht. Wir tangieren den Ort ostseitig und drehen bereits wieder in die Feldmark ab. Unterhalb des bewaldeten Schecken geht es – streckenweise auf Hartbelag – nordwärts, über eine seichte Anhöhe hinweg und am Friedhof vorbei nach **Afferde**, wo wir via *Hildesheimer Straße*, *Mühlenhof* und *Vogelsang* den steilen *Teufberg* einschlagen 8, ca. 78 m. Die Fortsetzung jenseits einer Kuppe schlängelt sich idyllisch am Dütberg vorbei, ehe wir die Sohle der Hamel kreuzen und damit in **Rohrsen** 9 einlaufen.

↗ 920 m | ↘ 870 m | 27.9 km

7.45 h

Etappe 11: Rohrsen – Rohdental

11

Die Süntel-Etappe mit dem imposanten Hohenstein

Das längste Teilstück des Weserberglandweges führt vom Hamelner Stadtteil Rohrsen zunächst über den idyllischen Schweineberg nach Unsen und anschließend über den Süntel beinahe in seiner gesamten Ausdehnung hinweg. Dabei gibt es drei hervorzuhebende Highlights: Am höchsten Punkt überblickt man vom Süntelturm aus weite Bereiche des nördlichen Weserberglandes. Die Aussicht vom Hohenstein erhält sogar eine dramatische Note, stehen wir hier doch unmittelbar über den höchsten Klippen Norddeutschlands. Im Innern des zerklüfteten Korallenooliths verbirgt sich die erst 1992 entdeckte Schillat-Tropfsteinhöhle, die Besuchern zugänglich gemacht worden ist. Durch den wildromantischen Schneegrund klingt die Etappe schließlich Richtung Rohdental aus.

Ausgangspunkt: Rohrsen, 79 m, an der B217 östlich von Hameln (Busverbindung vom dortigen Bahnhof).
Endpunkt: Rohdental, ca. 130 m, beim Hotel Restaurant Weinschänke Rohdental. Hier auch Bushaltestelle (Verbindung zum Bahnhof in Hessisch Oldendorf).
Anforderungen: Sehr lange Etappe mit in Summe beachtlichem Höhenunterschied (längste Steigung von Unsen bis zum Süntelturm), aber höchstens kurzzeitig steil. Naturwege und breitere Forstwege gemischt, Letztere vor allem

Vom Schweineberg kommend nähert man sich Unsen; im Hintergrund der Kammzug des Süntel.

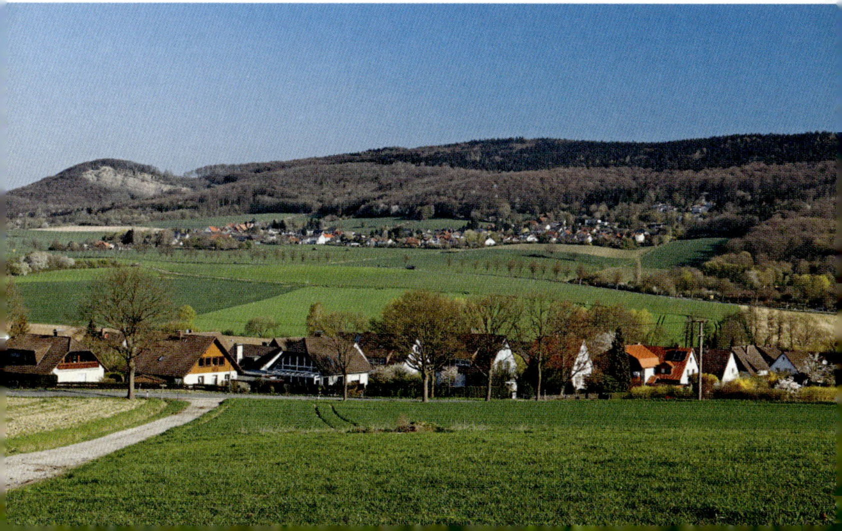

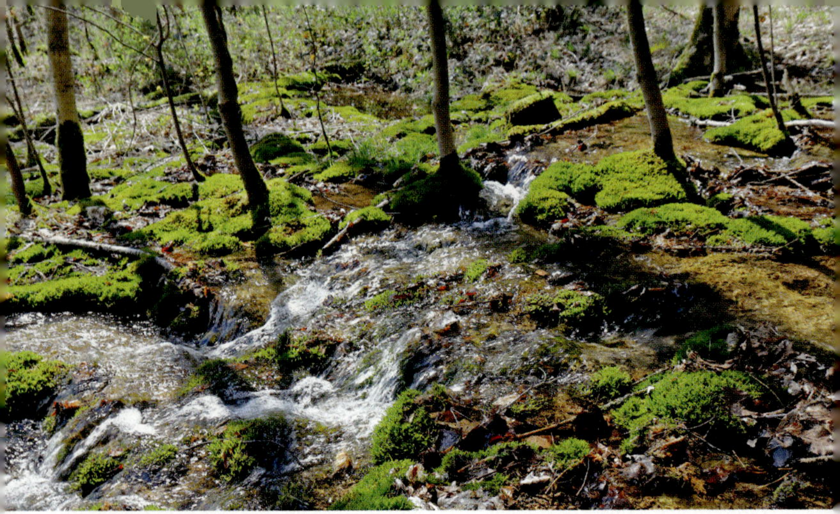

Im Schneegrund rinnt klares Wasser.

während der Süntel-Überschreitung. Wie üblich sehr zuverlässig markiert.
Einkehr: Forsthaus Heisenküche (Mo+Di Ruhetag), Hotel Waldhof Unsen (Di Ruhetag; Übernachtungsmöglichkeit, Tel. +49 5151 88222), Waldgaststätte Süntelturm (10 bis 17 Uhr geöffnet, Mo Ruhetag), Baxmannbaude (nur Wochenende), Schillats Café bei der Schillat-Höhle, Gasthaus Becker »Zur Linde« in Langenfeld (Mo+Do Ruhetag), Weinschänke Rohdental (Mo+Di Ruhetag, Übernachtungsmöglichkeit, Tel. +49 5152 94120).
Varianten: 1. Von Hameln kommend kann man über die Route XE1 (via Bismarckturm) oder die Route XN zum Weserberglandweg zusteigen; vgl. Tour 55.
2. Falls jemandem die Etappe am Ende zu lang wird, kann die Schleife via Schillat-Höhle und Langenfeld abgeschnitten und um den Amelungsberg herum direkter nach Rohdental gewandert werden.
Tipps: 1. Öffnungszeiten der Schillat-Höhle und des neuen Wanderinformationszentrums: Sa+So 10 bis 18 Uhr, von April bis Oktober zusätzlich Mi (in Ferienzeiten Di–Fr) 14 bis 18 Uhr.
2. Das ehemalige Naturfreundehaus Schneegrund wird derzeit in Privatregie zur Waldherberge umgebaut, Infos unter Tel. +49 5152 7892544.

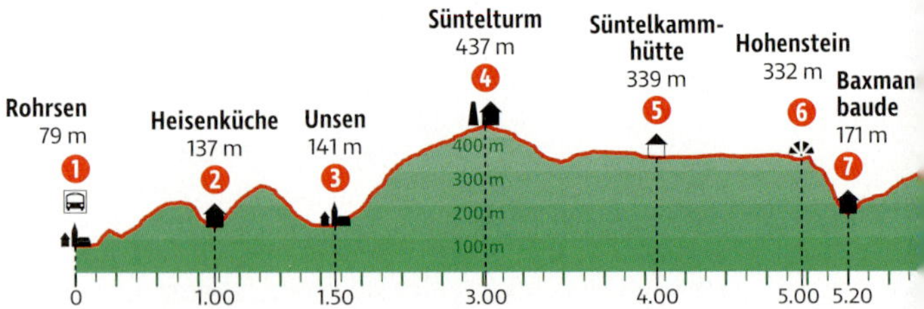

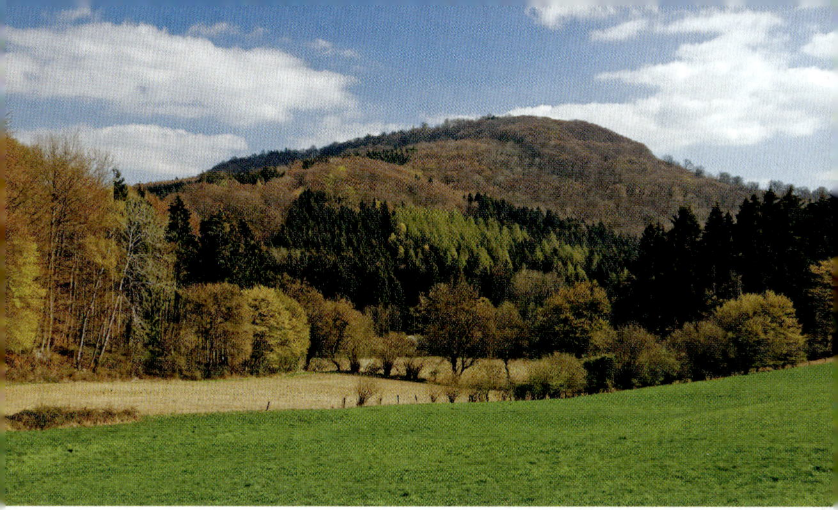

Nebenan öffnen sich liebliche Wiesenböden.

In **Rohrsen** 1 kreuzen wir die *B217*, halten uns rechts und dann in Kürze am nördlichen Talhang aufwärts. Hinter den Siedlungen geht es etwas verwinkelt durch die gewellte Felder- und Wiesenlandschaft und ins Waldgebiet um Morgenstern und Basberg. Jenseits der Eintalung der Krummen Beeke (wo man ein Sträßchen kreuzt) kommt man zum Forsthaus **Heisenküche** 2, 137 m. Weiter auf schönem Waldweg über den Schweineberg hinweg nach **Unsen** 3, 141 m, am Südfuß des Süntel gelegen. Hier durchs *Ortsfeld* zur *Pötzer Straße*, links einbiegend und gleich wieder rechts in den *Waldhofweg* (mit dem gleichnamigen Hotel). Als Nächstes folgt die beständige Steigung bis auf die Höhen des Süntel. Dieser kulminiert in der Hohen Egge, wo sich der **Süntelturm** 4, 437 m, mit angeschlossener Waldgaststätte befindet.

Am Kammweg Richtung Norden bzw. Nordwesten ist zwischendurch nur ein kleines Abwärtsstück mal holprig, ansonsten kommen wir auf breiten Forststraßen zügig und bald nur noch mit geringen Höhenunterschieden voran. Unweit des Bakeder Berges passieren wir die **Süntelkammhütte** 5, 339 m, und nähern uns – mittlerweile in westlicher Richtung – dem **Hohenstein** 6, 332 m. Ein reizvoller Weg führt hier nahe der Abbrüche entlang und berührt schließlich den Grünen Altar sowie die Teufelskanzel, wo man unmittelbar über den spektakulären Klippen steht. Von dort folgen

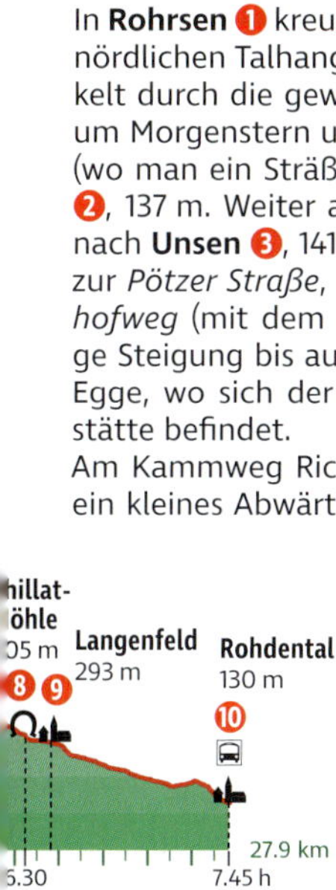

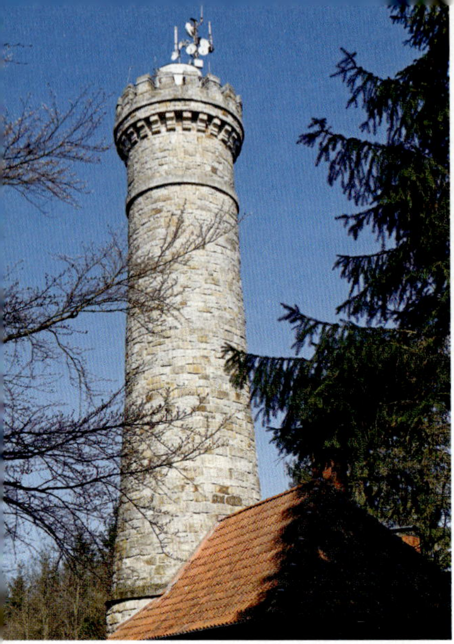

Eine Besteigung des Süntelturms sollten wir nicht versäumen.

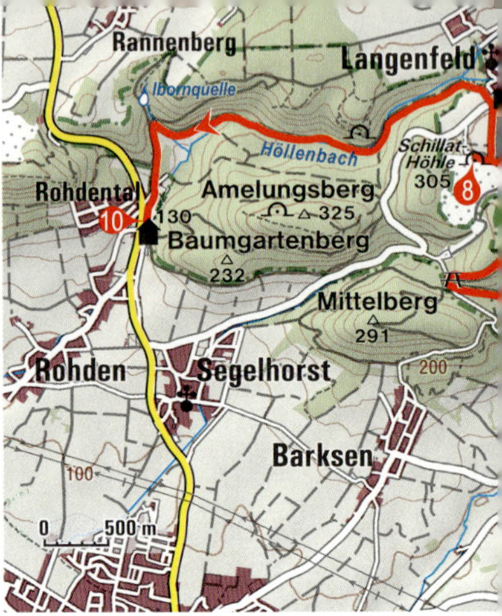

wir dem Treppenweg hinab zur **Baxmannbaude** ❼, 171 m, im Blutbachtal und wenden uns bei der kleinen Waldschänke rechts aufwärts. Wo man auf ein Sträßchen trifft, vollzieht man einen ganz scharfen

Am Hohenstein: innehalten und die Blicke schweifen lassen …

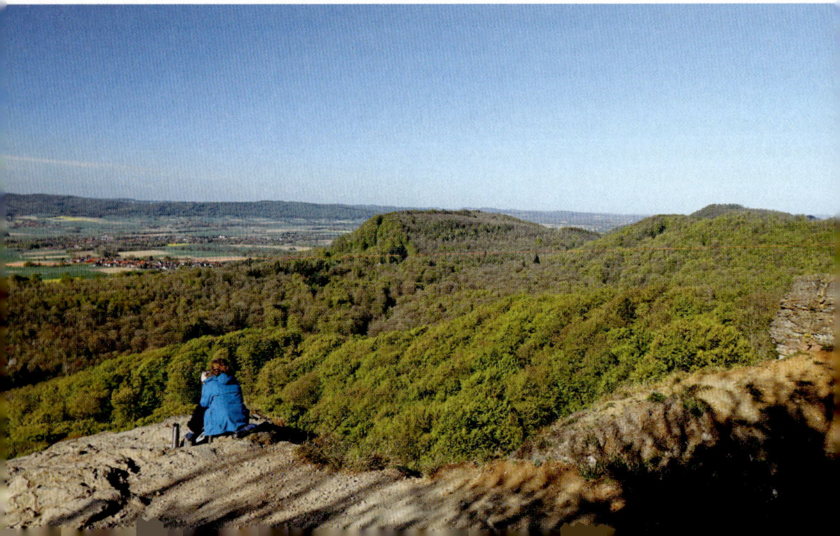

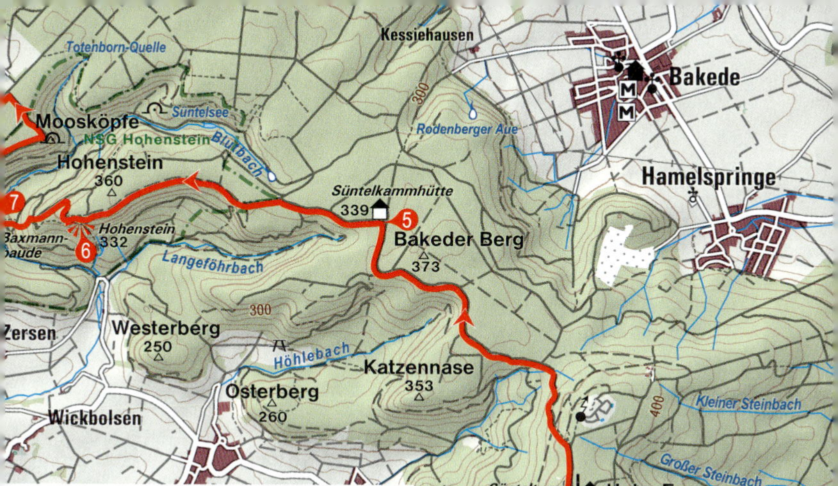

Rechtsknick und anschließend die lang gezogene Steigung zu den **Mooskôpfen**. Ein reizvoller Rückblick zum benachbarten Hohenstein ergibt sich an dieser Stelle. Mit dem nächsten Linksschwenk tangieren wir einen riesigen Steinbruch und können nun einen Mini-Abstecher zur **Schillat-Höhle** ⑧ einflechten. Die nördlichste Tropfsteinhöhle Deutschlands ist mit einem gläsernen 45-Meter-Aufzug zu erreichen. Beim nahen Dorf **Langenfeld** ⑨, 293 m, treten wir in den romantischen Schneegrund ein und durchwandern abschließend dieses enge Tälchen zwischen Schrabstein auf der einen und Amelungsberg auf der anderen Seite. Man passiert die im Umbau befindliche Waldherberge und den kurzen Stich zur Ibornquelle, ehe man sich vom offiziellen Weserberglandweg links ausklinkt und noch rund 500 Meter bis nach **Rohdental** ⑩ wandert. Hier finden wir das Hotel Weinschänke.

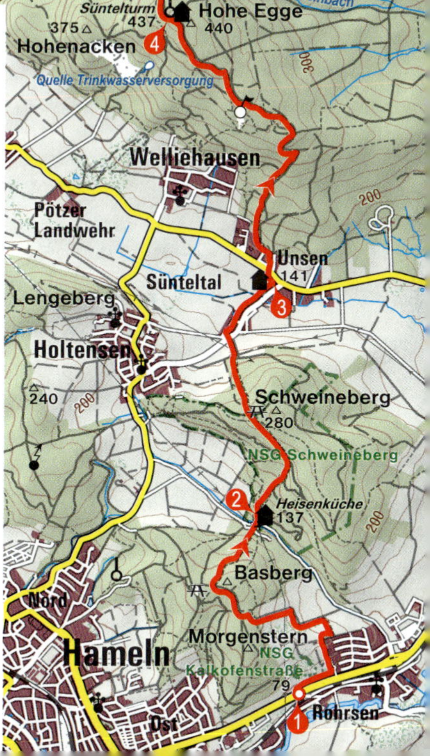

TOP

12

↗ 630 m | ↘ 700 m | 17.9 km

5.00 h

Etappe 12: Rohdental – Rinteln

Am schmalen Kamm des Wesergebirges

Vom »Wanderfeeling« her zählt diese Etappe wohl zu den schönsten am gesamten Weserberglandweg. Denn idyllische, zuweilen gar verwunschen anmutende Naturpfade sind heute besonders häufig, speziell auf der Kammhöhe des Wesergebirges. Diese wird zwischendurch aber auch wieder verlassen, um zwischen Deckbergen und Steinbergen einen verwinkelten Kurs am Rand der Feldmark zu nehmen. Abwechslung ist also garantiert – mit dem gefühlten Highlight beim Luhdener Klippenturm.

Ausgangspunkt: Rohdental, ca. 130 m, beim Hotel Restaurant Weinschänke. Buslinie vom Bahnhof Hessisch-Oldendorf.
Endpunkt: Rinteln, 56 m, Bahnhof an der Strecke Löhne – Hildesheim. Übernachtungsstätte individuell.
Anforderungen: Großer Anteil naturbelassener Wege, die auch mal schmaler sein können. In Summe beachtliche Höhenunterschiede, daher solide Kondition vorteilhaft. Die Markierung ist (fast) perfekt.
Einkehr: Paschenburg (Di+Mi Ruhetag), Steinbergen (Döner Mann, La Taverna), Luhdener Klippenturm (Mi–So 10 bzw. 11–18 Uhr), diverse in Rinteln.
Variante: Ab Deckbergener Pass weiter über den E11 auf den bewaldeten Höhen entlang und kurz vor Steinbergen wieder auf die Originalroute.

Lauschige Waldpfade sind im Wesergebirge häufig.

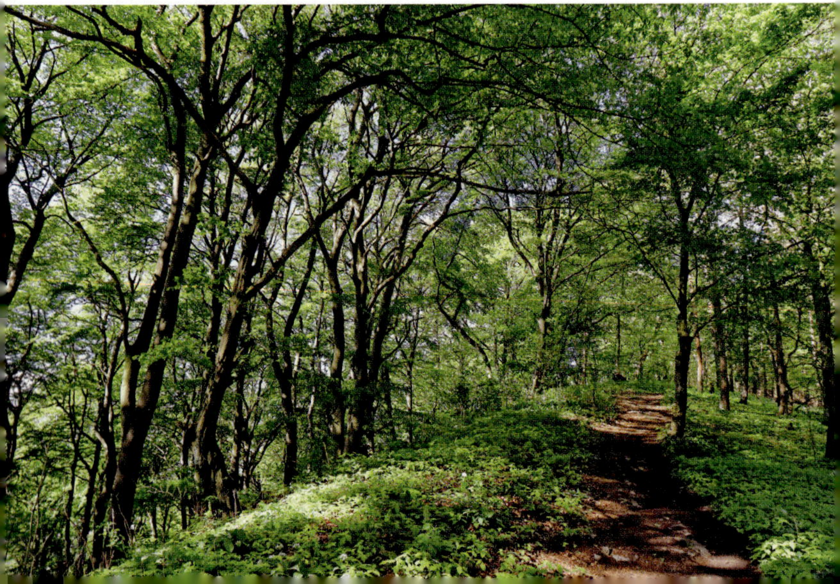

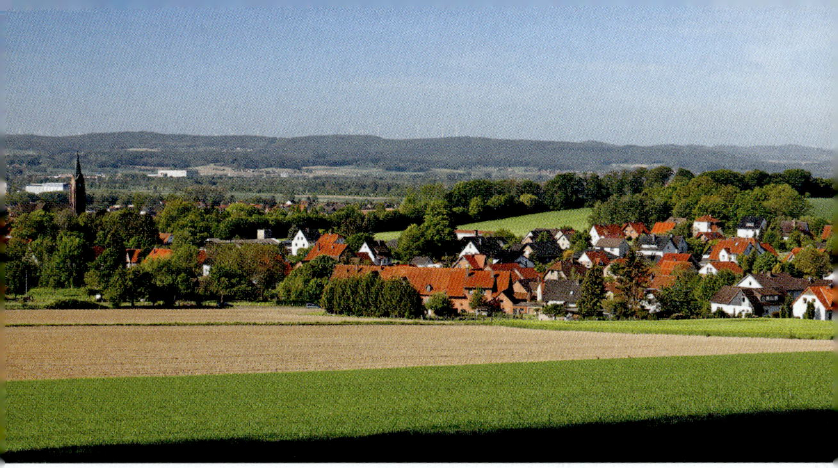

Steinbergen ist Zwischenstation auf der 12. Etappe.

Von **Rohdental** ❶ rasch zurück auf den Weserberglandweg, bei einem Parkplatz die *L434* kreuzend und nun im Wald aufwärts. Die Route windet sich recht steil bis zur Kammhöhe hinauf und führt dort phasenweise »urwaldähnlich« über den Möncheberg hinweg. Nach einer Weile erreichen wir das traditionsreiche Restaurant **Paschenburg** ❷, 332 m, und erhaschen dort einen tollen Blick über das Wesertal. Nach einer leichten Gefällstrecke kommen wir zur *Burgstraße* am Pionierpass und setzen die Kammroute über die nächste Erhebung (Oberberg) fort. Bald darauf wandern wir direkt oberhalb der Springsteine (Naturdenkmal) entlang. Vom **Deckbergener Pass** ❸, 213 m, parallel zur *K71* abwärts, diese später kreuzend und auf angenehmem Waldweg fast eben gegen Westen dahin. Wo man auf die *Unabhängigkeitsstraße (K74)* stößt, folgt man zunächst dem begleitenden Pfad leicht aufwärts und wechselt dann auf die andere Seite bergab in die Wiesen. Diese Stelle war zuletzt nicht optimal markiert, zudem kann hohes Gras bei Nässe auf einem kurzen Stück für Verdruss sorgen (in diesem Fall eventuell besser entlang der Straße). Ohnehin tangieren wir diese nochmals bei P. 112 ❹ und drehen dort rechts auf einen Feldweg ab. Etwas ver-

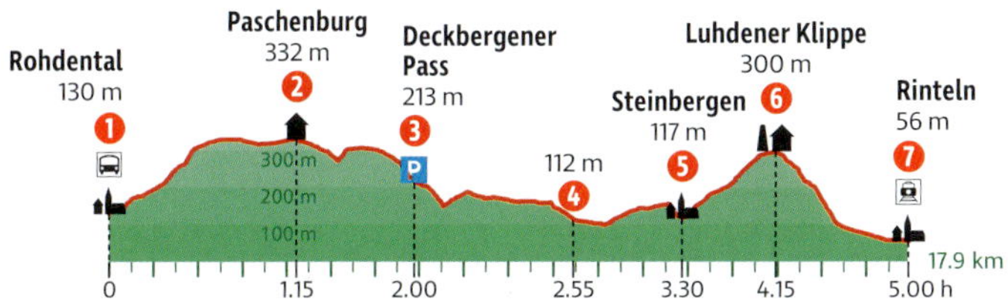

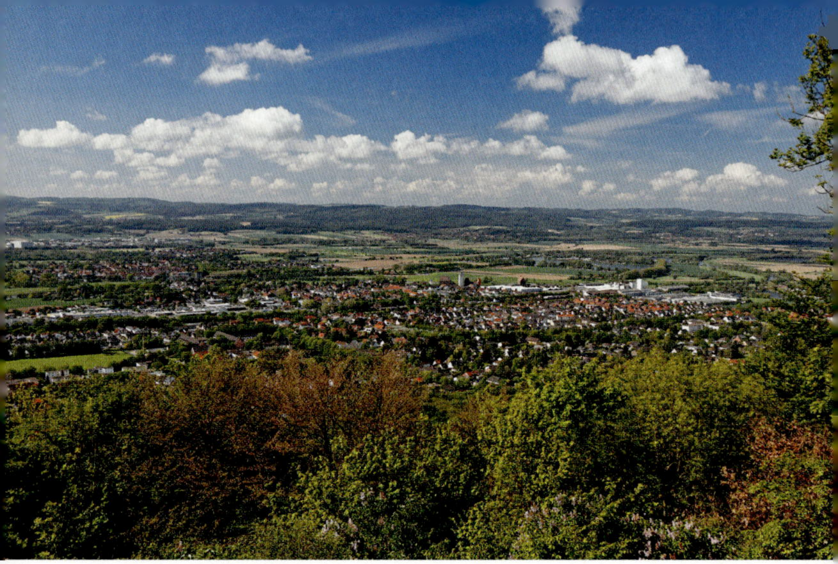

Panoramablick vom Luhdener Klippenturm auf Rinteln.

winkelt nähert man sich nun Steinbergen, wobei die Route zum Waldrand hin etwas ansteigt und sich dann durch die *Messingbergstraße* ins Ortsgebiet von **Steinbergen** ❺, 117 m, absenkt. Hier rechts haltend und über die stark befahrene Ampelkreuzung – wohl einer der lautesten Punkte am gesamten Weserberglandweg – hinweg wieder in den nahen Wald. Jetzt wird der kräftige Gegenanstieg zur **Luhdener Klippe** ❻, 300 m, angepackt. Ein lauschiger Pfad bringt uns zum Klippenturm mit gelegentlichem Aus-

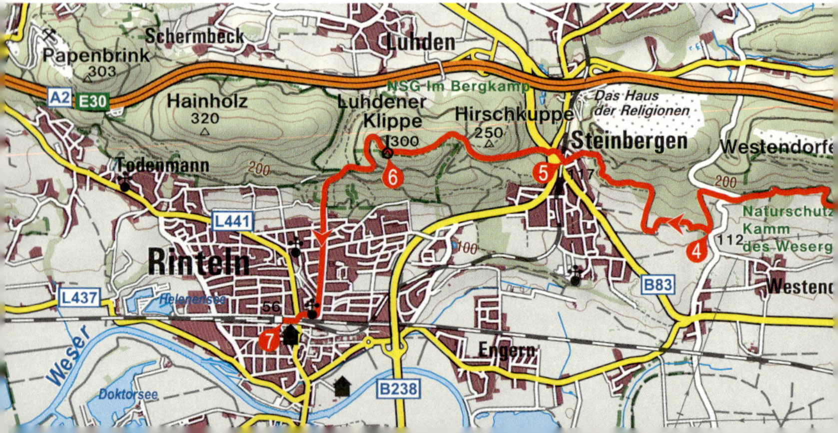

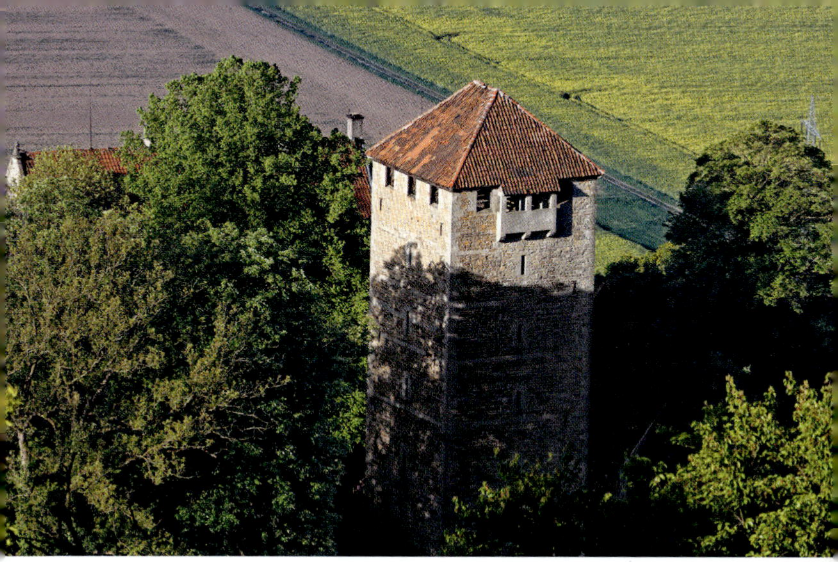

Die Schaumburg in der Perspektive vom oberhalb gelegenen Gasthaus Paschenburg.

schank. In diesem Fall ist auch der Aussichtsturm komplett zu besteigen, ansonsten nur das erste Podest, wo sich auch schon das Rintelner Stadtpanorama bewundern lässt. Auf der Fortsetzung kommen wir mit zwei ausgeprägten Schleifen hinab zu einer großen Kreuzung, wo der weitere Abstieg nach Rinteln ausgewiesen ist und sich aus dem offiziellen Weserberglandweg ausklinkt. Durch die *Waldkaterallee* laufen wir Richtung Bahnhof bzw. Zentrum von **Rinteln** 7.

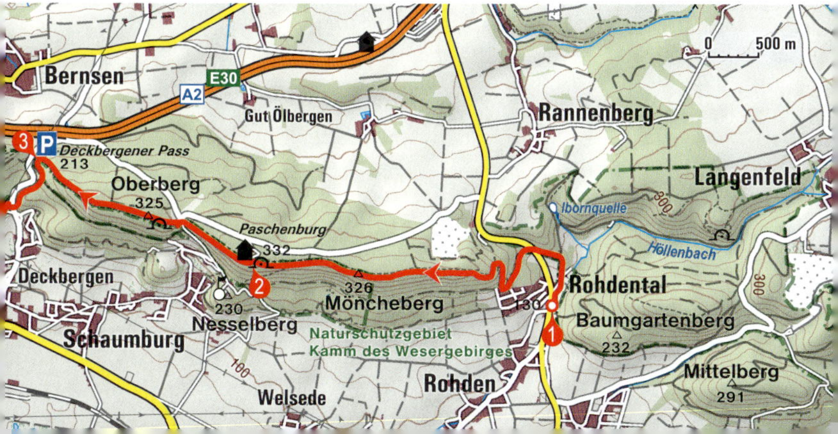

↗ 600 m | ↘ 600 m | 17.7 km

13 Etappe 13: Rinteln – Porta Westfalica

5.00 h

Das Finale im Westteil des Wesergebirges

Zielpunkt unseres Weitwanderweges ist ja der Weserdurchbruch bei Porta Westfalica, der nun mit dem dreizehnten und letzten Abschnitt durch das lang gestreckte Wesergebirge angesteuert wird. Zumeist sind wir auf dieser Etappe im Wald unterwegs, bekommen aber auch Eindrücke von der bergbaulichen Nutzung des hier anstehenden Korallenooliths. Mögen die Steinbrüche auch Wunden in die Landschaft reißen, so ermöglichen gerade diese Passagen stets weite Ausblicke für den Wanderer. Die besten Punkte befinden sich am Papenbrink und an der Wülpker Egge.

Ausgangspunkt: Rinteln, 56 m, Bahnhof an der Strecke Löhne – Hameln – Hildesheim.
Endpunkt: Bahnhof Porta Westfalica, ca. 60 m, an der Strecke Minden – Bielefeld. Umstieg auf die Linie nach Hameln in Bad Oeynhausen (mit 1 km Fußmarsch zum Bahnhof Süd!) oder in Löhne.
Anforderungen: Breitere Forstwege und naturbelassene Wege gemischt. Auch auf dieser Etappe geht es recht viel auf und ab, was mit gewissen Anstrengungen verbunden ist. Die Markierung ist stets einheitlich und zuverlässig.
Einkehr: Rinteln, Kleinenbremen (Restaurant Olympia), Porta Westfalica (diverse).
Variante: Wer mag, kann am Ende über den Jakobsberg wandern (vgl. Tour 67).
Tipp: In Kleinenbremen vermittelt das

Nicht alles Natur: Bei Wülpke erhält man Einblick in einen Steinbruch.

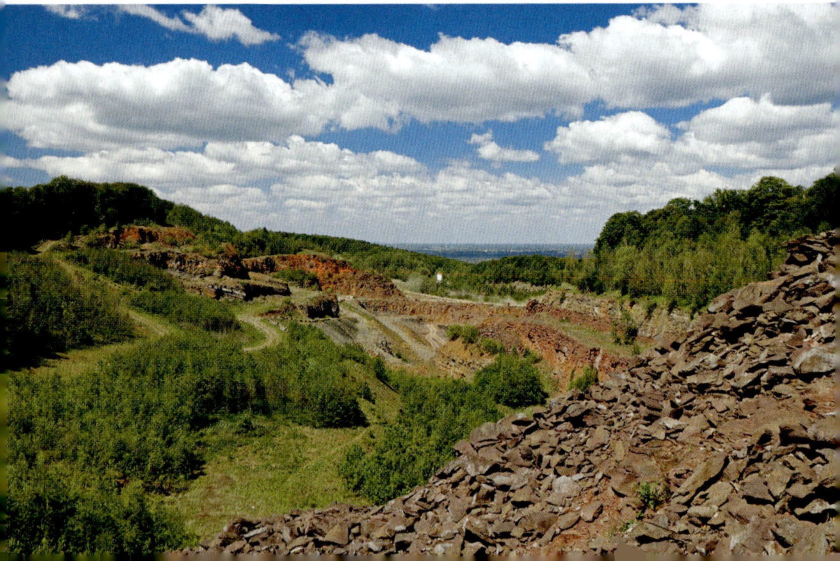

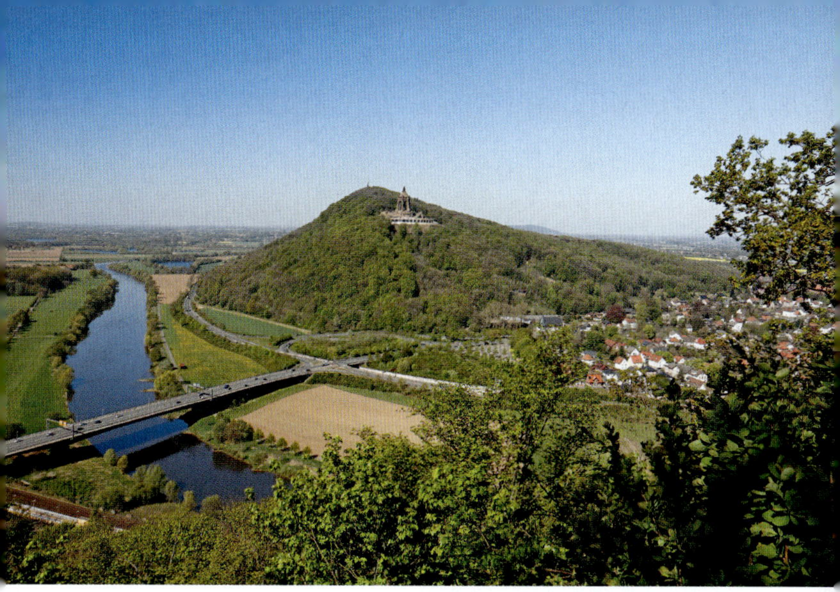

Das Ende des Weserberglandweges bei Porta Westfalica ist fast erreicht.

Besucherbergwerk Einblicke in die Geschichte der regionalen Industriekultur. Es kann sowohl an einer Führung teilgenommen als auch nur das angeschlossene Museum besucht werden. Geöffnet von 10 bis 16 Uhr (außer Mo, im Winter nur am Wochenende), bergwerk-kleinenbremen.de.

Von **Rinteln** ❶ gewinnen wir durch die *Waldkaterallee* wieder Anschluss zum Weserberglandweg, wenden uns bei der Kreuzung im Wald nach links und stoßen als Nächstes auf die Relikte der **Frankenburg** ❷, ca. 233 m, einer uralten Hünenburg. Quer durch die Hainholz-Südflanke führt unser Forstweg gen Westen und nähert sich der *A2*, die unweit eines Autobahn-Parkplatzes auf einer Brücke überquert wird. Dahinter zunächst nach rechts und später mit einem Linksknick zum **Papenbrink** ❸, 296 m, empor – auf den Wegweisern regelmäßig als **»Königshütte«** angeschrieben. Hin-

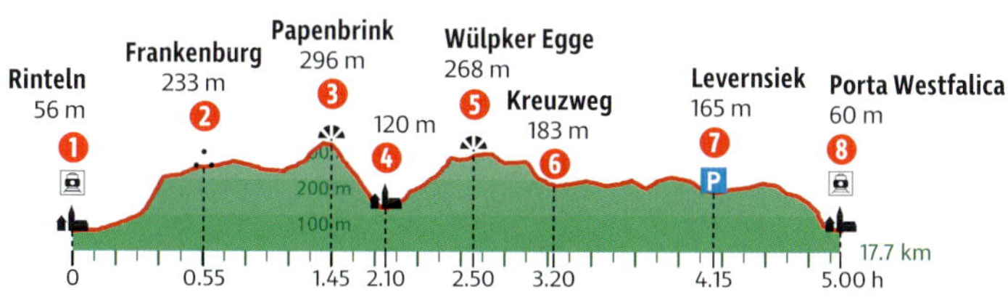

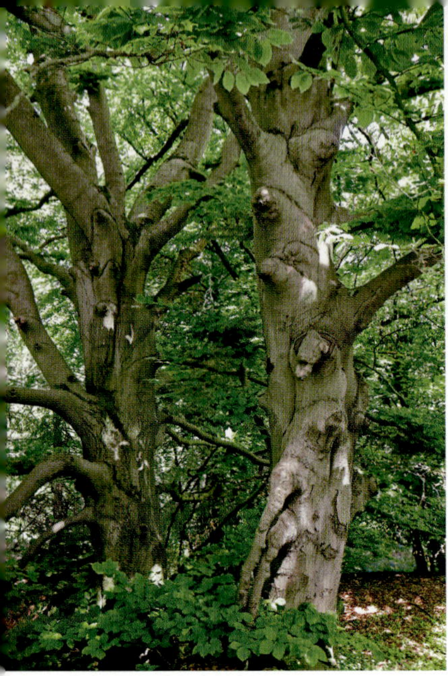

Knorrige Buchen im Wald bei Kleinen-bremen.

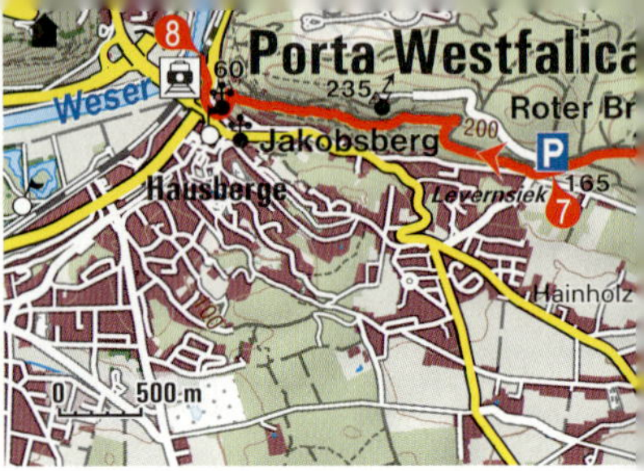

ter dem Denkmal tut sich an einer Steinbruchkante ein toller Panoramablick auf. Wir tangieren das Areal während des Abstiegs nach **Kleinenbremen** ❹, 120 m, wo wir das ehemalige Bergwerk besichtigen können. Der Weiterweg führt gleich dahinter links in den Wald und wieder eine ganze Weile bergauf. Ein großer, aktiver Steinbruch wird über die **Wülpker Egge** ❺, 268 m, hinweg begleitet. Dabei ergibt sich eine freie Sicht gen Norden hinaus. Im weiteren Verlauf wechselt die Route erneut auf die südliche Seite des

Der Jakobsberg flankiert die Porta Westfalica.

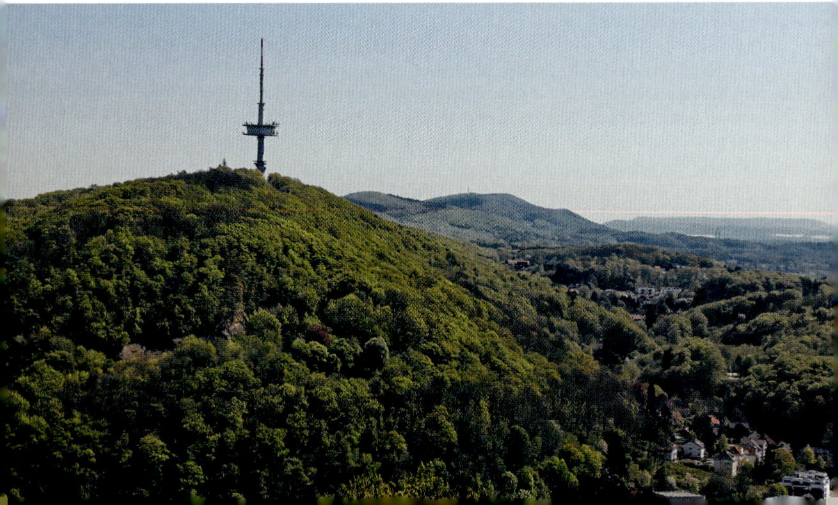

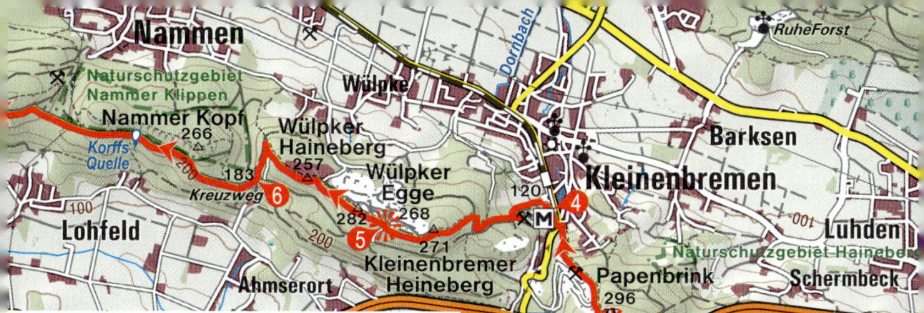

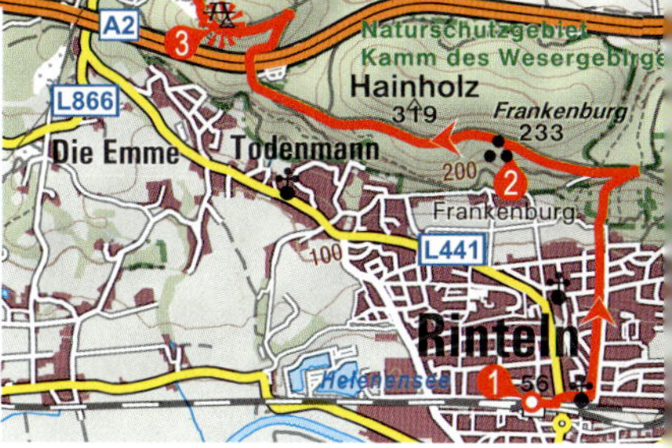

schmalen Wesergebirges, verliert etwas an Höhe und kommt zum sogenannten **Kreuzweg** 6, 183 m. Nun unter dem Nammer Kopf entlang nur noch leicht auf und ab gen Westen, später auf den Forstweg am Roten Brink einmündend und zum Parkplatz am **Leversiek** 7, 165 m. Wir bleiben am Waldhang, traversieren damit auch den Jakobsberg (Fernsehturm) in seiner Südflanke und können gegen Ende noch einen optionalen Abstecher zur Portakanzel einbauen, ehe es steil bergab geht ins Stadtgebiet von **Porta Westfalica**. Dort zum Parkplatz in der *Hauptstraße* und mit einem kleinen Pfad Richtung Bahnhof 8.

Am Ende stehen wir unter dem Kaiser-Wilhelm-Denkmal.

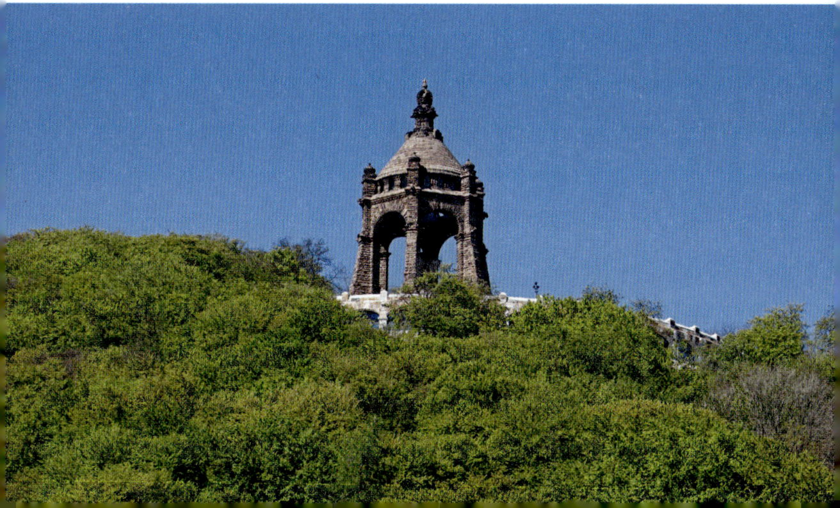

↗ 350 m | ↘ 350 m | 13.6 km

14 Im Mündener Stadtforst

3.30 h

Vom Weserstein zum Staufenberg

Hann. Münden bietet jede Menge Sehenswürdigkeiten, etwa die Altstadt mit ihren Fachwerkhäusern und der historischen Stadtbefestigung als Gesamtensemble, das Rathaus im Stil der Weserrenaissance, das Welfenschloss und die Alte Werrabrücke, die Kirchen St. Blasius und St. Aegidien, nicht zuletzt auch den berühmten Weserstein, wo Werra und Fulda sich zur Weser vereinigen. All dies gehört zum allgemeintouristischen Inventar, aber auch die Umgebung verspricht lohnende Entdeckungen und lässt sich wunderbar erwandern. Dafür brechen wir in den Mündener Stadtforst auf, wo es ein Wegenetz mit einigem Variationspotenzial gibt. Wir machen zuerst der Weserliedanlage unsere Aufwartung und drehen eine Runde bis zum Staufenberg, später am idyllisch gelegenen Jagdhaus Heede vorbei retour.

Ausgangspunkt: Weserstein, 118 m, in Hann. Münden. Große Parkflächen. Der Bahnhof liegt etwas abseits vom Zentrum (Verbindungen nach Göttingen, Kassel und Halle).

Anforderungen: Bis Wegpunkt 3 öfters Naturwege, eventuell sogar ein verschlungener Pfadabschnitt, der Orientierungssinn verlangt. Danach mehrheitlich Forststraßen. Die Beschilderung ist im Großen und Ganzen ausreichend, aber nicht überall vorhanden. Konditionell knapp durchschnittlich.

Einkehr: Jagdhaus Heede (Mo Ruhetag), ansonsten zahlreich in der Altstadt von Hann. Münden.

Am Staufenberg weitet sich der Blick über Wiershausen gen Südosten.

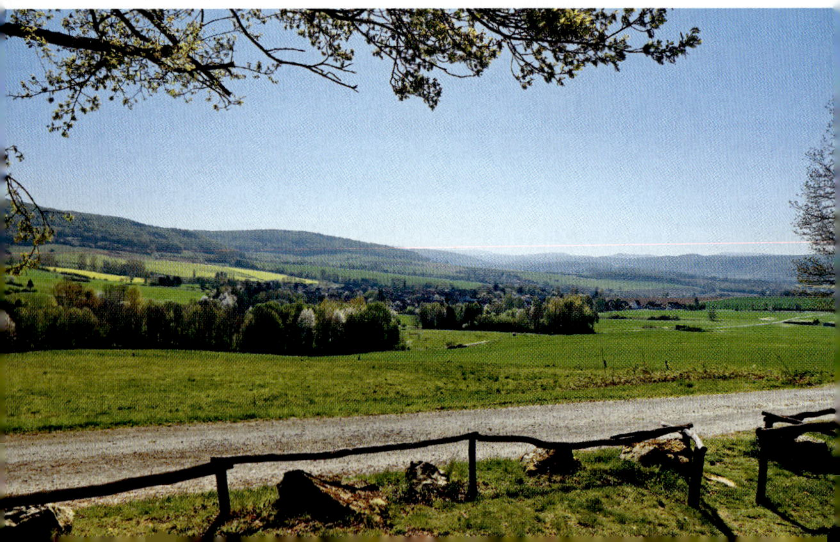

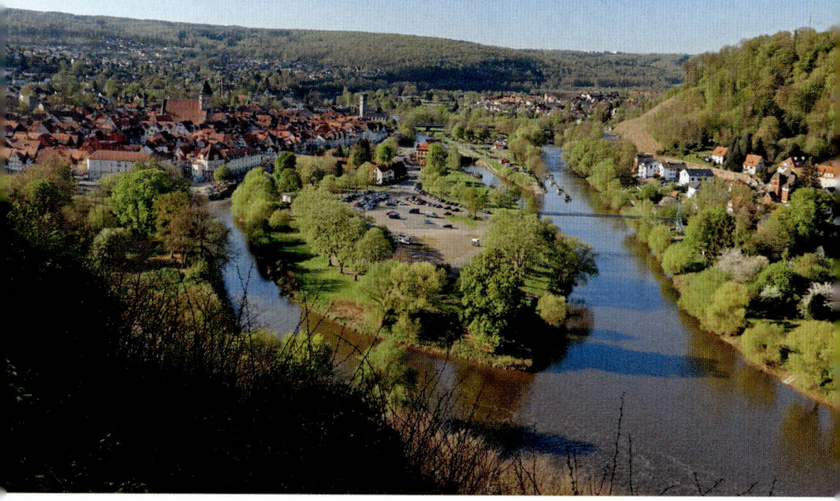

Der Platz der Weserliedanlage ist perfekt gewählt; man blickt direkt auf den Zusammenfluss von Werra und Fulda.

Varianten: 1. Von der Weserliedanlage mit X13 bzw. E6 direkter auf die Höhen des Blümerbergs.

2. Die Schleife am Staufenberg kann abgeschnitten werden, indem man vorher dem Hinweis zum Jagdhaus Heede folgt.

Vom **Weserstein** in **Hann. Münden** ❶ gehen wir über die Holzbrücke in die Altstadt und dann gen Norden über die Alte Werrabrücke. Direkt gegenüber beginnt im *Questenbergweg* mit Anschluss zum *Eichenweg* der Aufstieg zur **Weserliedanlage** ❷, die ein herrliches Panorama der Drei-Flüsse-Stadt bietet. Während der deutlichste Wanderweg nun mit X13 bezeichnet am Waldrücken bergauf zieht, wählen wir den unscheinbareren Pfad X4. Nach einer Weile dreht die Markierung nach unten ab und läuft dann oberhalb des Gewerbegebiets von Gimte an einem ehemaligen Bahndamm entlang.

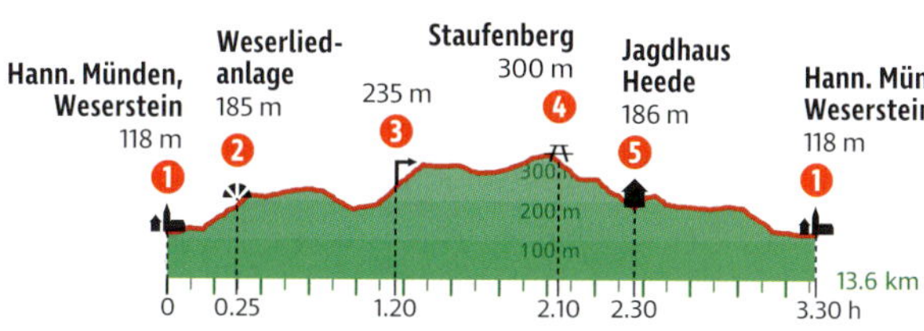

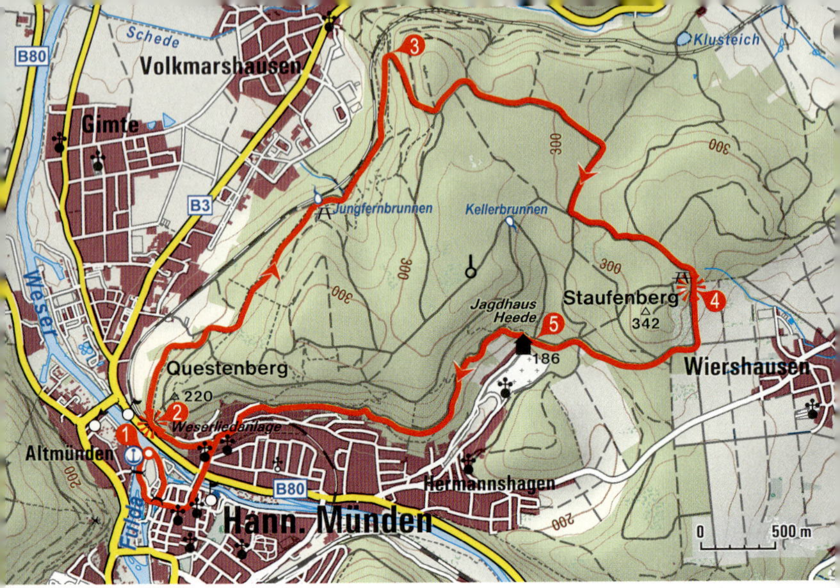

Wer urwüchsige Pfade schätzt, kann auch weiter oben durch die Waldhänge queren, allerdings kaum markiert (nur selten tauchen mal gelbe Ziffern 2 und 4 auf) und später durch ein paar umgestürzte Bäume erschwert. Man kommt zurück auf den Hauptweg, geht beim Thielebach eine Kurve aus und wendet sich vor der Unterführung (bei Volkmarshausen) nach rechts. Dieser schöne Abschnitt leitet allmählich schräg aufwärts, ehe wir nach fast einem Kilometer bei einem Jägerstuhl ganz scharf nach rechts abbiegen ❸, ca. 235 m. Die Route steigt bis in die Nähe des in Karten verzeichneten Karl-Dennerlein-Steins an und trifft dort auf den sogenannten Sandweg. Wir halten uns links, vollziehen einige Kurven und gelangen zu einer T-Kreuzung mit einem von Scheden heraufkommenden Weg (X13). Rechter Hand wieder etwas ansteigend zum folgenden Linksschwenk und der Möglichkeit, direkt das Jagdhaus Heede anzusteuern. Reizvoller ist jedoch der kleine Umweg über den Rastplatz **Staufenberg** ❹, ca. 300 m, den wir binnen einer Viertelstunde erreichen. Wunderbar öffnet sich die Gegend um Wiershausen mit hessischen und thüringischen Höhenzügen im Hintergrund. Ein paar Gehminuten unterhalb nach rechts und allmählich weiter abwärts zum idyllisch gelegenen **Jagdhaus Heede** ❺. Unmittelbar rechts daran vorbei stellt ein kleiner Pfad eine abkürzende Verbindung zu jenem Forstweg her, der Richtung Weserliedanlage führt. Damit nun quer durch den Hang und schließlich durch den *Schedenerweg* hinab ins Stadtgebiet von Hann. Münden. Dort wie bekannt zurück zum **Weserstein** ❶.

↗ 280 m | ↘ 280 m | 10.0 km

2.45 h

Hoher Hagen und Dransberg

15

Zum Gaußturm auf einem südniedersächsischen Vulkan

Diverse Basaltkuppen auf der Dransfelder Hochfläche sind Zeugen einer tertiären Vulkanaktivität. Eine herausragende Stellung nimmt dabei der Hohe Hagen ein, vor seiner morphologischen Veränderung durch einen Steinbruch noch über 500 Meter hoch, heute knapp drunter. Nun können wir das aufgelassene Areal auf einem Geo-Lehrweg erkunden, doch leider ist der Gaußturm schon seit einigen Jahren verwaist. Dem Mathematiker und Geodäten Carl Friedrich Gauß diente der Berg im Zuge der Hannoverschen Landesvermessung zwischen 1818 und 1826 als Triangulationspunkt erster Ordnung. Zwischen dem Brocken im Harz, dem Großen Inselsberg im Thüringer Wald und dem Hohen Hagen spannte er per Winkelmessung eines jener großen Dreiecke auf, in die sich sukzessive kleinräumigere Anschlussaufnahmen einpassen ließen: der klassische Aufbau eines Grundlagennetzes.

Ausgangspunkt: Dransfeld, im südlichen Stadtgebiet, am besten im Kestenmühlenweg zwischen Sportanlagen und Erlebnisbad, ca. 325 m. Buslinie von Göttingen nach Dransfeld.
Anforderungen: Wechsel von befestigten und unbefestigten Wegabschnitten. Die Beschilderung ist nur im enge-

Unsere Route führt mitten durch den ehemaligen Basaltsteinbruch.

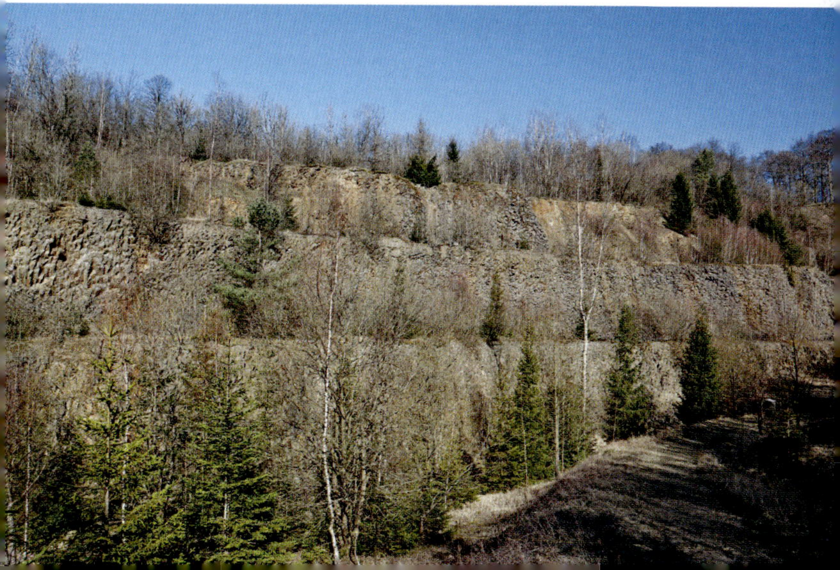

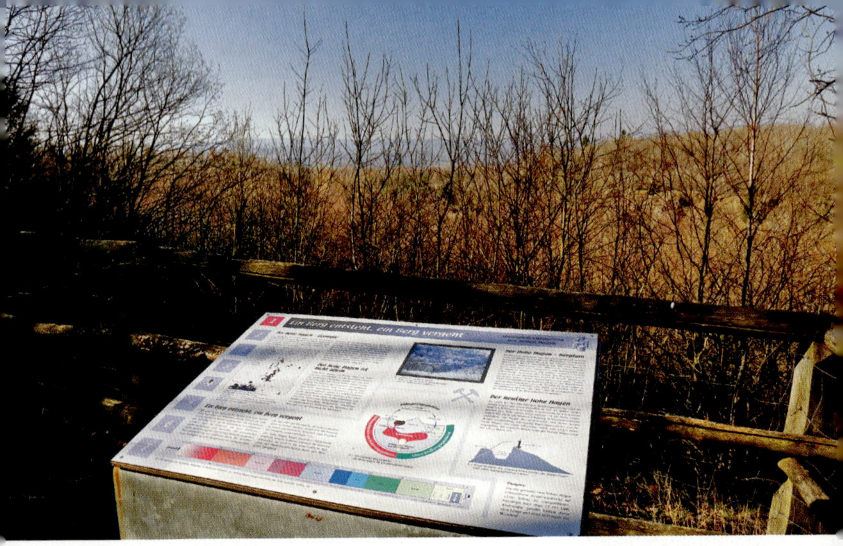

Die Tafeln zur Geologie am Hohen Hagen sind spannend und lehrreich.

ren Bereich um den Hohen Hagen gut, sonst lückenhaft. Relativ kurze Tour, aber mit spürbarem Höhenunterschied.

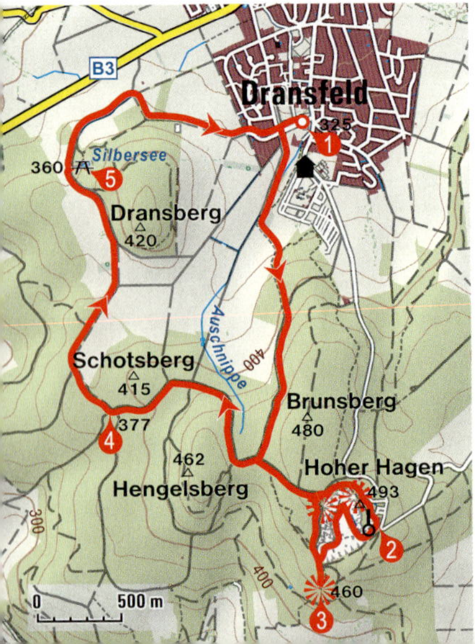

Einkehr: Diverse Restaurants in Dransfeld. Beim Gaußturm wird manchmal ein Kiosk bewirtschaftet.
Variante: Das Wegenetz erlaubt kleine Abweichungen, z. B. den anfänglichen Zugang über den Brunsbergrücken.

Vom *Kestenmühlenweg* in **Dransfeld** ❶ schlagen wir südwärts die *Lange Trift* ein und verlassen das asphaltierte Sträßchen gleich hinter dem eingezäunten Bereich nach links auf einen Grasweg. Damit zum Waldrand und auf erdigem Untergrund schräg hinauf zu einer befestigten Forststraße. Bei der T-Kreuzung links aufwärts und im oberen Bereich auf schönem Pfad entlang der Abbruchkante zum ehemaligen Basaltsteinbruch. Wir passieren die Bildungsstätte (Haus Hoher Hagen) und erreichen wenige Minuten später den **Gaußturm** auf

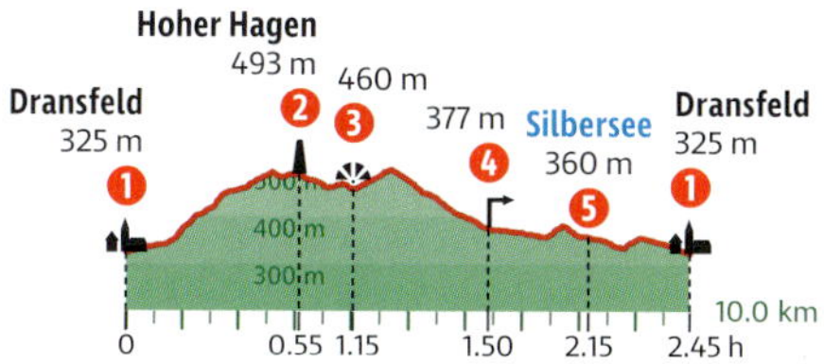

dem **Hohen Hagen** ❷, 493 m. Im Anschluss folgen wir dem Geo-Lehrweg mitten in das Steinbruchareal hinein. Etwas weiter südlich befindet sich ein Aussichtspunkt ❸, den man nicht versäumen sollte. Ansonsten knüpft der Geo-Lehrweg in der anderen Richtung wieder bei der Aufstiegsroute an. Wir halten nun auf den Hengelsberg zu und können die Waldkuppe links umwandern oder kürzer rechts passieren. In diesem Fall über die nächste Kreuzung geradeaus hinweg, links am Schotsberg vorbei und bei einer weiteren Kreuzung rechts abbiegend ❹. Wir landen auf einem Erdweg, der sich nordwärts dem Dransberg nähert. Diesen wollen wir nun noch im Uhrzeigersinn umkurven. An der Westseite führt ein kurzer Stich zum renaturierten **Silbersee** ❺, ca. 360 m. Später achten wir auf einen Rechtsabzweig und steuern damit die Straße *Im Kampe* an, direkt überleitend in den *Kestenmühlenweg* ❶.

Lohnend ist auch das Anhängsel um den Dransberg.

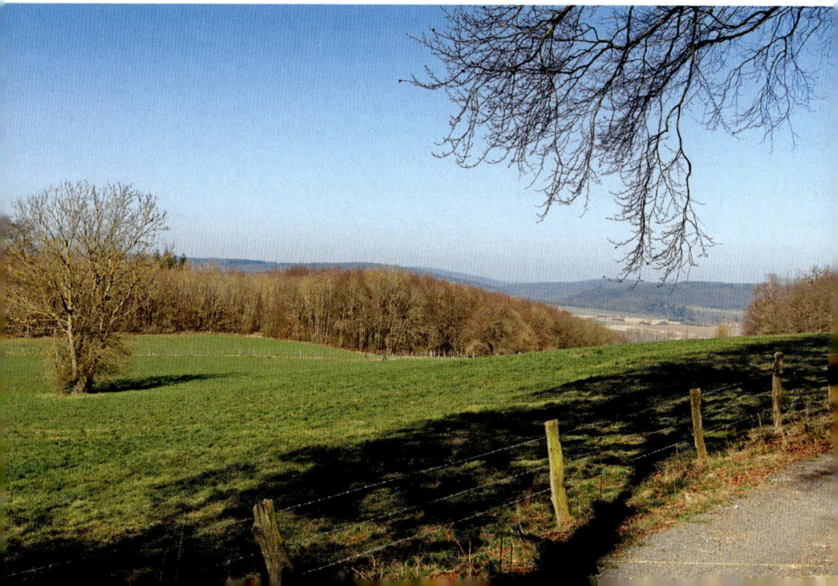

↗ 360 m | ↘ 360 m | 13.7 km

16 Von Hemeln in den Bramwald

3.30 h

Fachwerkdorf am Fuß hoher Waldflanken

Rund zehn Kilometer nördlich von Hann. Münden liegt zwischen Bramwald und Reinhardswald das anheimelnde Weserdorf Hemeln. Seine Fachwerkhäuser sind nicht nur hübsch anzuschauen, sie sind sogar schon bei Historikern, die über Hausformen forschen, auf Interesse gestoßen. Der älteste Bau stammt aus dem Jahr 1540. Aus dem offenen Talkessel steuern wir die Höhen des Bramwaldes an und entdecken als Besonderheit unterwegs die Ruine der Bramburg, die einst mit dem Kloster Corvey in Verbindung stand. Auch die »Nutzung« als Raubritternest der Herren von Stockhausen ist belegt.

Ausgangspunkt: Parkplatz Trift, ca. 127 m, in Hemeln (am Ortsausgang Richtung Elliehausen). Busverbindung von Hann. Münden Richtung Hemeln.
Anforderungen: Zu Beginn gut 2 km auf Naturwegen (zuletzt wegen Sturmschäden etwas beeinträchtigt), danach ausschließlich Forststraßen. Die Beschilderung ist ausreichend, allerdings nicht bei jeder Kreuzung vorhanden. Örtlich gilt das Kürzel H3. Konditionell knapp durchschnittlich.
Einkehr: Hemeln (Gasthaus Zur Fähre und Dolce Vita).

Von **Hemeln** ❶ orientieren wir uns zum Waldrand und folgen stets der Markierung X an Bäumen, bei einer Gabelung auf dem unteren Weg. Dieser zieht etwas verwachsen quer durch den Hang und trifft nach einer Weile auf die erste Forststraße vom Parkplatz Bramburg. Etwas nach oben versetzt geht es weiter mit einer Traverse zum zweiten Zugang vom besagten

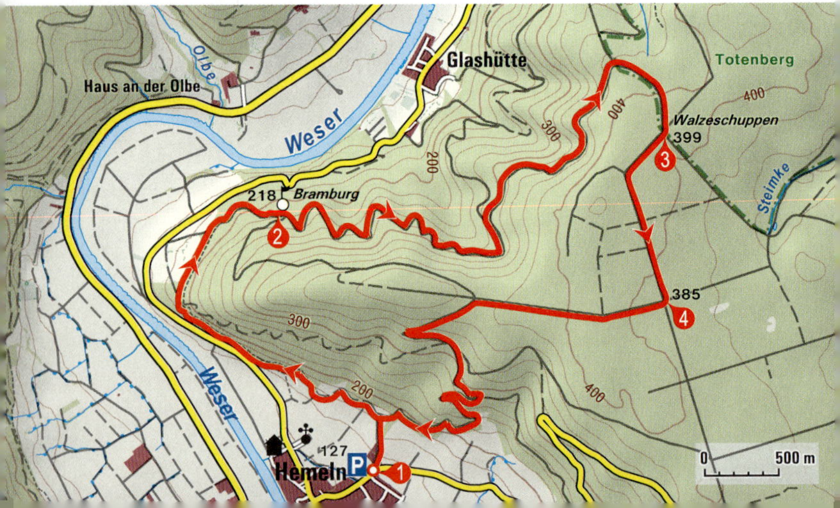

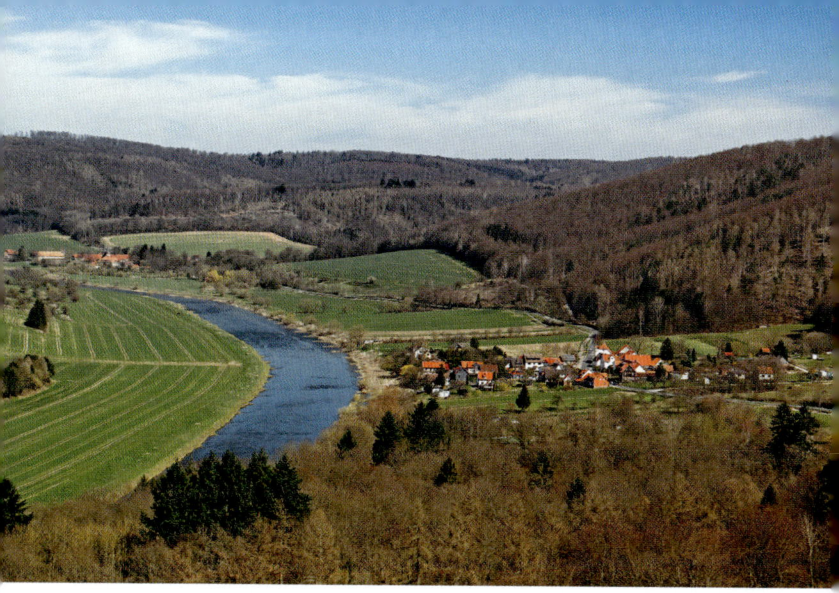

Blick nordwärts ins Wesertal bei Glashütte.

Parkplatz. Damit befinden wir uns auf der gewundenen Bramburgstraße und erreichen 10 Minuten später bereits die Ruine der **Bramburg** ❷, ca. 218 m. Die Route setzt ihren ausgeprägten Schlängelkurs quer durch den Nordhang des Hünenkopfs fort und steigt dabei leicht, aber beständig an. So gelangen wir allmählich immer höher über das Wesertal hinaus und gehen bei der Gabelung am Klingenberg (wo Bursfelde nach links ausgeschildert ist) rechts zum **Walzeschuppen** ❸, 399 m, auf der Bramwald-Hochfläche. Nun wandern wir auf der Langen Bahn ca. 1,3 Kilometer um eine Linkskurve bis zur nächsten größeren Kreuzung und biegen dort rechts ab ❹. Mit einer letzten, minimalen Gegensteigung am Uhlenstein vorbei und vor der Kuppe mit der Hünenburg links in den Waldhang hinein. Mehrere große Schleifen leiten schließlich bergab nach **Hemeln** ❶.

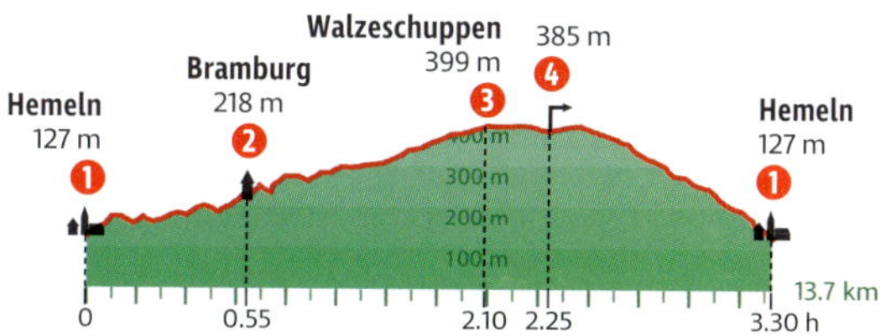

↗ 300 m | ↘ 300 m | 12.3 km

17 Rund um die Bramburg

3.00 h

Zur Friwoler Kirchenruine

Bei der »Bramburg« hier handelt es sich im Gegensatz zum bei Tour 16 beschriebenen Objekt gleichen Namens nicht um eine mittelalterliche Festung, sondern um einen einstigen Vulkankegel, an dem seit dem 19. Jahrhundert Basaltabbau betrieben wird. Damit steht der Berg erdgeschichtlich im engen Zusammenhang mit anderen Kuppen der südniedersächsischen Umgebung, etwa Grefenburg, Backenberg oder Hoher Hagen. Auf unserer Rundtour von Lödingsen können besonders zu Beginn und gegen Ende die Blicke in die Ferne schweifen. Das lauschigste Plätzchen finden wir zwischendurch bei der Friwoler Kirchenruine, die von einer mittelalterlichen Dorfgründung in dieser Abgeschiedenheit zeugt. In den Krisenzeiten Mitte des 14. Jahrhunderts (bedingt vor allem durch zunehmende Klimaungunst und eine verheerende Pestepidemie) wurde Friwol aufgegeben und fiel wüst.

Ausgangspunkt: Lödingsen, ca. 185 m, Ortsteil des Fleckens Adelebsen. Am besten parkt man im Rischenangerweg. Busverbindung vom Bahnhof Göttingen.
Anforderungen: Überwiegend breite Flur- und Forstwege mit gemäßigten Steigungen. Auch konditionell maßvolles Pensum. Beschilderungen sind eher lückenhaft, die Route ist aber gut zu finden, sofern man an einigen entscheidenden Verzweigungen nicht fehlgeht.
Einkehr: Unmittelbar am Weg keine, auch das Gasthaus Zum Schwülmetal in Lödingsen ist geschlossen.

Zu Beginn der Tour schweifen die Blicke weit übers wellige südniedersächsische Land.

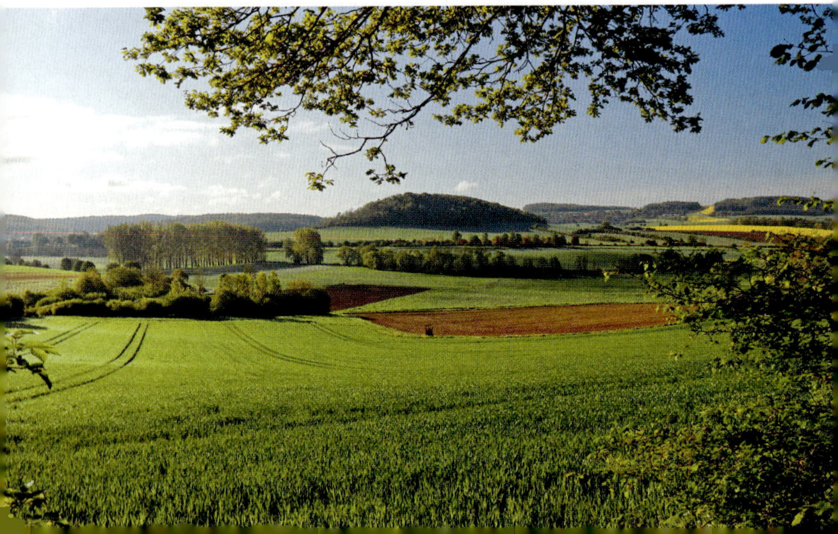

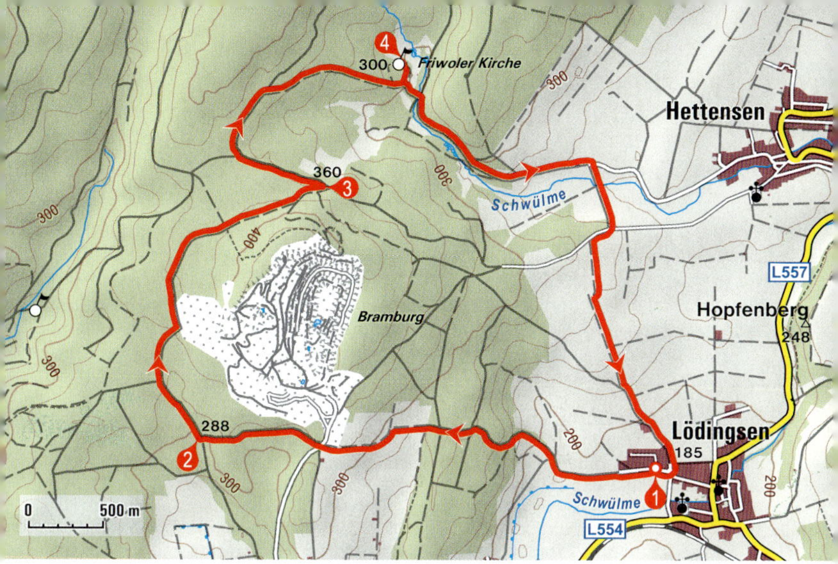

In **Lödingsen** ❶ leitet der *Rischenangerweg* westwärts in die Feldmark und allmählich aufwärts. In einem Waldstück über die Kreuzungen jeweils geradeaus hinweg, so auch bei der Werkstraße, die zum Basaltsteinbruch führt. Etwa 900 Meter dahinter wenden wir uns bei einer T-Verzweigung ❷ nach rechts. Meist durch dichteren Wald geht es nun westlich an der Bramburg entlang und zu einer weiteren Gabelung ❸ auf der Nordseite. An dieser Stelle scharf nach links, später mit einem Rechtsbogen wieder in Nordrichtung und dann auf den Abzweig zur **Friwoler Kirche** ❹, ca. 300 m, die schließlich auf einem kurzen Stichweg erreicht wird. Durch das Tal der Schwülme wandern wir anschließend Richtung Hettensen hinaus, allerdings nicht bis ins Dorf, sondern vorher in der Feldflur rechts abzweigend und mit einer kleinen Zwischensteigung über eine weitläufige Geländewelle hinweg. Derweil passieren wir noch eine Unterstandshütte (dort rechts und gleich wieder links) und schließen die Runde mit dem Abstieg Richtung **Lödingsen** ❶.

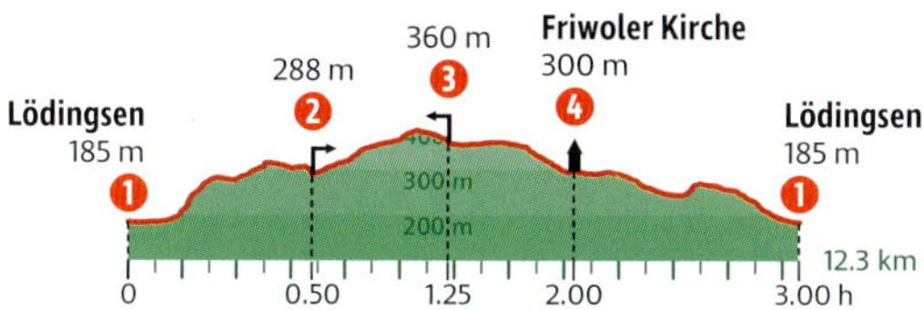

↗ 500 m | ↘ 500 m | 19.6 km

18 Von Bursfelde nach Oedelsheim und Fürstenhagen

5.15 h

Zwischen Bramwald und Solling

Am östlichen Ufer der Oberweser, dort wo das enge, romantische Niemetal einmündet, sticht das stattliche Kloster Bursfelde ins Auge. Die ehemalige Benediktinerabtei wurde im Jahr 1093 gegründet und später im Zuge der Reformation evangelisch. Von diesem sehenswerten Fleck schweifen wir in die nördlich gelegenen Wälder aus, tangieren das Weserdorf Oedelsheim in einiger Entfernung und kommen später direkt durchs rückseitig gelegene Fürstenhagen. Keine kurze Tour, aber wegen der vielen Eindrücke aus Wald und Flur durchaus lohnend.

Ausgangspunkt: Kloster Bursfelde, ca. 120 m, an der Oberweser. Busverbindung mit Hann. Münden (Bahnhof).
Anforderungen: Überwiegend breite Forstwege (etwa 500 Meter ab Wegpunkt 2 sind unbefestigt und ggf. in schlechtem Zustand). Im Niemetal kleinerer Naturpfad. Bei einigen Richtungswechseln und Abzweigungen Aufmerksamkeit erforderlich, davon abgesehen aber unkomplizierte Orientierung. Tagfüllende Wanderung für Ausdauernde.
Einkehr: Fürstenhagen (Landgasthaus Zur Linde), Bursfelde (Klostermühle).
Varianten: 1. Hinter dem Spiekerberg nicht nach Fürstenhagen hinab, sondern bei der Gabelung rechts und im Bereich des Waldrandes Richtung Lange Liet.
2. Gegen Ende Abkürzung durchs Thielebachtal und damit zurück auf den ersten

Das altehrwürdige Kloster Bursfelde ist Startpunkt dieser Wanderung.

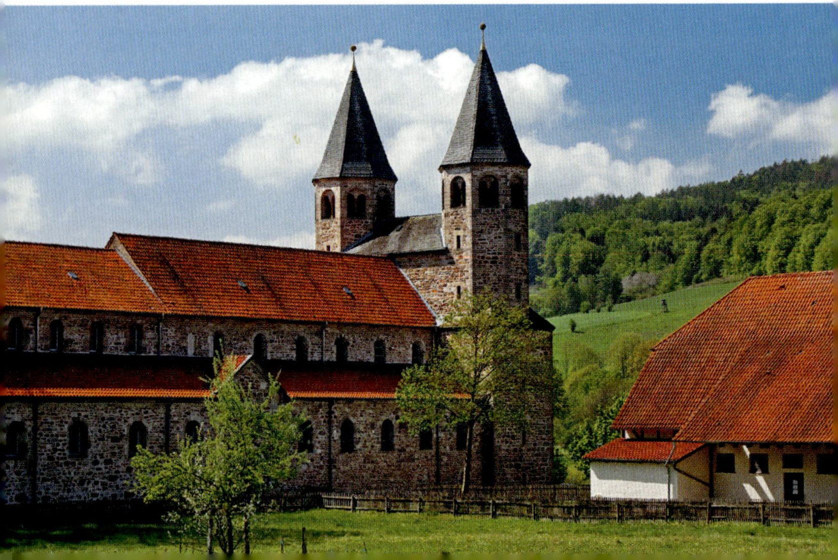

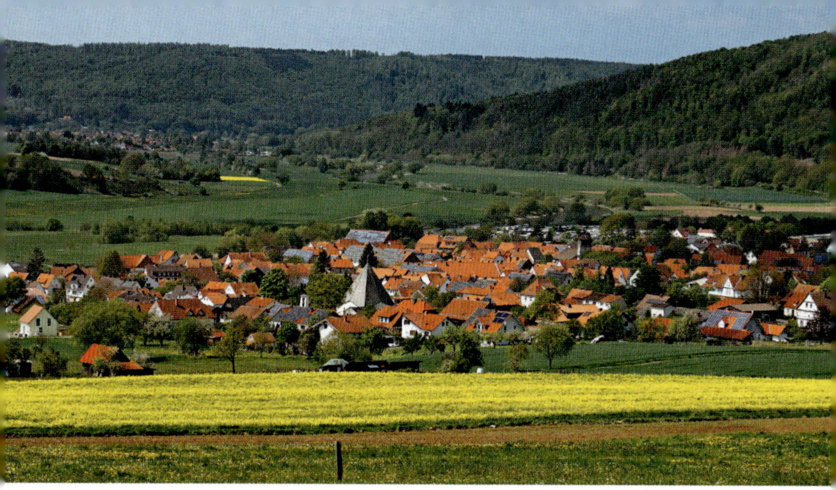

Auf Oedelsheim erhaschen wir eine reizvolle Perspektive.

Teil der Route (ohne Schleife via Niemetal). **Tipp:** Näheres zum Geistlichen Zentrum Kloster Bursfelde unter kloster-bursfelde.de.

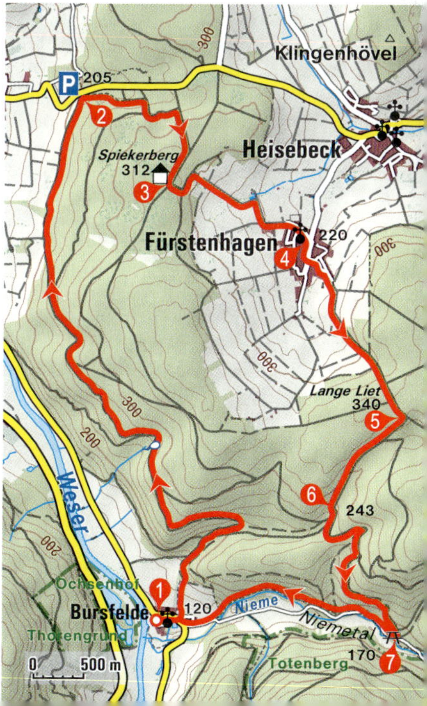

Vom Kloster in **Bursfelde** ❶ gehen wir zur *Mühlenbreite* und dann links am Feldrain hoch in den Wald. Es tauchen die Symbole für den Pilgerweg Loccum – Volkenroda (blaues Kreuz) sowie den Frau-Holle-Pfad (X4) auf. Wir gelangen alsbald ins Thielebachtal und halten uns bei der Gabelung links, um nach einer markanten Linksschleife allmählich in den westlichen Abhang des Schiffberges einzudrehen. Dort steht jetzt eine lange Traverse auf halber Höhe bevor, zunächst dicht bewaldet, später reizvoll am Waldrand mit Blick auf Gottstreu und Oedelsheim. Man kommt bis zum Wanderparkplatz ❷, ca. 205 m, an der *L763 (Heisebecker Straße)* voran. An diesem Punkt mit dem Kürzel Oe9 rechts über eine riesige Blöße,

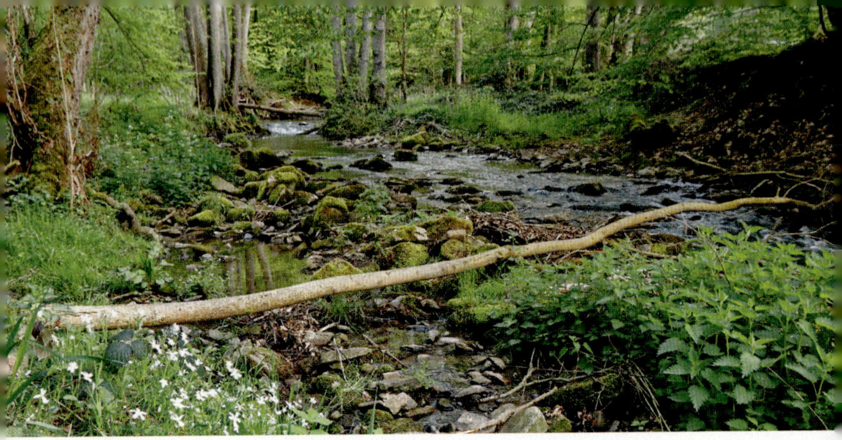

Wildromantisches Niemetal.

die unlängst durch Windbruch entstanden ist, aufwärts. Für rund 10 Minuten ist der Weg vorbehaltlich einer Sanierung eventuell etwas unerquicklich. Etwas verwinkelt geht es hinauf zur Unterstandshütte am **Spiekerberg** ❸, 312 m. Unmittelbar danach vom Höhenweg links abwärts und bei der folgenden T-Kreuzung wiederum links. Diese Route bringt uns auf Flurwegen nach **Fürstenhagen** ❹, ca. 220 m, hinab.
Dort in die *Ahornallee* und dann links in die Straße *Kleiner Weg*, die steil anzieht und uns allmählich wieder aus dem Siedlungsbereich herausführt (erneut blaues Kreuz). Auf Hartbelag geht es Richtung Wald, an einer Offroad-Rennstrecke vorbei und über die Höhe der **Langen Liet**. Bald darauf folgen wir der Rechtskurve des Hauptweges ❺, ca. 340 m, also nicht nach Löwenhagen, und drehen damit wieder ins Thielebachtal ab. Etwa 15 bis 20 Minuten später zweigt eine andere Forststraße links über die Brücke ab ❻. Diese nehmen wir, um nach einer kleinen Gegensteigung um zwei Waldrücken herum ins **Niemetal** ❼, ca. 170 m, zu gelangen. Dort stoßen wir auf einen schönen Naturpfad, der sich teils dicht neben dem Bachlauf, teils auch etwas erhöht dahinschlängelt und den Kreis am Ende Richtung **Bursfelde** ❶ schließt.

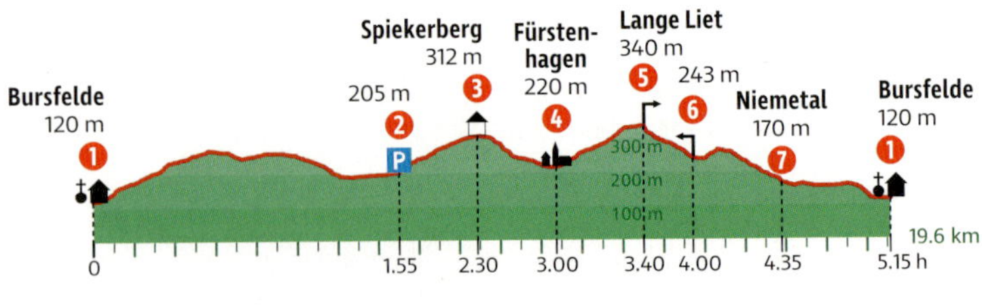

↗ 300 m | ↘ 300 m | 12.8 km

3.15 h

Rundtour im Kiffing

19

Von Oedelsheim um den Heuberg

Wo Hessen einen kleinen Gebietsanteil rechts der Weser besitzt, liegt der Höhenzug des Kiffing mit dem Heuberg als höchster Erhebung. Unsere Genusswanderung geht vom hübschen Ort Oedelsheim an der Weser aus und führt vorwiegend durch erholsame Buchenwälder, abschnittsweise aber auch entlang der Waldränder mit schönen Ausblicken etwa auf Gieselwerder, Lippoldsberg, Vernawahlshausen und natürlich Oedelsheim.

Ausgangspunkt: Oedelsheim, 114 m. Busverbindungen Richtung Gieselwerder (Oberweser) und Hann. Münden.
Anforderungen: Meist befestigte Forstwege mit ein paar Abschnitten naturbelassener Pfade. Überschaubares Pensum, etwas Orientierungsgabe angezeigt.
Einkehr: Oedelsheim (Kronenhof, Fährhaus, Camping Stube), sonst keine am Weg.
Variante: Ab Wegpunkt 3 auf höherer Linie um den Zwersberg herum zum Sattel (etwas kürzer, jedoch ohne Aussicht).
Tipp: Dorfmuseum in Oedelsheim, geöffnet von Mai bis Oktober sonn- und feiertags 15 bis 17 Uhr.

Aus dem Ortszentrum von **Oedelsheim** ❶ schlagen wir die Straße *Am Renntrog* ein, passieren den Friedhof und folgen der Bezeichnung X durch die Wiesenflur links hinauf zum Waldrand (auch die Kürzel Oe1 und M für

Herrlicher Fernblick von der Ostseite des Kiffing.

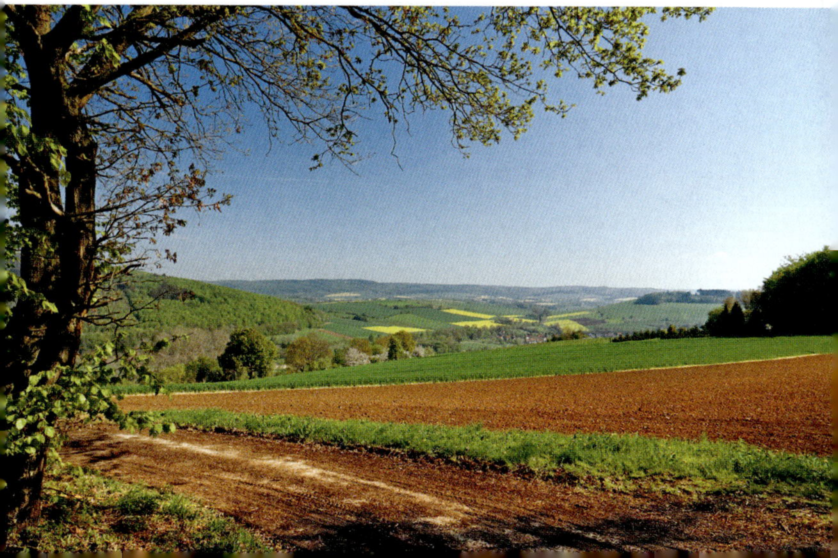

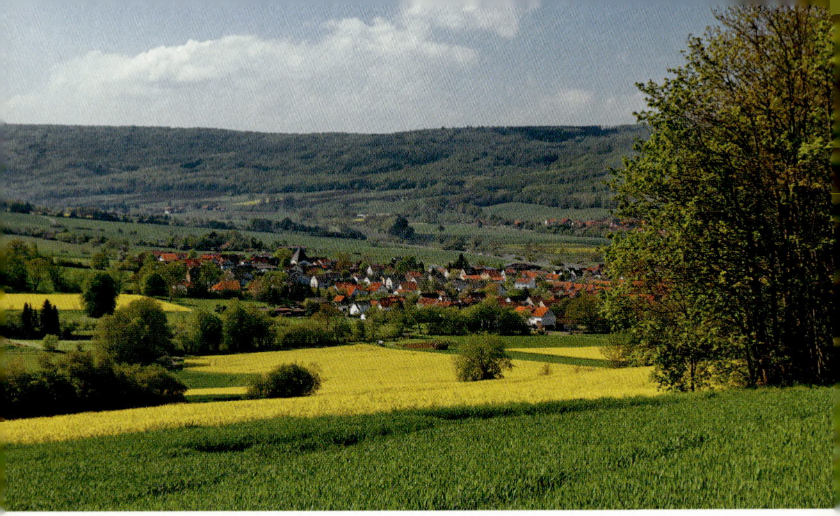

Im letzten Teil der Runde nähern wir uns wieder Oedelsheim.

Märchenweg treten auf). Ein Stück weit im Gehölz drinnen stößt man auf eine Forststraße (die Variante am Rand wäre auch möglich) und folgt dieser nach links quer durch den Hang. Oberhalb des ehemaligen Berghofs übernimmt vorübergehend ein verschlungener Pfad die Führung, ehe sich wiederum ein breiter Forstwirtschaftsweg Richtung Gieselwerder anschließt. Noch davor gehen wir bei einer Gabelung rechts ❷, ca. 140 m, und verlassen in Kürze das Symbol X, indem wir geradeaus am Hauptweg bleiben. Dieser leitet kurz darauf in freies Gelände hinaus und erlaubt weite Blicke auf die Gegend um Gieselwerder, Lippoldsberg und Bodenfelde. Am Nordhang des Kiffing tauchen wir aber erneut in den Wald ein und steigen bis auf eine Höhe von gut 280 Metern an. Bei einer Mehrfachkreuzung ❸ stehen uns zwei Möglichkeiten zur Verfügung. Am besten jetzt links haltend leicht bergab und unweit der Klinik Lippoldsberg im Pfeifengrund vorbei. Vom Waldrand öffnet sich nämlich bald der Blick auf Vernawahlshausen. Wir wandern mit der Bezeichnung Oe2 um den Hang herum auf die Ostseite, nehmen die Variante wieder auf und gelangen in Kürze zum Wander-

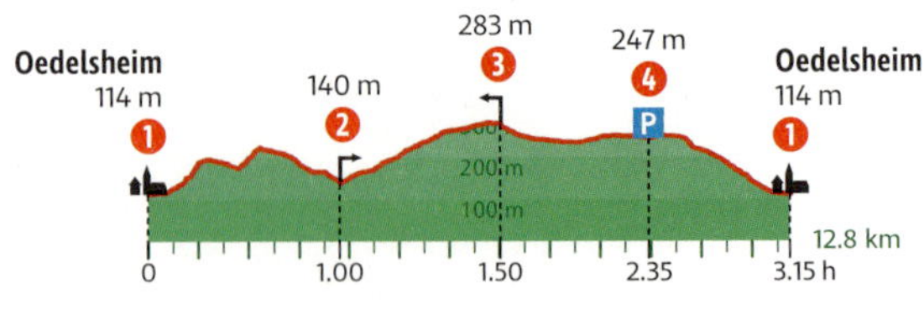

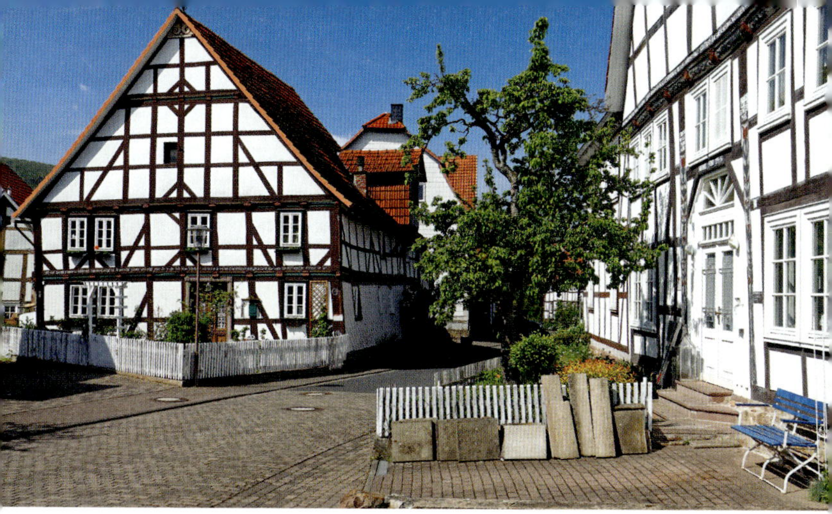

Malerische Dorfszene in Oedelsheim.

parkplatz am **Sattel** 4, 247 m. Weiterhin mit Oe2 geht es ohne die Straße zu überqueren nach rechts, bis knapp 600 Meter dahinter links ein kleiner Pfad vom Forstweg abzweigt. Damit hinaus in die Waldrandlage und auf den Hinweg einmündend zurück nach **Oedelsheim** 1.

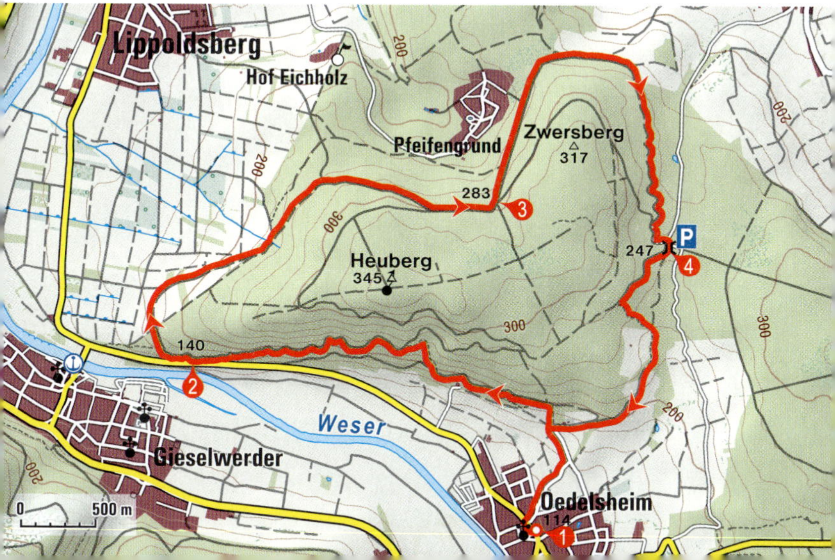

↗ 270 m | ↘ 270 m | 13.6 km

20 Rund um die Sababurg

3.40 h

Tierpark, Urwald und Dornröschenschloss

Im Herzen des Reinhardswaldes thront die märchenhafte Sababurg. Einst soll sie die Gebrüder Grimm inspiriert haben, deshalb auch der Beiname »Dornröschenschloss«. Entstanden ist die Sababurg auf den Resten der mittelalterlichen Zapfenburg, ab etwa 1500 zum Jagdschloss ausgebaut. Kaum viel später wurde unter dieser Prämisse auch ein Vorläufer des heutigen Tierparks eingeweiht, besuchermäßig inzwischen die weitaus größte Attraktion im Umkreis. Und auch einen Gang durch den nahegelegenen Urwald mit seinen knorrigen Baummethusalems und dem herumliegenden Totholz sollte man sich nicht entgehen lassen. Seit über 100 Jahren ist das 92 Hektar große Areal weitgehend sich selbst überlassen, nachdem hier 1907 in einem Hutewald das erste Naturschutzgebiet Hessens ausgewiesen wurde. Wir integrieren den bezeichneten Urwaldweg in eine größere Runde, die uns den Charakter des Reinhardswaldes insgesamt nahebringt. Immer wieder stechen beeindruckende Eichen ins Auge.

Ausgangspunkt: Tierpark Sababurg, 268 m. Große Parkplätze und Bushaltestelle (Linie Hofgeismar – Oberweser/Gieselwerder).

Anforderungen: Naturpfade im Urwald, hier auch markiert, sonst meist typische Forst- und Feldwege mit moderaten Steigungen. Orientierung mit guter Kar-

Im Urwaldareal, aber auch sonst noch häufig im Reinhardswald, gibt es imposante Eichen zu entdecken.

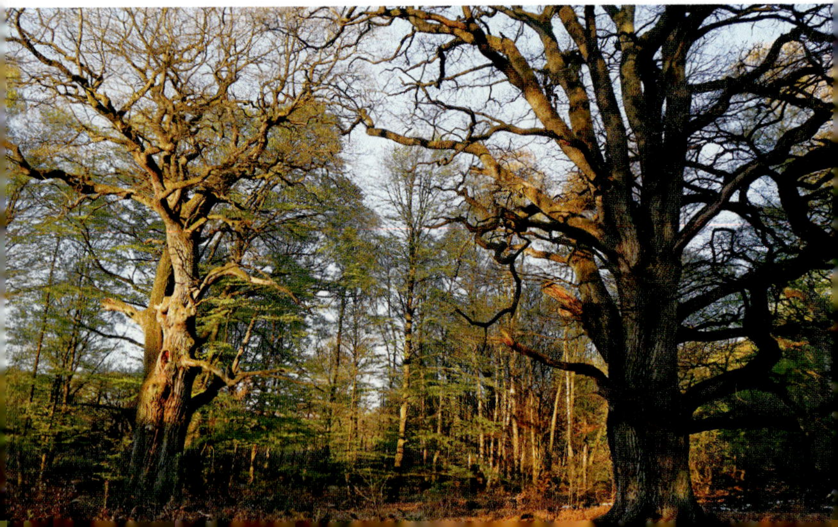

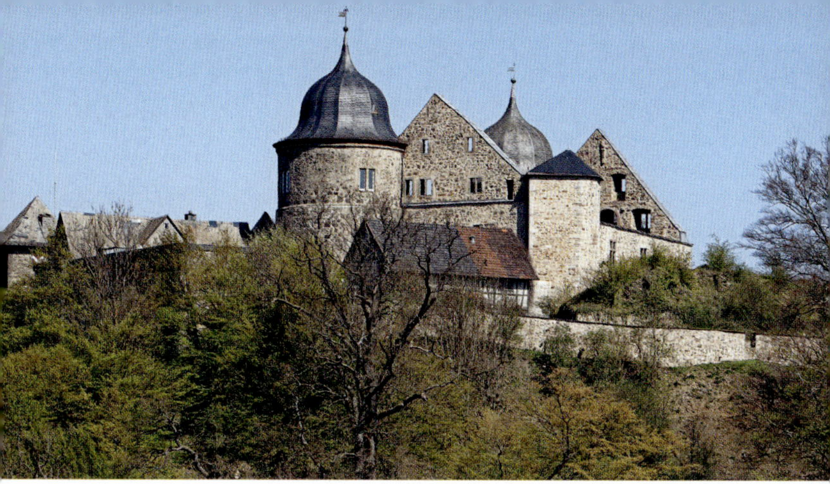

Und über allem thront die Sababurg.

te leicht. Nicht besonders anstrengende Wanderung.
Einkehr: Beim Tierpark sowie im Gasthaus Zum Thiergarten.
Variante: Kleinere Varianten sind speziell in der Feldmark möglich.
Tipps: 1. Der Tierpark Sababurg ist auf jeden Fall einen Besuch wert und ergibt bei ausgiebigem Erkunden schon fast eine eigenständige Wanderung. Öffnungszeiten saisonal gestaffelt (April bis September von 8 bis 19 Uhr, im Winter 10 bis 16 Uhr).
2. Das Schloss Sababurg kann zwischen April und Oktober besichtigt werden (jeweils Mi und So von 10 bis 17 Uhr).

Vom Parkplatz beim **Tierpark** ❶ folgen wir dem Hinweis zum Urwald, doch weil dieser Pfad zunächst zum Drecktor führt und für uns der Einstieg von hinten günstiger erscheint, zweigen wir bald links ab, nehmen dann nochmals einen der beiden Parallelwege nach links und treten von Osten her in den **Urwald** ❷, ca. 330 m, ein. In diesem Bereich gilt nun ein strenges Wegegebot – die Route ist einschließlich zweier kleiner Varianten gut signalisiert und führt an einigen spektakulären Baumriesen vorbei. Beim **Drecktor** ❸, ca. 305 m, verlassen wir den Urwald wieder und setzen die Wanderung gegenüber geradeaus fort. Nach einer längeren sachten Gefällstrecke wird

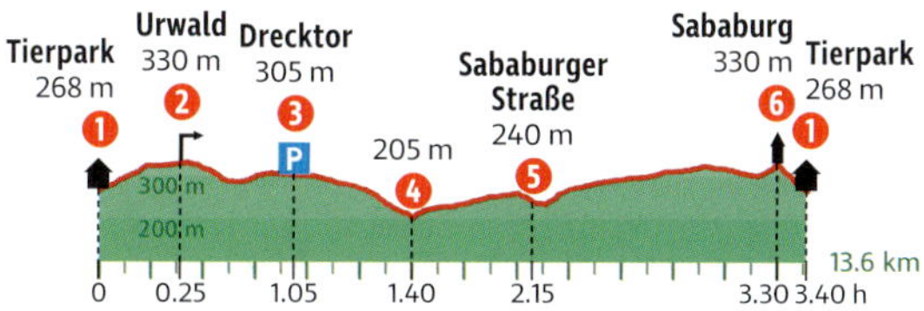

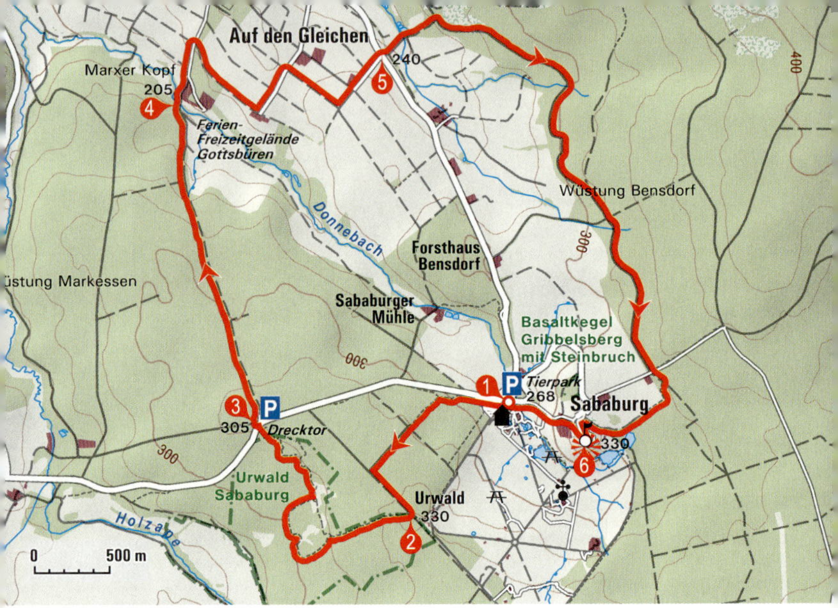

beim **Freizeitgelände** ❹, ca. 205 m, der Donnebach überschritten. Bei der nächsten Gelegenheit rechts abbiegend auf einen Grasweg, bei einem Einzelhof links zum parallelen Weserberglandweg, den man aber nach gut 400 Metern schon wieder nach links verlässt, um die **Sababurger Straße** ❺, ca. 240 m, zu kreuzen. Auf der anderen Seite halten wir uns ziemlich nah am Waldrand, folgen dort der insgesamt leicht ansteigenden Forststraße an der Wüstung Bensdorf vorbei und erhalten beim Forsthaus an der Straße einen Traumblick auf die Sababurg. Jetzt ist der abseits geführte Weserberglandweg die beste Wahl. Damit vollends zur **Sababurg** ❻, ca. 330 m, hinauf und schließlich weiter zum **Tierpark** ❶ knapp unterhalb.

Sehr empfehlenswert ist ein Besuch des Tierparks. Links ein Weißkopfseeadler, rechts Muffelwild.

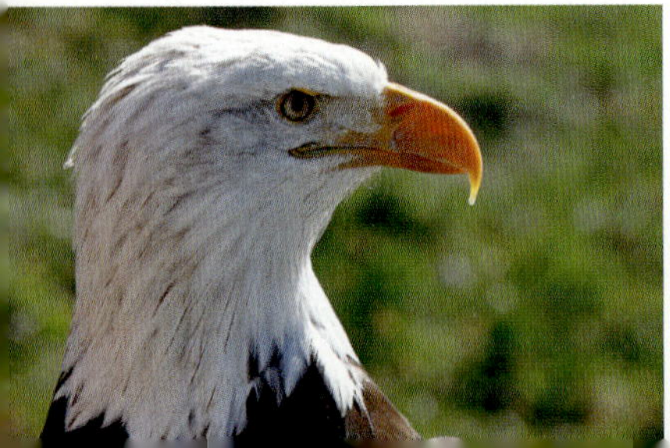

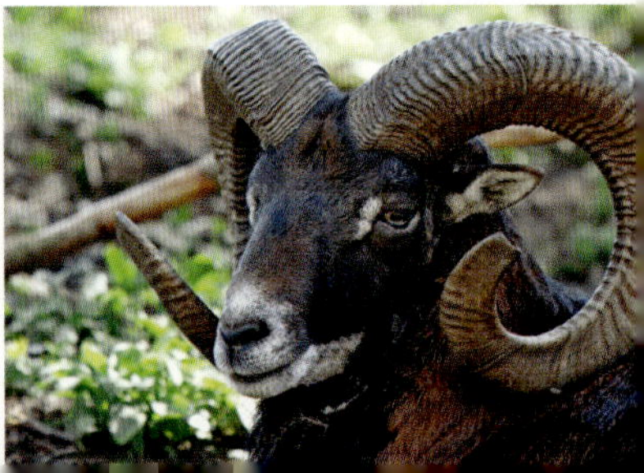

↗ 200 m | ↘ 200 m | 15.2 km

4.00 h

An Holzape und Diemel

Von Trendelburg zum Wasserschloss Wülmersen

Mit der Diemel erhält die Weser ihren ersten größeren Zufluss, immerhin mehr als 100 Kilometer lang. Einen kleinen, romantischen Abschnitt lernen wir am Westrand des Reinhardswaldes kennen, wozu auch die stattliche Burg Trendelburg sowie das Wasserschloss Wülmersen beitragen. Besonders lauschig wirkt nicht zuletzt das Tal der Holzape, die bei Wülmersen wiederum in die Diemel mündet. Naturkundlich Interessierte werden auch die sogenannten Wolkenbrüche in die Tour einbinden. Es handelt sich um Erdfälle, die durch Grundwasserlösung von Zechsteinschichten entstanden sind. Im Nassen Wolkenbruch hat sich ein See gebildet – daher die namentliche Unterscheidung.

Ausgangspunkt: Trendelburg, Parkplatz bei der Diemelbrücke, ca. 120 m. Busverbindung Richtung Bad Karlshafen und Hofgeismar.

Anforderungen: Im Ablauf kommen unbefestigte Waldwege, Wirtschaftswege in der Feldmark, Forststraßen und schließlich ein teils asphaltierter Radweg vor. Abschnittsweise mit N bzw. T4 bezeichnet, zudem einige Wegschilder. Insgesamt verhältnismäßig flache Tour, aber nicht ganz kurz.

Einkehr: Trendelburg (Landgasthaus Textor, Gasthaus Brandner, Hotel Burg Trendelburg, Café in der Mühle), Wülmersen (Café Mehlschwalbe).

Variante: Abkürzung Richtung Holzape, ohne die beiden Wolkenbrüche.

Tipp: Burg Trendelburg mit dem Rapunzelturm.

Zum Wasserschloss Wülmersen unternehmen wir einen kurzen Abstecher.

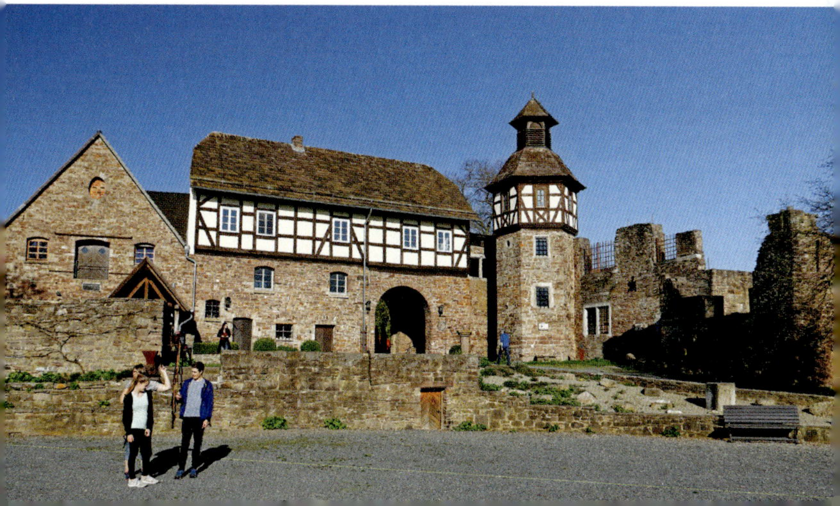

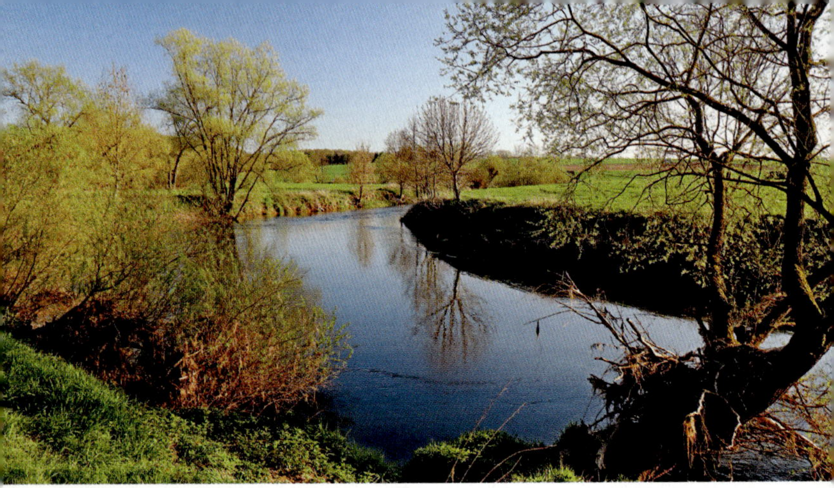

Wundervolle Szenerie an der Diemel.

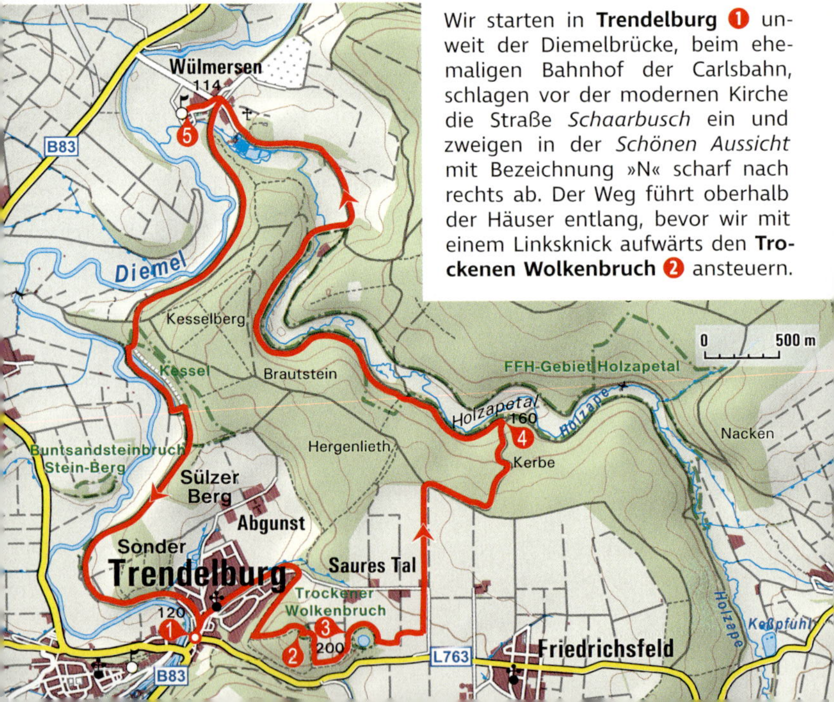

Wir starten in **Trendelburg** ❶ unweit der Diemelbrücke, beim ehemaligen Bahnhof der Carlsbahn, schlagen vor der modernen Kirche die Straße *Schaarbusch* ein und zweigen in der *Schönen Aussicht* mit Bezeichnung »N« scharf nach rechts ab. Der Weg führt oberhalb der Häuser entlang, bevor wir mit einem Linksknick aufwärts den **Trockenen Wolkenbruch** ❷ ansteuern.

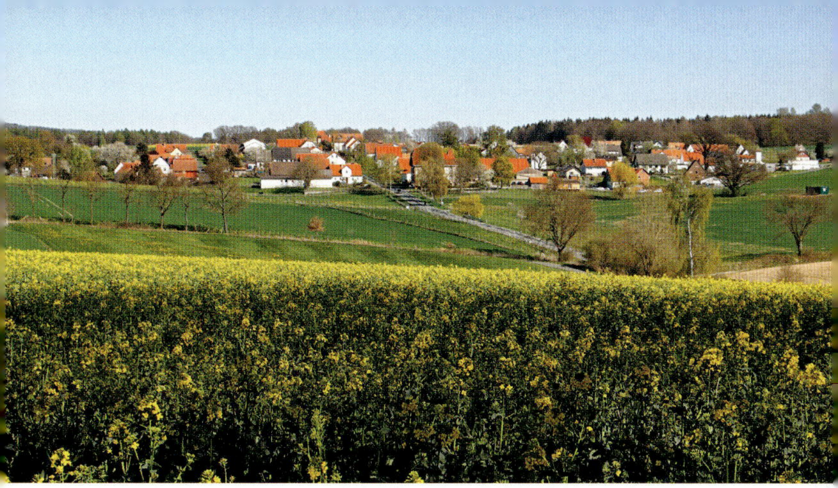

Vom Nassen Wolkenbruch zeigt sich die Ortschaft Friedrichsfeld.

Der Weiterweg zum östlich gelegenen **Nassen Wolkenbruch** ❸ dauert nur eine Viertelstunde. Man kann den Erdfalltrichter umrunden. Am besten gehen wir dann am Feldrain entlang noch ein Stück weit ostwärts, stoßen auf einen Grasweg und jenseits der nächsten Wiese auf eine asphaltierte Trasse. Auf dem Weg gen Norden zum Waldrand hin bleibt ein Gehöft links liegen. Dort angekommen kann man sich nach rechts oder links wenden, um nach jeweils 400 bis 500 Meter etwas steiler Richtung **Holzapetal** ❹, ca. 160 m, abzusteigen. Es bestehen also zwei Möglichkeiten. Das idyllische Tälchen wird nun in seinem gewundenen Verlauf durchwandert. Später wechseln wir mit der Markierung N auf die rechte Seite, passieren in offenerem Gelände ein einzelnes Anwesen sowie die Forellenteiche und erreichen damit **Wülmersen** ❺ – mit kurzem Abstecher zum Wasserschloss, ca. 114 m. Den Rundenschluss vollziehen wir am Diemelradweg. Dieser kommt dem Flüsschen teilweise ganz nah, durchquert zwischendrin den Deiseler Tunnel der ehemaligen Carlsbahn (Achtung: nur zwischen April und Oktober offen, ansonsten fällt außen herum ein zusätzlicher Kilometer an) und gehen die letzten großen Bögen zurück nach **Trendelburg** ❶ aus.

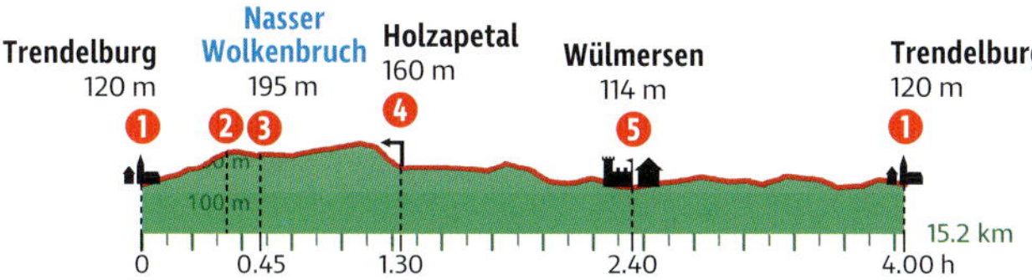

↗ 370 m | ↘ 360 m | 16.2 km

22 Von Bad Karlshafen nach Gieselwerder

4.15 h

Auf dem Frau-Holle-Pfad

Das Weserbergland ist eine Märchenstube und für den Reinhardswald gilt dies wohl im Besonderen. Auch der Sagengestalt »Frau Holle« wurde eine Route gewidmet, die im Ganzen sogar 185 Kilometer misst und von der Weser bis in die Kuppenrhön führt. Im Folgenden wird die erste Etappe von Bad Karlshafen nach Gieselwerder vorgestellt. Meist sind wir dabei in mehr oder weniger dichten Hangmischwäldern unterwegs, die nur ab und zu Durchblicke auf den Flusslauf erlauben.

Ausgangspunkt: Bad Karlshafen, 101 m. Die Kleinstadt besitzt Bahnanschluss (Strecke Ottbergen – Göttingen), außerdem Busverkehr in der Region (zentrale Haltestelle »Hafenplatz«).
Endpunkt: Gieselwerder, 113 m, Ortsteil der Gemeinde Oberweser. Von den Haltestellen »Rathaus« oder »Neustadtstraße« mit dem Bus zurück nach Bad Karlshafen.

Anforderungen: Größtenteils naturbelassene Wege entlang der Hänge. Die Markierung ist bei Aufmerksamkeit recht zuverlässig (maßgeblich ist X4, wobei zwei andere Symboliken weitgehend nebenherlaufen). Ausdauer für eine durchschnittliche Tourenlänge.
Einkehr: Zahlreiche Möglichkeiten in Bad Karlshafen; Restaurant Delphi und Café Scholle in Gieselwerder.

Uferzeile im Zielort Gieselwerder.

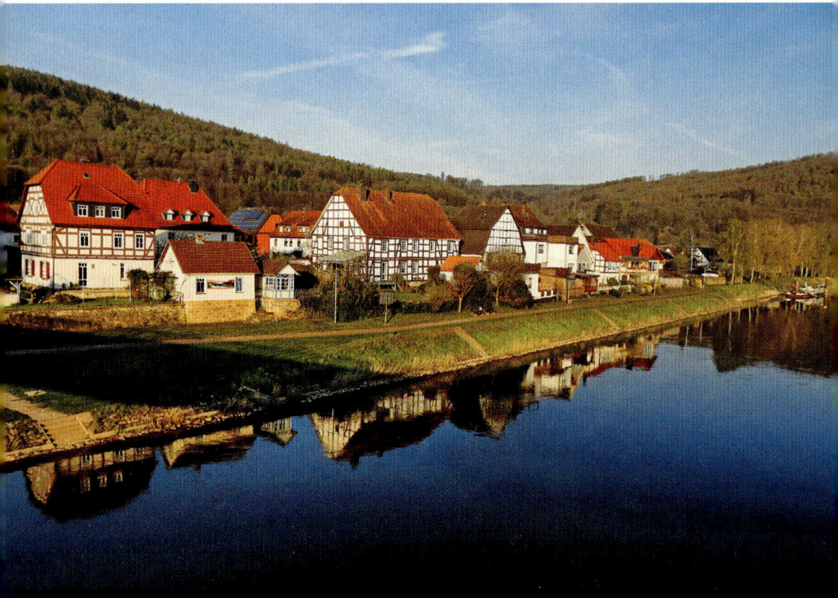

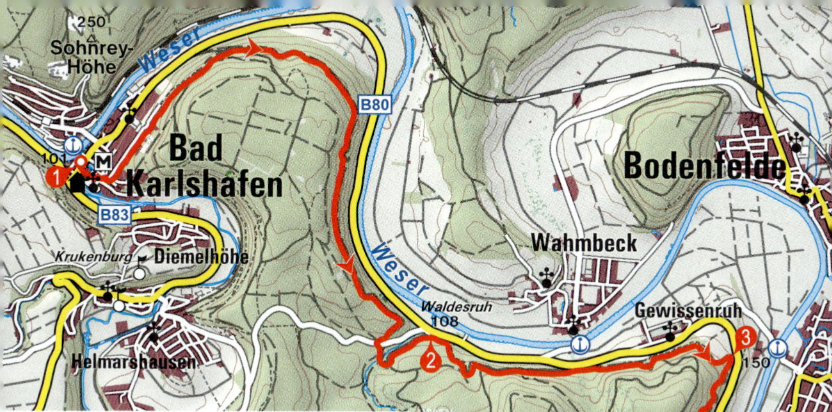

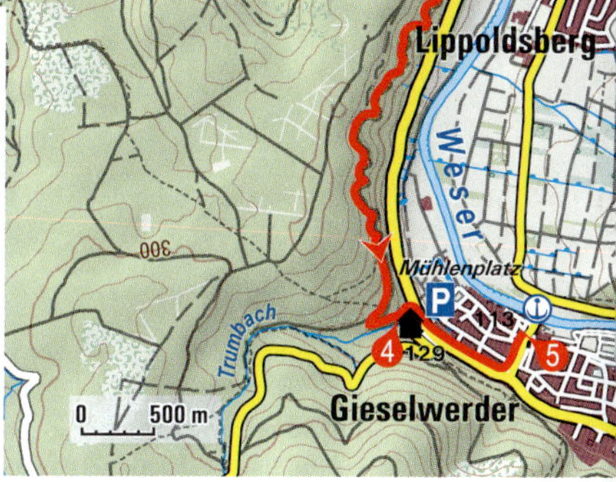

Tipp: Freilichtmuseum Mühlenplatz in Gieselwerder. Hier werden berühmte Burgen und andere Bauwerke in Miniaturformat gezeigt.

Vom *Hafenplatz* in **Bad Karlshafen** ❶ begeben wir uns auf die andere Seite zur Stephanuskirche und dann links in den *C.-D.-Stunz-Weg*. Dieser steigt parallel zum Hang leicht an und geht in einen Wanderweg über. Gemäß dem Weserlauf wird ein Bogen von zunächst nordöstlicher Richtung über Ost gen Süden eindrehend vollzogen – also quasi halb um den Berg herum. Der gute Wanderweg mündet später in eine Forststraße, die zur *K76 (Wechselbergstraße)* abfällt. Obwohl man dieser nun einfach folgen könnte, lotst uns die offizielle Route nach wenigen Metern rechts in einen Forstweg und dann kurzzeitig verschlungen und verwachsen auf eine andere Forststraße, die ebenfalls bei **Waldesruh** ❷, 108 m, an der *B80* herauskommt. Nun etwa 300 Meter am Radweg entlang, ehe es erneut seitwärts ins Gehölz hineingeht. Der folgende Erdweg ist bei feuchten Bedingungen möglicherweise unerquicklich. Wir vollziehen nun eine Querung oberhalb der *B80*, tangie-

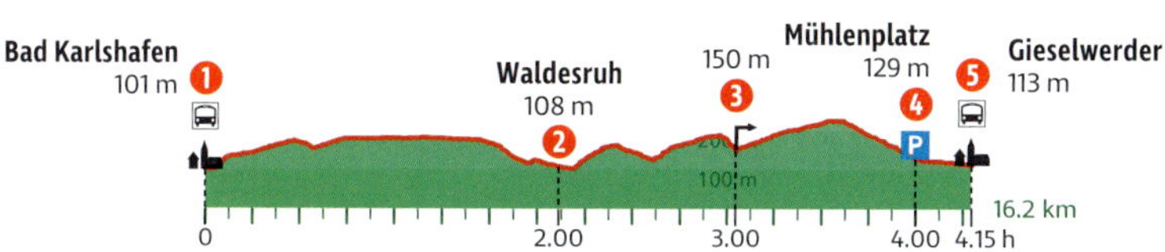

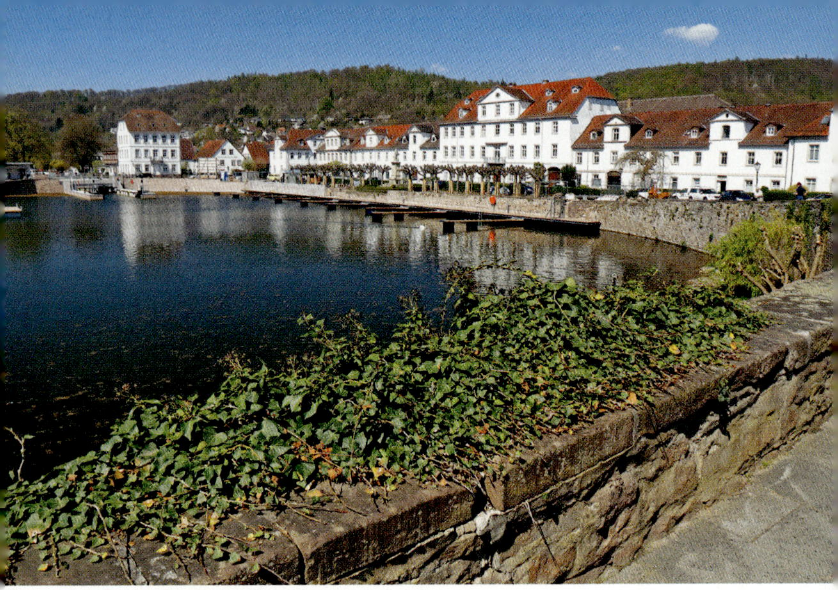

Das Barockstädtchen Bad Karlshafen mit seinem Hafenbecken.

ren zwischendurch aber auch nochmal die Straße und blicken auf das Dorf Wahmbeck jenseits der Weser. Das kleinere Gewissenruh liegt hingegen auf unserer Seite. Die Hangtraverse schwenkt von östlicher wieder in südliche Richtung ein und kommt nach einem Gefällstück abermals der Bundesstraße nahe (Hinweis nach Lippoldsberg). An dieser Stelle 3, ca. 150 m, scharf rechts und jetzt für eine ganze Weile in einer Art Schlängelkurs mitten durch den gegliederten Steilhang der Stickelhalbe. Der Weg an sich ist dabei ziemlich komfortabel und gewinnt allmählich leicht an Höhe, bevor er sich im letzten Abschnitt wieder absenkt. Wir erreichen den **Mühlenplatz** 4 am nördlichen Ortsrand von **Gieselwerder** und laufen schlussendlich noch bis ins Zentrum 5.

Die Weser bei Wahmbeck.

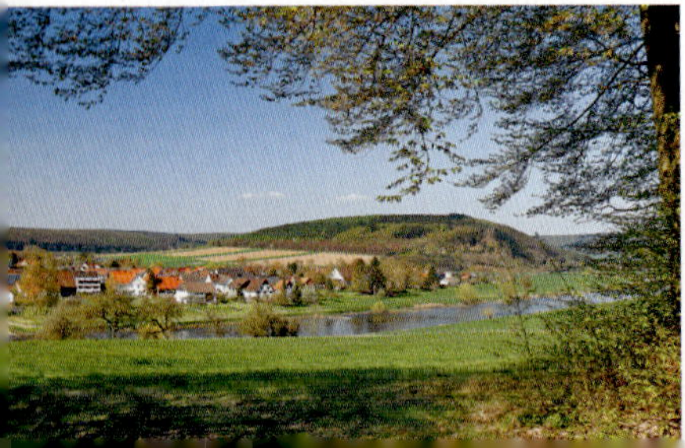

Bildhübsch: das Rathaus von Gieselwerder.

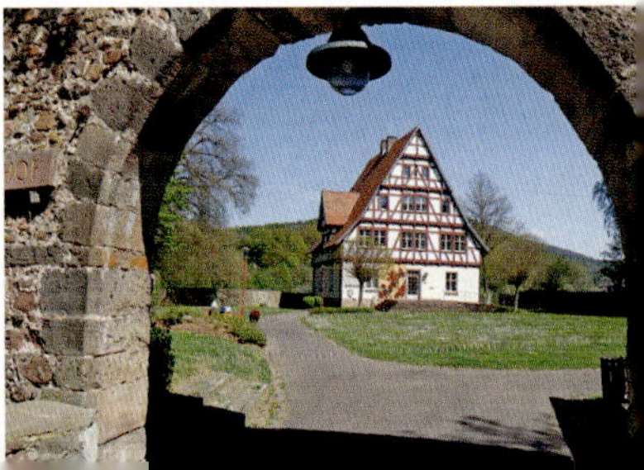

↗ 380 m | ↘ 380 m | 11.0 km

3.00 h

TOP 23

Weser-Skywalk, Hugenottenturm und Krukenburg

Die schönsten Aussichtspunkte um Bad Karlshafen

Bad Karlshafen ist weniger eine gewachsene als vielmehr eine geplante Stadt. Als sich Ende des 17. Jahrhunderts die Hugenotten in Frankreich Verfolgungen ausgesetzt sahen, kamen viele von ihnen nach Deutschland, wurden von hiesigen Fürsten mitunter sogar regelrecht angeworben. Der hessische Landgraf Karl gründete damals die zunächst als Syburg bezeichnete neue Handelsstadt am Zulauf der Diemel in die Weser. Das kühne Vorhaben einer künstlichen schiffbaren Verbindung nach Kassel unter Umgehung Hann. Mündens (und dessen Stapelrechts) scheiterte indes an den immensen technischen und finanziellen Hürden. Heutzutage gehört Bad Karlshafen zu den bedeutendsten touristischen Anlaufpunkten an der Oberweser. Seine Lage kann sich tatsächlich sehen lassen, wovon wir uns am besten aus erhöhter Position überzeugen. Der erst vor einigen Jahren gebaute Weser-Skywalk an den Hannoverschen Klippen sowie der Hugenottenturm auf der gegenüberliegenden Seite eröffnen großartige Perspektiven. Schon mehr nach Helmarshausen und damit zur Diemel hin orientiert thront die Ruine der Krukenburg, einst eine stattliche Wehranlage, die nach dem Jahr 1200 um einen bereits bestehenden Kirchenbau aufgezogen wurde.

Zwischen Würgassen und Herstelle wird die Weser per Fähre überwunden.

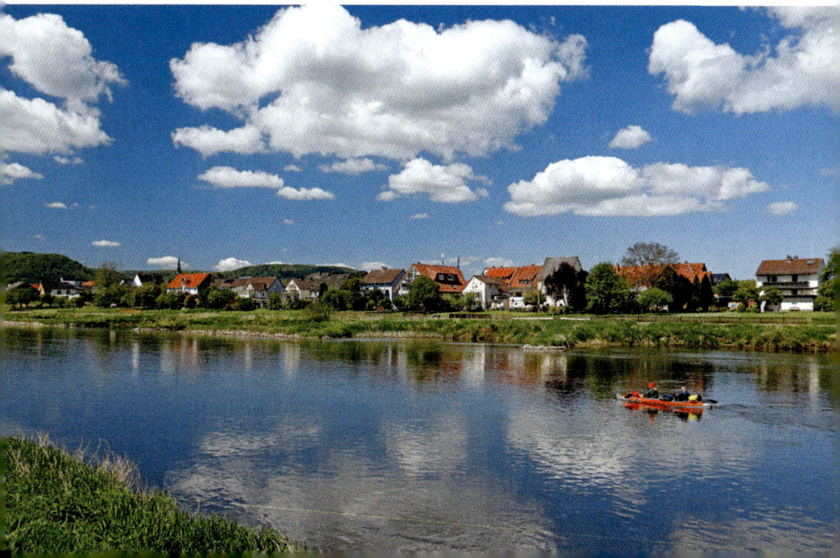

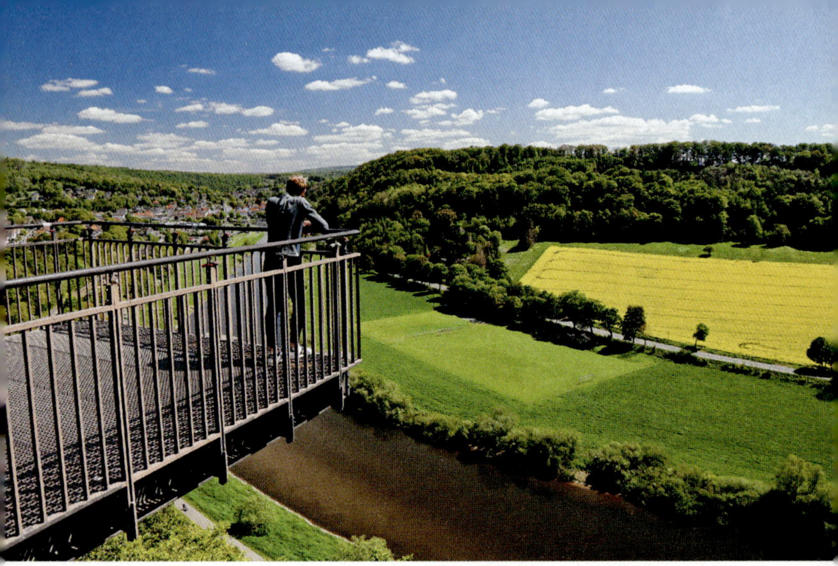

Am Weser-Skywalk fasziniert ein phänomenaler Tiefblick.

Ausgangspunkt: Bahnhof Bad Karlshafen, 110 m. Zugverbindungen nach Paderborn (via Ottbergen), Göttingen und Northeim.
Anforderungen: Es überwiegen kleine Naturpfade, manchmal sogar mit ziemlich steilen Passagen (namentlich zum Weser-Skywalk). Daher elementare Trittsicherheit vorteilhaft. Eher gemäßigt sind die konditionellen Anforderungen, obwohl einige Höhenmeter zusammenkommen. Orientieren kann man sich an lokalen Beschilderungen und Markierungen, allerdings gestückelt.
Einkehr: Würgassen (Forsthof, Alte Linde), Herstelle (Gasthaus Zur Fähre), Café Zur Krukenburg, mehrere Restaurants im Zentrum von Bad Karlshafen.
Varianten: 1. Falls die Fähre nicht verkehrt, kann man über die Weserbrücke westlich von Würgassen bzw. Herstelle die Seite wechseln. Man benutzt dafür die Radwege. Mehraufwand ca. 3 km.
2. Vom Ludwigstein mit den Bezeichnungen F und 4 direkt hinab nach Bad Karlshafen, d. h. ohne den Umweg über die Krukenburg.
Hinweise: Die Krukenburg samt Bergfried ist von Anfang April bis Ende Oktober zugänglich. Die Fähre zwischen Würgassen und Herstelle verkehrt von etwa Ende April bis Anfang Oktober.

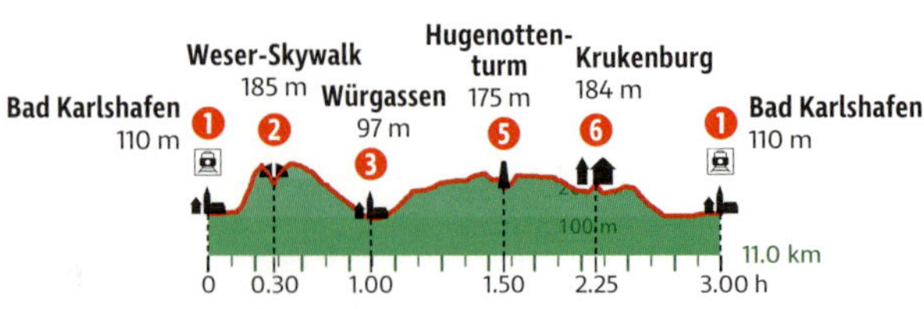

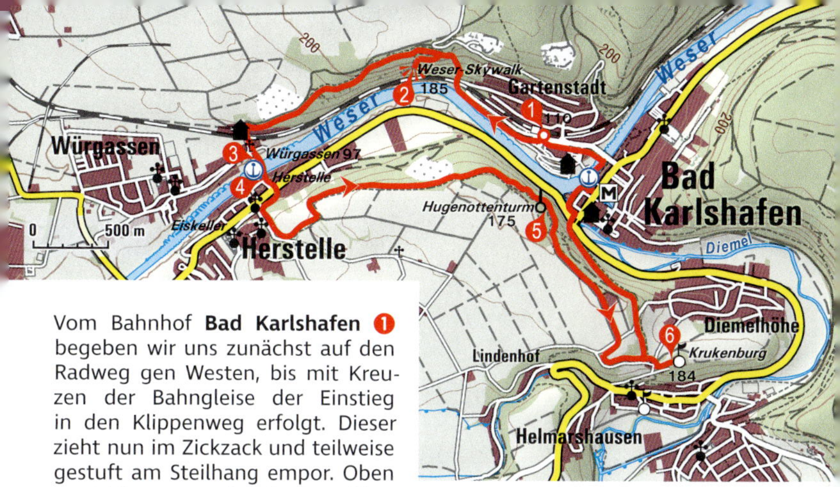

Vom Bahnhof **Bad Karlshafen** ❶ begeben wir uns zunächst auf den Radweg gen Westen, bis mit Kreuzen der Bahngleise der Einstieg in den Klippenweg erfolgt. Dieser zieht nun im Zickzack und teilweise gestuft am Steilhang empor. Oben erreicht man zunächst einen Wanderparkplatz und anschließend auf einem leicht fallenden Stichweg die Plattform des **Weser-Skywalk** ❷, ca. 185 m. Nach ausgiebiger Würdigung des Panoramas zurück zur Verzweigung und dann auf den mit diversen Lehrtafeln und Installationen ausgestatteten »Holzweg«. Als lauschiger Pfad schlängelt er sich allmählich abwärts (auch die Bezeichnung »Diemeltaler Schmetterlings-Steig« taucht auf), später abgelöst von einem breiten Schotterweg, der uns nach **Würgassen** ❸, 97 m, bringt. Dort setzen wir mit der Gierseilfähre nach **Herstelle** ❹ über. Von der *Heristalstraße* geht es *In den Grund*, damit unterhalb von Burg und Abtei entlang und später links abdrehend. Wir können uns nun erneut am Diemeltaler Schmetterlings-Steig sowie an den Bezeichnungen F und Nr. 4 orientieren. Ein schöner Pfad zieht unmittelbar zwischen dem bewaldeten Steilhang und den Feldern der Hochfläche dahin. Bei der Peter-Peter-Hütte (Unterstand) beachten wir den Hinweis zum Hugenottenturm, folgen also dem unteren Pfad und entdecken zunächst den Aussichtspunkt »Sängertempel«. Wenige Schritte weiter stehen wir vor bzw. auf dem **Hugenotten-**

So schön blickt man vom Hugenottenturm auf Bad Karlshafen.

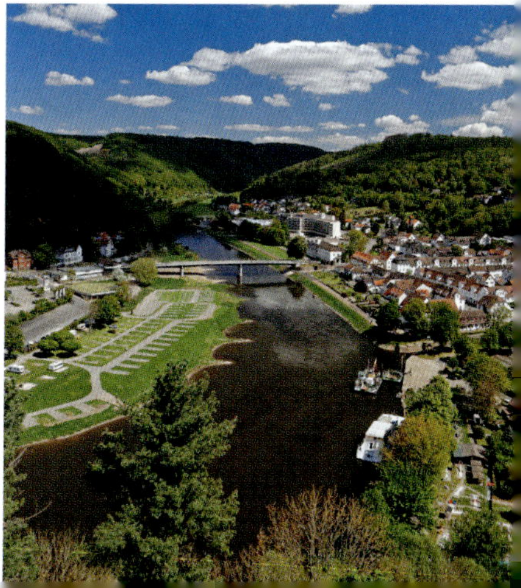

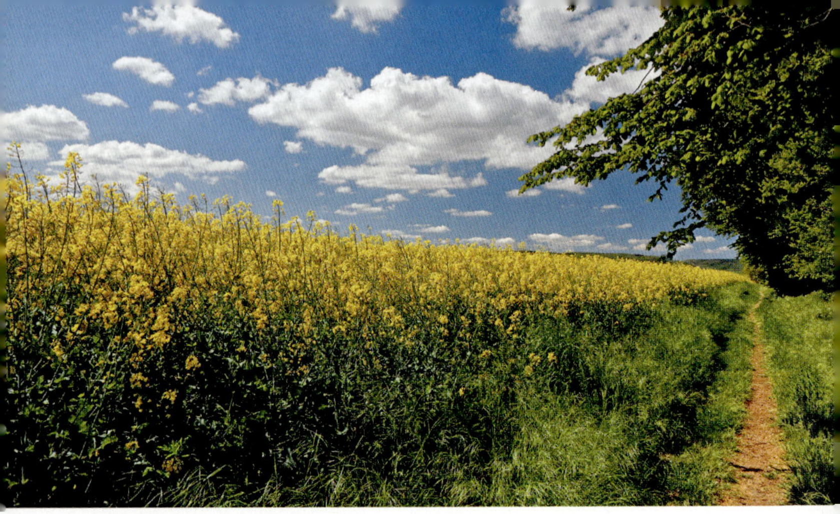

Auf schmalem Pfad geht es am Feldrain entlang.

Der Hugenottenturm steht seit einem guten Jahrhundert auf dem Kaiserstein oberhalb von Bad Karlshafen.

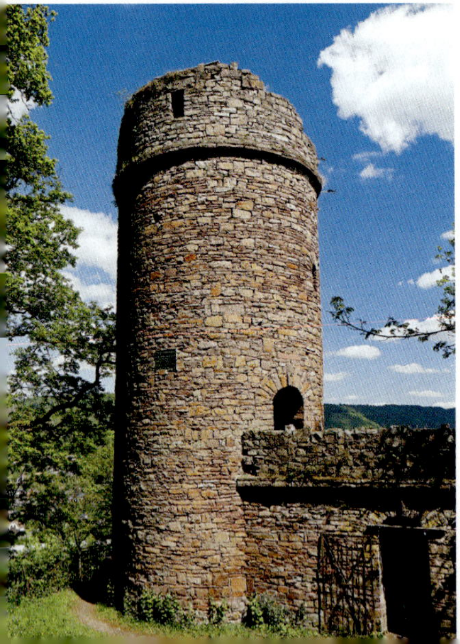

turm 5, ca. 175 m: ein exzellenter Ausguck. Am Ludwigstein heißt es, sich zu entscheiden. Entweder auf dem unteren Pfad im Zickzack talwärts oder wieder kurz bergauf zum Rand der Hochfläche, bald an einem Gestüt vorbei und beim Standort eines jungsteinzeitlichen Erdwerks (Tafel) auf dem Sträßchen zuerst nach rechts und in Kürze mit einem Linksbogen Richtung **Krukenburg** 6, 184 m. Eine kleine Gegensteigung führt zur ehemaligen Festung. Nachdem wir die Ruine erkundet und den Bergfried bestiegen haben, geht es ein Stück zurück und anhand des Hinweises »Fußweg nach Bad Karlshafen« zu einer Abwärtsdiagonalen im Wald. Unten kreuzen wir die *B83* sowie die Diemel hinein in die Stadt. Dort am Hafenbecken und/oder am Anleger vorbei, über die Weserbrücke und dahinter nach links zum Bahnhof **Bad Karlshafen** 1.

↗ 850 m | ↘ 850 m | 31.0 km

8.10 h

Weser-Bever-Höhenweg 24

Bergauf bergab rund ums Bevertal

Auf westfälischer Seite bildet die Bever einen Zufluss zur Weser – an ihrer Mündung liegt das Städtchen Beverungen, wo die hier beschriebene Rundwanderung ihren Ausgang nimmt. Mit einer Länge von über 30 Kilometern darf der Weser-Bever-Höhenweg als konditionell strengste Tour in diesem Führer gelten, zumindest wenn man sie an einem Tag absolviert. Es bietet sich allerdings eine homogene Zweiteilung mit einer Nächtigung im hübsch in die Landschaft eingebetteten Korbmacher- und Marienwallfahrtsort Dalhausen an. Vor allem bis dorthin verläuft die erste Hälfte meist durch Buchenwälder insgesamt sehr verwinkelt, zumal diverse tief eingeschnittene Seitentälchen wiederholt Auf- und Abstiege erzwingen. Der zweite Teil besitzt hingegen eher Hochflächencharakter, wobei sich rund um Haarbrück bemerkenswerte Fernblicke ins südniedersächsische und nordhessische Bergland sowie über die Warburger Börde bis zum Teutoburger Wald ergeben. Als kulturelles Kleinod ist die in der Waldeinsamkeit versteckte Klus Eddessen zu nennen. Am Standort der Eremitenklause gab es ehedem ein Dorf, das 1447 zerstört wurde.

Ein besonderer Fleck: die Klus Eddessen.

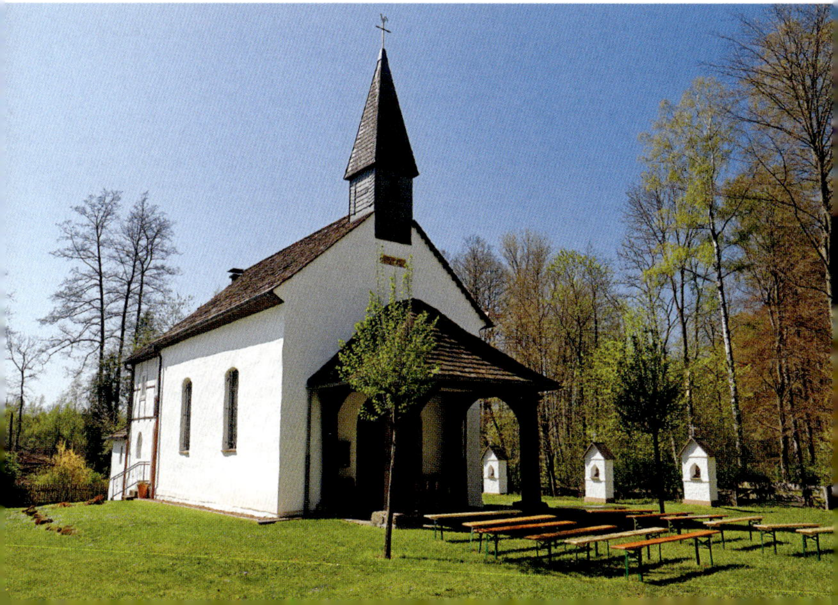

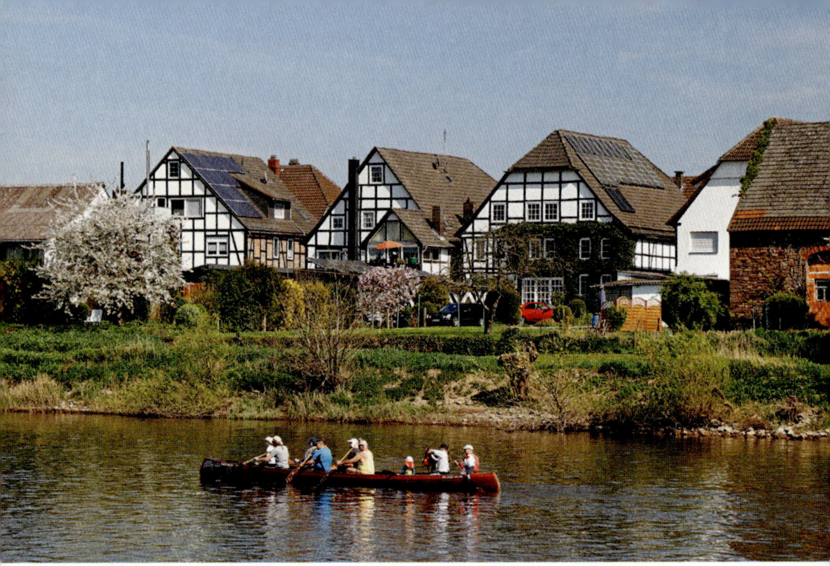

Bootspartie auf der Weser in Beverungen.

Ausgangspunkt: Beverungen, Parkplatz am Weseranger, ca. 98 m. Buslinie von Höxter; ein Bahnhof liegt auf der anderen Weserseite in Lauenförde.
Anforderungen: Größtenteils befestigte Wege und auch ein gewisser Anteil auf Asphalt, nur zwischendurch naturbelassene Abschnitte. Einheitlich gekennzeichnete Route, wobei die Symbole recht zuverlässig immer an bzw. kurz vor Abzweigungen und Richtungswechseln auftauchen, zwischendurch hingegen kaum. Der konditionelle Anspruch ist angesichts des Höhenprofils und der Gesamtstrecke ziemlich hoch.
Einkehr: Dalhausen (Gasthäuser Bruns, Soethe und Weser Flamme), Haarbrück (Altes Kornhaus), Bootshaus sowie zahlreich in Beverungen.
Varianten: Um die Gesamtstrecke etwas zu reduzieren, können zwei Abkürzungen erwogen werden: Zum einen bei der Gabelung hinter Wegpunkt 2 rechts aufwärts und auf der Forststraße viel direkter zu Wegpunkt 3. Zum anderen im Waldstück Eichhagen, wo sich Höhenweg-Symbol und Beschilderung »Klus Eddessen« trennen, Letzterer folgen und auf dem Kurs ostwärts ggf. das Kirchlein sogar auslassen.
Tipp: Begehung in zwei Etappen, Nächtigungsmöglichkeit in Dalhausen, z. B. im Landgasthaus Bruns (Tel. +49 5645 9192). Im Ort befindet sich auch ein Korbmachermuseum (von April bis Oktober tgl. außer Mo geöffnet).

In **Beverungen** ❶ nimmt die Route folgenden Verlauf: *Weserstraße, Zum Stadtgraben, Obere Nußbreite, Lindenstraße, Unterm Eisberg, Zum Sonnenhügel*. Auf der Fortsetzung außerhalb der Siedlungen kommen wir mit einer Schleife zur Aussicht **am Eisberg** ❷, ca. 200 m, und folgen 300 Meter dahinter – mit der längeren offiziellen Route – dem unteren Forstweg.

Dieser schlängelt sich am bewaldeten Südhang über dem Bevertal entlang und schlägt später einen Bogen um den Eisberg, um wieder mit dem direkteren Weg zusammenzutreffen **3**, ca. 275 m. Unterhalb von Gut Oeserborn geht es in ein Tälchen hinunter, wo man nach einer Weile auf den scharfen Rechtsabzweig achtet. Damit wieder deutlich ansteigend und mit mehreren markanten Kurven durch das Waldgebiet am Hohenstein. Nächstes Ziel ist das kleine Dörfchen **Roggenthal** **4**, ca. 145 m, womit wir praktisch ganz bis zur *B241* und zur *L890* absteigen müssen. Durch die Straße *Unterm Hübbeln* auf die Fortsetzung, die nachfolgend den Einschnitt des Hasselntals ausgeht. Anschließend wird das Gelände sukzessive offener und gibt mehr Ausblicke ins Bevertal frei. Etwas nach oben versetzt bietet die Tra-

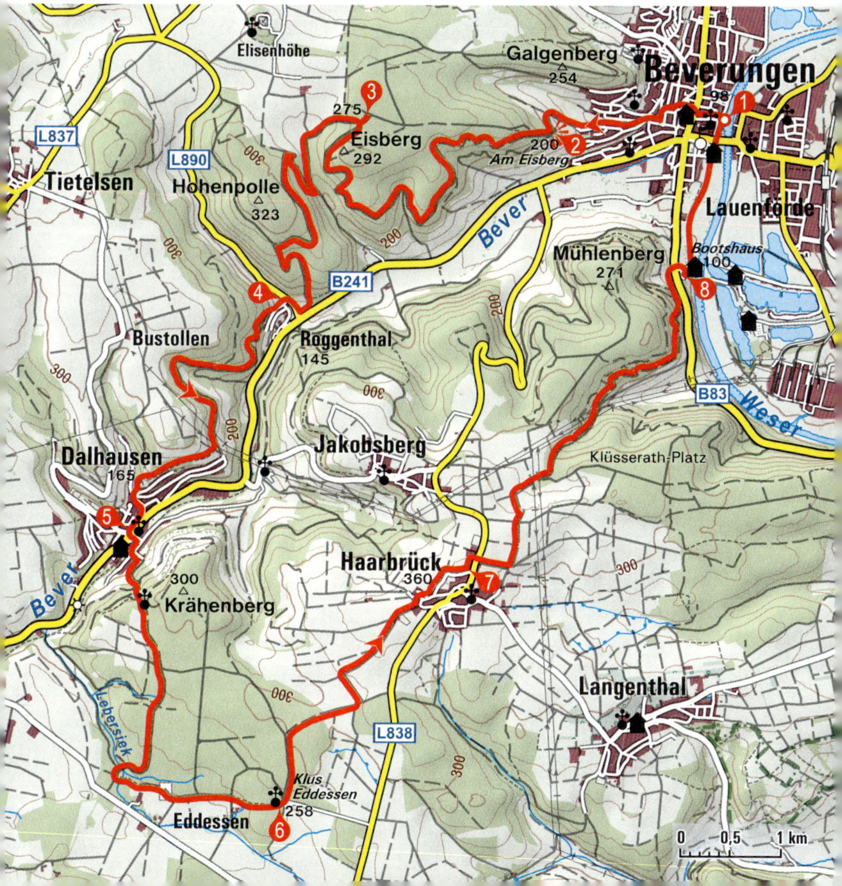

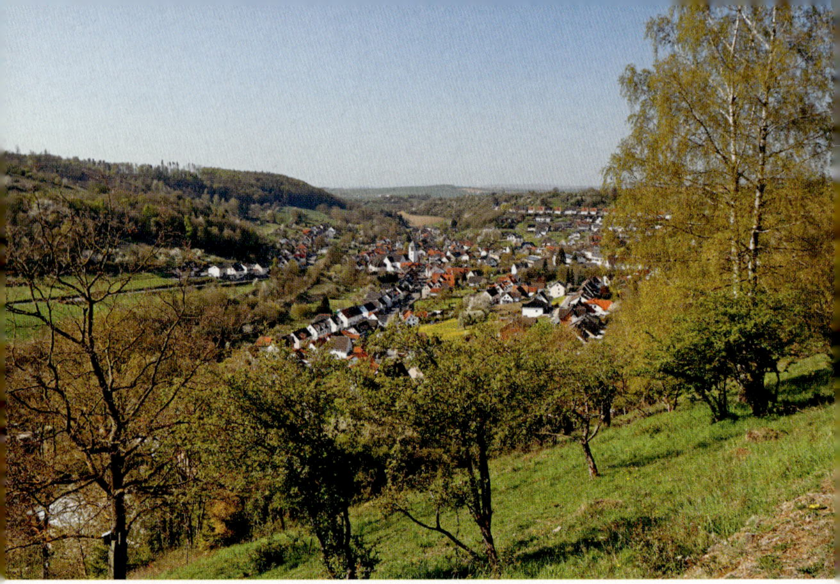

Dalhausen zeigt sich besonders hübsch vom Schnegelberg.

verse am Schnegelberg, dessen Kalkmagerrasen traditionell von Ziegen beweidet werden, den wohl schönsten Abschnitt der gesamten Tour. Bald darauf treffen wir in **Dalhausen** ❺, 165 m, ein.
Bei der Kirche St. Marien links und jenseits der Bever rechts, um am Hang des Eichhagen vorübergehend steil anzusteigen. Wir kommen an der Mariengrotte vorbei und halten dann eine ganze Weile Südkurs ein, auch wo uns der Wegweiser »Klus Eddessen« eigentlich nach links lotsen möchte. Stattdessen geht es wieder etwas abwärts Richtung Lebersiek und hinter dem Bach nach links. Nun sind wir ein gutes Stück auf einem schönen Naturweg am Waldrand unterwegs und steuern damit die **Klus Eddessen** ❻, 258 m, an. Rund 700 Meter nördlich davon nach rechts und durch ein Wind-

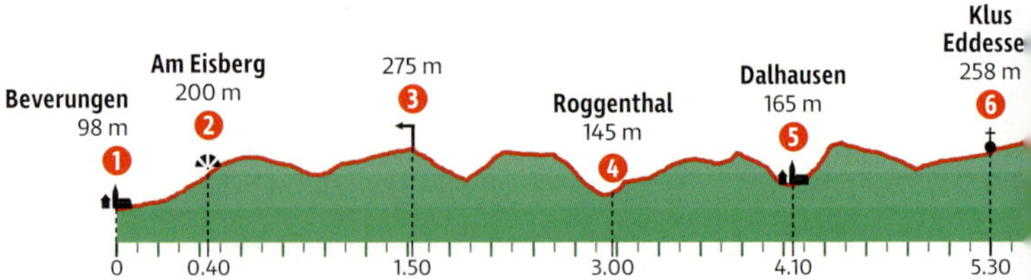

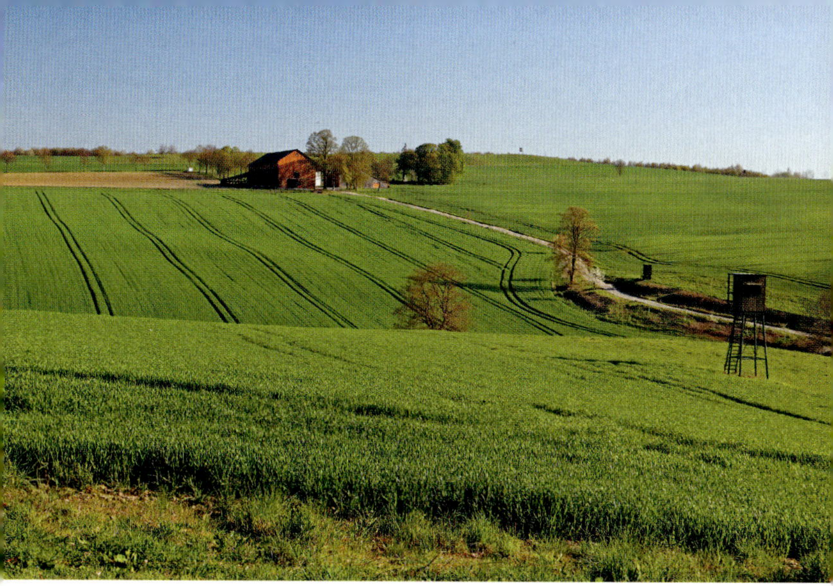

Auch in freier Feldflur sind wir zeitweise unterwegs.

bruchareal allmählich in die offene Feldmark. Weiter ansteigend nähern wir uns dem Höhendorf **Haarbrück** 7, ca. 360 m, halten uns dort eher knapp westlich und kreuzen dann die *Klingelburgstraße* mit 100 Meter Versatz. Ringsherum ist das Gelände übersät mit Windrädern. Nach einem kurzen Ab- und Wiederanstieg kann der Linksschwenk zurück zur Straße ignoriert werden, denn geradeaus kommt man direkt zur Fortsetzung in ein beinahe schluchtartiges Tälchen hinab. Weiter unten links auf den Hangweg ausscherend, dabei in nördliche Richtung eindrehend und an bezeichneter Stelle hinab zur *B83*. Nach etwa 200 Metern ergibt sich der Anschluss zum **Bootshaus** 8 und damit zum Weserradweg, dem wir nun auf den finalen 1,5 Kilometern zurück zum Ausgangspunkt in **Beverungen** 1 folgen.

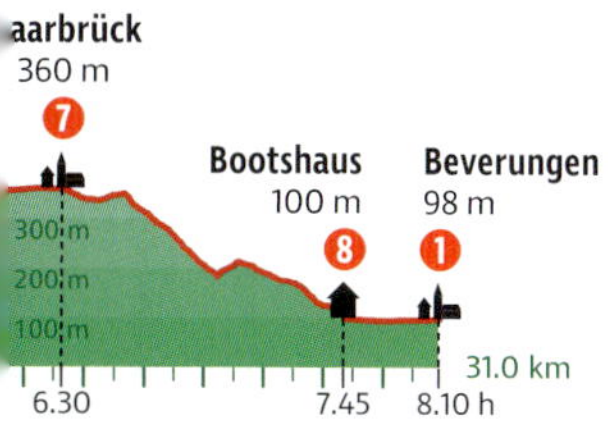

Die Südansicht von Dalhausen, das sich ins Tal der Bever einbettet.

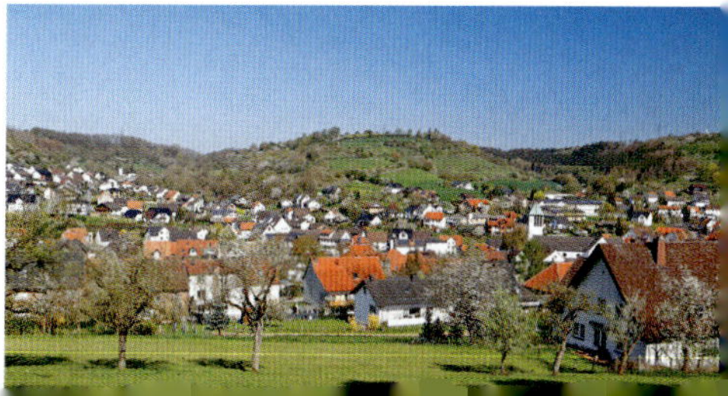

↗ 280 m | ↘ 280 m | 12.8 km

25 Zwischen Beverungen und Drenke

3.15 h

Flurwege an Selsberg und Wandelsberg

Diese Tour führt ins Hinterland des Weserstädtchens Beverungen, wo man sich in weitläufig geschwungenen Fluren zumeist auf breiten Wirtschaftswegen bewegt. Zwischen einzelnen Waldhügeln ist das Gelände häufig offen, sodass die Blicke über das ostwestfälische Oberwälder Land und sogar bis zum Eggegebirge schweifen können.

Ausgangspunkt: Beverungen, 100 m. Bushaltestelle Lilienweg (Verbindung von Höxter), Parkmöglichkeiten entlang der Durchgangsstraße (B83) bzw. nach Augenschein.

Anforderungen: Überwiegend befestigte Trassen bzw. Hartbelag. Daher auch bei feuchten Bedingungen gut machbar. Eher lockerer Halbtagesmarsch.

Einkehr: Viele Lokale in Beverungen.

In **Beverungen** ❶ begeben wir uns zur Straße, die nach Drenke führt (*Zum Spring*) und zweigen rund 100 Meter hinter dem Bahndamm nach rechts *Zum Selsberg* ab. Die oberste Schleife dieser ansteigenden Straße kann über den *Oppelnweg* abgekürzt werden, womit wir die Ortslage verlassen. In Kürze treffen wir wieder auf Teerbelag, können beim Schild »Naturschutzgebiet« aber links auf einen unbefestigten Weg ausscheren, um einige schöne Blicke ins Springtal zu ergattern. Etwa 10 Minuten später verpasse man dann aber nicht die kurze Querverbindung zurück zur Hauptroute, die bei feuchten Bedingungen ohnehin vorzuziehen wäre. Auf den leicht

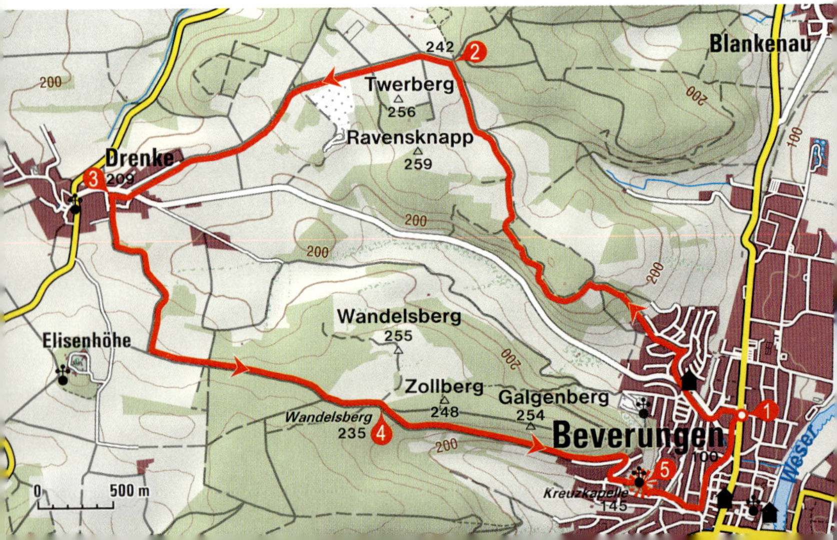

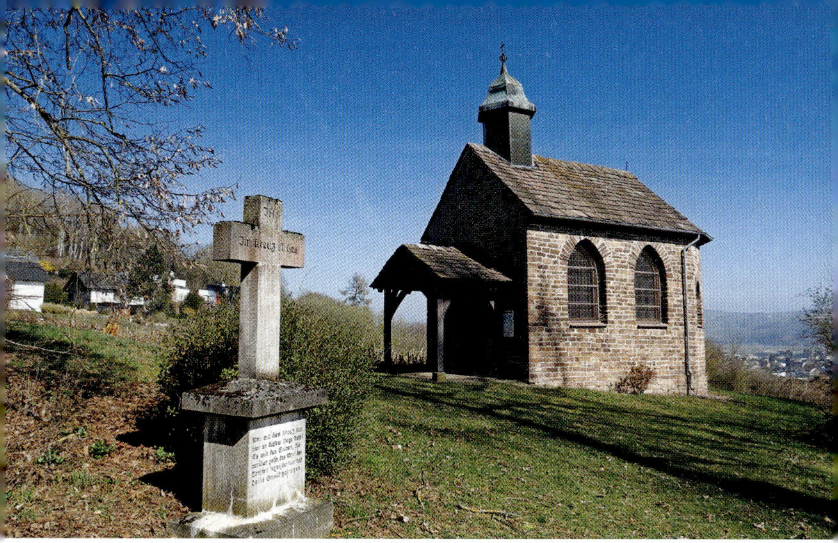

Die Kreuzkapelle grüßt hinab auf Beverungen.

gewellten Höhen lassen wir den Selsberg nun hinter uns und kommen zur Kreuzung zwischen Heineberg und **Twerberg** ❷, wo es bei einer Infotafel links weitergeht. Nach einer Weile an einer Baudeponie vorbei, senkt sich das Asphaltsträßchen gegen **Drenke** ❸, 209 m, hinab.
Dort schlagen wir den *Hellenbusch* ein und gewinnen auf der gegenüberliegenden Seite wieder an Höhe. Das Bildungszentrum auf der Elisenhöhe bleibt rechts, während man an einer T-Kreuzung nach links schwenkt und der stets breiten Trasse jetzt ostwärts folgt. Bei der Wiese am **Wandelsberg** ❹, ca. 235 m, stehen zwei Fortsetzungsmöglichkeiten zur Auswahl: entweder auf der Kammhöhe über den **Galgenberg**, 254 m, hinweg und später auf einem steileren Pfad hinunter zur Straße *Am Kapellenweg* in Beverungen oder durch die Südflanke am Waldrand dorthin. Gegen Ende besuchen wir noch die nahe **Kreuzkapelle** ❺ – mit schönem Stadtpanorama – und kehren via *Lindenstraße* und *Hinterm Graben* zum Startpunkt in **Beverungen** ❶ zurück.

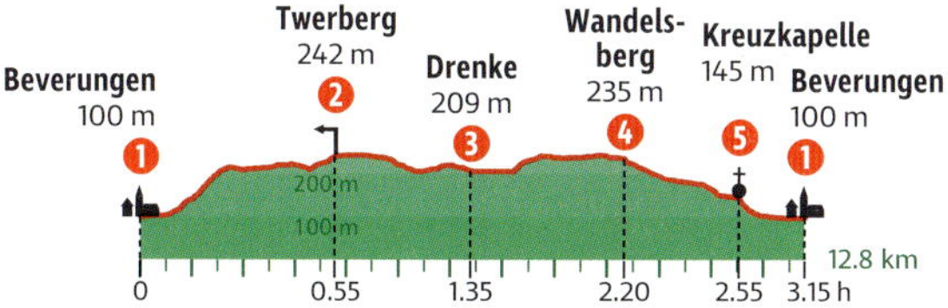

TOP

26 Rund um Ottbergen und Bruchhausen

↗ 430 m | ↘ 430 m | 12.8 km

3.40 h

Auf den »Wegen der Vielfalt«

Bei dieser Tour im Weser-Seitental der Nethe durchstreifen wir eine abwechslungsreiche Kulturlandschaft. Unter dem Motto der »Vielfalt« wurden einige der schönsten Wege und Pfade rund um die Ortschaften Ottbergen und Bruchhausen zu einer einheitlich markierten und zertifizierten Route zusammengelegt. Das mag den ziemlich verwinkelten Verlauf erklären. Und die Vielfalt auf engem Raum ist erstaunlich: Anhand von zahlreichen Infotafeln kommen wir unterwegs den Geheimnissen von Hohlwegen, Waldrändern, Halbtrockenrasen, Heckensäumen und Wiesenauen auf die Spur – sogar der Bahndamm ruft eine ganz spezifische Flora hervor. Nicht zuletzt begeistern einige herrliche Aussichtspunkte, etwa bei der Stoothütte, am Wingelstein oder beim Ehrenmal an der Hüwe.

Ausgangspunkt: Bahnhof Ottbergen, 121 m, im Nethetal. Zugverbindungen nach Paderborn, Kreiensen und Göttingen.
Anforderungen: Mehrheitlich naturbelassene Wege und Pfade, im Wechsel mit Abschnitten auf Hartbelag. Einige Passagen sind vergleichsweise steil, zudem summiert sich das Auf und Ab. Die Tour ist mit durchgängigem Symbol sehr zuverlässig markiert.
Einkehr: Gasthof Steineck in Ottbergen (Mo Ruhetag), Gasthaus Quellenhof in Bruchhausen.
Variante: Kürzere Runde, wenn man vom Gasthof Steineck direkt nach Bruchhausen geht.

Malerisch schlängelt sich die Nethe durch ihr Tal.

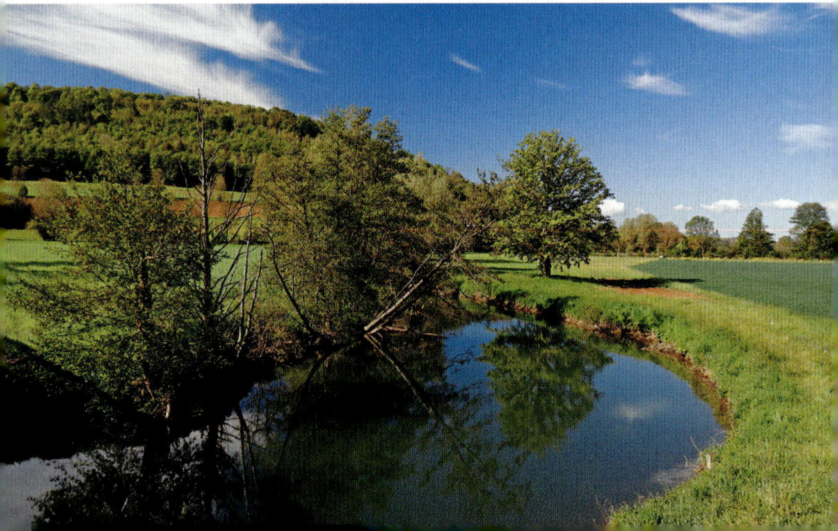

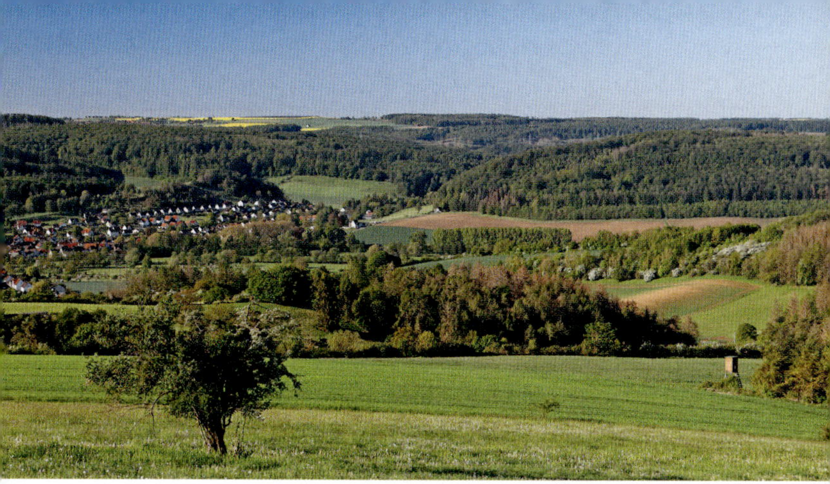

Am Stoot liegt die Landschaft weithin offen vor uns; links Bruchhausen.

Von der *Bahnhofstraße* in **Ottbergen** ❶ unter den Gleisen hindurch nordwärts in den *Tensgrund*. Nach rund 10 Gehminuten erfolgt der Linksabzweig zum außergewöhnlichen Hohlweg, der eine ganze Weile und mitunter recht knackig am Mühlenberg aufwärts zieht. Später mündet er in einen geteerten Flurweg, der uns hinauf zur **Stoothütte** ❷, ca. 306 m, bringt. Hier links weiter und am Waldrand entlang leicht fallend zu einem anderen Sträßchen mit Hartbelag. Diesem folgen wir jetzt mit stets freiem Blick auf die Gegend um Bruchhausen, ehe an der **Viehtrift** ❸, 204 m, rechts auf einen Grasweg abgebogen wird. Damit hinab zur *Derenbornstraße* und geradeaus über diese hinweg. Die Gegensteigung bringt uns am Wingelstein wieder ein gutes Stück bergauf. Später erfolgt ein Linksschwenk auf einen lauschigen, aber steilen Pfad, der gegen die *B64* hinunterzieht. Noch davor drehen wir aber links ab, gewinnen zwischendurch erneut ein paar Meter und finden uns in einer Art Gasse zwischen Heckenbüschen wieder. Damit nähern wir uns dem westlichen Ortsrand von Ottbergen, wo beim Bahnübergang der **Gasthof Steineck** ❹, 123 m, liegt. Hier scharf rechts und

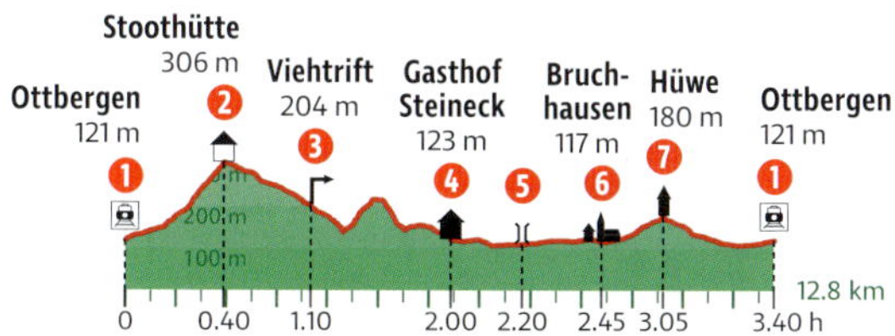

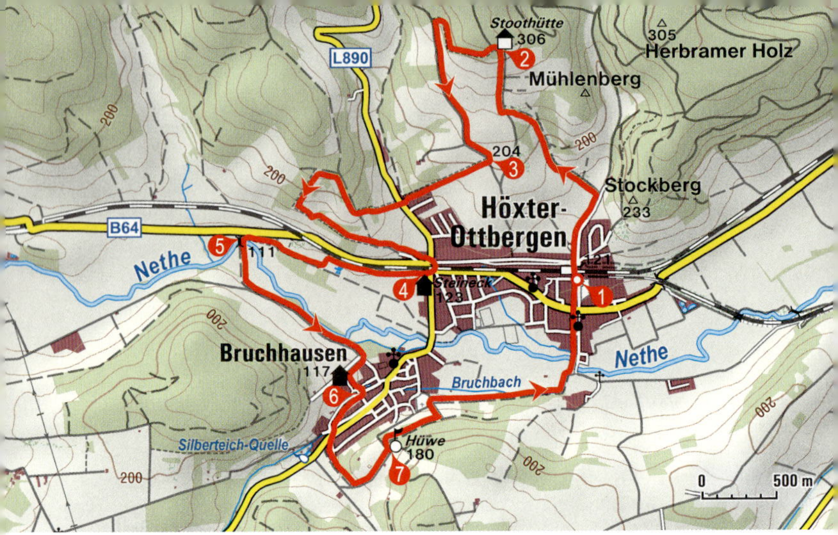

Die Tour vermittelt vielseitige Vegetationstypen, etwa an Waldrändern und Halbtrockenrasen.

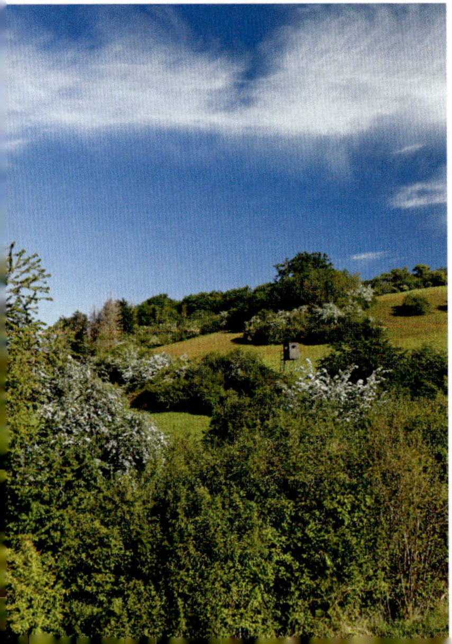

parallel zur Bahn in die entgegengesetzte Richtung. Links davon abrückend auf einen befestigten Weg und bald wieder auf Gras zur Brücke über die idyllische **Nethe** 5, 111 m. Auf der anderen Seite gelangen wir rasch auf ein Asphaltsträßchen und kommen damit Richtung Bruchhausen voran. Am Ortsschild rechts hoch zum Gasthaus Quellenhof und dann in die Parkanlage von **Bruchhausen** 6, 117 m. Verbunden mit einem abermaligen Anstieg folgt jetzt noch eine Schleife über die **Hüwe** 7, 180 m, die man aber nicht versäumen sollte, denn der Ausblick vom Ehrenmal über das Nethetal ist herrlich. Und auch die anschließenden Naturwege hinab in die Talsohle gehören zum Reizvollen. Schlussendlich wird in **Ottbergen** das Flüsschen nochmals überschritten, bevor sich der Kreis am Bahnhof 1 schließt.

↗ 330 m | ↘ 330 m | 12.0 km

3.10 h

Von Höxter zu Rodeneckturm und Bismarckturm

27

Buchenhangwälder am Ziegenberg und Brunsberg

Direkt südlich der Kreisstadt Höxter bilden Ziegenberg und Brunsberg mit ihren ausgedehnten Buchenmischwäldern und darin eingelagerten Felsklippen den Wesersteilhang gegen die Brakeler Muschelkalkhochfläche. Die besonderen Pflanzengesellschaften im Seggen- und Orchideenbuchwald führten zur Ausweisung eines FFH-Natura-2000-Gebiets. Für den Wanderfreund ist zudem eine Reihe schöner Aussichtspunkte von Interesse. Die vielleicht beste Perspektive auf Höxter bietet sich vom Rodeneckturm. Der hübsche Bismarckturm auf dem Krekeler Berg orientiert sich hingegen schon ins Hinterland und erfährt leider gewisse Einschränkungen durch höheren Baumbestand und riesige Windräder in der Nähe. Herrlich rasten lässt es sich auch an der Rabenklippe und der Brunsberghütte. Letztere befindet sich an einem Bergsporn, der bereits im Frühmittelalter Standort einer Wehranlage war und später als Äbteburg vor allem als Schutz für Kloster Corvey diente. Die mächtige Brunsburg ist längst verfallen.

Ausgangspunkt: Großer Parkplatz an der südlichen Stadteinfahrt von Höxter (Godelheimer Straße; auch Bushaltestelle gleichen Namens), ca. 92 m. Am oberen Ende des Turmweges befindet sich ein Wanderparkplatz (von dort etwas kürzer; ab Bahnhof hingegen 10 Min. zusätzlich zum Ausgangspunkt).

Höxter von Süden, vom Rodeneckturm aus gesehen.

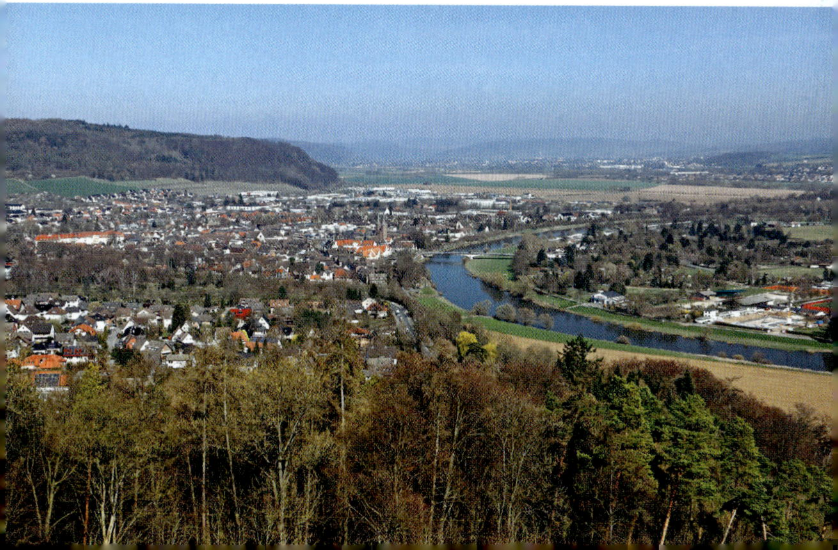

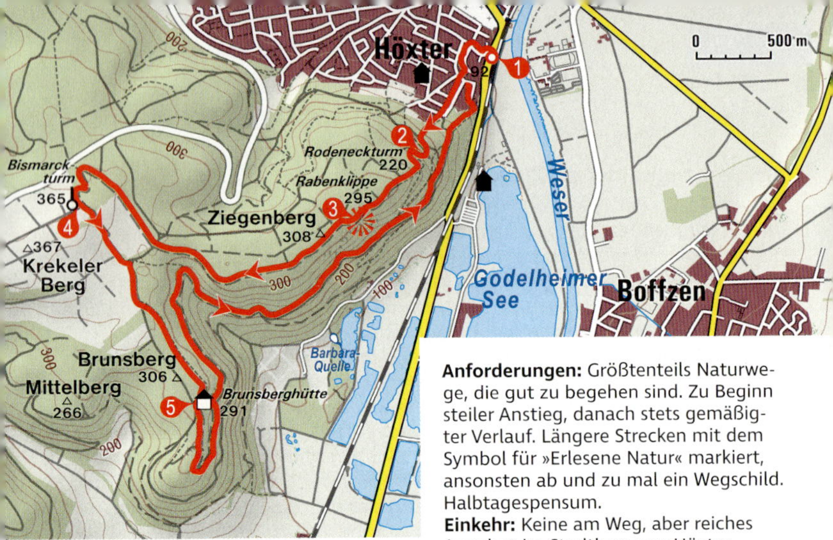

Akelei wächst in den Wäldern häufig.

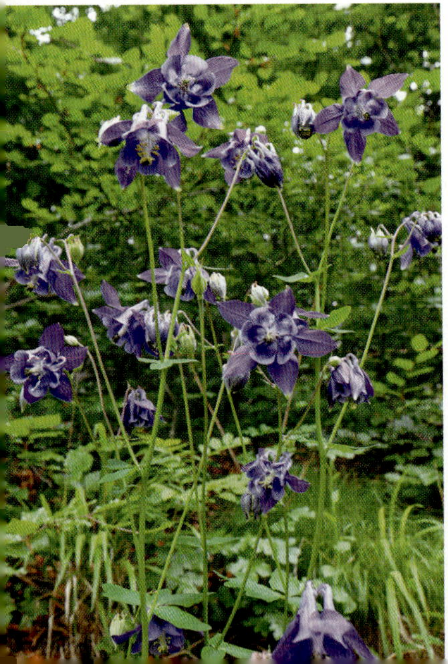

Anforderungen: Größtenteils Naturwege, die gut zu begehen sind. Zu Beginn steiler Anstieg, danach stets gemäßigter Verlauf. Längere Strecken mit dem Symbol für »Erlesene Natur« markiert, ansonsten ab und zu mal ein Wegschild. Halbtagespensum.
Einkehr: Keine am Weg, aber reiches Angebot im Stadtkern von Höxter.
Tipp: Man sollte diese Tour mit einer Besichtigung von Höxter sowie des berühmten Klosters Corvey verbinden. Nach der Gründung um 815 entwickelte sich die Abtei zu einem frühen Machtzentrum im Territorium der Sachsen, deren Stämme kurz vorher von Karl dem Großen brutal unterworfen und zwangschristianisiert wurden. Architektonisch beeindruckt vor allem das Westwerk aus karolingischer Zeit.

Vom Parkplatz am Stadtrand von **Höxter** ❶ geht es via *Wilhelm-Haarmann-Straße, Parkweg* und *Turmweg* zum Waldrand. Beim in der Toureninfo erwähnten Parkplatz können wir direkt den Steilpfad wählen – ein kleines Stück links davon zieht eine beschilderte Parallelroute empor. Wir gelangen zum **Rodeneckturm** ❷, ca. 220 m, der eine tolle Perspektive auf Höxter und den Weserlauf gen Norden bietet. Nach einer weiteren Schleife flacht das Gelände auf dem Rücken des Ziegenberges ab. Mit dem Klippenweg passieren wir den Aussichtspunkt an der **Rabenklippe** ❸, ca. 295 m, und setzen die Wanderung durchs Gehölz in südwestlicher bis westlicher Richtung fort. Wo man auf ein Teersträßchen am Rand einer großen Freifläche stößt, gehen wir am besten geradeaus auf dem Wiesenweg weiter bis zu einem Parkplatz an der *K16*, um dann quasi von hinten zum **Bismarckturm** ❹, ca. 365 m, auf dem Krekeler Berg (Bosseborner Warte) anzusteigen. Daneben erscheinen die Windräder von ganz anderer Dimension.

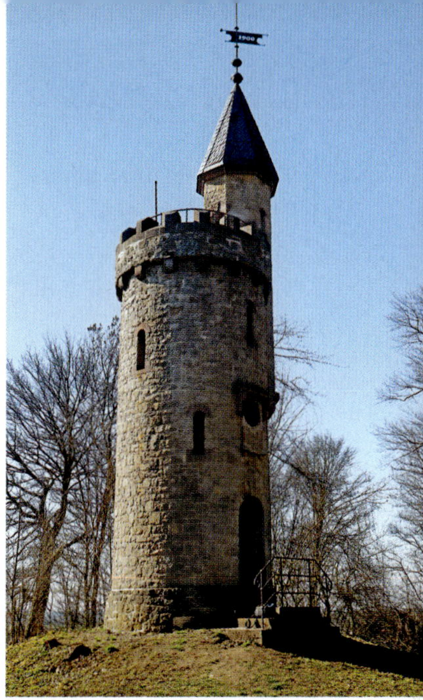

Beinahe filigran wirkt der Bismarckturm.

Ein Feldweg zieht nun wieder abwärts zum erwähnten Teersträßchen (sodass der Bismarckturm auch ausgelassen werden könnte), bevor wir uns südwärts Richtung Brunsberg orientieren und alsbald nach links einen Naturpfad einschlagen. Damit zur **Brunsberghütte** ❺, 291 m, wo sich bei einem Gleitschirmflieger-Startplatz nochmals ein Panoramafenster über das Wesertal Richtung Solling öffnet. Unweit befand sich einst die stattliche Wallanlage der Brunsburg. Unsere Route vollzieht einen ganz scharfen Linksknick und führt nun auf halber Höhe – quer durchs tief eingekerbte Schleifental zunächst leicht fallend, anschließend überwiegend horizontal – in die Gegenrichtung. Bei einer Verzweigung bleiben wir am oberen Weg. Damit unter dem Rodeneckturm hindurch zurück zur Aufstiegsroute und zum Parkplatz in **Höxter** ❶.

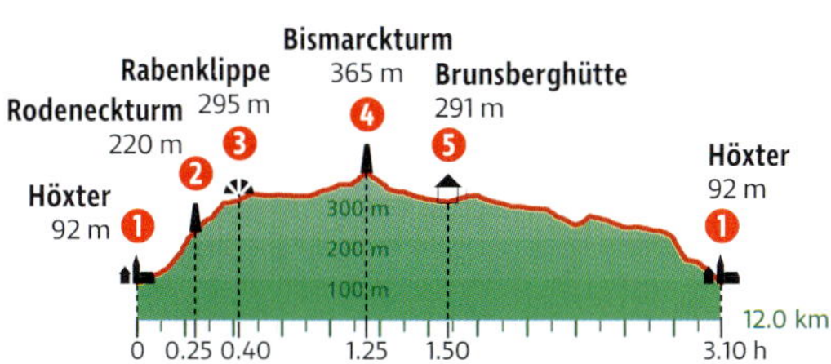

↗ 420 m | ↘ 420 m | 18.9 km

28 Zwischen Fürstenberg und Derental

4.45 h

Auf der Weserseite des Solling

Wo die ausgedehnte Sollingplatte zur Weser hin abfällt, finden wir mit Schloss Fürstenberg eine der attraktivsten Sehenswürdigkeiten im weiten Umkreis. Der Standort blickt auf fast drei Jahrhunderte Porzellanherstellung zurück – die Manufaktur in Fürstenberg genießt internationales Renommee, daher auch der Slogan vom »Weißen Gold der Weser«. Während unserer Wanderung ziehen wir uns zunächst auf die bewaldeten Sollinghöhen zurück und gelangen in das stille, für diese Gegend typische Hochtal der Derentaler Wiesen. Aus der gleichnamigen Ortschaft lässt sich die nicht ganz kurze Runde ideal schließen, wobei wir zuletzt auch noch die Naturwälder am unmittelbaren Weserhang durchstreifen.

Ausgangspunkt: Fürstenberg, Parkplatz beim Schloss, ca. 180 m. Busverbindung mit Holzminden bzw. Lauenförde.
Anforderungen: Fast durchgängig geschotterte oder asphaltierte Wege, damit selbst bei feuchten Bedingungen problemlos. Auch die Orientierung ist im Allgemeinen klar und einfach, mit Symbolik FÜ1, N2, X15 und X3.
Einkehr: Derentaler Hof in Derental, Bistro CARL in Fürstenberg.
Tipp: Porzellanmuseum im Schloss Fürstenberg, 10–17 Uhr (außer montags, zudem auch Werksverkauf).

In **Fürstenberg** ❶, 180 m, folgen wir zunächst *Krugbrink* und *Neuhäuser Straße*. Letztere setzt sich – begleitet vom Kürzel FÜ1 – bergwärts als Forstweg fort und bringt uns nach einer guten Stunde zur **Vierwegehütte**

Schloss Fürstenberg, traditionsreicher Standort des Porzellanhandwerks.

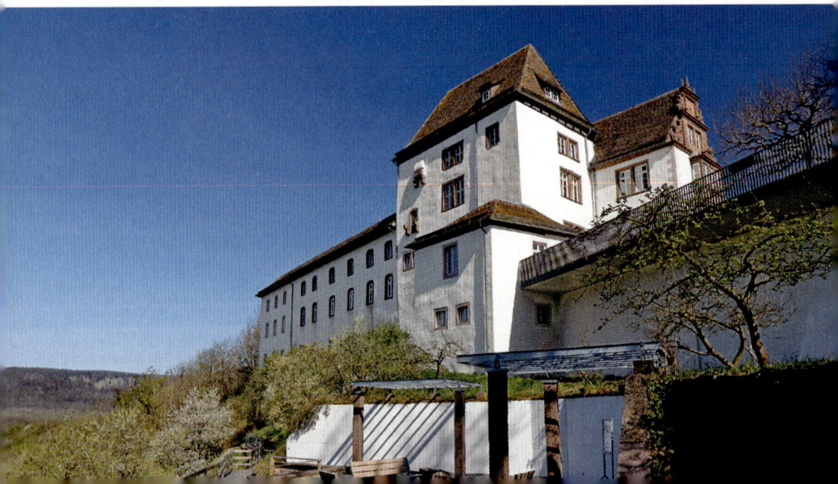

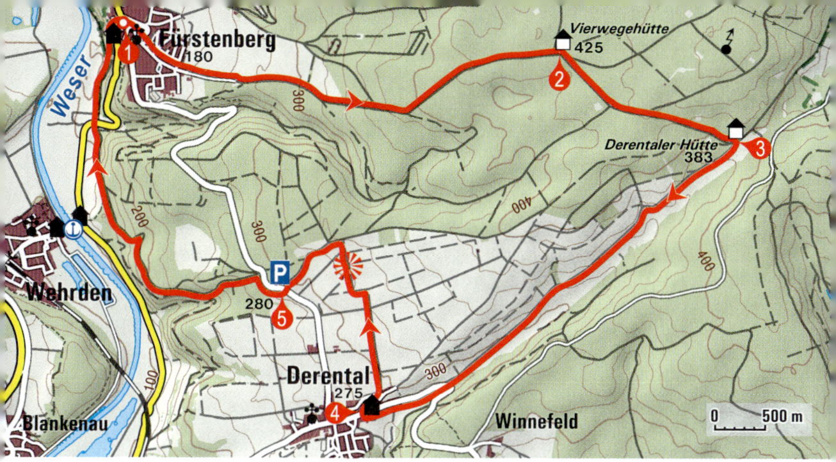

2, 425 m. Bei der Kreuzung biegen wir nach rechts ab und steuern jetzt mit N2 die **Derentaler Hütte** 3, 383 m, als nächsten Rastplatz an. Hier öffnet sich ein lang gestrecktes Wiesenhochtal. Der rechts abzweigende, komfortable Weg trägt die Bezeichnung X15 und verläuft ein Stück weit oberhalb des Talgrunds, wo die Quelle des Höxterborns sprudelt. Stets sachte abwärts geht es mehr oder weniger gerade hinaus zur *L53*, der wir an einem Heckrinder-Gehege vorbei mit leichter Gegensteigung ins Dorf **Derental** 4, ca. 275 m, folgen. Mit einem ganz scharfen Rechtsknick von der *Neuhäuser Straße* in die *Sollingstraße* und dann wiederum links in die Feldmark. Inzwischen gilt X3/X10/X18. Der anschließende Kurs ist leicht verwinkelt, aber gut nachvollziehbar, und leitet nochmals zur *L53* bei einem kleinen Parkplatz 5. Etwa 300 Meter weiter schlagen wir die nächste Forststraße ein und gelangen im Wesentlichen bergab in den unmittelbaren Randbereich des Wesertals. Zwischendurch zeigt sich das Dorf Wehrden auf der gegenüberliegenden Seite. Nachdem die *Meinbrexener Straße* überschritten ist, absolvieren wir in Bälde die finale Gegensteigung hinauf zum Schloss in **Fürstenberg** 1.

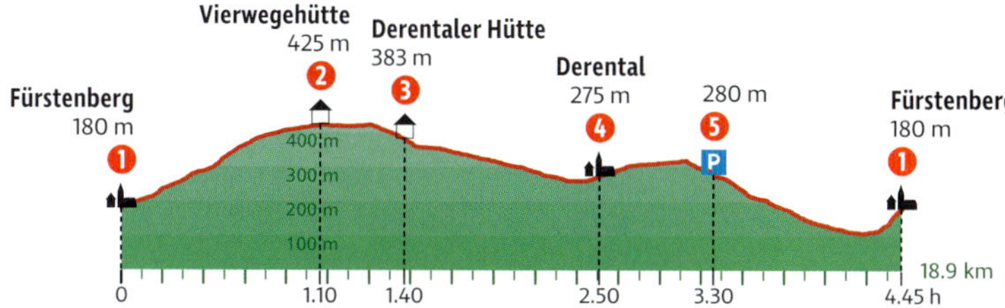

↗ 450 m | ↘ 500 m | 21.7 km

29 Von Hardegsen nach Uslar

5.20 h

Durch die südöstlichen Sollingwälder

Hardegsen und Uslar sind Kleinstädte am Südrand des Solling mit sehenswerten mittelalterlichen Stadtkernen. Ihre infrastrukturelle Verbindung über eine Bahnlinie nehmen wir zum Anlass, diesen Bereich des größten niedersächsischen Waldgebiets abseits des Harzes im Rahmen einer Streckenwanderung kennenzulernen. Reizvoll sind dabei vor allem die eingelagerten Wiesentälchen, wie wir sie am Fuße des Bussbergs, rund um Delliehausen und besonders schön beim im 16. Jahrhundert wüst gefallenen Ort Malliehagen durchstreifen. Im Schlussabschnitt Richtung Uslar öffnet sich die Szenerie dann weiträumiger.

Ausgangspunkt: Bahnhof Hardegsen, ca. 226 m, an der Strecke Northeim – Bodenfelde.
Endpunkt: Bahnhof Uslar, ca. 183 m, an derselben Bahnlinie, 2 Stationen weiter westlich.
Anforderungen: Bis auf die erste kleine Waldpassage durchgängig befestigte Forstwege, im letzten Viertel der Tour häufig Hartbelag. Die Route X29 ist zumindest bis kurz vor Vahle ausreichend beschildert, am Anfang und Ende braucht es ohne weitere Hinweise etwas Orientierungsvermögen. Ziemlich lange Strecke, damit eher für ausdauernde Wanderer.

Ein Highlight ist der Blick auf Delliehausen von den Hardegser Köpfen.

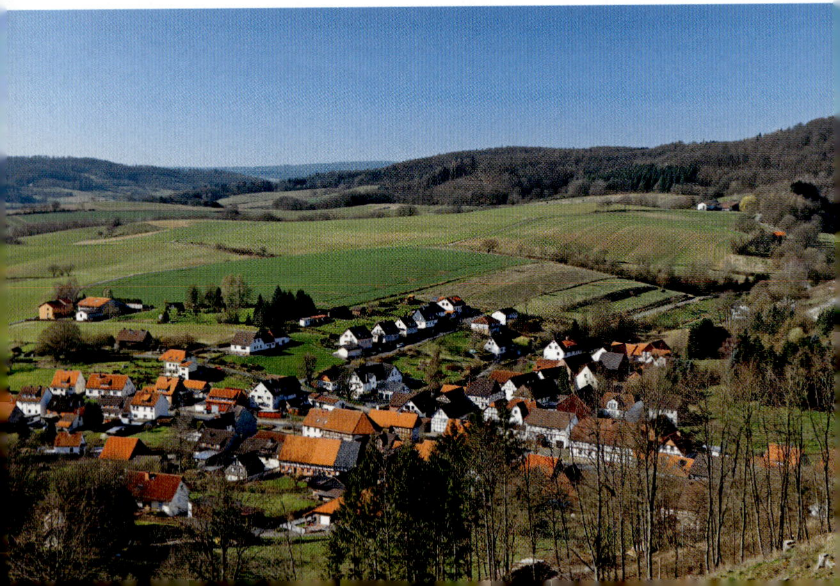

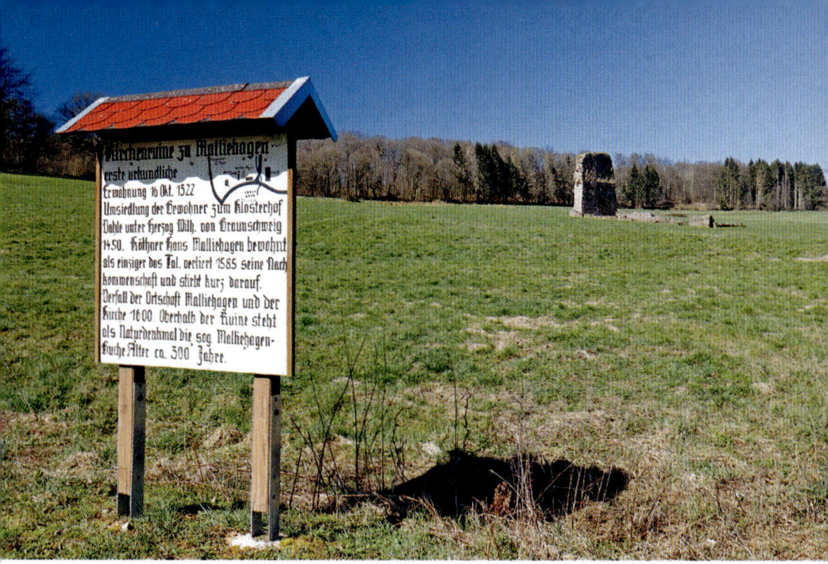

Die Kirchenruine erinnert an das um 1600 wüst gefallene Malliehagen.

Einkehr: Keine am Weg.
Variante: Wer unbedingt einkehren möchte, kann zuletzt über die Vahler Straße (Schlussteil von X29) Richtung Uslarer Stadtkern laufen.
Tipp: Altstädte von Hardegsen und Uslar.

Vom **Bahnhof Hardegsen** ❶, der am äußersten Nordrand der Stadt liegt, zum nahen Bahnübergang und unmittelbar dahinter auf einen leicht ansteigenden Waldpfad, der sich zu einem breiteren Forstweg (bei einem einzelnen Anwesen) hinüberschlängelt. Bei der nächsten Kreuzung links abwärts zum Leisenroder Teich und in den Talgrund, wo Espolde und Kobbecke zusammenfließen ❷, 203 m. Hier rechts und nun längere Zeit in dem Wiesenhochtälchen leicht ansteigend. Man bewegt sich derweil an der bewaldeten Flanke des Bussbergs, während auch gegenüber ein von der Ertinghauser Straße abzweigender Schotterweg taleinwärts zieht. Später treffen wir damit zusammen und steuern den Scheitelpunkt ❸ auf gut 400 Meter Seehöhe an, wo wir bei der Kreuzung auf die Bezeichnung X29

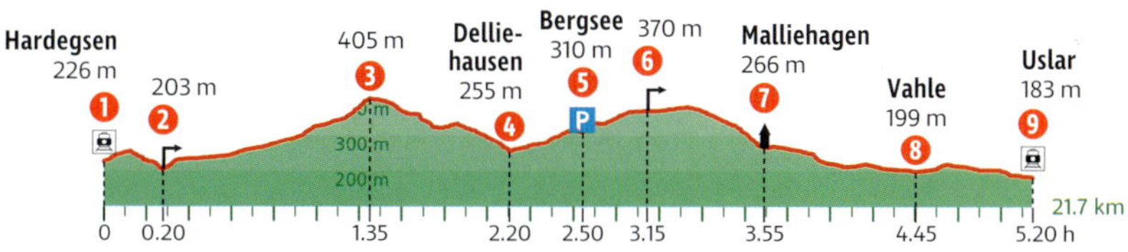

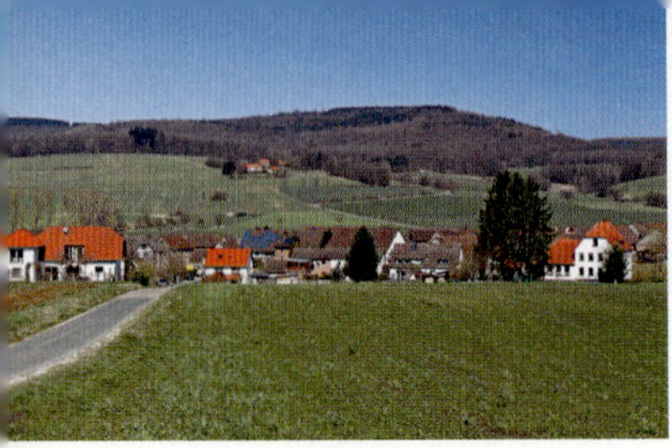

Vahle am Südlichen Solling unweit von Uslar.

stoßen. Diese ist bis Vahle maßgebend. Die Route senkt sich etwas ab und führt dann oberhalb von Delliehausen mit einigen markanten Kurven quer durch den Westhang der Hardegser Köpfe, ehe uns ein ganz scharfer Linksknick hinunter in die Talsohle (Gefallenendenkmal) bringt.
Die *Grimmerfelder Straße* wird am nördlichen Ortseingang von **Delliehausen** ❹, 255 m, ein paar Schritte nach links versetzt gekreuzt. Beim folgenden Gegenanstieg tangieren wir die Siedlung Haje und wandern oberhalb des **Bergsees** entlang zu einem Waldparkplatz ❺, 310 m. Auf der links aufwärtsziehenden Forststraße geht es weiter bis zu einer Kreuzung ❻, ca. 370 m, dort rechts, ein Weilchen fast horizontal gen Norden und dann deutlich fallend bis zu einer ausgedehnten Tallichtung mit der Wüstung **Malliehagen** ❼, 266 m. Die noch sichtbare Kirchenruine auf freier Wiese legt beredtes Zeugnis ab – knapp oberhalb steht die 300 Jahre alte Sollingbuche. Am Rande des Hochtälchens wandern wir hinaus in die Feldmark und kommen dort auf ein asphaltiertes Sträßchen. Bevor es links Richtung Dinkelhausen abknickt, gehen wir aber rechts hoch und nach wenigen Metern gleich wieder links (Beschilderung fehlt). Damit sind wir auf dem Feldweg nach **Vahle** ❽, 199 m, das in der *Steinbergstraße* durchquert wird. Während X29 nun südwestwärts auf das Uslarer Stadtzentrum zusteuert, ist es für uns günstiger, den Vahler Berg di-

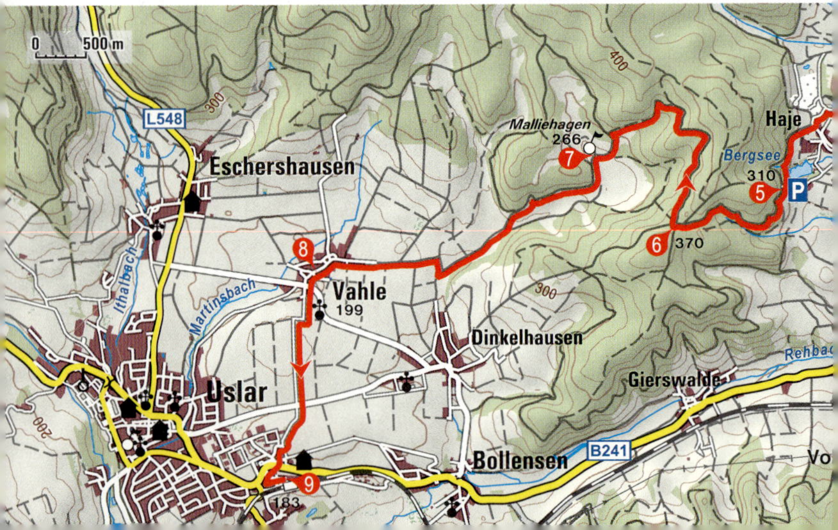

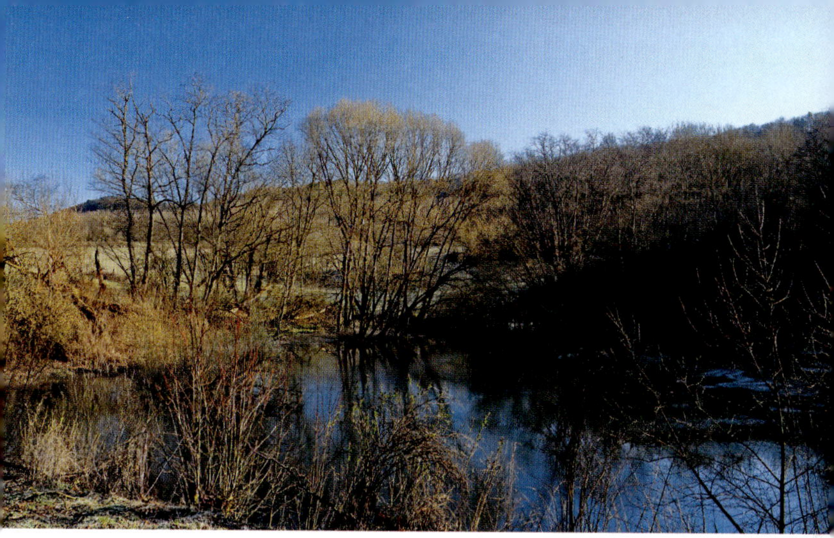

Der Leisenroder Teich bei Hardegsen.

rekter zu überschreiten – ebenso wie die kleine Welle des Galgenbergs nach Kreuzen der *K445* (beide Varianten verlaufen leider auf Hartbelag). Zuletzt durchs Gewerbegebiet Uslar Ost rechts haltend auf die *B241* und dann rasch zum Bahnhof **Uslar** ❾, der sich beim Ortsteil Allershausen befindet.

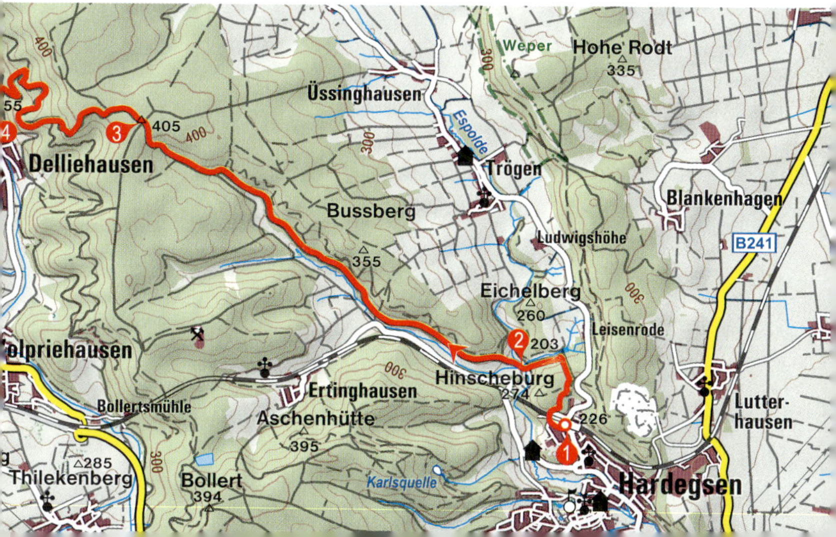

↗ 380 m | ↘ 580 m | 17.9 km

30 Von Neuhaus im Solling nach Uslar

4.30 h

Hochsollingtour zu zwei Aussichtstürmen

Die meilentiefen Forste im Solling, dem nach dem Harz zweitgrößten geschlossenen Waldgebiet Norddeutschlands, sind prädestiniert für ausschweifende Märsche, bieten angesichts dichter Fichten- und Buchenbedeckung jedoch nur selten weite Ausblicke. Diesen Vorzug genießen wir auf einer Verbindung zwischen Neuhaus und Uslar zumindest zweimal, denn die Route berührt anfangs den Hochsollingturm am Moosberg und im letzten Abschnitt den Sollingturm auf dem Strutberg.

Ausgangspunkt: Neuhaus im Solling, 356 m. Parkmöglichkeiten im Ortskern. Zentrale Bushaltestelle Schlosspark (Verbindungen von Holzminden und Uslar).

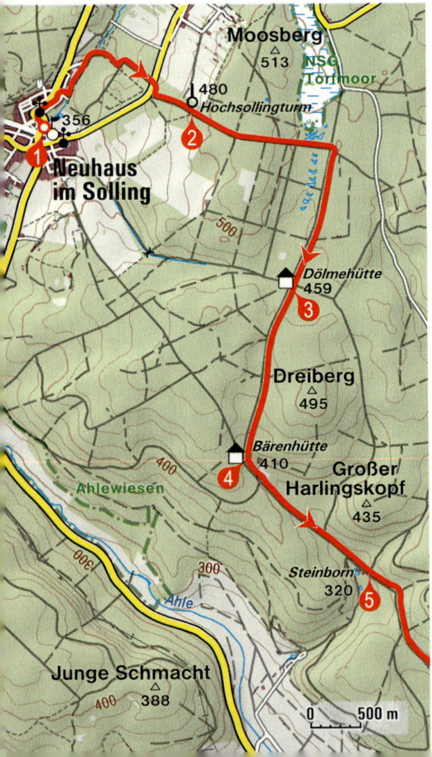

Endpunkt: Uslar ZOB, ca. 160 m, in der Straße Zur Schwarzen Erde. Direkte Linienverbindung zurück nach Neuhaus.
Anforderungen: Überwiegend breite Forstwege, nur selten offenes Gelände. Orientierungsmäßig weitgehend problemlos, etwas Ausdauer vonnöten.
Einkehr: In Neuhaus und gegebenenfalls am Ende in Uslar (verbunden mit einem Besuch der Altstadt).
Variante: Anfangs auf der Strecke des Weserberglandweges zum Hochsollingturm.

Wir starten in **Neuhaus** ❶, 356 m, mit der Richtung Holzminden führenden *B497 (Am Langenberg)*, biegen aber bei der Kirche St. Benedikt bereits rechts ab *(Am Roten Wasser)* und wechseln in Kürze auf die andere Seite der Holzminde, die unweit im Mecklenbruch entspringt. Gute 500 Meter folgen wir noch der Route nach Silberborn und rücken dann vom Bach ab aufwärts zum Bike-Parcours und zur *L549*, wo sich knapp rechts versetzt ein Wanderparkplatz befindet. Die ansteigende Forststraße führt nun zum **Hochsollingturm** ❷, 480 m. Wenn wir die Holzkonstruktion über 176 Stufen erklommen haben, stehen wir bereits über der 500-Meter-Marke und

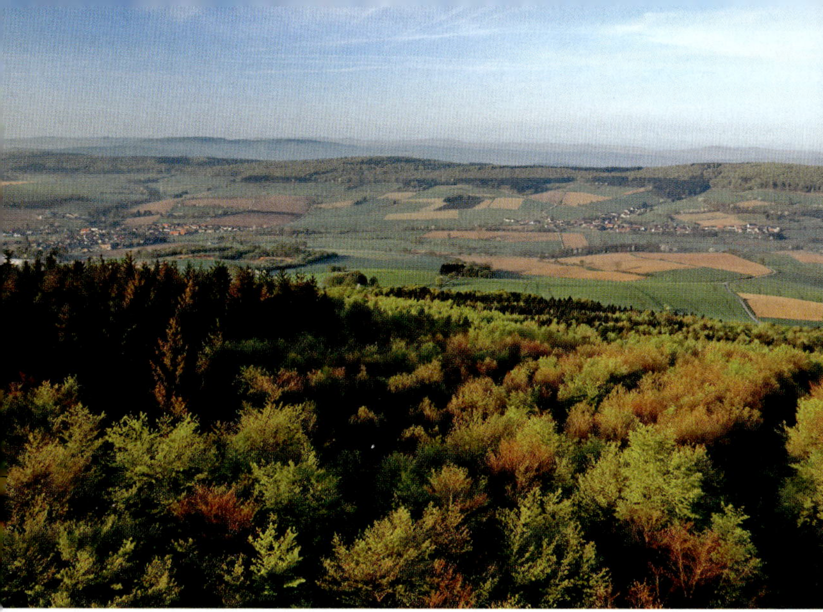

Panorama vom Uslarer Sollingturm in Südrichtung.

genießen in der gesamten Westhälfte einen herrlichen Ausblick bis zum Köterberg und darüber hinaus.

Auf typischen Forststraßen geht es weiter – zunächst ostwärts über den Moosberg hinweg, bei einer Kreuzung dann rechts Richtung Süden. An der nächsten großen Kreuzung steht die **Dölmehütte** ❸, 459 m. Wir setzen die Tour geradeaus fort und kommen eine knappe halbe Stunde später zur **Bärenhütte** ❹, ca. 410 m, an der Einmündung in die Route X19. Auch das Symbol des Pilgerweges Loccum – Volkenroda taucht von jetzt an auf. Nach einer leichten Gefällstrecke passieren wir die Einschicht **Steinborn** ❺, ca. 320 m, und erreichen als nächsten interessanten Punkt die Quelle des **Lu-**

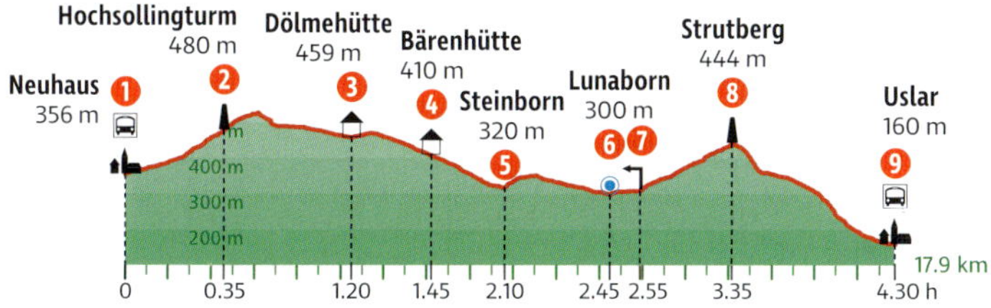

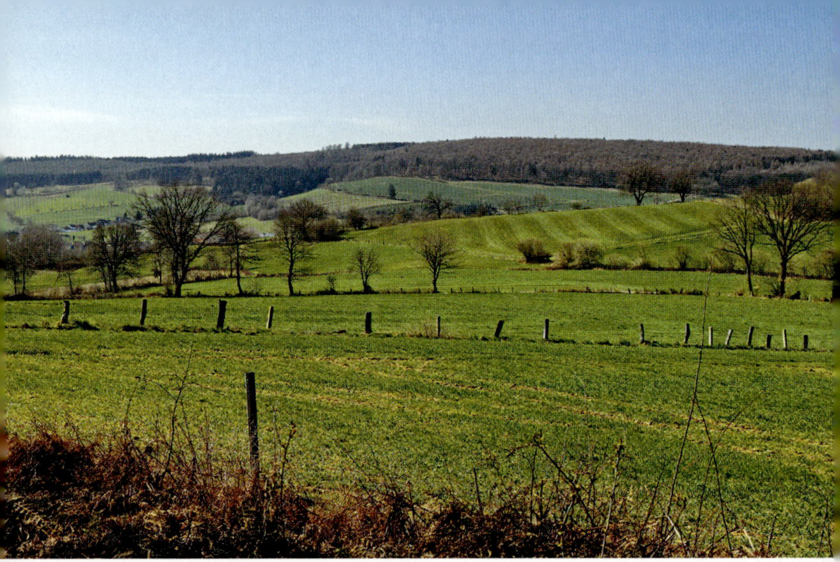

Bei Schönhagen öffnet der oft dunkle Solling auch mal seine tiefen Forste.

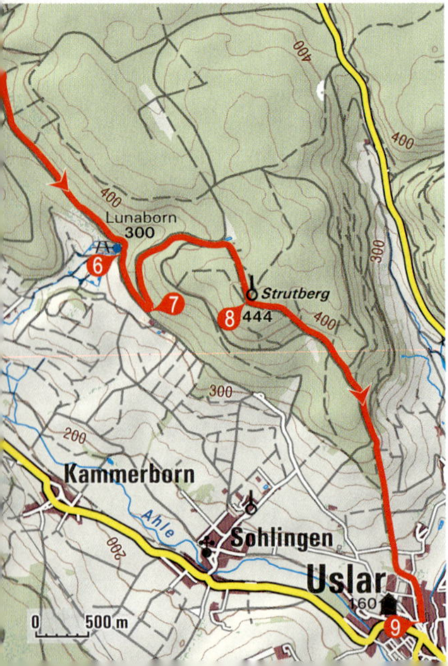

naborn ❻, ca. 300 m (wenige Schritte unterhalb der Forststraße). Rund 800 Meter sind es von dort bis zum wichtigen Linksknick ❼, wo auch der Sollingturm ausgewiesen ist.

Mit einem ansteigenden Rechtsbogen bis zu einer Mehrfachkreuzung, dann rechts haltend hinauf zum **Strutberg** ❽, 444 m, und zur großartigen Aussicht vom **Sollingturm**. Jetzt sind es vor allem die südlichen Sollingausläufer und ihr Vorland, die begeistern. In südöstlicher Richtung erhalten wir wieder Anschluss zu einem befestigten Weg, kommen bei einer Unterstandshütte, 294 m, allmählich an den Waldrand und folgen stets dem blauen Kreuz des Pilgerweges an Schule und Badeland vorbei hinein nach **Uslar** ❾, und zwar zum ZOB in der Straße *Zur Schwarzen Erde*.

↗ 360 m | ↘ 360 m | 16.2 km

4.00 h

Von Mühlenberg in den Hochsolling

Zum Mecklenbruch bei Silberborn

Wer aus Richtung Holzminden das Herz des Solling erkunden möchte, kann mit Vorteil in Mühlenberg starten. Über die welligen Waldhöhen nähern wir uns dann zunächst der Ortschaft Neuhaus und haben via Silberborn bis ins Mecklenbruch das Kernstück der Wanderung vor uns. Am interessantesten ist natürlich das Hochmoor, binnen Jahrtausenden gewölbt wie ein Uhrglas und von ganz spezifischer Vegetation bewachsen. Torfabbau hätte es binnen weniger Menschengenerationen fast gänzlich zerstört, doch fruchten mittlerweile Renaturierungsmaßnahmen und begründen damit das wohl wichtigste Naturschutzareal im gesamten Solling. Andere teils noch sumpfige Bereiche wie zum Beispiel im Erzbruch tragen heute ausgedehnte Fichtenforste.

Ausgangspunkt: Mühlenberg, ca. 295 m, an der B497 von Holzminden nach Neuhaus im Solling. Auch Linienbusverkehr.
Anforderungen: Längere Strecken auf typischen Forstwegen, zwischen Neuhaus und Mecklenbruch auch kleinere Wanderwege und im Schlussteil eventuell auf etwa 1 km Länge ein unbefestigter Erdweg (umgehbar).
Einkehr: Mühlenberg (Zur Sollingruh), außerdem in Neuhaus und Silberborn abseits der Route.
Variante: 1. Bei Wegpunkt 3 ist nach links eine kürzere Verbindung zum Mecklenbruch ausgewiesen.
2. Bei feuchten Bedingungen von Wegpunkt 7 besser noch ca. 350 m geradeaus weiter und dann parallel auf einer breiten Forststraße hinab ins Gehrental.

In **Mühlenberg** ❶ an der Kapelle vorbei mit M1 bzw. M2 schräg am Hang bergauf. Bei der Gabelung können wir sowohl die Forststraße als auch den unbefestigten Weg wählen. Bald wieder gemeinsam zur T-Kreuzung beim sogenannten **Sportfliegerstein** ❷, 328 m. Hier links und nun fast 5 Kilometer über den weitläufig gewellten Waldrücken nahezu schnurstracks gera-

Tipp: Wildpark Solling in Neuhaus, geöffnet 9–19 Uhr (im Winterhalbjahr bis 17 Uhr).

Eichenbaum im Solling.

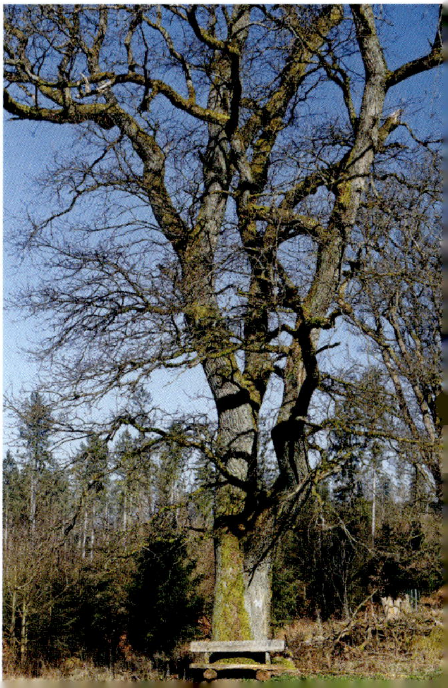

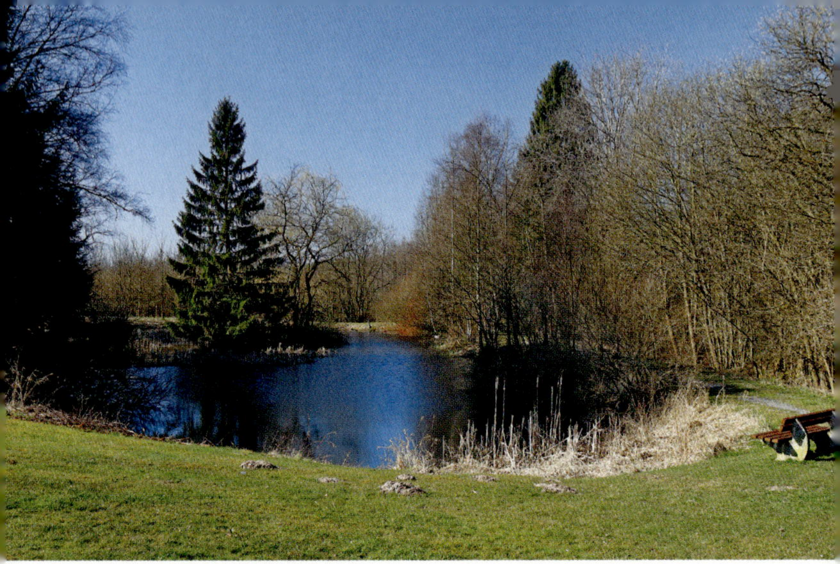

Dieser Teich bei Silberborn fordert geradezu zur Rast auf.

Eine Reihe lebensgroßer Holzskulpturen bei Silberborn stellt historische Berufe – hier einen Glasbläser – dar.

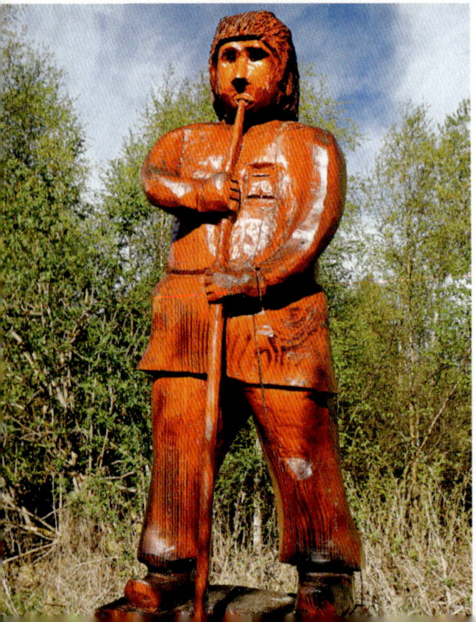

deaus. Zwischendurch passieren wir die Altendorfer Hütte und in einer Senke die Kreuzung P. 379 ❸ mit Hinweisen nach Fohlenplacken rechts und zum Mecklenbruch links. Wir steuern allerdings **Neuhaus** ❹, 380 m, an, wo aus dem *Waldwinkel* links haltend die *B497* gekreuzt wird. Kurz hinunter zum Bach (Holzminde) und dahinter nach links. Ein reizvoller, mit blauem Kreuz markierter Wanderweg führt jetzt durch das Tälchen Richtung Nordosten. Kurz vor **Silberborn** ❺, 418 m, passieren wir einen Teich und gehen im Ort (*Angerstraße*) wenige Schritte links versetzt weiter. An einer Reihe von Holzskulpturen vorbei zu einer Rechtskurve und dann vorübergehend auf einer Forststraße bis zum Abzweig des Bohlenweges im **Mecklenbruch**. Dort kommen wir

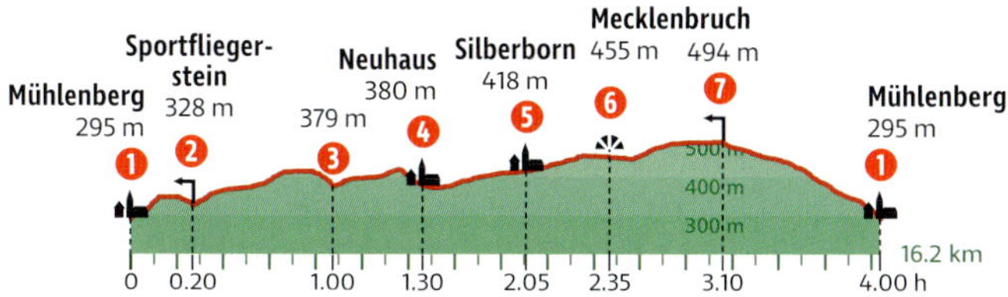

in Kürze zu einem Beobachtungsturm 6, 455 m. Wir setzen die Durchquerung des Hochmoores fort, achten auf zwei Rechtsabzweige sowohl des blauen Kreuzsymbols als auch des grünen Weserberglandweges und verlassen diese dann am Langenberg mit einem kurzen Linksschwenk hin zu einer weiteren Kreuzung. Hier nach rechts und auf der schnurgerade verlaufenden Forststraße rund 1,2 Kilometer nordostwärts, um bei P. 494 7 schließlich nach links abzubiegen. Im **Erzbruch** taucht linker Hand ein Moorteich auf, ehe die nächste große Kreuzung geradeaus überschritten wird. Damit landet man auf einer unbefestigten Wegschneise, die von Traktoren zerfahren und bei Nässe unerquicklich sein kann. Gut 15 Minuten später stoßen wir wieder auf festen Untergrund und vollenden die Tour durchs Gehrental hinaus nach **Mühlenberg** 1.

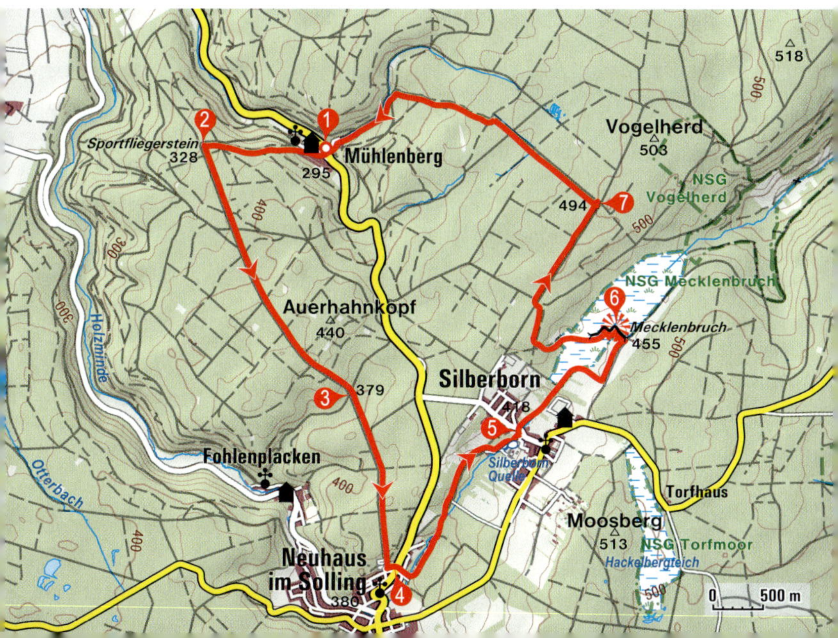

TOP

32 Von Dassel in den Nördlichen Solling

↗ 550 m | ↘ 550 m | 18.2 km

4.50 h

Über Ruine Hunnesrück, Merxhausen und Hellental

Die Kleinstadt Dassel ist das nordöstliche Eintrittstor in den Solling. Unter ihrem Grafengeschlecht blühte sie im Hochmittelalter wirtschaftlich auf, geriet aber bald nach 1300 in eine politische Randlage als Exklave des Bistums Hildesheim. In diese Zeit fällt die Errichtung der Burg Hunnesrück oberhalb des heutigen Ortsteils Mackensen, im Südteil der Amtsberge. Damit wollen wir unsere Rundtour im Dasseler Umland beginnen. Auch wenn außer den Wallanlagen nicht mehr viel zu sehen ist, gibt es dort einen spannenden Pfadverlauf. Ein geobotanisch geartetes Highlight sind die geschützten Halbtrockenrasen am Heukenberg, der uns hinüber nach Merxhausen begleitet. Erst danach treten wir in den eigentlichen Solling ein, bis zum hübschen Dorf Hellental vorerst noch häufig in offener Szenerie, anschließend durch die typisch ausgedehnten Fichtenbestände. In Summe also eine durchaus abwechslungsreiche Runde.

Ausgangspunkt: Dassel, Parkplatz beim Sollingbad, ca. 168 m, in der Mackenser Straße. Dassel besitzt Busverbindungen mit Einbeck und Stadtoldendorf.

Anforderungen: Ein großer Teil verläuft auf Naturwegen, die kurzfristig mal steil sein können, im Bereich der Ruine Hunnesrück nur sehr schmal gepfadet. Hin-

Reizvoll ist die Annäherung an Merxhausen vom Heukenberg her.

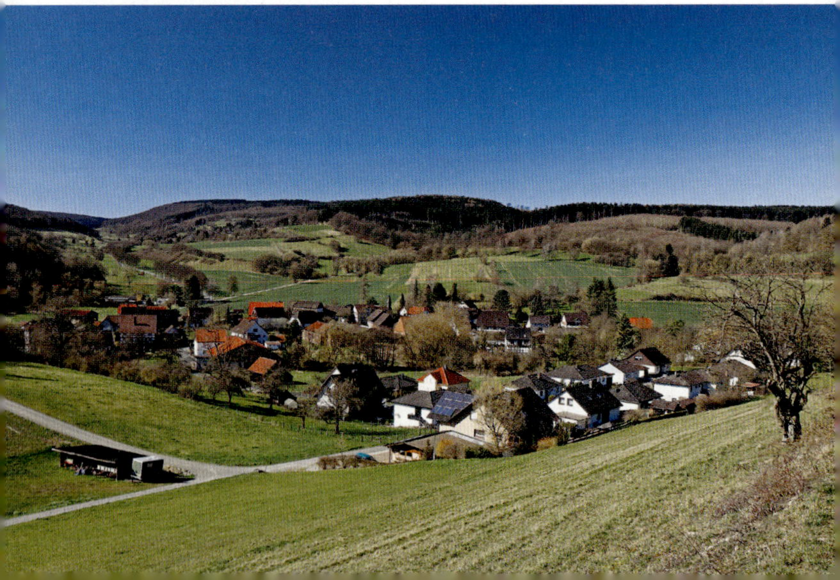

ter Hellental öfters breitere Forstwege. Vor allem bis Merxhausen immer wieder Orientierungsvermögen nötig, danach besser beschildert.
Einkehr: Landhotel Lönskrug in Hellental. Diverse Möglichkeiten in Dassel.
Varianten: 1. Wenn man den schmalen Pfad über die Ruine vermeiden möchte, kann man unten am Hangweg in Waldrandnähe bleiben.
2. Am Salbrink gibt es auch einen Weg auf der Kammhöhe, allerdings oft in schlechterem Zustand.
Tipp: Museen im Backhaus in Hellental, in der Blankschmiede Neipke in Dassel sowie »Grafschaft Dassel« (beide in der Altstadt).

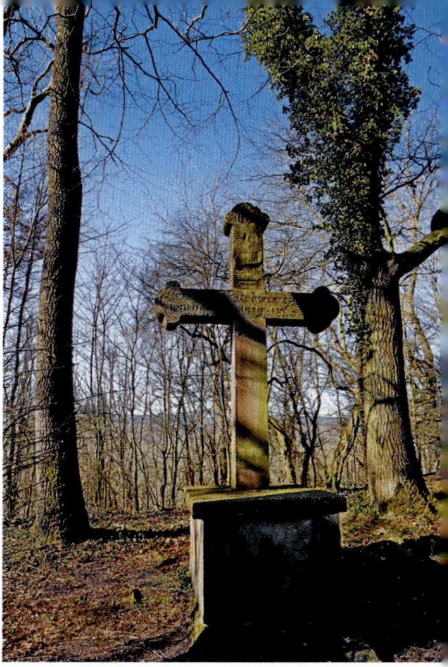

Beim Aufstieg zur Ruine Hunnesrück.

In **Dassel** ❶ gehen wir am Sollingbad vorbei nordwärts zu der Richtung Lüthorst führenden *K515* und folgen dann ein paar Schritte nach rechts versetzt dem hölzernen Hinweis »Hunnesrück« an einem einzelnen Anwesen (*Am Rothenberg*) vorbei. Rasch befinden wir uns auf einem Naturweg und orientieren uns knapp 10 Minuten später an der schmaleren Spur rechts am Waldhang aufwärts. Wo man sich wieder offenem Gelände nähert, gilt es in Kürze einen scharfen Linksabzweig zu beachten ❷. Diese nicht beschilderte Schneise zieht kräftig an und bringt uns zu einer ausgeprägten Hangkante, wo wiederum der kleine Kammpfad ansetzt. Wir schleichen nun durch relativ dichtes Gehölz, passieren zunächst ein steinernes Kreuz aus dem Jahr 1778 und erreichen bald darauf die Anhöhe der **Ruine Hunnesrück** ❸, ca. 325 m. Nordwärts setzt sich der schmale Pfad noch eine Weile fort, bevor er auf eine breitere Forststraße trifft. Wir könnten dieser folgen und damit um den Hatop herumwandern, um später links talwärts abzuzweigen. Besser jedoch sofort schräg links auf einem unbefestigten Weg tiefer (falls

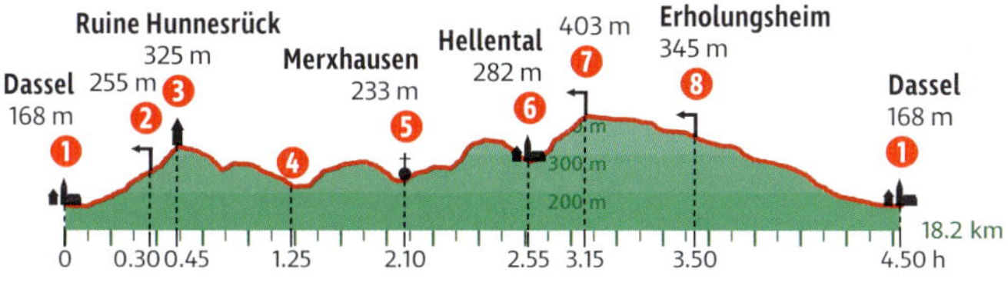

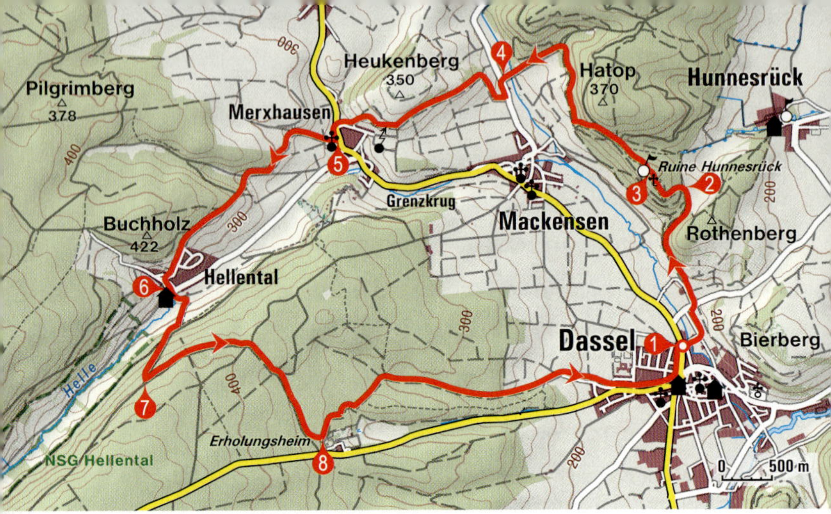

dieser nicht zu desolat aussieht). Damit kommen wir wieder auf den zuvor verlassenen Waldrandweg zurück, gewinnen zwischendurch nochmals ein paar Höhenmeter und drehen schließlich links ins offene Gelände und zur *K514* ❹ ab.

Der Weiterweg führt jetzt am Hangfuß des Heukenbergs entlang – dorthin kann man sowohl von rechts oder von links her aufschließen. Der folgende Abschnitt hinüber nach Merxhausen zählt zu den schönsten der Tour. Wo wir die Ortschaft erstmals erblicken, bleiben wir am besten zunächst am Hang – wer mag, kann sogar einen Abstecher zu einer weiter oben stehenden Aussichtsbank einbauen – und gelangen dann absteigend nach **Merxhausen** ❺, 233 m, hinein. Vor dem Kirchlein nach rechts in die *Alte Einbecker* und damit rasch wieder in die Feldmark, wo wir auf die zuverlässige Beschilderung des Weserberglandweges stoßen. Damit stellt der anschließende, recht verwinkelte Kurs keine besonderen Orientierungsschwierigkeiten. Meist bewegen wir uns in Waldrandnähe; nach Passieren eines archäologischen Kalkbrennofens wird linker Hand auch mal kräftig angestiegen, ehe wir uns von oben her dem hübschen Sollingort **Hellental** ❻, 282 m, nähern.

Vom Lönskrug mit X16 unmittelbar in die Sohle des Wiesenhochtals hinab und am Gegenhang schräg aufwärts zum Rastplatz bei der Lönsbuche. Der dort querende Forstweg wird nur ein paar Meter nach rechts verfolgt, dann jedoch die diagonale Verbindung zu einem weiter oben verlaufenden. Dort haben wir die Maximalhöhe von gut 400 Metern gewonnen und biegen scharf nach links ein ❼. Bei der nächsten Kreuzung mehr oder weniger geradeaus und damit nun vorübergehend auf einem unbefestigten Weg weiter. Die nächste breit ausgebaute Forststraße ist aber nicht fern – sie bringt uns in Richtung CVJM-Erholungsheim 8, wo wir noch vor Erreichen der *L549* links abdrehen. Nach einigen Kurven erklimmen wir die sogenannte »Himmelsleiter« (eine Art Treppe mit allerdings nur wenigen Stufen) und landen damit auf einem Erdweg, der beim nächsten Rechtsknick komfortabler wird. Immer noch gilt das Kürzel X16 – von nun an praktisch schnurstracks ostwärts hinaus nach Dassel. Am Waldrand passieren wir einen kleinen Teich sowie einen Rastplatz, in Kürze auch das Schützenhaus, und gelangen aus der *Schützenstraße* in die *Erholungsheimstraße* und von dort zuletzt in die *Mackenser Straße* abzweigend.

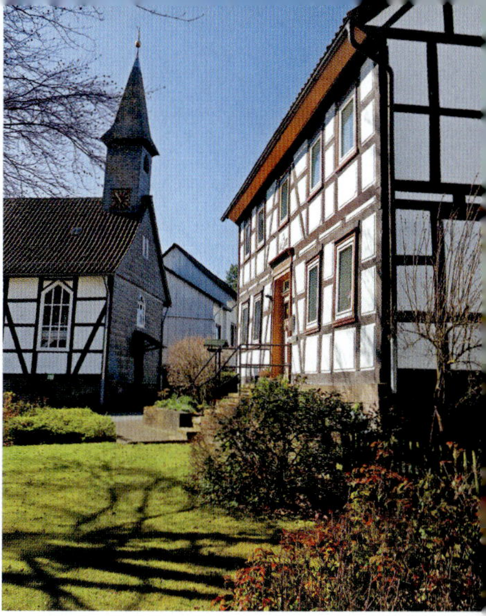

Im Ortskern von Merxhausen (oben). Hellental liegt schon innerhalb des Solling (unten).

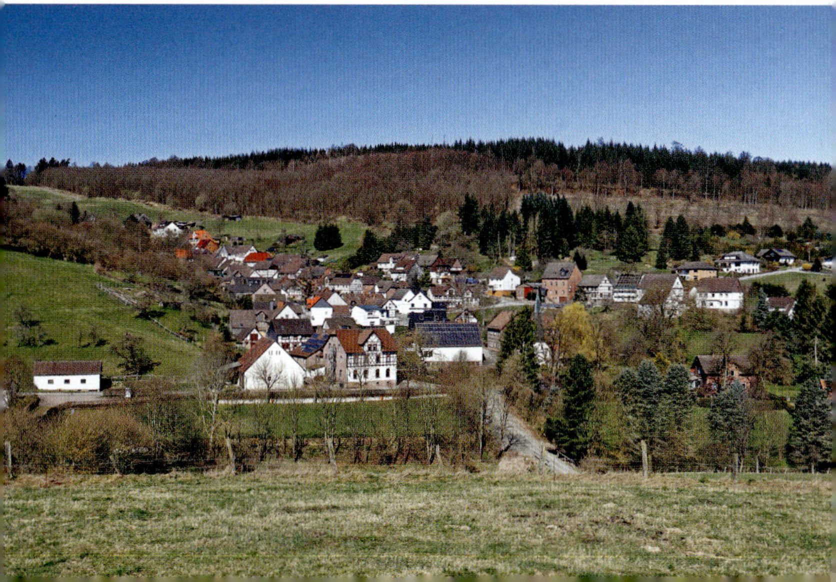

↗ 300 m | ↘ 300 m | 11.7 km

33 Rundtour über den Elfas

3.20 h

Von Portenhagen über Ahrensberg und Helleberg

Fast schon mehr zum Leinetal als zur Weser orientiert sich der Elfas, ein Höhenzug im nördlichen Sollingvorland. Zusammen mit Vogler und Homburg bildet er die sogenannte Elfas-Achse, die in einer Übersichtskarte gut in Erscheinung tritt. Dieser recht individuell gehaltene Wandervorschlag nimmt in Portenhagen an der Südflanke des Elfas seinen Ausgang, führt zunächst hinauf zum Ahrensberg und folgt dann fast fünf Kilometer lang ohne jegliche Bezeichnung der Kammlinie, um sich schließlich wieder in die Feldmark abzusenken.

Ausgangspunkt: Portenhagen, ca. 208 m. Parkmöglichkeit im Elfasweg am westlichen Ortsrand. Busverbindung nach Einbeck und Dassel.
Anforderungen: Im Kammbereich durchwegs unbefestigte Trasse, die nach Regenwetter aufgeweichte Stellen aufweisen kann, ansonsten aber recht gut zu begehen ist. Der übrige Teil besteht aus Forst- und Flurwegen. Etwas Orientierungsgabe vorteilhaft. Halbtagespensum.
Einkehr: Zur goldenen Glocke in Portenhagen (ab 15 Uhr, Mo+Di Ruhetag).
Varianten: 1. Mit dem Hauptweg Wa2 im Bogen um den Ahrensberg herum.
2. Vorzeitiger Abstieg vom Kamm über eine Forststraße (am Vorwohler Berg).

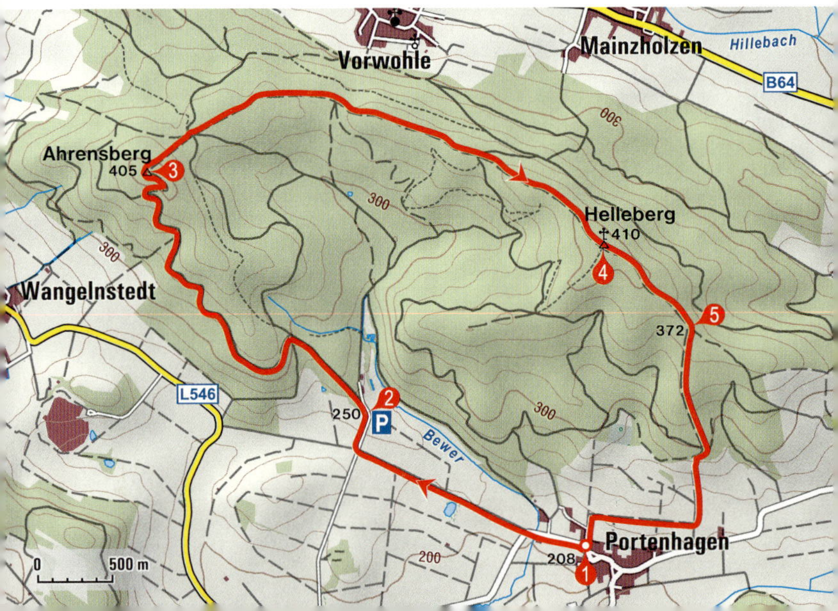

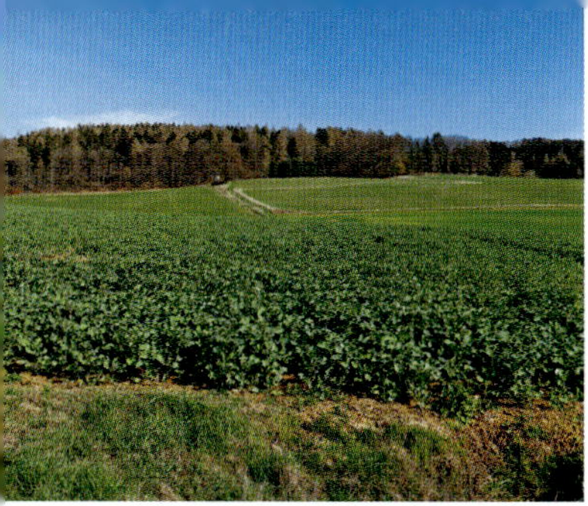

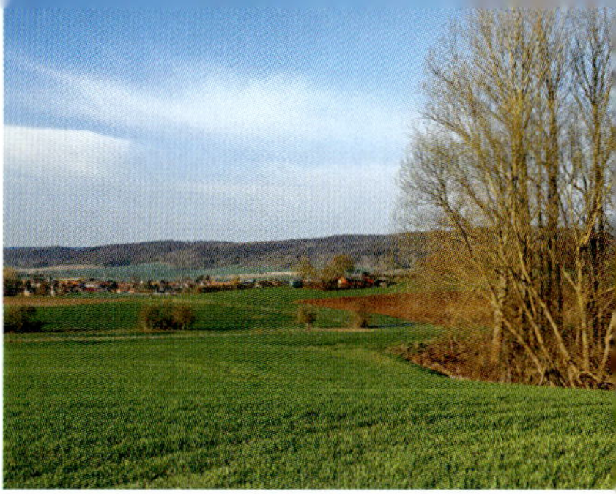

Offene Flure und bewaldete Höhenzüge: Das Landschaftsbild um Portenhagen und Lüthorst ist für das Weser-Leine-Bergland typisch.

Wir verlassen die Ortslage von **Portenhagen** ❶ westwärts, laufen etwa 350 Meter entlang der Straße und biegen in der Linkskurve geradeaus auf den Flurweg ab. Wo man auf ein Sträßchen trifft, mit diesem rechts aufwärts zum Parkplatz Wildwiese am Waldrand ❷, ca. 250 m. Schön ist der Blick über das Solling-Vorland. Man folgt der Bezeichnung Wa2, die bei einer Gabelung halblinks weiterführt und sich in den Hängen des Kneppelbergs allmählich bergauf schlängelt. Wer den **Ahrensberg** ❸, 405 m, direkt überschreiten möchte, muss nach einer Weile den scharfen Rechtsabzweig eines Graswegs beachten. Von der Waldkuppe kurzfristig steil bergab zu einer Mehrfachkreuzung. Wir bleiben nun auf der Kammstrecke, die weiterhin unbefestigt verläuft. Ebene Abschnitte wechseln mit moderaten Steigungen, bis am **Helleberg** ❹, 410 m, der höchste Punkt im gesamten Elfas erreicht ist. Knapp 800 Meter dahinter verlassen wir den Kammweg im Bereich einer Blöße ohne Anhaltspunkt auf einen gut erkennbaren Erdweg ❺, ca. 372 m, der uns recht unkompliziert, später leicht links eindrehend auf eine größere Forststraße hinabbringt (es existieren auch andere Schneisen, doch diese erscheint am praktikabelsten). Gegenüber gleich nach rechts zum Waldrand und bei einem Jägerstuhl auf die Wiese hinaus. Wir folgen dem Flurweg bis kurz vor die Kreisstraße, biegen davor jedoch rechts ab, um das Dorf **Portenhagen** oberhalb durch die Feldmark zu passieren. Zuletzt mit einem Linksknick zum Ausgangspunkt im *Elfasweg* ❶.

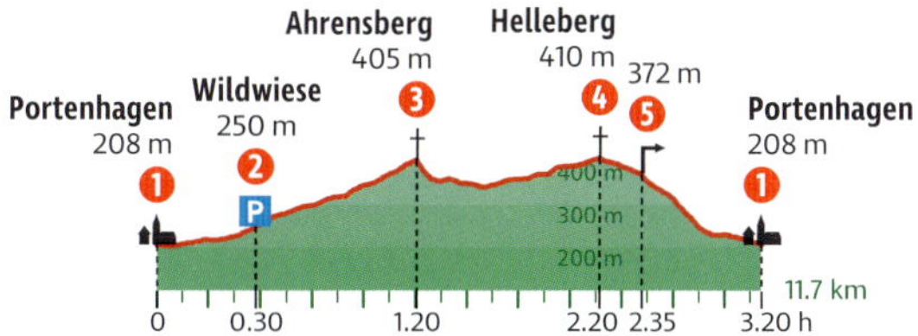

↗ 560 m | ↘ 560 m | 19.8 km

34 Über den Burgberg zum nördlichen Sollingrand

5.20 h

Von Bevern über die Eversteine nach Arholzen

Zu den ostseitigen Höhenzügen des Weserberglandes zählt auch der Burgberg bei Bevern. Wir starten direkt beim berühmten Schloss, einem Musterbeispiel der Weserrenaissance, und stoßen am Kamm zunächst auf einen Turmbau: Station Nr. 28 der Königlich preußisch optischen Telegraphenlinie, die ab 1832 zwischen Berlin und Koblenz eingerichtet wurde. Sie diente der Übermittlung von amtlichen Nachrichten und stellte damals einen immensen Fortschritt gegenüber früheren Boten- und Kurierdiensten dar. Nach einem möglichen Abstecher zur sogenannten Orchideenwiese, wo bemerkenswerte Frauenschuhvorkommen entdeckt werden können, liegt an den beiden Eversteinen eine weitere Besonderheit vor uns: Hier hatte das gleichnamige Grafengeschlecht im 12. Jahrhundert eine zweiteilige Höhenburg gegründet, von der aber nur wenig erhalten geblieben ist. Im Anschluss an den Burgberg bauen wir die Tour noch zu einer großzügigen Runde aus, berühren die Ortschaften Negenborn und Arholzen und queren am Nordrand des Solling entlang zurück nach Bevern.

Ausgangspunkt: Schloss Bevern, 101 m. Zentrale Parkmöglichkeiten und Bushaltestelle (Verbindung vom Bahnhof Holzminden).

Anforderungen: Überwiegend gewöhnliche Feld- und Forstwege, vor allem bei Arholzen eine Weile Hartbelag, zwischendurch aber auch mal kleine Pfa-

Die walddunklen Eversteine über den Rapsfeldern bei Negenborn.

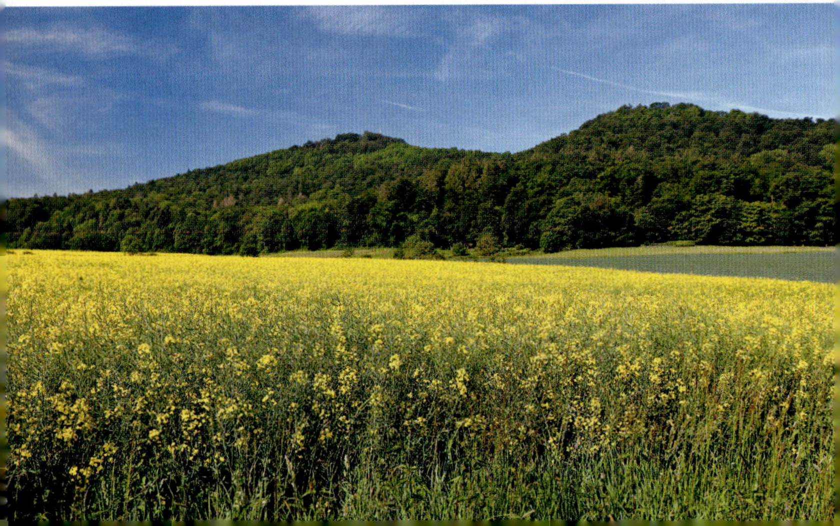

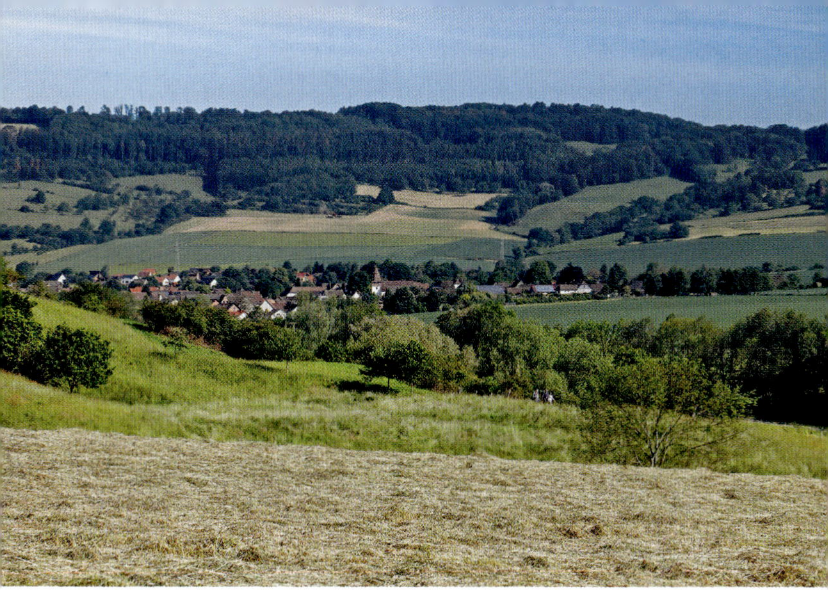

Die Solling-Vogler-Region entpuppt sich als echtes Wanderparadies; hier taucht das Dorf Golmbach vor der Vogler-Südflanke auf.

de, z. B. hinauf zum Burgberg sowie bei den kurzen Abstechern. Für den Kleinen Everstein ist etwas Trittsicherheit angezeigt; insgesamt solide Ausdauer. Recht gut beschilderte Strecken.
Einkehr: Negenborn (Gaststätte Neun Brunnen), Bevern (Eiscafé Bruno, Hesse, Pizzeria Amore, Burgbergstadion).
Variante: Beim Parkplatz Burgberg (Wegpunkt 4) die B64 rechts versetzt kreuzen (Vorsicht!) und anschließend durchs Ebenholz direkter nach Arholzen, also nicht via Negenborn ausholend.
Tipp: Schloss Bevern mit der Erlebniswelt Renaissance, geöffnet zwischen Ostern und Oktober, jeweils Di bis So von 10 bis 17 Uhr. Schlossführungen finden in dieser Zeit sonntags um 15 Uhr statt, zwischen Juni und September zusätzlich jeden ersten Samstag im Monat um 14 Uhr. Weitere Infos unter schlossbevern.de.

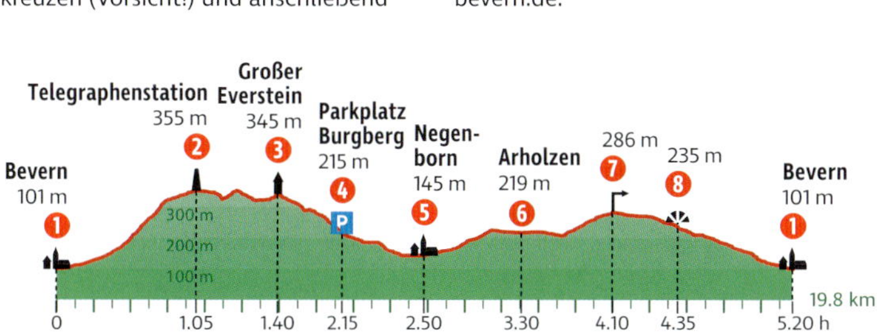

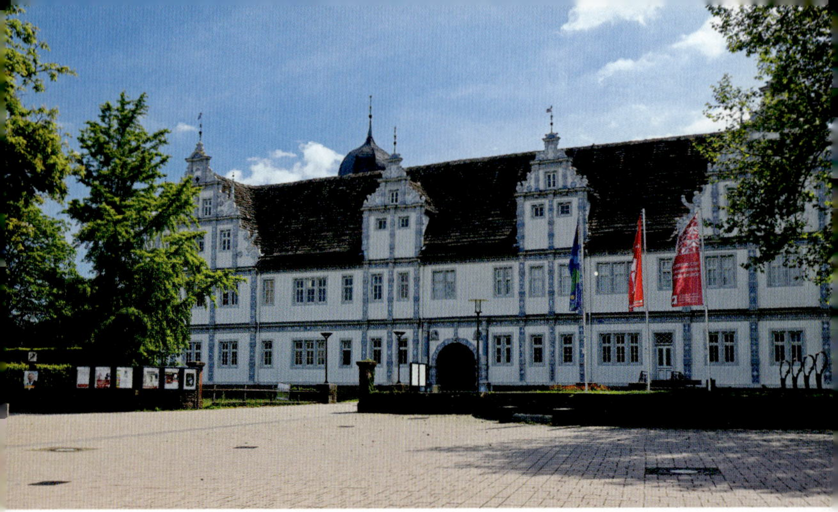

Schloss Bevern ist ein Kulturgut von Rang im Weserbergland.

Vom Schloss in **Bevern** ❶ folgen wir der *Breslauer Straße* und biegen nach einer Weile links in den *Burgbergweg* ab, womit wir in die Feldmark eintreten. Mit Hinweis »Telegraphenturm« geht es später nach rechts und auf lauschigem Pfad ins Gehölz am Burgberg. Teils kräftig steigend zu einer Forststraße und weiter zur Kreuzung bei der Burgberghütte auf der Kammhöhe. Von hier sind es noch 500 Meter bis zum **Telegraphenturm** ❷, 355 m, der fast am Scheitelpunkt des Höhenzuges steht. Gute 5 Minuten danach können wir den Abstecher zur Orchideenwiese wahrnehmen, wo ein kleiner Rundkurs eingerichtet ist (diesen bitte nicht verlassen). Zurück am Kammweg steuern wir als Nächstes den **Großen Everstein** ❸, 345 m, Standort einer mittelalterlichen Burganlage, an. Von der Erhebung wieder kurz zurück und dann abwärts zur Kreuzung am Sattel vor dem **Kleinen Everstein**, 312 m, zu dem Entdeckungslustige auf einem schmalen, steilen Pfad ebenfalls noch aufsteigen können. Dort thronte einst die Vorburg.

Botanische Kostbarkeit: der seltene Frauenschuh.

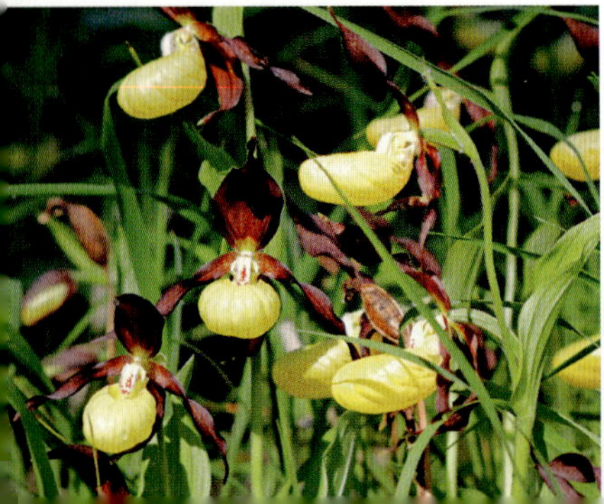

Südseitig folgen wir nun der Forststraße bis zum **Parkplatz Burgberg** ❹, ca. 215 m, und drehen unmittelbar vor Erreichen der *B64* scharf nach links ab (eine allfällige Abkürzung ist verwachsen). Damit in entgegengesetzter Richtung, also nordwärts, eine Weile in Waldrandnähe entlang, bis man schließlich rechter Hand in die offene Flur abdreht. Mit einem Knick zur *B64* hin und diese entweder direkt überqueren oder gegebenenfalls ins nahe **Negenborn** ❺, ca. 145 m, und gleich hinter dem Ortsschild *Am Forstgarten* rechts hoch. Wir nutzen einen gen Süden ansteigenden Feldweg, der das Oberholz tangiert und am Sportplatz vorbei nach **Arholzen** ❻, ca. 219 m, hineinführt. Dort die *Hauptstraße* kreuzend (Richtung Schorborn) und unmittelbar hinter dem Bahnübergang nach rechts. Damit sind wir noch eine Zeit lang auf einem – nicht öffentlichen – Asphaltsträßchen unterwegs, passieren einen ehemaligen Sandsteinbruch (mehrere interessante Infotafeln) und nähern uns allmählich den Wäldern am äußersten Nordrand des Solling – ohne allerdings darin einzutauchen. Bei einer Kreuzung ❼, 286 m, wenden wir uns mit dem Hinweis auf die »Wüstung Loghe« nach rechts und erreichen 10 Minuten später jene Stelle, wo sich im Spätmittelalter ein kleines Dorf befunden haben soll. Mit schönen Blicken ins Beverbachtal, zum gegenüberliegenden Burgberg sowie bis über die Weser hinaus kommt man noch an einem eingerichteten Aussichtspunkt ❽, ca. 235 m, mit Unterstandshütte vorbei und dann zu einer Gabelung. Der etwas kürzere Rundenschluss verläuft jetzt rechts mit dem Sträßchen, schöner gehen wir allerdings linker Hand noch rund einen Kilometer am Waldrand entlang, danach rechts abbiegend über den Bahndamm sowie die *B64* (Überführung) nach **Bevern** hinein. Via *Försterstieg* und die *Angerstraße* kreuzend, schließt sich der Kreis beim Schloss ❶.

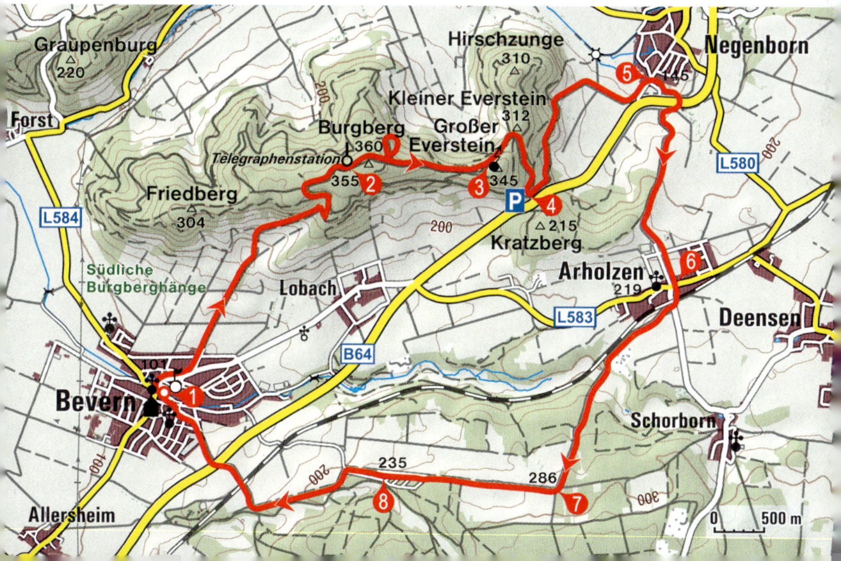

↗ 290 m | ↘ 290 m | 12.4 km

35 Historischer Wanderweg Heinsen

3.15 h

Rundtour zu geschichtlich interessanten Plätzen

Eine Halbtageswanderung durch die Gemarkung Heinsen führt uns vom Weserufer bis auf die angrenzende Hochfläche und beleuchtet im Verlauf der Runde unterschiedliche historische Aspekte – von frühgeschichtlichen Siedlungsfunden und Hügelgräbern bis zu ehemaligem Notlande-Flugplatz und Leuchtturm aus der ersten Hälfte des 20. Jahrhunderts. Zwischen Freiflächen mit herrlichen Fernblicken und bewaldeten Abschnitten ist auch die umgebende Szenerie abwechslungsreich.

Ausgangspunkt: Heinsen, 85 m, beim ehemaligen Schiffsanleger in der Weserstraße. Busverbindung mit Holzminden.
Anforderungen: Größtenteils befestigte Wege, nur am Weserhangweg auf knapp 3 km unbefestigt. Moderate Steigungen. Meist ordentlich markierte Route.

Einkehr: Keine am Weg, evtl. Weser-Alm in Heinsen.
Variante: Von der Dicken Buche auf dem Hauptweg weiter (also nicht zurück) und damit vollständig auf befestigten Trassen, die auch bei Nässe begehbar bleiben.

Von der Weser in **Heinsen** ❶ begeben wir uns in die Straße *Klingenburg* und hinter der Ortslage auf weiterhin asphaltierter Trasse bergwärts. Die Route begleitet den Hagengrund auf der linken Seite, passiert in einer Kehre den ehemaligen **Kalkofen** ❷, 181 m – der letzte seiner Art in der Gegend – und nähert sich allmählich der weitläufigen Hochebene ❸. Bei der

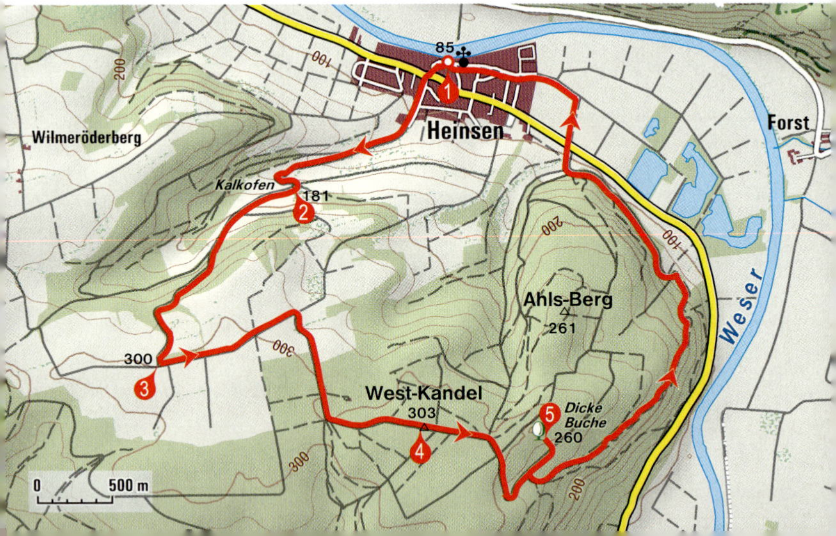

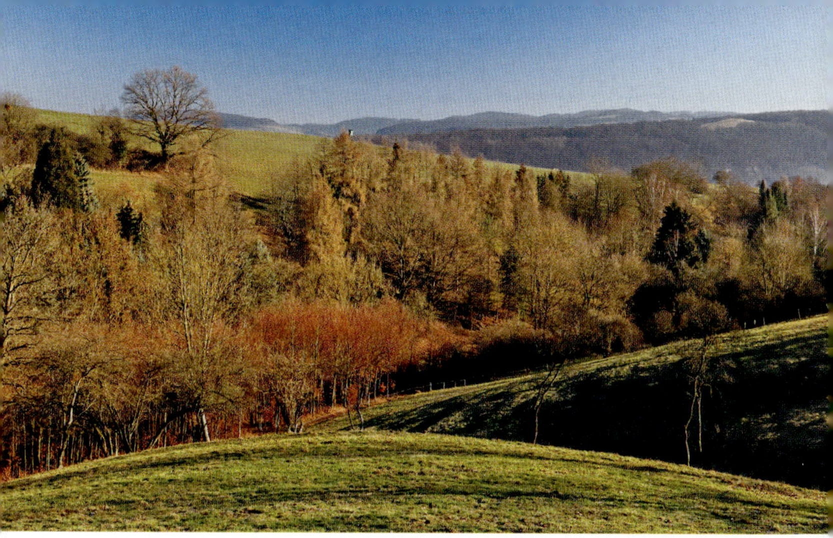

Immer wieder fasziniert uns das anmutig gewellte Relief der Gegend.

T-Kreuzung gehen wir links, kommen 10 Minuten später an der Josefshütte (Unterstand) vorbei und achten knapp 300 Meter dahinter auf den Rechtsabzweig. Man taucht aus offener Flur ins Gehölz ein und überschreitet fast unmerklich den **West-Kandel** ④, 303 m, wo bis zum Zweiten Weltkrieg ein Leuchtturm zur Flugsicherung stand. Ein Stück weit östlich befindet sich ein bronzezeitliches Hügelgräberfeld. Nach einer markanten Linkskurve im Bergab sollten wir unbedingt noch der **»Dicken Buche«** ⑤ einen Besuch abstatten. Das rund 50 Meter hohe Naturdenkmal ist über 300 Jahre alt! Anschließend ein paar Minuten zurück und unterhalb auf den unbefestigten Weserhangweg, der nun weithin die Buchenwälder am Ostabhang schneidet. Tragen die Bäume kein Laub, ist die Weser auch zu sehen. Im Wechsel zwischen leichten Gefällstrecken und ebenen Abschnitten nähern wir uns allmählich wieder **Heinsen**, kreuzen am Ende noch die *B83* und bewältigen das letzte Wegstück in der Niederung.

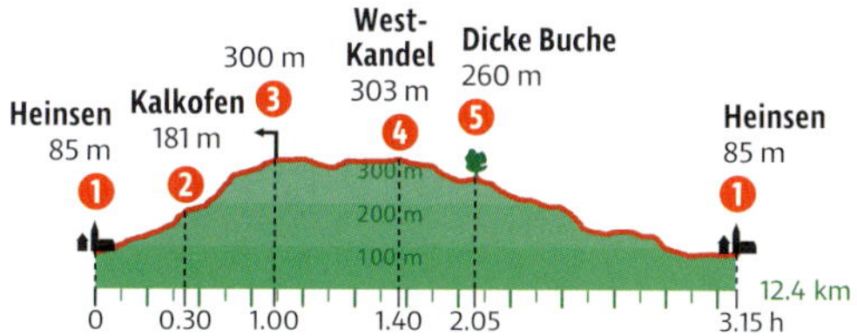

TOP

↗ 600 m | ↘ 600 m | 20.8 km

36 Von Polle zum Köterberg

5.30 h

Der längste Weg auf den »Brocken des Weserberglandes«

Der Köterberg ist wohl die markanteste Einzelerhebung im Weserbergland, eine 500 Meter hoch aufgewölbte Kuppe aus Rätsandstein, die durch einen riesigen Sendeturm noch akzentuiert wird und ihr Umland beherrscht, fast wie der Brocken den Harz. Diesen kann man an klaren Tagen weit im Osten sogar ausmachen, ebenso die Höhenzüge des Sauerlandes und des Teutoburger Waldes im Westfälischen. Mit seinem Straßenanschluss entfaltet der Köterberg als Ausflugsziel enorme Anziehungskraft (ganz besonders bei Motorradfahrern). Von einer Handvoll umliegender Dörfer ziehen aber natürlich auch Wanderwege hinauf. Bödexen, Niese oder Hummersen bieten sich an, wenn man es überschaubar wünscht – der längste Zugang kommt indes von Polle und damit quasi direkt vom Weserufer. Der von einer mächtigen Burgruine überragte Ort, angeblich Aschenputtels Heimat, darf im Übrigen als echte Perle gelten.

Ausgangspunkt: Polle, ca. 94 m, Parkplatz vor der Burg oder am Weserufer. Busverbindungen Richtung Holzminden, Hameln und Bad Pyrmont.
Anforderungen: Abschnitte auf schönen Naturwegen, gewöhnlichen Forstwegen und Hartbelag gemischt. Phasenweise recht steil, besonders im Bereich des Köterbergs. Der Hinweg orientiert sich an Route X18/X19, der Rückweg hauptsächlich an X5 (in diesem Fall aber spärlich signalisiert). Außerdem tauchen die lo-

Schon beim Aufstieg schweifen die Blicke immer wieder übers Land.

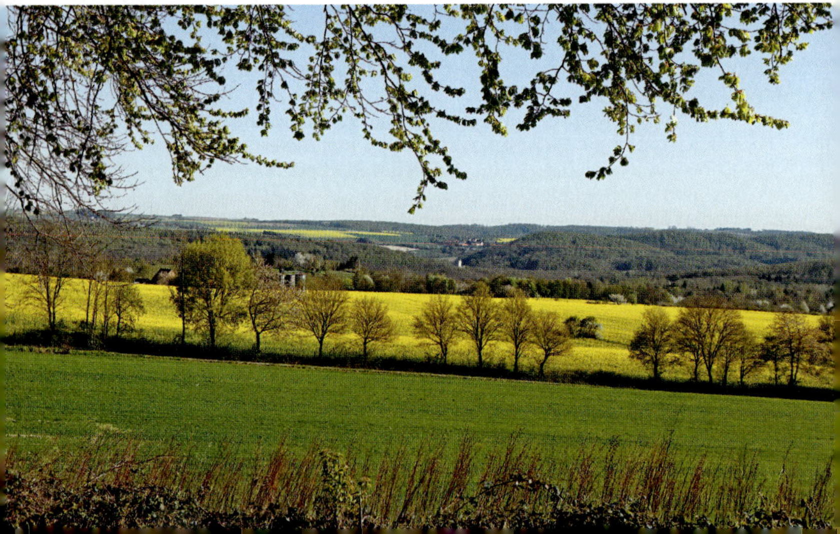

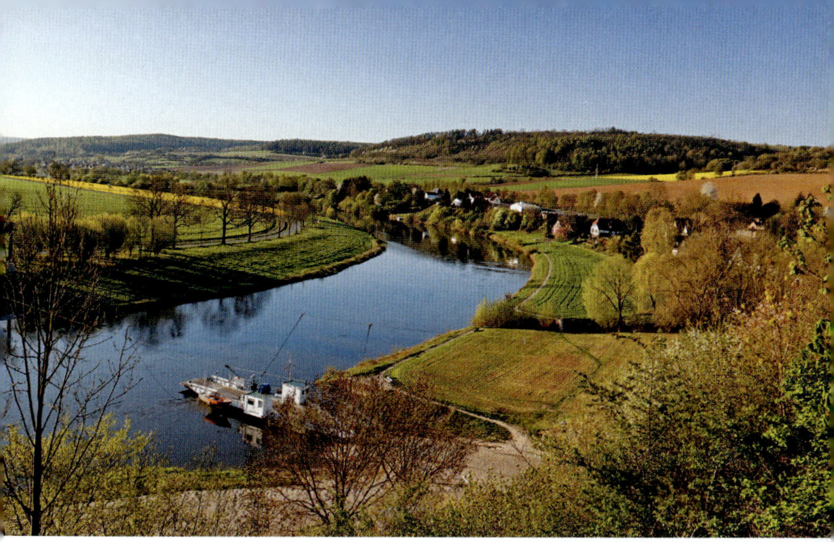

Perspektive vom Poller Burgfelsen auf die unterhalb fließende Weser.

kalen Bezeichnungen PO8 und PO9 auf. Längere Tour, die Ausdauer erfordert (ansonsten siehe Variante).
Einkehr: Weißenfeld (Golfclub Restaurant), Köterberghaus, Polle (Restaurant Graf Everstein, Camping Weserterrasse).
Variante: Wem die Tour zu ausgedehnt erscheint, der kann auch bei Weißenfeld starten (Zufahrt von Polle Richtung Hummersen) und später auf dem Rückweg bei Wegpunkt 5 links abzweigend die Runde schließen. Diese ist mit gut 10 km nur halb so lang.
Tipp: Besichtigung der Burg Polle, geöffnet zwischen Ende April und Anfang Oktober täglich von 10 bis 19 Uhr.

In **Polle** ❶ schlagen wir die *Hohe Brücke* sowie die Fortsetzung im *Höhenweg* ein. Die Straße führt schnurstracks gen Westen und dient als Zufahrt zum Gut Sonnenberg. Wo sie bei einigen Anwesen nach links aufwärts abdreht, gehen wir mit dem Wanderwegsymbol X geradeaus weiter

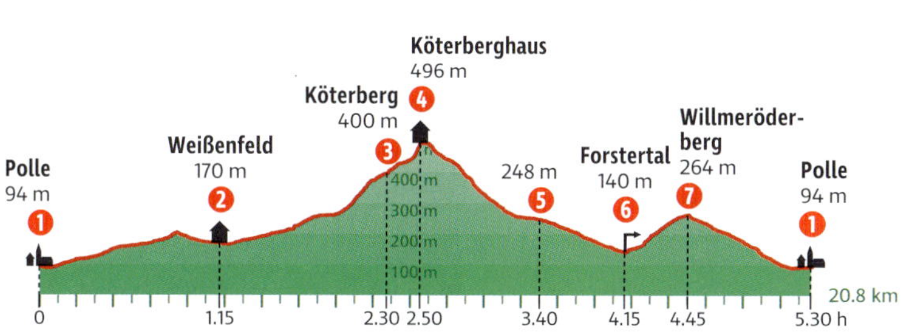

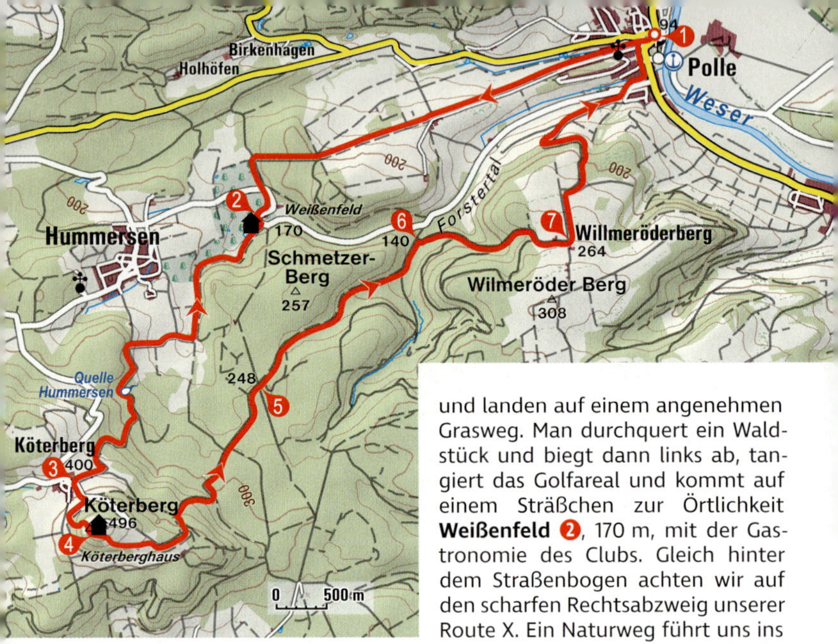

und landen auf einem angenehmen Grasweg. Man durchquert ein Waldstück und biegt dann links ab, tangiert das Golfareal und kommt auf einem Sträßchen zur Örtlichkeit **Weißenfeld** ❷, 170 m, mit der Gastronomie des Clubs. Gleich hinter dem Straßenbogen achten wir auf den scharfen Rechtsabzweig unserer Route X. Ein Naturweg führt uns ins idyllische Tälchen des Lonaubachs, der später bei einer Gabelung rechts haltend überschritten wird. Jetzt vorübergehend wieder auf Hartbelag gegen den Waldrand hinauf, dort nach links und allmählich hinein in die Buchenwälder an der Nordabdachung des Köterbergs. Nach einer Verzweigung zieht der Weg merklich an. Wir gelangen erneut in offenes Gelände und dort zum Höhendorf **Köterberg** ❸, ca. 400 m. Jetzt sei vorgeschlagen, für zwei, drei Minuten der Bergstraße zu folgen, bis ein Waldpfad abzweigt – denn auf der bevorstehenden Traverse ergibt sich ein traumhafter Blick über die Siedlung bis weit in nördliche Gefilde des Weserberglands und Lipperlands. Über die Westseite gewinnen wir schließlich steil den Gipfelbereich mit dem **Köterberghaus** ❹, 496 m, und den Parkplätzen.

Der Beginn des Abstiegs ist etwas undeutlich und in gewissem Rahmen variabel. Am besten folgt man zunächst dem freien Wiesenstreifen der »Rodelbahn« sowie der parallelen Markierung X18/X19 Richtung Osten. Der südliche Gesichtskreis ist hier vollkommen frei. Bald auf einem Forstweg weiter und mit Linksabzweig auf einer Pfadabkürzung das besagte Symbol verlassen. Nun sind wir auf X5 unterwegs, wobei die Bezeichnung aber höchstens spärlich auftaucht; verbreitet sieht man jedoch PO9 auf gelbem Untergrund. Der Forstweg fällt vorerst deutlich ab. Auf einem fast ebenen Stück erreicht man eine Fünfwegekreuzung ❺, wo man linker Hand die kürzere Variante Richtung Weißenfeld schließen könnte. Ansonsten geradeaus, allmählich wieder beständig leicht abwärts und damit ins **Forstertal**. Kurz vor Einmündung in die *Robrexer Straße* gilt es rechts abzubiegen **6** und nochmals eine veritable Gegensteigung einzuleiten. Zwischenzeitlich zweigt PO9 links auf einen Erdweg ab – dessen Fortsetzung erscheint allerdings unübersichtlich, obschon die Hangtraverse Richtung Polle etwas kürzer ausfallen würde. Bleibt man am Hauptweg, kommt man hingegen auf die Höhen der Streuhofsiedlung **Willmeröderberg** **7**, ca. 264 m, und genießt von hier nochmals eine weite Schau. Die asphaltierte Zufahrt bringt uns schließlich mit einer ausgeprägten Schleife und in anhaltend mäßigem Gefälle hinunter nach **Polle** **1**.

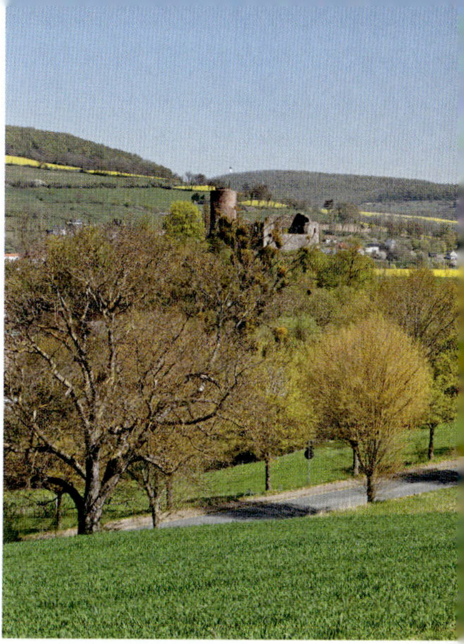

Nach einer ausschweifenden Wanderung nähern wir uns wieder Polle.

Beinahe grenzenlos ist die Schau natürlich vom Köterberg selbst.

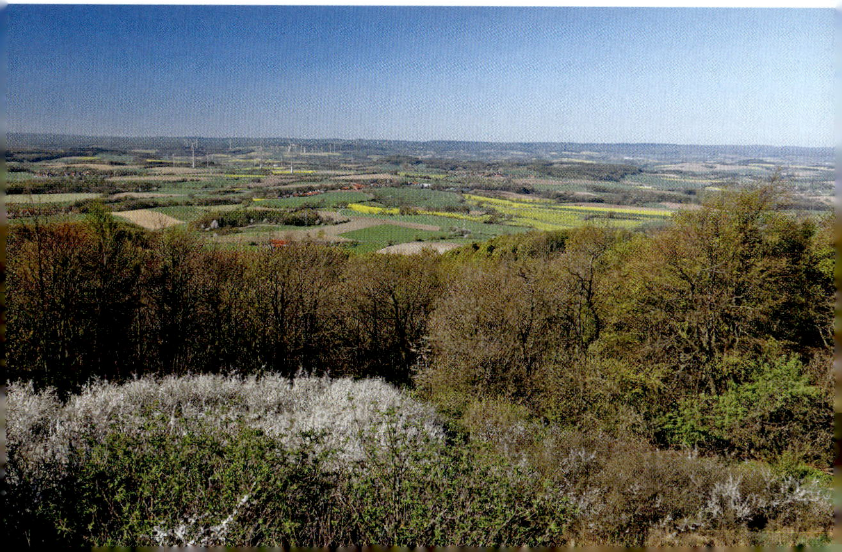

↗ 60 m | ↘ 60 m | 9.3 km

37 Weserschleife bei Reileifzen

2.30 h

Naturschutzgebiet »In den Eichen« mit Heidbrinker Kiesteich

Die teils ausgeprägten Windungen der Weser sorgen für ein wunderbares Wechselspiel von Prall- und Gleithängen, wie der Geograf die typischen Außen- bzw. Innenbögen nennt. In einer solchen Flussschleife befindet sich das Naturschutzgebiet »In den Eichen« bei Reileifzen. Wer gern Wasservögel beobachtet, bekommt am Heidbrinker Kiesteich ausgiebig Gelegenheit dazu. Außerdem ist es ja auch einmal ganz reizvoll, ein Stück weit unmittelbar an der Weser entlangzuschlendern.

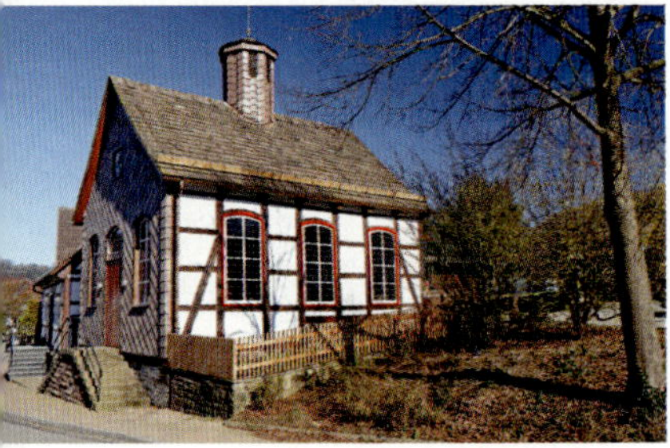

Reileifzen liegt in der Rühler Schweiz.

Ausgangspunkt: Reileifzen, ca. 102 m, kleines Weserdorf in der Rühler Schweiz. Parken in der Langen Straße oder beim Anleger. Busverbindung mit Holzminden bzw. Bevern.
Anforderungen: In der ersten Hälfte Radweg, anschließend Waldwege und zwei nicht sehr lange Straßenabschnitte. Mit sehr geringen Höhenunterschieden wenig anstrengend.
Einkehr: Zur Hofschänke in Reileifzen (Mi u. Fr ab 18 Uhr, So ab 10 Uhr). Biergarten und Schnapsbrennerei Köterhof am Ochsenbrink, Weser-Imbiss.

In **Reileifzen** ❶ zunächst kurz zum Anleger hinab und dort links auf den Radweg. Wir begleiten nun eine ganze Weile den Weserfluss, entfernen uns in der freien Flur etwas davon und können direkt gegenüber der Ortschaft **Brevörde** ❷ nochmals bis zum Ufer vortreten. Nach einem Rechtsknick

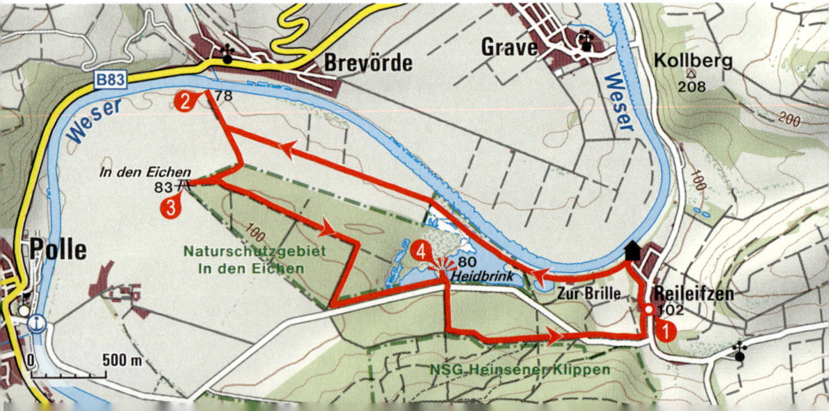

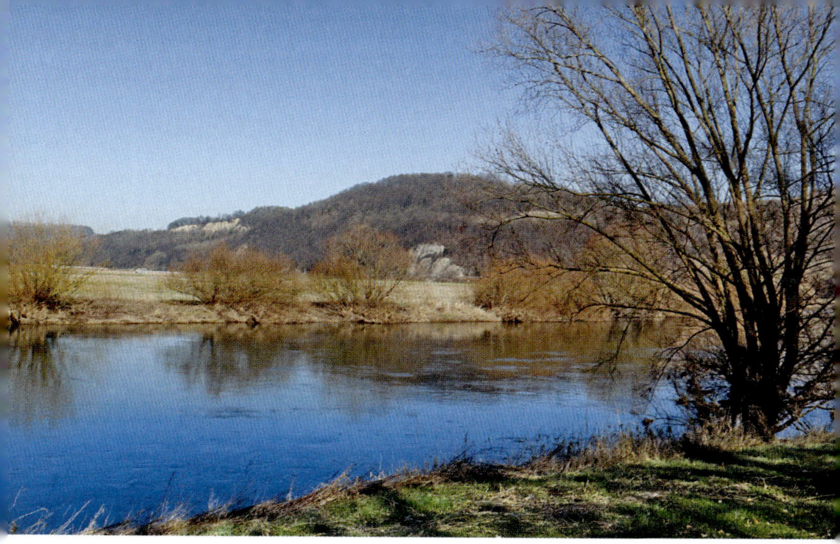

Der erste Teil der Wanderung verläuft nah am Weserufer.

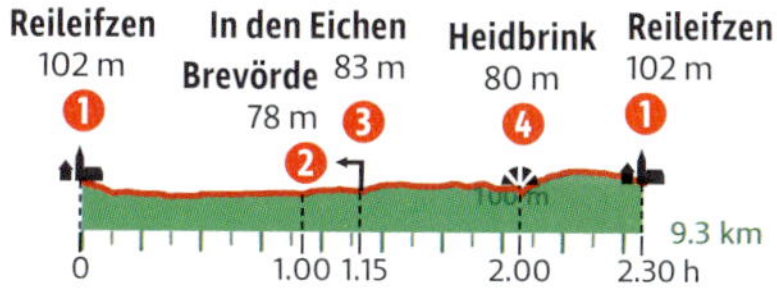

folgen wir dem Radweg weitere rund 400 Meter, um dann scharf links in das Naturschutzgebiet **»In den Eichen«** ❸ einzutreten. Später zur *Poller Straße* hin, an der in Kürze zwei Beobachtungspunkte für die Vogelwelt am **Heidbrinker Kiesteich** liegen. Der erste ist als Hütte ausgebaut, der zweite als Turm ❹. Um die Straße im weiteren Verlauf zu meiden, schlagen wir anschließend den Waldweg gegenüber ein, biegen nach 300 Metern links ab und wandern dann vorübergehend auf einem Erdweg (bei feuchten Bedingungen nicht ratsam). Schließlich wieder zurück auf die *Poller Straße*, mit der die Runde Richtung **Reileifzen** ❶ vollendet wird.

Am Heidbrinker Kiesteich.

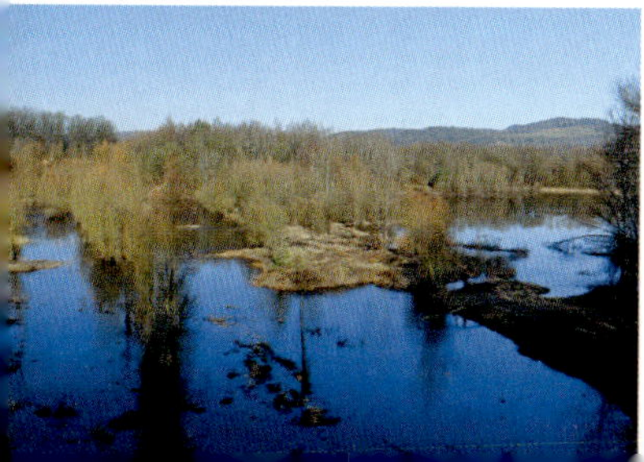

Auf der anderen Weserseite liegt Brevörde.

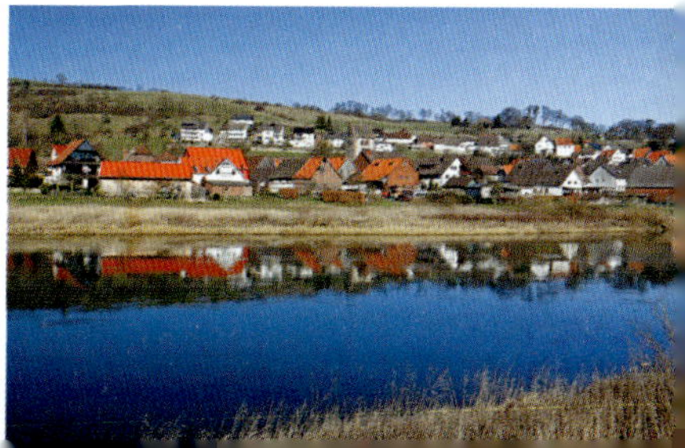

↗ 550 m | ↘ 550 m | 18.3 km

38 Ottensteiner Hochfläche

5.00 h

Von Brevörde ins Hinterland westlich der Weser

Mit einer Durchschnittshöhe von rund 300 Metern überragt die wellige, meist offene Ottensteiner Hochfläche das Wesertal beträchtlich und sorgt für einen ganz anderen Landschaftscharakter. Bei klarem Wetter lässt sich ausschnittsweise weit schauen. Dazwischen entdecken wir aber auch verschwiegene Waldtälchen wie die Glesse oder den Bargrund und gewinnen nicht zuletzt herrliche Eindrücke vom Wesertal selbst. Dies zeigt zwischen Pegestorf und Polle seine vielleicht schönsten Schleifen, mit mustergültigen Prall- und Gleithängen.

Ausgangspunkt: Brevörde, ca. 82 m, an der Weser zwischen Holzminden und Bodenwerder (jeweils Busanbindung). Zentraler Parkplatz an der Kirche.
Anforderungen: Meist befestigte Trassen, manchmal Hartbelag, nur kürzere Abschnitte auch mal auf Graswegen (etwa am Anfang und Ende bei Brevörde). Bis Ottenstein brauchbar markiert, in der zweiten Hälfte Aufmerksamkeit bei Verzweigungen angezeigt. Außerdem solide Ausdauer erforderlich, denn es kommen einige Höhenmeter zusammen.
Einkehr: Ottenstein (Burgrestaurant, Landherberge sowie zwei Cafés).
Variante: Von der Ottensteiner Hochfläche in den Bargrund alternative Wegführung durch die Feldmark möglich.
Tipp: Senator-Meyer-Denkmal bei Steinmühle (Weserschleife bei Dölme).

Zwischen Waldzügen prägen wunderbare Wiesenwellen die Szenerie.

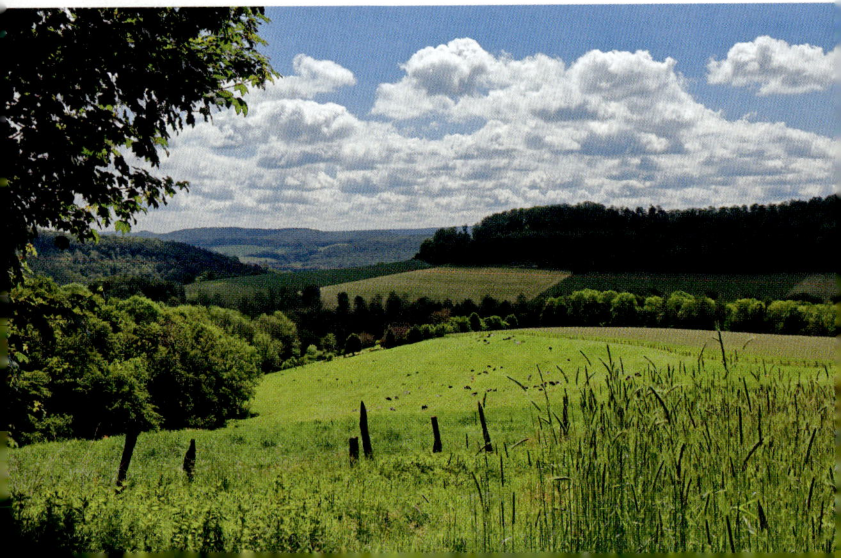

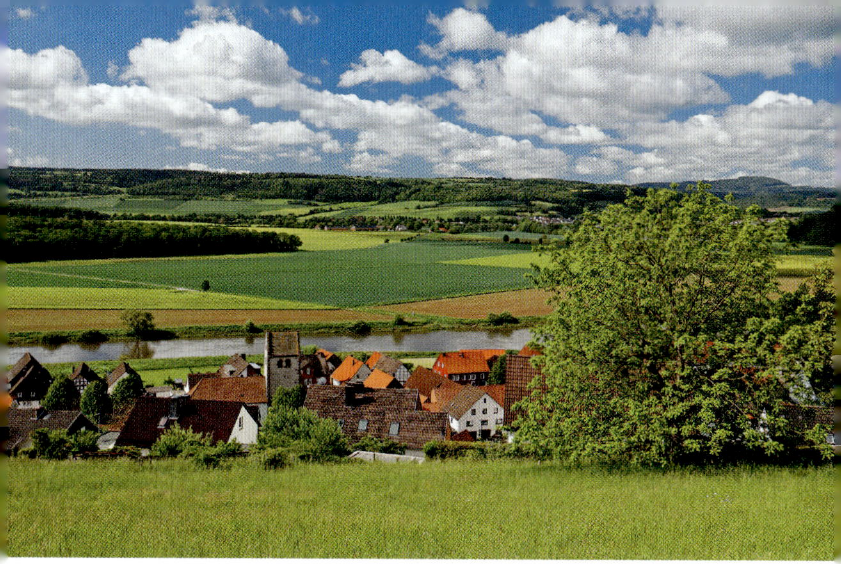

Unser Ausgangspunkt Brevörde schmiegt sich direkt ans Weserufer.

In **Brevörde** ❶ gehen wir zum Beginn der *Meiborsser Straße* und daneben auf einer Art Rampe steil aufwärts. Der Grasweg führt später auf die wenig befahrene Asphaltstraße zurück, vollzieht mit dieser eine Doppelschleife und schert bei einer Rechtskehre wieder aus (nach Bezeichnung PO5 geradeaus). Dieses Kürzel lotst uns im Folgenden am Waldrand entlang und mit einem Rechtsknick zurück auf die *Meiborsser Straße*, die etwa 800 Meter weit in Richtung Westen begangen wird, bis ein Hinweis rechts aufwärts zeigt ❷, 224 m. Auf eventuell verwachsenen Graswegen über die Anhöhe hinweg und anschließend rechts haltend ins bewaldete **Glessetal** hinab. Dort stoßen wir erneut auf eine Teerstraße und folgen ihr gut 500 Meter nach links, bis PO5 rechts abzweigt ❸, ca. 140 m. Jetzt steht eine kräftige Steigung aus dem Glessetal zur Ottensteiner Hochfläche auf dem Programm. Erst weit oben treten wir aus dem Wald heraus und erreichen

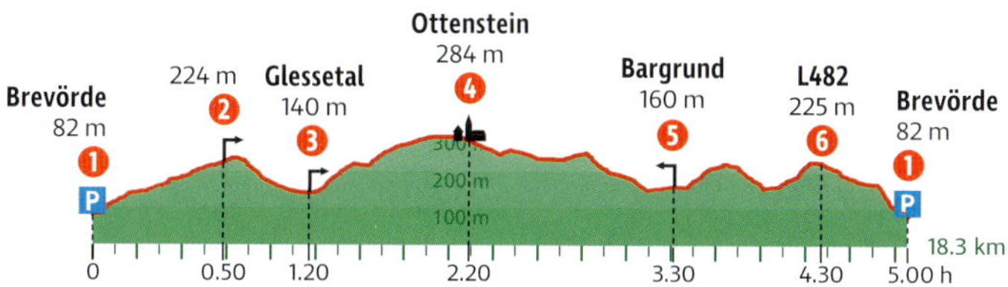

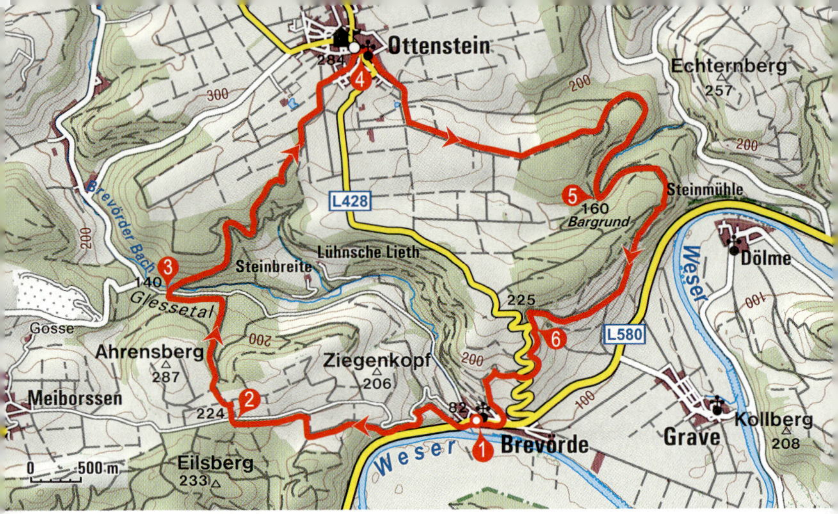

mit einigen kleinen Richtungswechseln via *Zur Linde* das Dorf **Ottenstein** ❹, ca. 284 m.

Hier mit der *Breiten Straße* südostwärts heraus und zum Teufelsbadteich (netter Rastplatz). Bei der übernächsten Kreuzung nehmen wir den Flurweg nach links, wechseln vom Hartbelag bald auf gewöhnlichen Forststraßenschotter und sind fortan eine ganze Weile im Wald unterwegs. Über den Breitenberg wird ein markanter Rechtsbogen vollzogen. Nach einer Gefällstrecke kommen wir zum kleinen Teich im **Bargrund** ❺, ca. 160 m, und wenden uns jetzt nach links. Im aufsteigenden Bogen geht es um den Tenterling, ehe bei einer Gabelung nahe den Steilhängen zur Weser die linke Route benutzt werden sollte. Damit ergeben sich nämlich bald schöne Ausblicke ins gewundene Wesertal bei Grave. Nach einem Gefällstück steigen wir auf Asphalt wieder an, stoßen auf die *L482* ❻, 225 m, und folgen dieser abwärts. In der zweiten markanten Linkskehre rechts abzweigend und schließlich auf einem steilen Grasweg hinab nach **Brevörde** ❶.

Ottenstein liegt auf der Hochfläche.

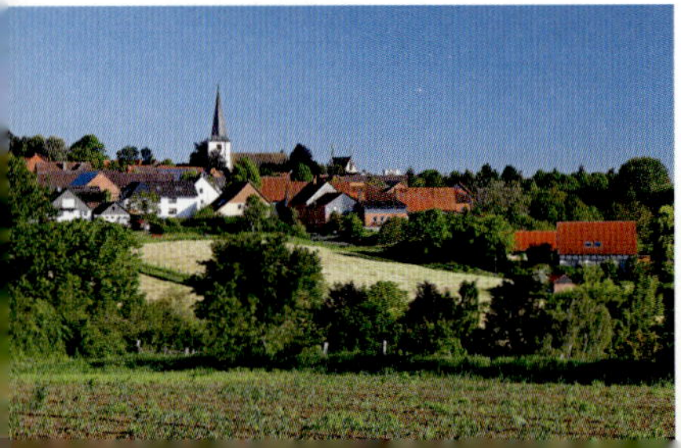

Wer möchte hier nicht rasten?

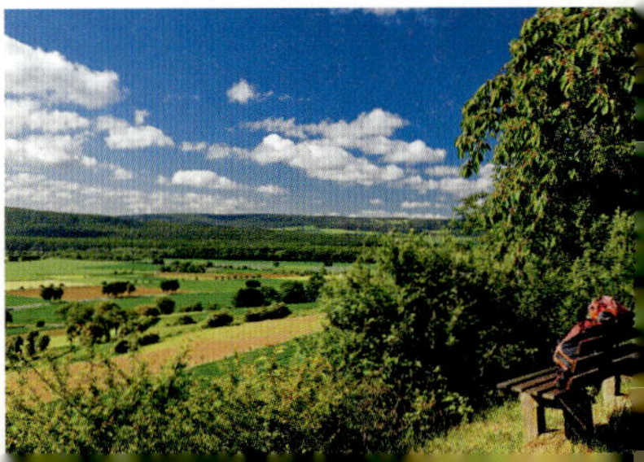

↗ 300 m | ↘ 300 m | 12.0 km

3.10 h

Rundtour in Marienmünster 39

Mit einer Stippvisite beim ehemaligen Benediktinerkloster

13 einzelne Ortschaften bilden zusammen die ostwestfälische Stadt Marienmünster, deren Name sich von der bekannten Abtei ableitet. Gegründet wurde das ehemalige Benediktinerkloster im Jahr 1128 von den Schwalenberger Grafen, die in der Nähe schon die Oldenburg als Wohnstätte besaßen. Bevor wir diese kulturellen Besonderheiten erkunden, erklimmen wir von Vörden aus zunächst den hölzernen Aussichtsturm auf dem Hungerberg. Später schlagen wir dann noch einen weiten Bogen durch die wellige Feldmark, vornehmlich auf der mit A3 gekennzeichneten Route.

Ausgangspunkt: Vörden, Parkplatz an der Gabelung Angerberg/Windmühlenweg, 231 m. Nächste Bahnhöfe befinden sich in Steinheim, Höxter und Brakel; von dort jeweils Buslinien.
Anforderungen: Wechsel von befestigten und naturbelassenen Wegen. Am Hungerberg kurzzeitig steil, sonst gemäßigte Verläufe. Man kann sich meist gut am Kürzel A3 orientieren, allerdings gibt es manchmal Mehrdeutigkeiten.
Einkehr: Abtei Marienmünster: Klosterkrug, Vörden (Hotel Weber, Zollhaus und zwei Pizzerien).
Varianten: Kleine Abkürzungen bei Oldenburg (auf der Straße) sowie am Hellberg.
Tipp: Kulturveranstaltungen in der Abtei Marienmünster.

Nach knapp einer halben Stunde stehen wir bereits auf dem Hungerbergturm.

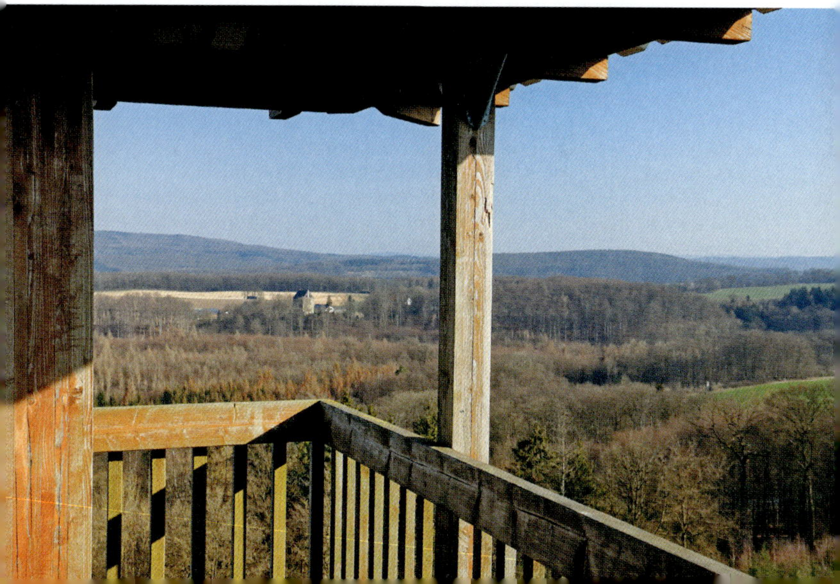

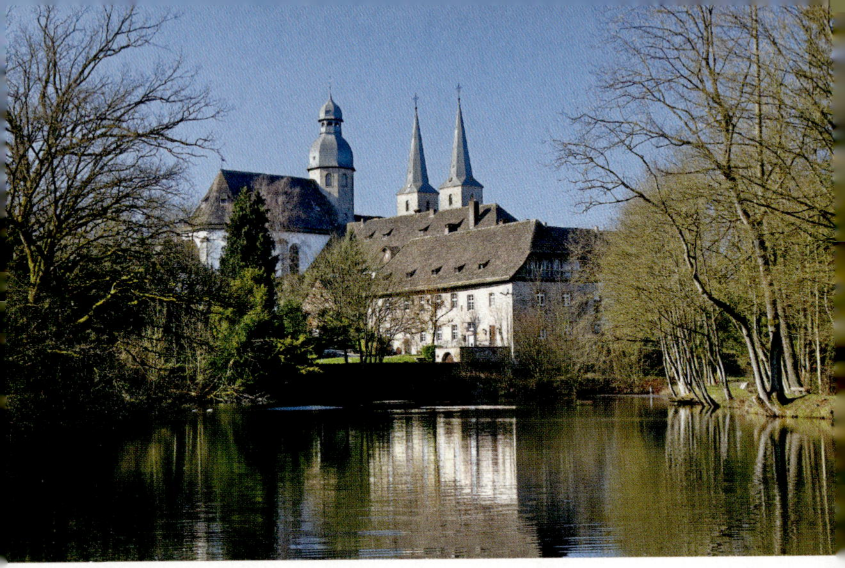

Bilderbuchmotiv: Abtei Marienmünster mit dem Klosterteich.

Von **Vörden** ❶ gehen wir zunächst zum Stauweiher, kreuzen anhand A3/X2 linker Hand den Wanderweg und folgen dem Turmsymbol hinauf zum Hungerberg, zwischenzeitlich merklich aufsteilend (Kreuzweg). Mit einem Rechtsknick stehen wir bereits am **Hungerbergturm** ❷, 324 m, und können die Augen nicht nur über die nähere Umgebung schweifen lassen, sondern erblicken sogar den Teutoburger Wald und die nordhessischen Bergzüge. Mit dem Abstieg zur *B239* nähern wir uns der **Abtei Marienmünster** ❸, ca. 235 m, und damit dem kulturellen Highlight der Tour. Eine besonders schöne Perspektive hat man vom Klosterteich, den wir rechts unmittelbar passieren. Gleich hinter der nächsten Kurve biegen wir rechts in einen schlechten Erdweg ein, um die parallele *K65* zu vermeiden, doch müssen wir später an einem Weiher vorbei trotzdem ein Stück auf dieser zurücklegen. Man kann ihr auch gleich über die Steigung Richtung Ol-

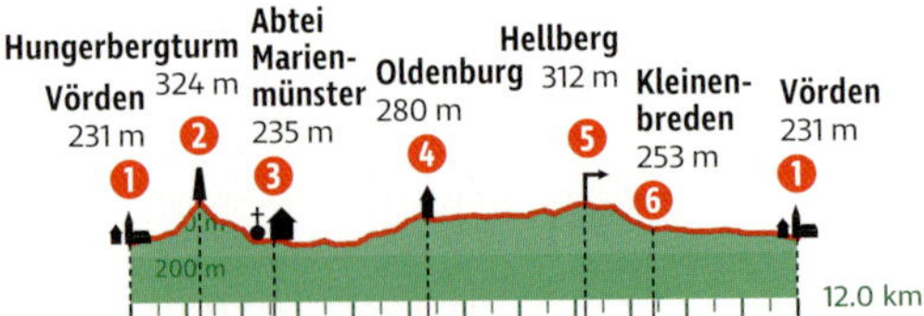

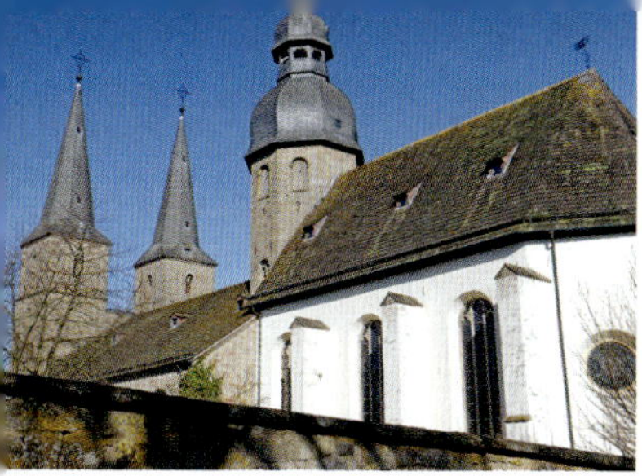

Das Kloster Marienmünster wurde einst von Benediktinern gegründet.

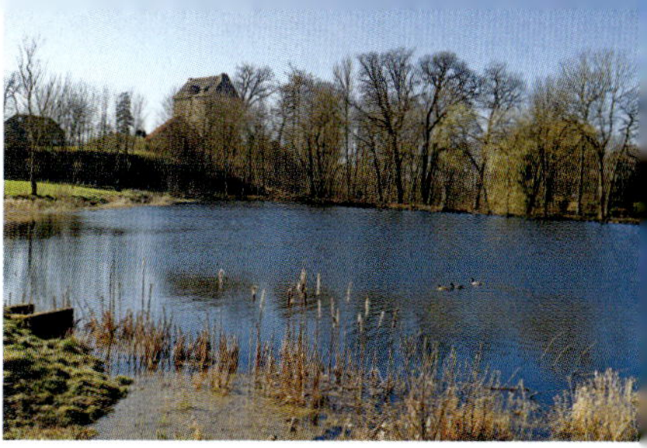

Auch bei der Oldenburg befindet sich ein hübscher Teich.

denburg folgen, ansonsten weicht die Route rechts auf einen Feldweg in der Talaue aus, um später mit scharfem Linksknick die **Oldenburg** ❹, ca. 280 m, quasi von hinten anzusteuern (der unbefestigte Erdweg hinauf ist allerdings ziemlich verwachsen). Von der Burg zum nahen Hofanwesen und über die offene Geländewelle bis an den nördlichen Abfall der Oldenburger Köpfe. Das Kürzel A3 lotst uns nach rechts und bei der Gabelung nochmals halbrechts, womit die *K65* abermals gekreuzt wird. Ein schöner Naturweg führt am Waldrand entlang bis zum **Hellberg** ❺, ca. 312 m. Vor Papenhöfen dann rechts in die Feldmark und mit einigen Richtungswechseln hinab nach **Kleinenbreden** ❻, 253 m. Wir gehen unter der *B239* hindurch und biegen dahinter rechts in den asphaltierten Flurweg ein. Nach 1,2 Kilometern bei einer Streuobstwiese linker Hand auf die andere Bachseite und schließlich am Stauweiher vorbei zurück nach **Vörden** ❶.

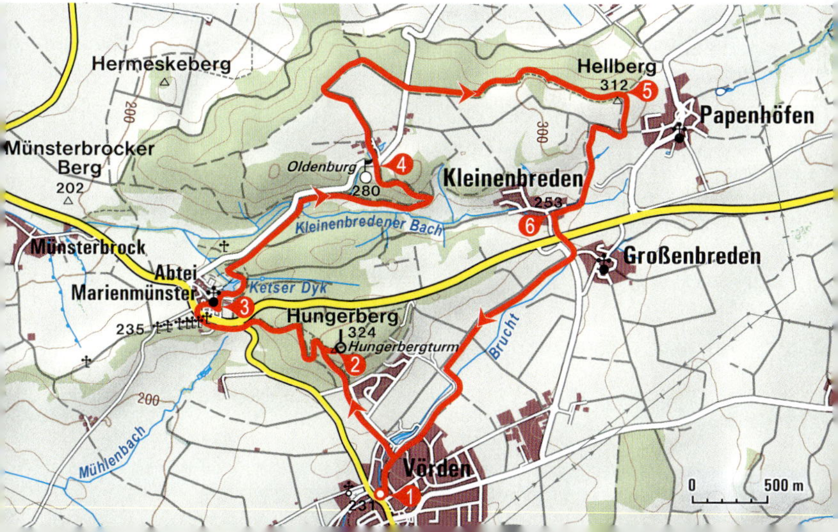

↗ 70 m | ↘ 70 m | 9.0 km

2.15 h

40 Rund um den Schiedersee

Bequeme Uferpromenade am Stausee im Lippischen Bergland

Die im Eggegebirge entspringende Emmer durchfließt auf ihrem Weg zur Weser bei Schieder einen Ende der 1970er-Jahre angelegten Stausee. Genauer gesagt »durchfloss«, denn wegen starker Verlandungstendenzen wird der Fluss mittlerweile seitlich vorbeigeleitet. Abgesehen vom Hochwasserschutz ist die Funktion als Freizeit- und Naherholungsgebiet bedeutsam. Am Emmerstausee kann Wassersport betrieben werden, sommers verkehrt ein Ausflugsschiff, es gibt einen Freizeitpark und lauschige Plätze ziehen Angler an. Und natürlich kann der acht Kilometer lange Seeuferweg abgelaufen werden – eine bequeme Wanderpromenade im Rahmen unserer Tourenauswahl.

Ausgangspunkt: Schieder, Parkplatz beim Schloss, ca. 135 m, oder beim Bahnhof. Schieder liegt an der Strecke zwischen Hameln und Paderborn.
Anforderungen: Ganz leichte Wanderung ohne wesentliche Höhenunterschiede, dabei überwiegend komfortabel trassiert, oft auch Hartbelag (am Nordufer durchgängig).
Einkehr: Café Restaurant Breitengrad, Moses Hütte, Café Restaurant SeeTerrassen, weitere im Ortsgebiet von Schieder. Außerdem Einkehrmöglichkeit im Freizeitzentrum (Eintritt!).
Tipps: 1. Oberhalb von Schieder befindet sich auf einer Waldkuppe der Kahlenbergturm, erreichbar in gut 30 Min.
2. Sehenswert ist der mittelalterliche Ortskern mit seinen Gassen und Fachwerkhäusern im 6 km entfernten Schwalenberg. Man sollte dabei auch kurz am Hang Richtung Burg hinaufwandern, um den sogenannten »Grafenblick« zu erhaschen.

Wir starten im Schlosspark von **Schieder** ❶ und orientieren uns zum Freibad am Westende des Schiedersees, um den südseitigen Seeuferweg einzuschlagen. Zunächst geht es promenadenartig Richtung Familienpark

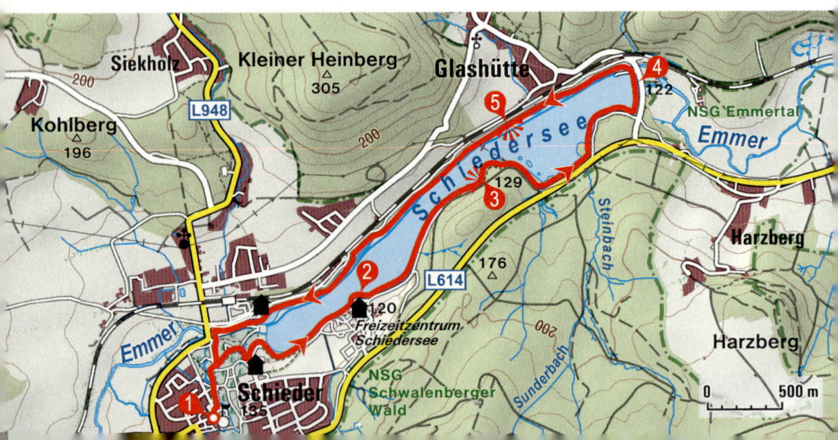

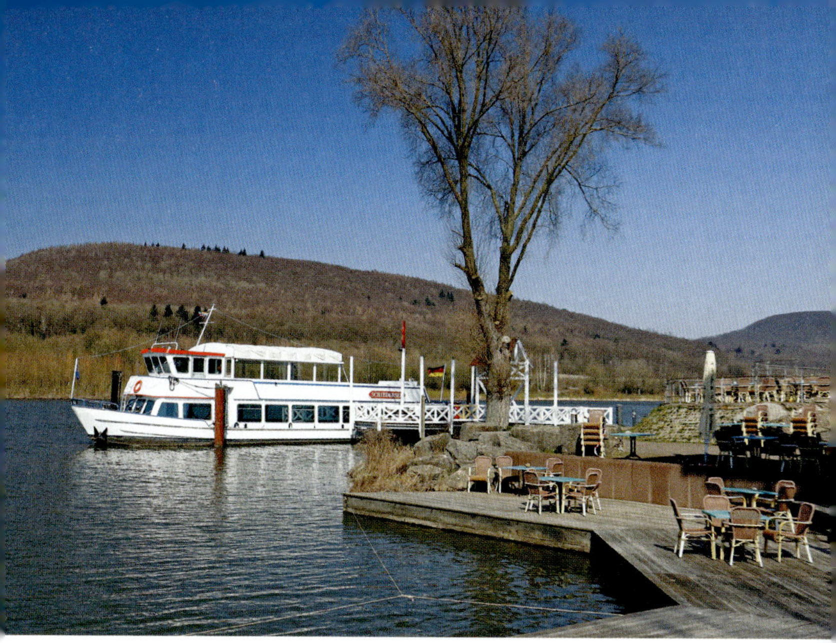

Im Sommer wird der Tourismus mit einem Ausflugsschiff aufgepeppt.

Funtastico und **Freizeitzentrum** mit dem Schiffsanleger 2, 120 m. Einige Minuten werden noch in dieser Weise absolviert, ehe ein Abschnitt auf naturbelassenem Weg bevorsteht. Man kommt auf eine Straße und zwischendurch nochmals auf einen Pfad, vorbei am **Aussichtssteg Süd** 3. Wo die *L614* direkt parallel verläuft, passieren wir einige urwüchsige Seeinseln, gehen dann den Bogen um ein Waldstück aus und erreichen einen kleinen Parkplatz am Ostende des Sees. Nun über die **Staumauer** 4 hinweg und bei Moses Hütte auf den geteerten Norduferweg. Während der Ort Glashütte rechts abseits bleibt, können wir eine Viertelstunde später am **Aussichtspunkt Nord** 5 eine leicht erhöhte Perspektive einnehmen. Die restliche Strecke weist keine Besonderheiten mehr auf. An einem verlassenen Industriegebäude vorbei nähern wir uns den SeeTerrassen sowie dem Bahnhof. Die hölzerne Brücke über die Emmer war zuletzt abgebaut – daher überqueren wir ein paar Schritte weiter die Straßenbrücke und schließen den Kreis im Kurpark bei **Schloss Schieder** 1.

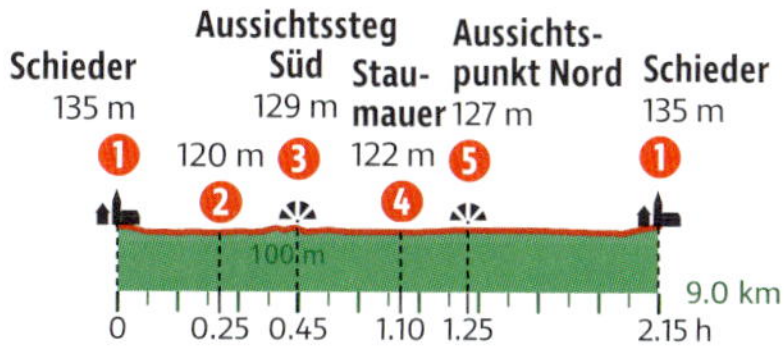

↗ 200 m | ↘ 200 m | 7.2 km

41 Von Blomberg nach Barntrup

2.00 h

Pittoreskes im Lipper Bergland

Diese überschaubare Wanderung verbindet auf einem Abschnitt des Dingelstedtpfads zwei Kleinstädte im Lipper Bergland. Ausgangspunkt ist das wehrhaft anmutende Blomberg, das sich aus einer altsächsischen Siedlung rund um die Burg im Mittelalter zu einem bedeutenden Marktflecken entwickelte und 1280 Stadtrechte erhielt. In der Soester Fehde 1447 wurde Blomberg weitgehend zerstört, jedoch alsbald wieder aufgebaut. Auf der nördlichen Seite des Beckerbergs, den wir im Verlauf der Tour überschreiten, liegt Barntrup, eine Gründung der Grafen von Sternberg. Das Tal der Bega ist ebenfalls eingefasst von einem weitläufigen Mosaik aus Wiesen, Feldern und Wäldern.

Ausgangspunkt: Blomberg, 185 m. Parkplatz bei der Burg, nächste Bushaltestelle »Rathaus«. Es gibt diverse Verbindungen, etwa mit Detmold oder dem nächstgelegenen Bahnhof in Schieder.
Endpunkt: Barntrup, 190 m. Busbahnhof in der Bahnhofstraße. Direkte Verbindung nach Blomberg (Linie Richtung Horn-Bad Meinberg).
Anforderungen: Häufig schöne Naturwege, zwischendurch auch mal Hartbelag. Die Orientierung ist anhand der durchgängigen Bezeichnung X5 einfach. Eine der kürzesten Touren in diesem Band.
Einkehr: Blomberg und Barntrup bieten Auswahl.

Bei Barntrup stehen die Rapsfelder voll in Blüte.

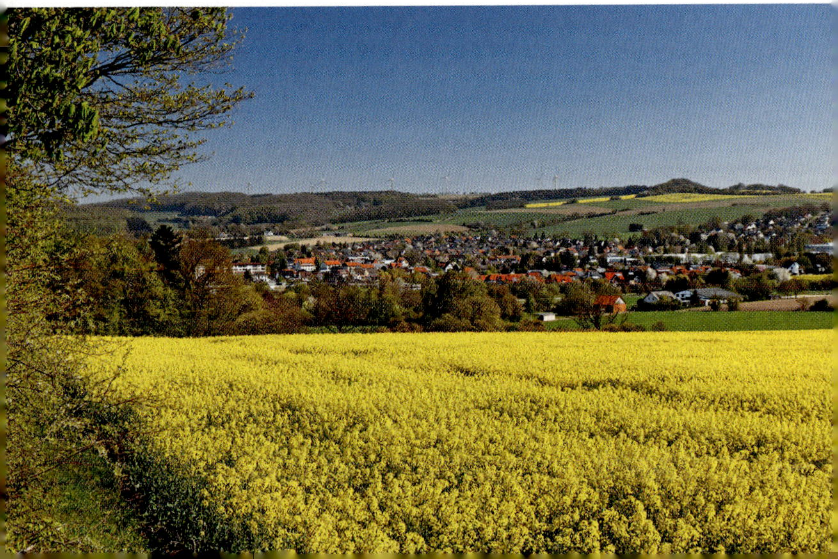

Tipp: In Barntrup befindet sich zum westlichen Stadtrand hin das Kerssenbrocksche Schloss im Stil der Weserrenaissance.

In **Blomberg** ❶ können wir uns zunächst ein wenig in der historischen Altstadt rund um die Burg umsehen, ehe wir dort die Markierung X5 aufnehmen (vorläufig gleichlaufend mit der lokalen Wegnummer 2). Die Route schwenkt an der Stadtmauer entlang nordwärts und leitet ins idyllische Tälchen der Diestel. Wir passieren das Freibad sowie eine Minigolfanlage und verlassen allmählich den nördlichen Siedlungsrand. In der Feldmark steigt unser Weg zum Weiler **Nassengrund** ❷ an. Vorübergehend auf geteerter Fahrbahn weiter Richtung Wald und zu einem Areal starker Sturmschäden. Recht kräftig aufwärts erreichen wir die Höhe am **Beckerberg** ❸, 315 m, und leiten hinter der Blockhütte den Abstieg ein. Nach Überschreiten des Waldrückens kommen wir mit einem Linksschwenk an der ehemaligen Tannenklause vorbei auf lauschigen Pfaden zu einigen Teichen. Beim Freibad durchschreiten wir die Talsenke der Bega und steigen am Ende rechts haltend – am besten durch einen Heckenweg – kurz in den Stadtkern von **Barntrup** ❹ auf. Dort nach links in die *Bahnhofstraße*.

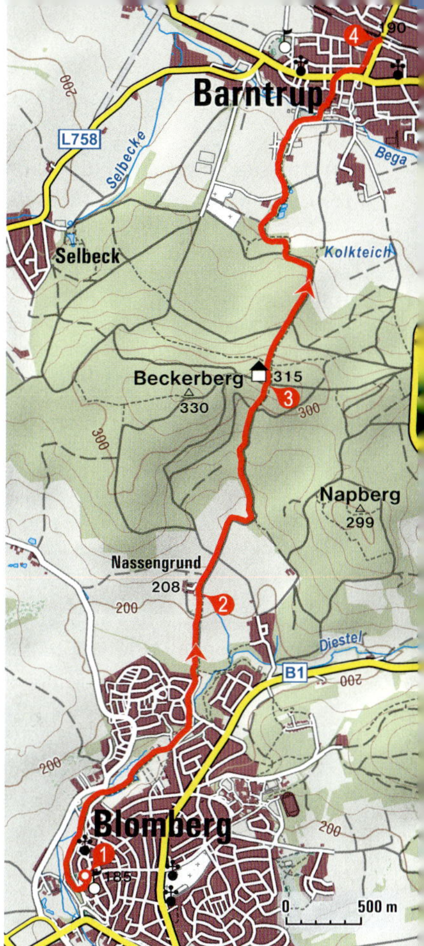

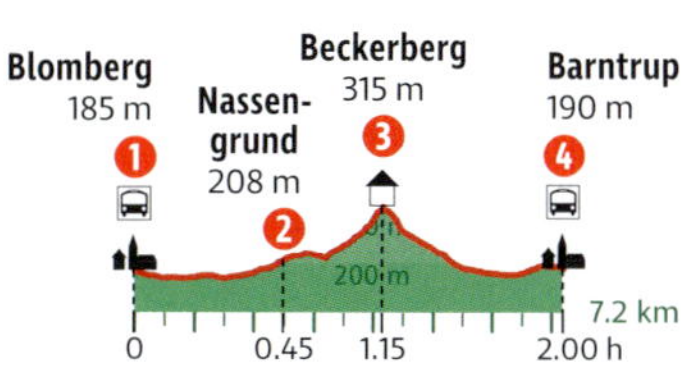

Stiller Feldweg bei Nassengrund.

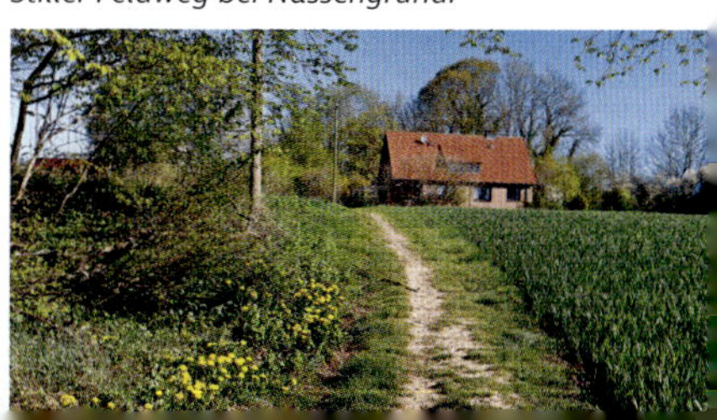

↗ 420 m | ↘ 420 m | 15.2 km

42 Herlingsburg und Lügder Osterberg

4.10 h

Entdeckungen rund um die Stadt der Osterräder

Mit seiner gut erhaltenen Stadtbefestigung und den fotogenen Fachwerk-Dielenhäusern gilt Lügde als Schmuckkästchen und wird gar unter den ursprünglichsten Altstädten ganz Westfalens genannt. Nicht zuletzt trägt auch die Einbettung in das bewegte Relief des östlichen Lipper Berglands zur attraktiven Ausstrahlung bei – am besten zu überblicken vom Osterberg. Dort wird alljährlich das Brauchtum des Osterräderlaufs gepflegt, wenn sechs mannshohe, mit Stroh gestopfte Eichenholzräder brennend den Hang hinuntergerollt werden. Viele Tausend Schaulustige wohnen diesem Ereignis, das sogar Aufnahme in das immaterielle Kulturerbe der UNESCO gefunden hat, bei. Weiter in prähistorische Vergangenheit reicht indes die Bedeutung der Herlingsburg zurück. Beim Anblick des 345 Meter hohen, plateauartigen Keuperbergs kann man sich schon ausmalen, dass dieser Platz einst prädestiniert war für die Anlage einer Wallburg bzw. Höhensiedlung. Archäologen datieren sie in die späte Eisenzeit (ca. 250 bis 100 v. Chr.), spekulativ allerdings unter der Annahme, dass sie mit dem Germanenstamm der Cherusker in Zusammenhang steht. Eine Reaktivierung im karolingischen Frühmittelalter gilt als gesichert. Wir nähern uns der Herlingsburg durchs liebliche Eschenbachtal und können hernach noch zu einem großen Bogen ausholen, um schließlich vom Osterberg aus das Städtchen Lügde aus herrlicher Perspektive in Augenschein zu nehmen.

Die Emmer in Lügde.

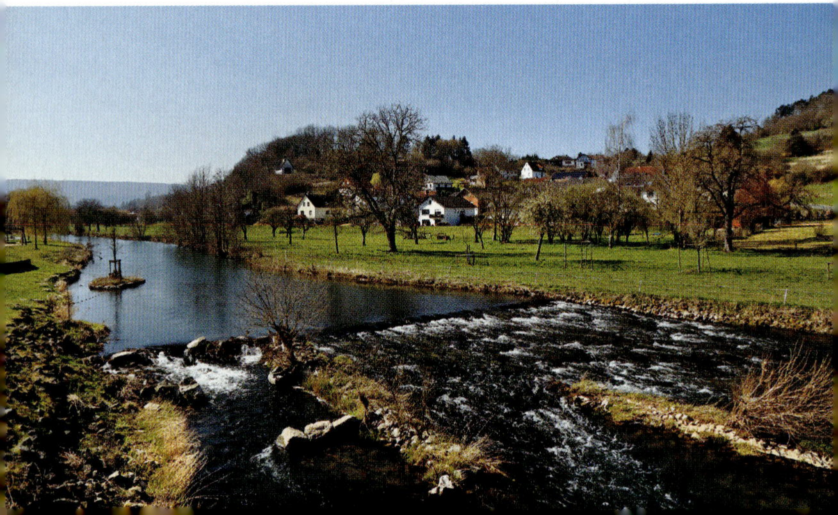

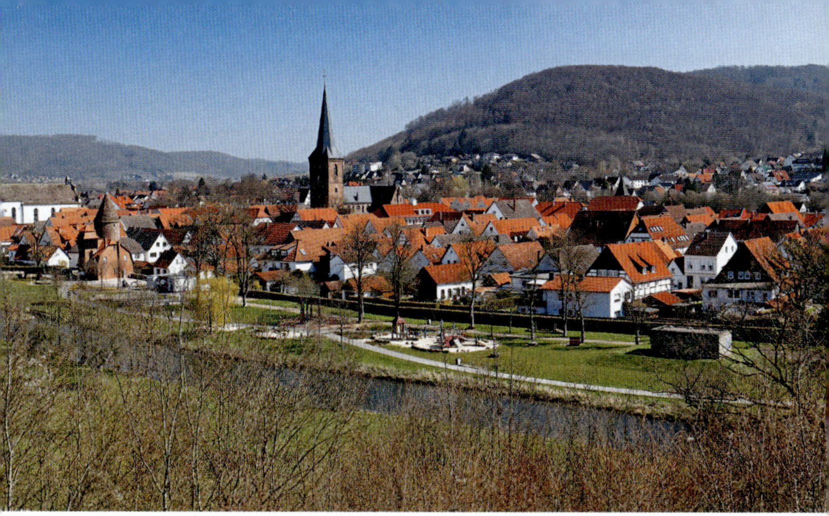

Lügde, im historischen Kern sehr geschlossen wirkend, ist vor allem durch die brennenden Osterräder bekannt geworden.

Ausgangspunkt: Lügde, 105 m, bei St. Marien im Stadtzentrum. Bahnlinie zwischen Hameln und Paderborn, Busverbindungen u. a. nach Lemgo und Schieder.
Anforderungen: Naturbelassene und befestigte Trassen im Wechsel, zur Herlingsburg relativ steil und auch in Summe einiges an Auf und Ab. Die Beschilderung ist i. A. ausreichend.
Einkehr: Diverse in Lügde, außerdem der Kempenhof im Bereich des Golfplatzes.
Variante: Abkürzung von der Kixmühle durchs Tal des Eschenbachs Richtung Lügde.

Im Zentrum von **Lügde** ❶ über die Emmerbrücke und dahinter nach links dem Hinweis folgend zur etwas erhöht gelegenen Marienkapelle: ein netter Auftakt. Anschließend mit der Straße *Unter den Klippen* südwärts bis zum Rechtsabzweig *An der Oelwiese*. Am Ende der Siedlung beginnt ein lauschiger Wanderweg (X6), der unmittelbar den Eschenbach begleitet. Später

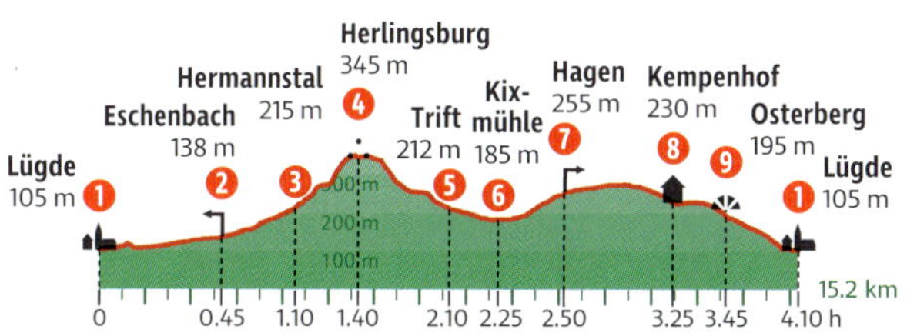

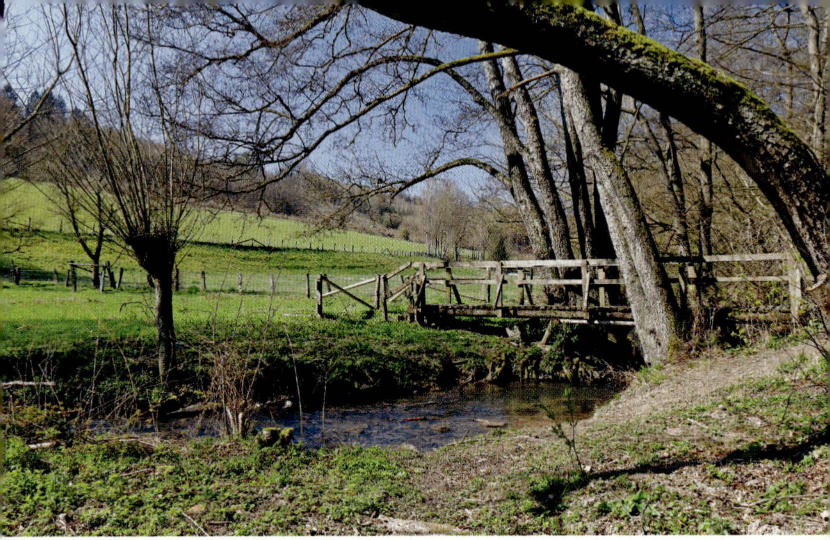

Im Eschenbachtal umgibt uns wunschgemäße Idylle.

kreuzen wir diesen nach links 2 und folgen jetzt der Beschilderung Richtung Herlingsburg, in Kürze an den »Sieben Quellen« vorbei. Wo sich die Forststraße gabelt, wählen wir den links ansteigenden Bogen und treten mit einem Rechtsschwenk aus dem Wald heraus. Bei **Hermannstal** 3, ca. 215 m, an der *Eschenbrucher Straße (L946)* setzt sich X6 schräg aufwärts fort. Bei der nächsten Kreuzung ignorieren wir den Wegweiser zur Herlingsburg, da der Hang hier wegen Windbruch heftig verwüstet wurde, folgen stattdessen knapp 300 Meter der Forststraße und gelangen dann auf einem besseren Pfad hinauf zum Gipfelplateau der **Herlingsburg** 4, 345 m. An der südlichen Kante befindet sich eine Unterstandshütte mit Ausblick über das Emmertal beim Schiedersee (zwischen Bäumen hindurch), außerdem gibt es einen Rundweg entlang des Ringwalls, den wir ganz oder zumindest zur Hälfte abschreiten können.
Anschließend mit der Bezeichnung L westwärts hinab und rechts aus dem Wald heraus in die offene Feldmark. Bei einer Kreuzung geradeaus und auf einem abfallenden unbefestigten Weg zur kleinen Ansiedlung **Trift** 5, 212 m, wo die *L946* erneut überquert wird. Eine Viertelstunde später erreichen wir die **Kixmühle** 6 im Tal des Eschenbachs, das wir bei den Fischteichen links aufwärts verlassen (kürzere Variante hingegen geradeaus). Kurz vor der auf der Höhe gelegenen Ortschaft **Hagen** 7, ca. 255 m, beachten wir die Wegnummer 7 und vollziehen damit einen scharfen Rechtsknick. Mit dem Sendeturm auf dem Hohberg zur Linken nähern wir uns dem ausgedehnten Golfplatzareal, gehen bei der T-Kreuzung rechts und haben

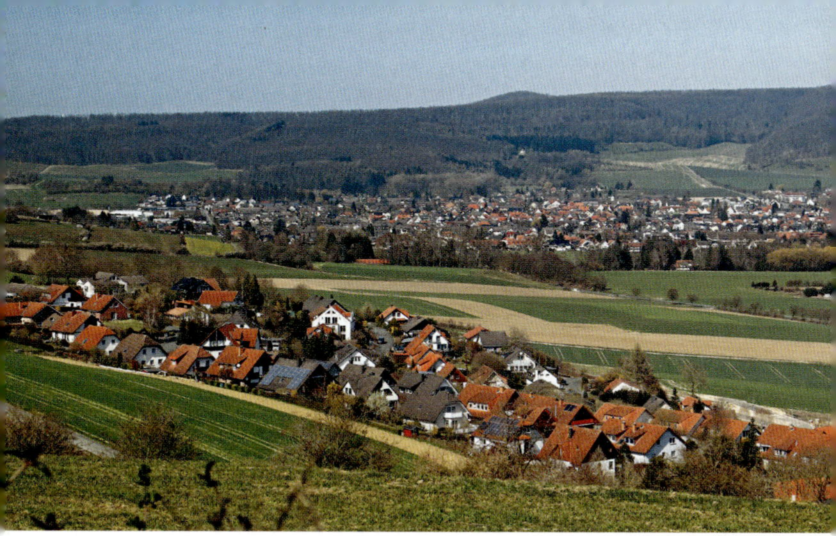

Blick vom Osterberg nordwärts Richtung Bad Pyrmont.

bald ein Gefälle vor uns. Beim **Kempenhof** 8, ca. 230 m, dann rechts nochmals auf einen Naturweg, der zunächst an der Nordflanke verläuft und später nach rechts zum Aussichtspunkt am **Osterberg** 9, ca. 195 m, eindreht. Ein großes Kreuz grüßt hier hinab nach Lügde. Zum Schluss müssen wir noch eine markante Schleife absolvieren, um an der Sportanlage vorbei in **Lügde** 1 einzulaufen.

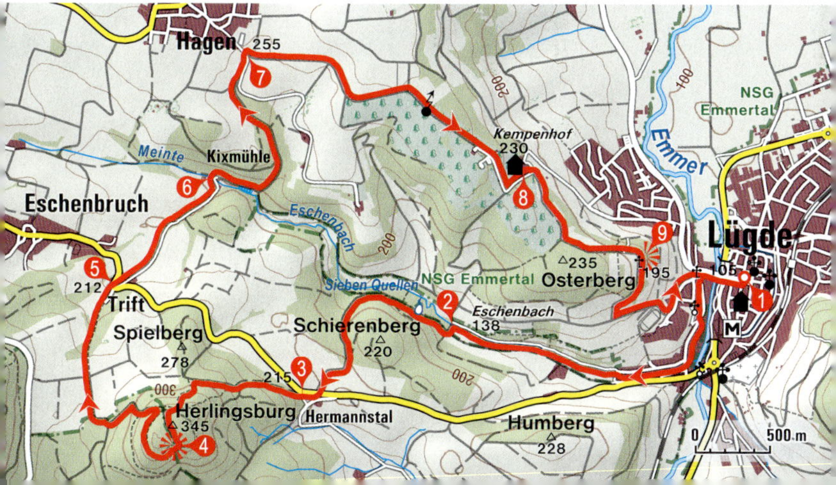

↗ 340 m | ↘ 340 m | 16.1 km

43 Um Bad Pyrmont und Lügde

4.15 h

»Grenzübergreifende« Wanderung über dem Emmertal

Bad Pyrmont und Lügde sind lediglich durch die Emmeraue getrennt – das eine gehört jedoch zu Niedersachsen, das andere zu Nordrhein-Westfalen. Wir schlagen einen Bogen über die Höhendörfer bei Kleinen- und Großenberg und nähern uns dem hübschen Städtchen Lügde somit quasi von hinten, mit dem idyllischsten Abschnitt an den Flanken des Kirchbergs zum Dallensental. Für die kürzere Version der Tour besteht die Möglichkeit, rasch mit der Bahn zurückzufahren. Ansonsten können wir durch die Emmerwiesen noch Richtung Bad Pyrmont wandern, um nach etwaiger Besichtigung des Kurparks die Runde komplett zu machen.

Ausgangspunkt: Bahnhof Bad Pyrmont, ca. 108 m, an der Strecke Hannover – Hameln – Paderborn. Auch Lügde liegt an dieser Linie.
Anforderungen: Auf einem Teilstück in der Kirchberg-Südflanke naturbelassene Pfade, sonst Schotter- und Teerwege, vor allem bei der Schleife über Bad Pyrmont stets Hartbelag. Damit auch bei feuchten Verhältnissen weitgehend unproblematisch. Dank ausreichender Markierung gut zu finden.
Einkehr: Diverse Möglichkeiten in Lügde und Bad Pyrmont.
Variante: Wer die Wanderung in Lügde beendet, kommt mit 11,5 km und gut 3 Std. Gehzeit aus. Kurze Bahnfahrt nach Bad Pyrmont.
Tipp: Sehenswerte Altstadt in Lügde, ausgedehnte Kuranlagen und Wasserschloss in Bad Pyrmont. In beiden Orten liegen Freibäder an der Route.

Von den Höhen am Kirchberg können die Augen weit schweifen.

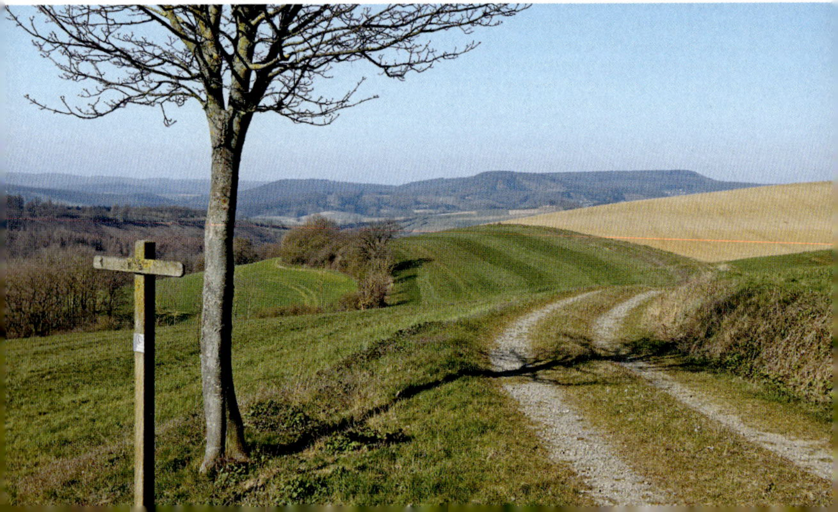

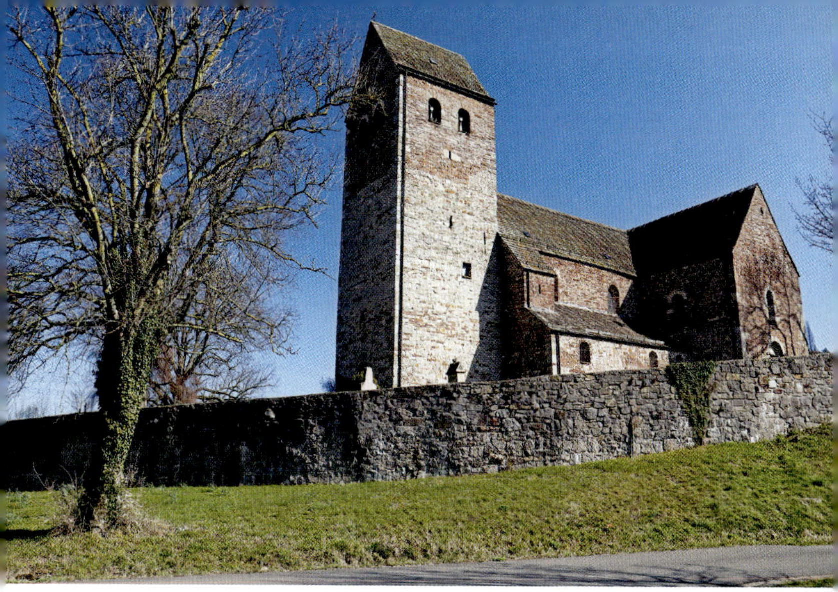

Die denkmalgeschützte romanische Kilianskirche in Lügde.

Vom **Bahnhof Bad Pyrmont** ❶ zunächst entlang der Durchgangsstraße nordostwärts, unter den Gleisen hindurch und bei McDonald's rechts in die *Siemensstraße*. Diese geht bergwärts in einen Wirtschaftsweg über und taucht in den Wald ein. Dort zunächst rechts abdrehend, dann mit einem Linksbogen zu einer Abkürzung auf kleinem Pfad, die durch das Kürzel L signalisiert ist. Oberhalb einer Lichtung erhalten wir linker Hand Anschluss zur Forststraße, die in Kürze in die offene Höhenfeldflur hinausführt und als asphaltierte Trasse auf das Dorf **Kleinenberg** ❷, ca. 365 m, zuläuft. Am besten folgt man dann der wenig befahrenen Direktverbindung ins benachbarte **Großenberg** ❸, ca. 340 m, durchquert die Ortschaft und geht am Ende – wo die Straße eine Haarnadelkurve vollzieht – geradeaus weiter Richtung Kirchberg. Nach rund 1,2 Kilometern auf dem freien Höhenrücken

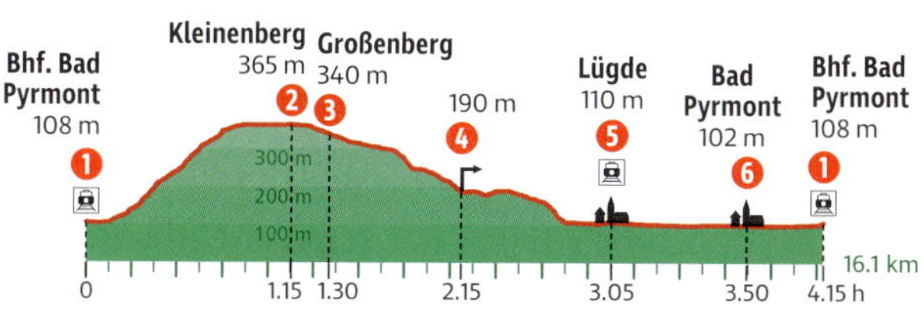

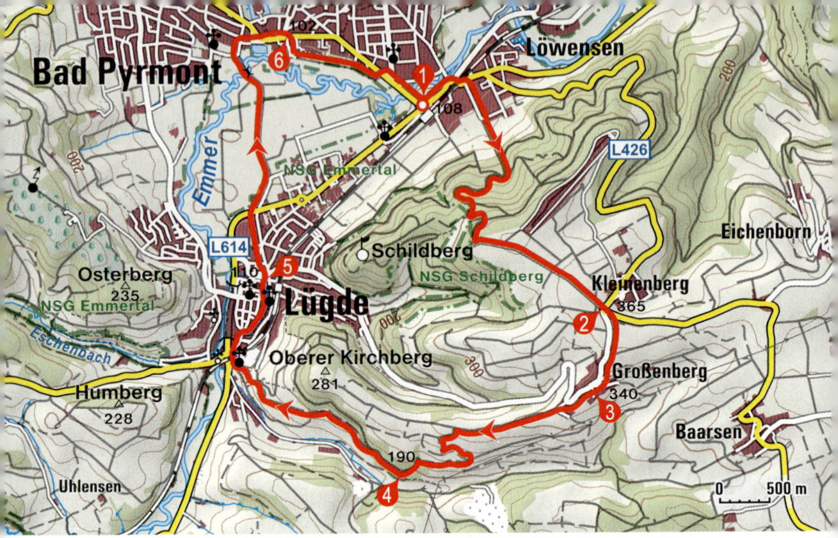

wenden wir uns mit dem üblichen L links in die Südflanke, vollziehen dort einen verwinkelten Kurs und sind nun auf schönen Naturwegen unterwegs. Nach einem Gefälle stoßen wir an eine T-Kreuzung ❹: hier mit der lokalen Nr. 7 bzw. dem Pilgerweg-Symbol nach rechts und entlang des Waldrandes über dem Dallensental, später offener werdend, zu einem Rastplatz mit Straßenanschluss. Die Wandermarkierung leitet nun steiler hinab zur Kirche St. Kilian am Südrand von Lügde. Stadteinwärts folgen wir der *Höxterstraße* und dann am besten dem Spazierweg rechts um die alte Stadtmauer herum. Ein paar Minuten später kommt man zum Bahnhof **Lügde** ❺, 110 m. Wer weiterwandern möchte, verlässt den Stadtbereich via *Auf den Gehren* nordwärts in die *Brunnenstraße*, unterquert die *Pyrmonter Straße* und passiert dahinter das Freibad (Markierung X8). Mit einer langen Geraden nähern wir uns Bad Pyrmont und müssen – sofern die kleine Emmerbrücke auf der rechten Seite wie zuletzt gesperrt ist – ein Stück nach links ausholen. Durch den *Milchweg* zum Freibad und Infozentrum von **Bad Pyrmont** ❻, über einen Rad- und Spazierweg zur *Bahnhofstraße* und zurück zum Startpunkt der Tour ❶.

Im Frühjahr setzen die Schlüsselblumen gelbe Farbtupfer.

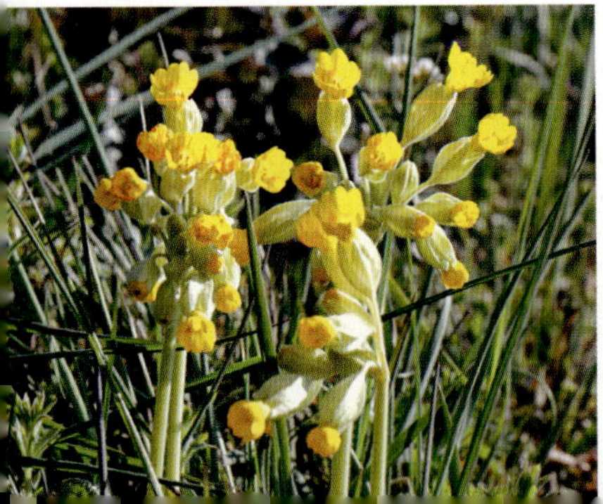

↗ 380 m | ↘ 380 m | 12.4 km

3.20 h

Drei-Türme-Tour um Bad Pyrmont

44

Bismarck-, Schellen- und Spelunkenturm

Das traditionsreiche Kurstädtchen Bad Pyrmont im Tal der Emmer hat als niedersächsisches Staatsbad großes Renommee eingefahren, begründet auf eisen- und kohlensäurehaltigen Quellen und der Anlage großzügiger Kurparkanlagen. Geschützt durch die Aufwölbung des Pyrmonter Berges gedeiht hier eine der größten Palmenanlagen Deutschlands. Ab dem 17. Jahrhundert hielt ein mondänes Erscheinungsbild im Ort Einzug. Als Wanderer wollen wir indes weniger flanieren, sondern die Gegend am liebsten aus erhöhter Warte begutachten. Daher suchen wir die drei Aussichtstürme rund um Bad Pyrmont auf und verbinden sie zu einer schönen, nicht zu anstrengenden Runde.

Ausgangspunkt: Bad Pyrmont, Parkplatz am Europaplatz bei der Tourist-Info, ca. 100 m. Rund 2 km entfernt befindet sich der Bahnhof Bad Pyrmont (Linie Hannover – Hameln – Paderborn), von dort Busverkehr ins Stadtzentrum.
Anforderungen: Einige steilere Passagen auf Waldwegen, zum größten Teil aber befestigte Trassen (streckenweise auch im Wald geteert). Halbtagestour mit relativ viel Höhenunterschied, orientierungsmäßig trotz einiger Richtungswechsel nicht allzu kompliziert.
Einkehr: Café Bismarckturm (Fr ab 15 Uhr, Sa+So ab 11 Uhr), Gasthof Schellental (Mi–Fr + Sa ab 17 Uhr, So ab 12 Uhr), Sennhütte (Mi–Fr ab 12 Uhr, Sa+So ab 10 Uhr), zudem zahlreiche Möglichkeiten in Bad Pyrmont.
Tipp: Das Zentrum von Bad Pyrmont lädt zu ausgiebiger Besichtigung ein (zahlreiche Sehenswürdigkeiten, Parks und Alleen, Museum im Schloss usw.).

Das aus dem 18. Jahrhundert stammende Schloss Pyrmont ist Teil einer älteren Festung und beherbergt heute ein Museum.

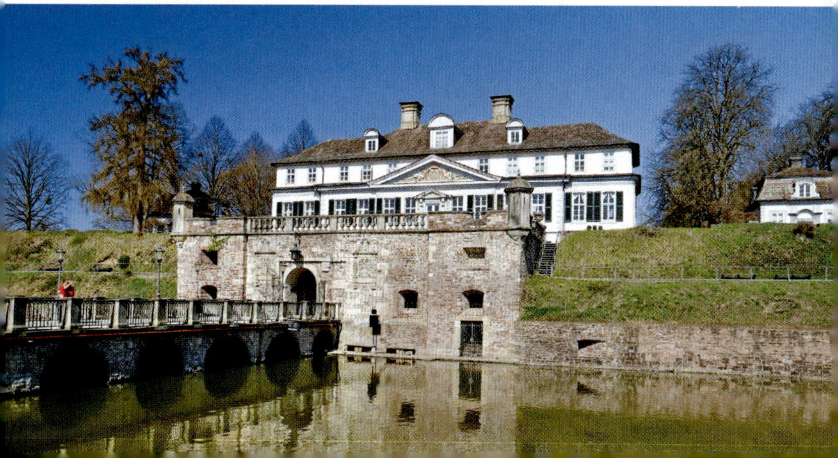

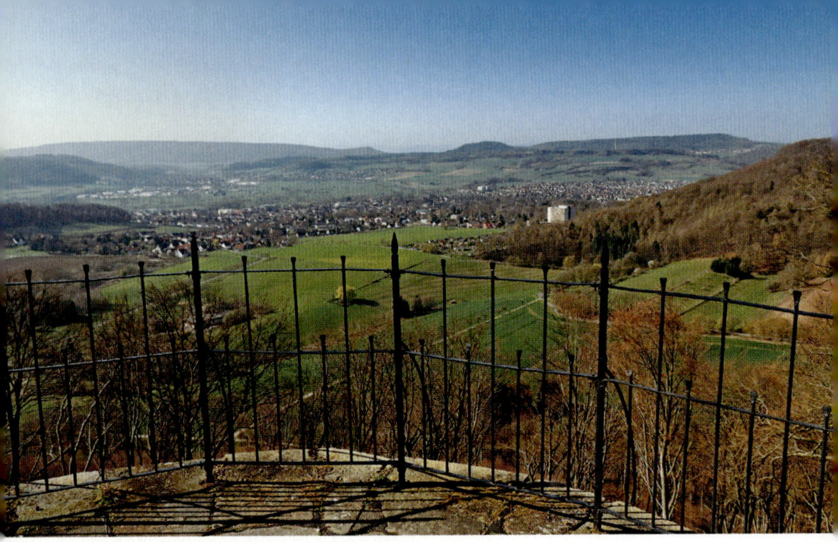

Vom Schellenturm reicht der Blick weit ins Lipperland.

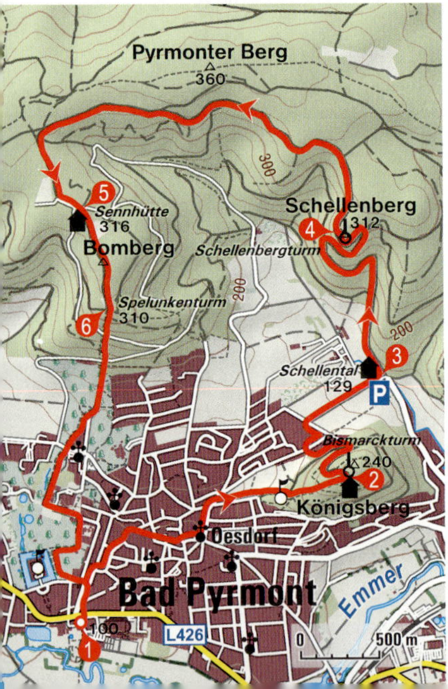

Vom *Europaplatz* in **Bad Pyrmont** ❶ gehen wir durch die *Untere Hauptallee*, am Kriegerdenkmal in die *Altenaustraße* und rechts haltend in die *Brunnenstraße*. Weiter via *Lörtzing-* und *Schellenstraße* und dann *Am Försterbrunnen* kräftig bergauf. Es schließt sich ein Waldweg an, der an Hünenburg und Schießstand vorbei zum **Bismarckturm** ❷, ca. 240 m, auf dem Königsberg hinaufführt. Anschließend mit dem Zufahrtssträßchen abwärts, nach kaum 5 Minuten jedoch scharf links und durch eine Gasse aus dem Wäldchen heraus zur Straße *Am Krippesiek*. Per Links-Rechts-Kombination passieren wir das Camping-Areal mit angeschlossenem Gasthaus und stoßen unten auf den **Parkplatz Schellental** ❸, 129 m, mit Wander-Info.

Hier packen wir die Gegensteigung Richtung Schellenberg an. Nach

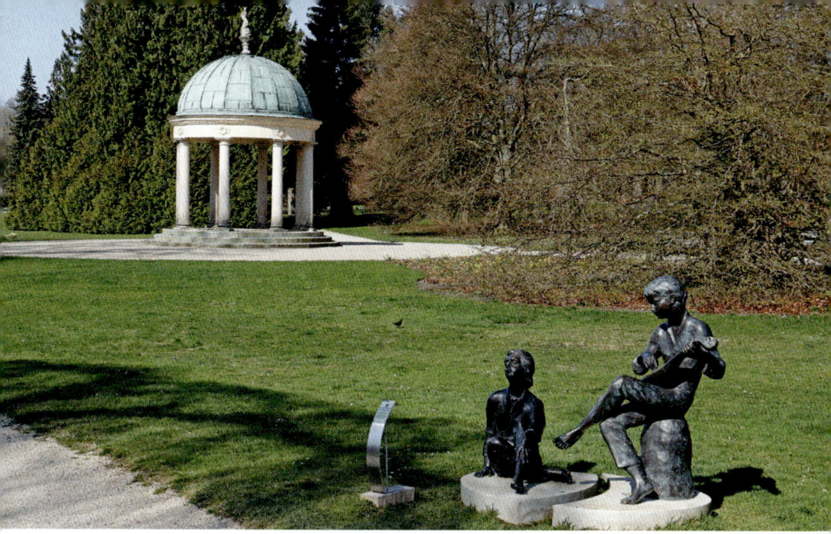

Im Kurpark von Bad Pyrmont.

zwei ausgeprägten Kurven scharf rechts und wieder ebenso scharf links – schon stehen wir unter dem **Schellenbergturm** ❹, 312 m, der aus den Resten der mittelalterlichen Burg Schell-Pyrmont entstanden ist und uns weiten Einblick ins Lippische Bergland gewährt. Dahinter nimmt man den asphaltierten Weg auf, der mit geringen Höhenunterschieden am Pyrmonter Berg entlang verläuft und damit quasi einen weiten Bogen um den Langen Grund schlägt. Im Bereich einer großen Kreuzung links eindrehend zur Reiterwiese und zur **Sennhütte** ❺, einer romantisch gelegenen Waldgaststätte. Nur rund 10 Minuten sind es von dort zum stattlichen **Spelunkenturm** ❻, ca. 310 m, am Bomberg. Ein steiler Pfad schraubt sich von hier direkt gegen das Stadtgebiet hinunter. Wir kommen in die *Bombergallee*, können dann je nach Laune rechter Hand in die Parkanlagen ausweichen und eventuell auch noch den eingezäunten Kurpark durchstreifen (von April bis Oktober gebührenpflichtig). Schließlich zurück zum Ausgangspunkt ❶.

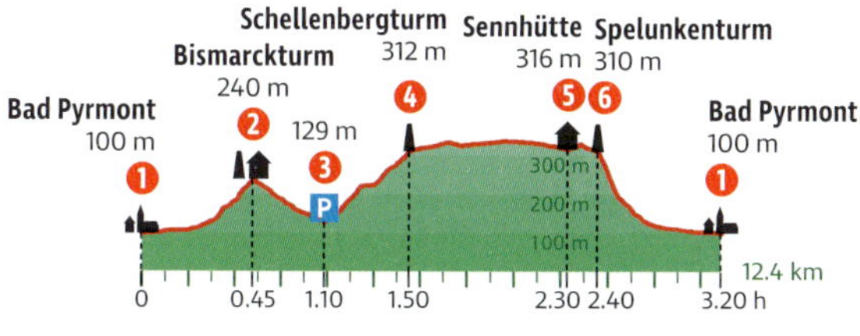

TOP

45 Durch die Rühler Schweiz

↗ 600 m | ↘ 600 m | 19.6 km

5.30 h

Aussichtsreiche Wanderung im Südteil des Vogler

In einer Rangliste der schönstgelegenen Weserdörfer hätte Rühle einen der vordersten Plätze sicher. Das Zusammenspiel von Flussschleife und markantem Relief an den Ausläufern des Vogler entfaltet starke Ausdruckskraft, speziell wenn man es vom Weinberg aus schaut. Mit diesem famosen Aussichtspunkt am Herzog-Wilhelm-Denkmal und den herrlichen Pfaden in seinem Bereich soll unsere ausschweifende Tour durch die Rühler Schweiz beginnen. Der Name kommt nicht von ungefähr, denn die Landschaft zwischen Rühle, Golmbach, Holenberg und Reileifzen verströmt im Wechselspiel zwischen bewaldeten Kuppen und offenen Wiesenflächen einen ganz besonderen Charme. Im Verlauf der Tour besuchen wir noch den Holenberger Weinberg, an dem die Amelungsborner Mönche sich einst ebenfalls – eher erfolglos – im Rebbau versuchten, vollziehen die Traverse am Großen Schweineberg sowie das Finale an Hang- und Spielberg, womit sich aus veränderter Perspektive der Kreis Richtung Rühle schließt. Wenn gegen Ende April die Kirschbäume und Schlehenbüsche in Blüte stehen, sei die schönste Zeit in der Rühler Schweiz, heißt es. Dann findet in Golmbach und Reileifzen auch das beliebte Kirschblütenfest statt.

Auch der Holenberger Weinberg bietet eine klasse Aussicht – sogar bis zur Sollingplatte am Horizont.

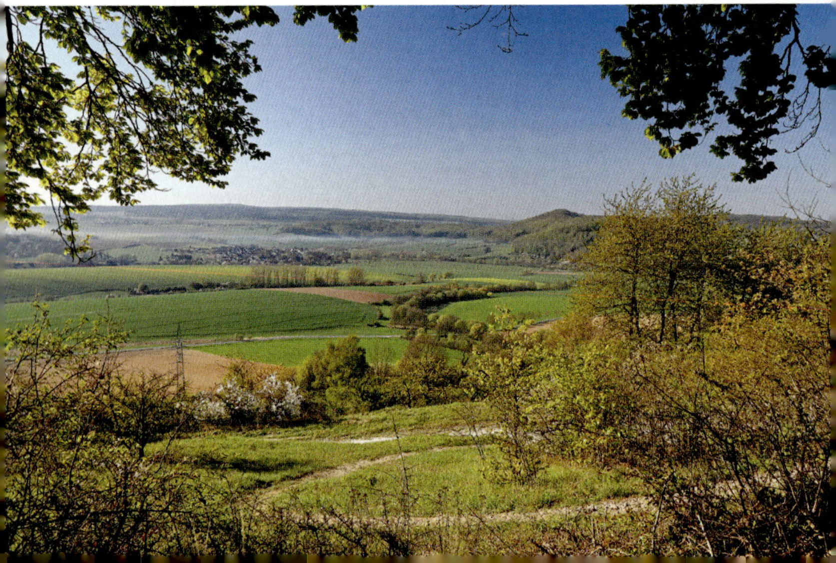

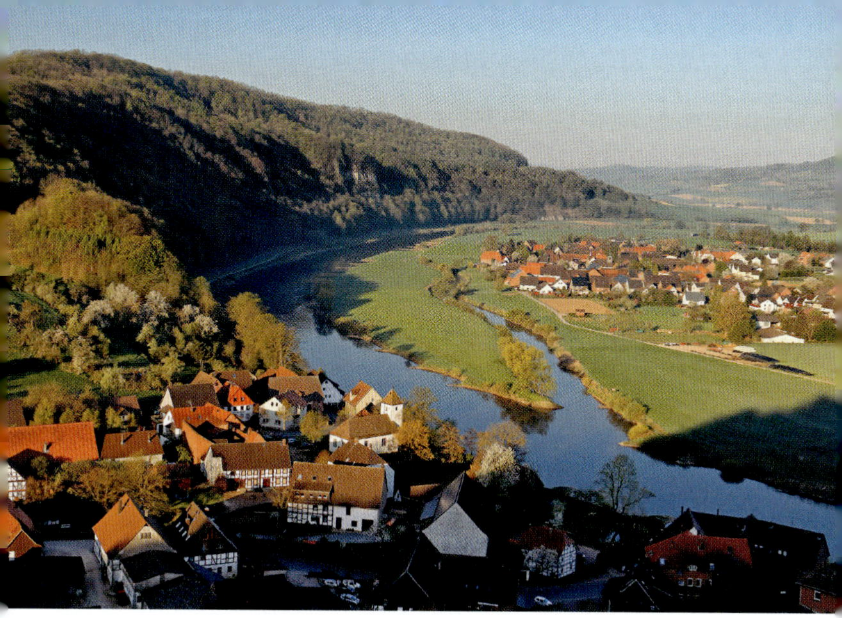

Unübertroffen ist die Perspektive vom Rühler Weinberg.

Ausgangspunkt: Rühle, ca. 90 m, an der Weser südlich von Bodenwerder. Parkmöglichkeit beim Feuerwehrhaus. Busverbindung von Bodenwerder und Holzminden.

Anforderungen: Naturbelassene Wege sowie Feld- und Waldwege in ausgeglichener Mischung, kürzere Abschnitte verlaufen schmal. Lokale Markierungen von Rundwegen nutzen für den Zuschnitt dieser Tour nicht allzu viel, deshalb Orientierungsvermögen nötig. Wegen des in Summe relativ großen Höhenunterschiedes auch solide Grundausdauer.

Einkehr: Eventuell Strandcafé in Rühle.

Variante: 1. Abkürzungsmöglichkeit von Wegpunkt 3 direkt zu Wegpunkt 5, etwa 3,6 km bzw. 1.00 Std. weniger.
2. Vom Dietrichsberg direkter Abstieg nach Rühle, ebenfalls ungefähr 1.00 Std. kürzer.

In **Rühle** ❶ begeben wir uns von der *Bodenwerderschen Straße* rechts abzweigend *Am Weinberg* aufwärts und folgen dem einsetzenden Pfad, der sich zum Herzog-Wilhelm-Denkmal am **Rühler Weinberg** ❷, ca. 197 m, hinaufschraubt. Reizvoll ist auch die Fortsetzung in den dahinterliegenden Talgrund (Markierung RÜ2 beachten). Nun längere Zeit auf kurvigen Forststraßen am Südhang des Vogler entlang, zwischendurch an einer Unterstandshütte vorbei und unterhalb des Ebersnacken nicht Richtung Golmbach hinab (siehe Variante), sondern mit einer Doppelschleife oben weiter ❸. Bald ist auch der **Holenberger Weinberg** ❹, ca. 275 m, ausgewiesen, dessen Rastplatz schließlich von einem Waldparkplatz aus mittels rechts-

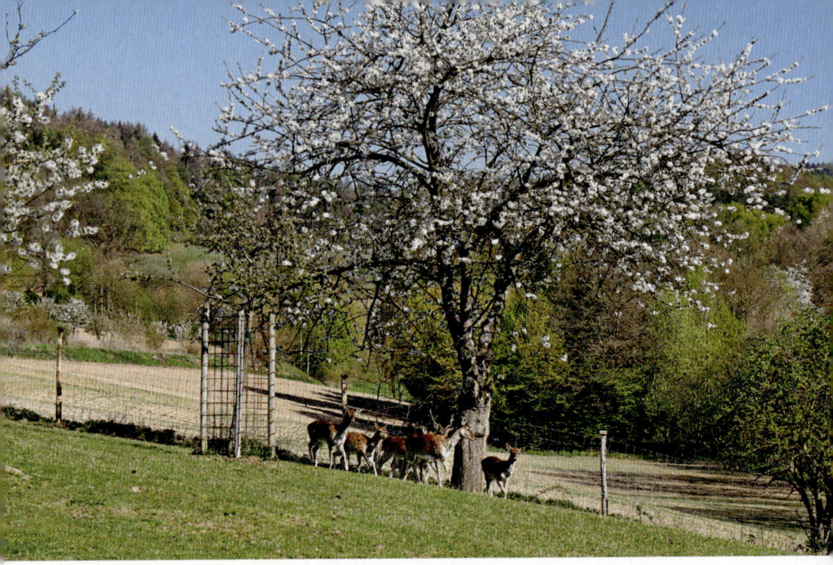

Zur Blütezeit im Frühjahr ist es in der Rühler Schweiz wohl am schönsten.

oder linksseitiger Traverse erreicht wird. Das Panorama zeigt jetzt vor allem die weitgewellten Gemarkungen zwischen Vogler und Solling.
Am Südhang geht es anschließend ein kurzes Stück in die entgegengesetzte Richtung, bis scharf rechts ein kleiner Grasweg abzweigt. Dieser gestaltet sich bald sogar leicht abenteuerlich, ehe man unten am Fuß des Weinbergs wieder auf einen größeren Feldweg stößt. Mit diesem aufwärts, an den Forellenteichen links vorbei (Gras) und dann links zu einer scharfwinkligen Verzweigung ❺, ca. 215 m. Wir wandern nun am Apenberg vorbei leicht bergauf, gewahren kleingekammerte Bereiche der Rühler Schweiz und wählen nahe dem Großen Schweineberg ❻ den linken Weg. Damit steht eine Traverse am Nordhang bevor – ein Stück weit quasi weglos über einen Wiesenstreifen. Nachdem auch der Dietrichsberg passiert ist, steuern wir die aussichtsreiche Scheitelhöhe der *L580* ❼, 254 m, zwischen Rühle

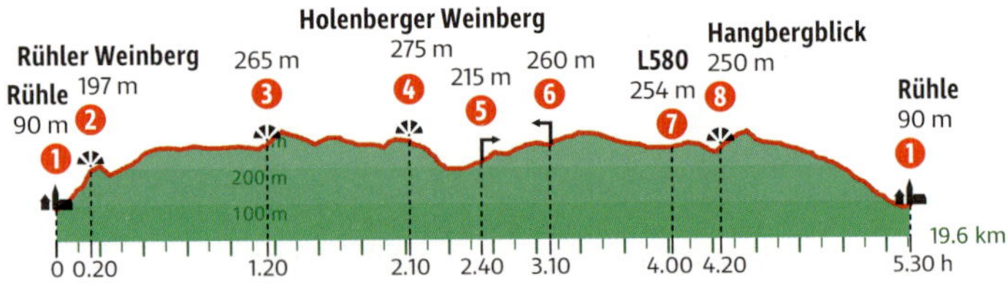

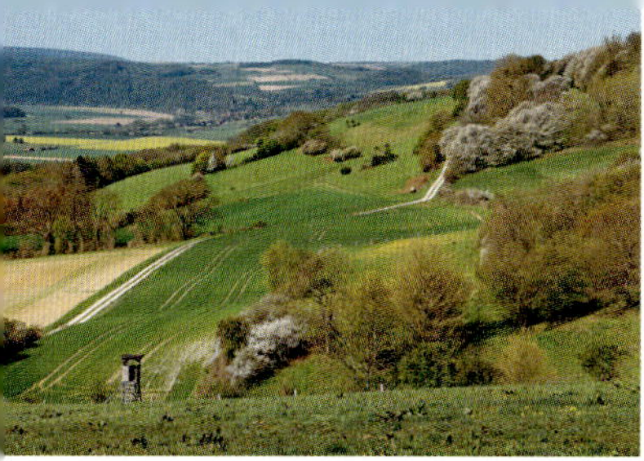

Weserbergland-Panorama vom Hangberg.

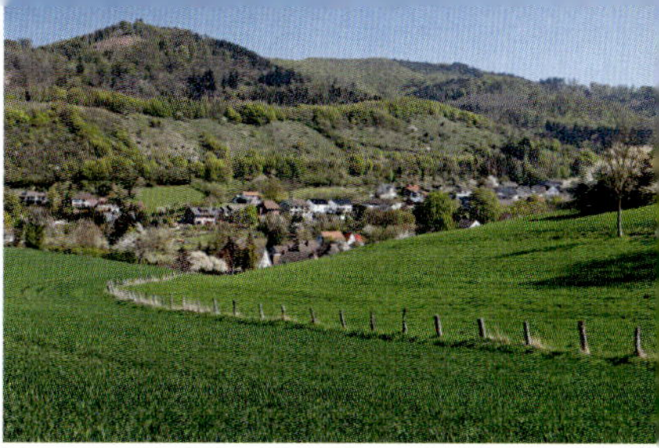

Nach fast 20 Kilometern schließen wir den Kreis Richtung Rühle.

und Golmbach an, wobei noch davor ein Feld am besten rechts am Rand umgangen wird.

Geradeaus weiter befinden wir uns in der Südflanke des Hangbergs, ehe es nach rund einem Kilometer bei einer T-Kreuzung rechts aufwärtsgeht. In Kürze erreichen wir die Unterstandshütte beim **Hangbergblick** 8, ca. 250 m. Hier liegt die Szenerie im südwestlichen Sektor weithin offen. In nördlicher Richtung wird nach dem Hangberg auch die Kuppe des Spielbergs umkurvt. Bald stoßen wir auf einen mehrheitlich asphaltierten Feldweg, der mit einer markanten Linksschleife talwärts zieht. Damit laufen wir schließlich in der *Golmbacher Straße* ein und vollenden die Tour am Ausgangspunkt in **Rühle** 1.

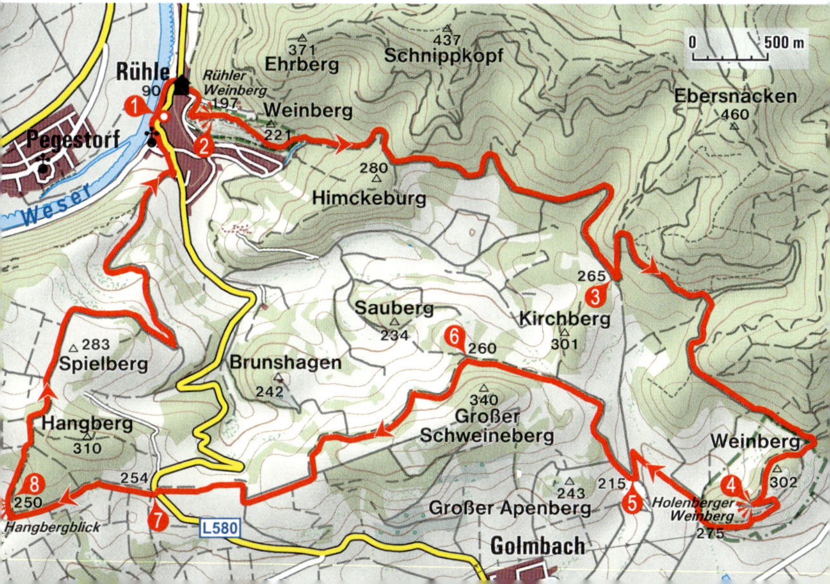

↗ 500 m | ↘ 500 m | 13.0 km

46 Vogler-Runde von Kirchbrak

3.40 h

Zu den Aussichtstürmen auf Bodohöhe und Ebersnacken

Der stark zergliederte Vogler gehört zu den wichtigsten Gebirgszügen östlich der Weser. Man kann ihn auch aus dem rückseitigen Lennetal erwandern, idealerweise auf einer Rundtour von Kirchbrak, die zwei herausragende Punkte integriert. Es sind dies die Aussichtstürme auf dem Zimmertalskopf (auch Bodohöhe genannt) sowie dem Ebersnacken als Kulmination des gesamten Vogler. Bei klarem Wetter schweifen die Blicke über einen Großteil der in diesem Führer behandelten Region. Zwischen großen Waldzügen entdeckt man zahlreiche schön eingebettete Dörfer.

Ausgangspunkt: Kirchbrak, 112 m, Wanderparkplatz in der Westerbraker Straße. Hier auch Bushaltestelle (Verbindungen nach Bodenwerder und Eschershausen).
Anforderungen: Vorwiegend unbefestigte Naturwege, in erdigen Passagen speziell nach Waldarbeiten bzw. Regenwetter eventuell ungut beschaffen. Angesichts der Höhenunterschiede solide Grundkondition angezeigt. Durchgängig mit Kl1 bezeichnet, mitunter lückenhaft.
Einkehr: Keine.

In **Kirchbrak** ❶ folgen wir der gelben Bezeichnung Kl1 in den allmählich ansteigenden *Postenweg*. Aus der Ortslage heraus zieht die Route gegen den Breitenkamper Berg empor. Nach einer Weile tauchen wir in den Wald ein und durchschreiten später auf unbefestigter Trasse Fichtenschonungen. Im Bereich einer Mehrfachkreuzung (mit Forststraße) achten wir auf die richtige Fortsetzung halbrechts und stoßen mit unserem Zubringer auf den Weserberglandweg (auch diese Symbolik erscheint regelmäßig). Noch ein kurzes Steilstück und wir erreichen den stählernen **Bodoturm** ❷, 412 m, auf dem Zimmertalskopf.
Der Weserberglandweg ist anschließend in südlicher Richtung maßgebend. Nach einer seichten Kammsenke dreht er im Bereich des Schnippkopfes markant nach links ab und nähert sich in leichtem Auf und Ab dem **Ebersnacken** ❸, 460 m. Zuletzt wiederum recht steil bis auf die höchste Erhe-

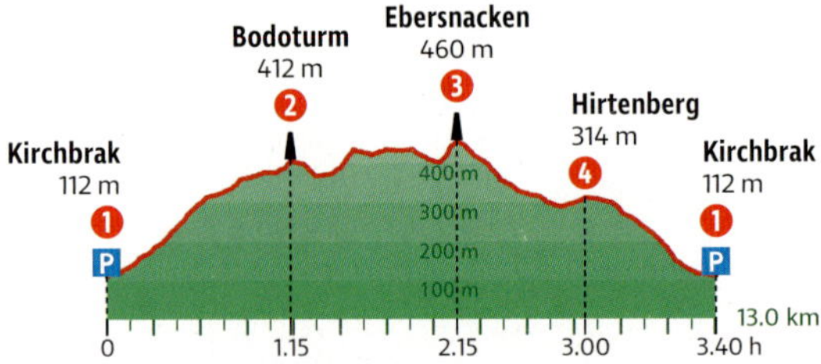

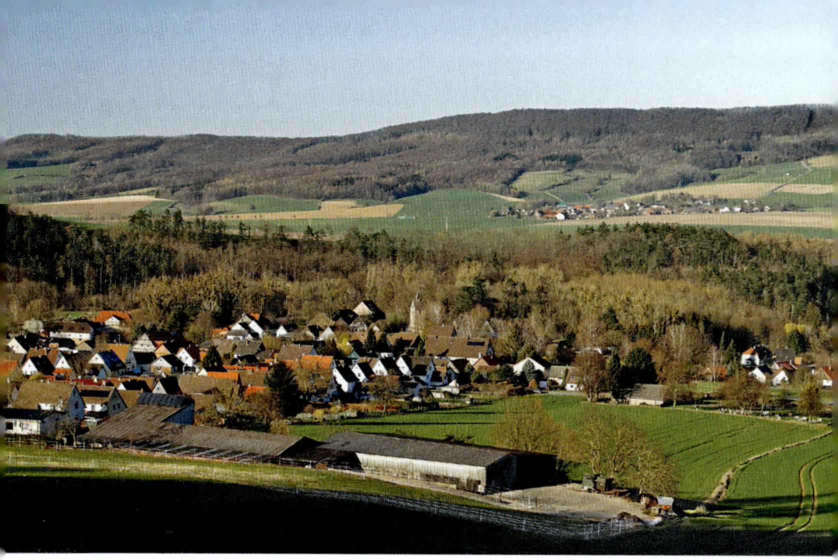

Kirchbrak liegt zwischen Ith und Vogler.

bung im Vogler, wo der hölzerne Aussichtsturm noch 26 Meter drauflegt. Kurz zuvor haben wir eine Abzweigung nach Kirchbrak passiert, die wir jetzt aufnehmen. Die erste Passage dort stellt ein recht kleiner Pfad dar. Hilfreich ist jetzt auch die häufig auftretende Markierung des Pilgerweges Loccum – Volkenroda, gleichlaufend mit unserer KI1. Einmal biegt sie etwas überraschend rechts ab und passiert den Görtsberg damit knapp ostseitig. Bei folgenden Kreuzungen generell geradeaus weiter und mit einer kleinen Gegensteigung über den **Hirtenberg** ❹, 314 m, hinweg (neue Telekommunikationsanlage). Man erhält aber alsbald Anschluss an eine breite Trasse, die nun mit zwei weiten Kurven aus dem Forst herauszieht und sich unserem Start- und Zielort nähert. In **Kirchbrak** via *Grasweg* und *Oberdorf* zurück in die *Westerbraker Straße* ❶.

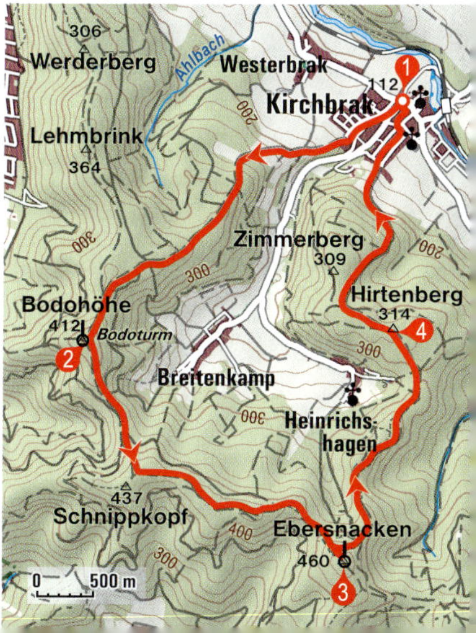

↗ 540 m | ↘ 540 m | 17.9 km

47 Zum Raabeturm am Hilskamm

4.50 h

Im großen Bogen rund um Grünenplan

Im Übergangsbereich vom Weser- zum Leinebergland zeichnet der Hils eine prägnante topografische Struktur mit steiler Schichtstufe speziell gegen Norden und Westen. Wie ein großes, verzerrtes Oval umschließt der Höhenzug den traditionsreichen Glasmacherort Grünenplan und reicht mit seinen Ausläufern bis Delligsen, im Süden sogar bis gegen Ammensen, Stroit und Wenzen. Das wohl attraktivste Wanderziel im Hils ist der Wilhelm-Raabe-Turm am Großen Sohl, benannt nach einem bekannten Heimatdichter aus Eschershausen. Die schönste Strecke dorthin führt über den Hilskamm. Mit Start in Delligsen können zum Auftakt bereits Birkholz und Bocksberg überschritten werden; später lässt sich der Rundkurs über den Heimberg schließen. Die mögliche Kammstrecke im Südlichen Hils ist wesentlich ausschweifender, wegen der Forststraßen allerdings auch eintöniger. Auf unserer Route sind wir hingegen häufig auf lauschigen Naturwegen unterwegs, zwischendurch sogar mal auf einem echten Schleichpfad, den selbst wohl nur wenige Einheimische kennen.

Ausgangspunkt: Delligsen, in der Hilsstraße, Abzweig Birkholzweg, ca. 128 m. Nächste Bushaltestelle »Delligsen Klus« (Linie vom Bahnhof Alfeld nach Grünenplan).

Anforderungen: Bis zum Raabeturm unbefestigte Waldwege, im Bereich Birkholz/Bocksberg eventuell leicht verwachsen, sonst sehr angenehm zu begehen. Anschließend Forstwege bis Lutherplatz und nach einem nicht ganz einfach zu findenden Schleichpfad zuletzt Abstieg in der Feldmark. Die meiste Zeit gut markiert, Ausnahmen sind der Beginn sowie die Traverse am Heimberg gegen Ende. Durchschnittliches Tages-

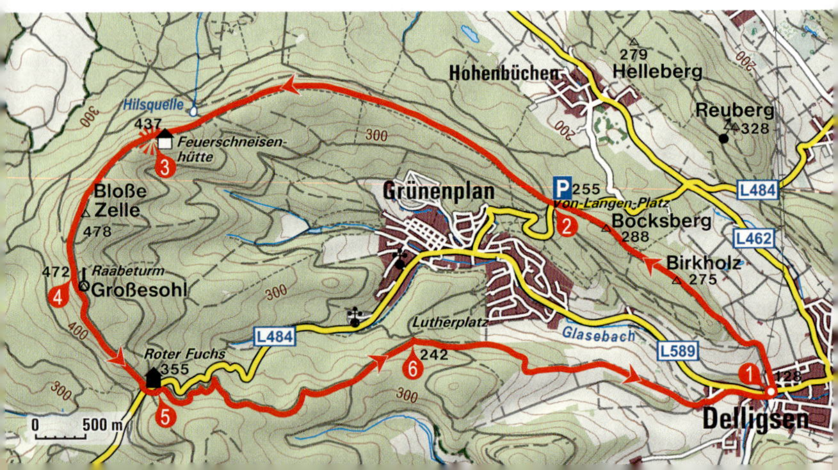

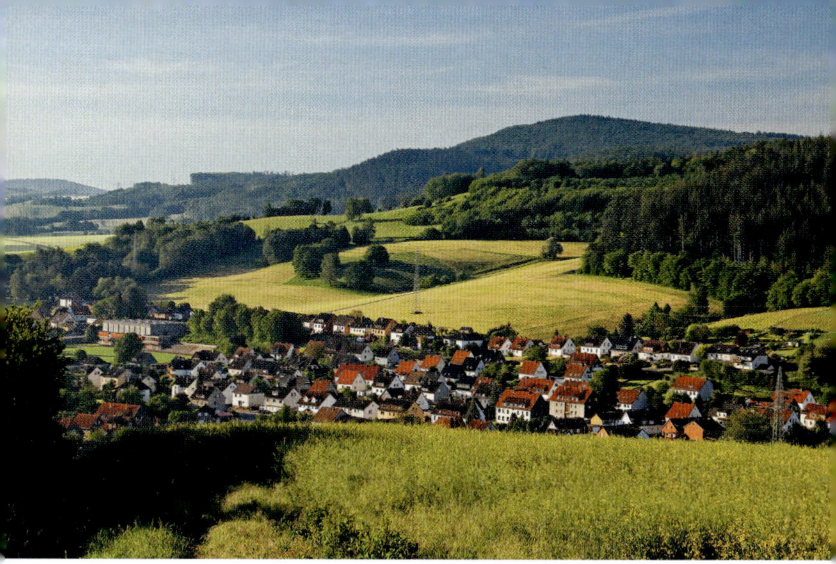

Delligsen ist der östlichste Ort unserer Auswahl – geografisch schon mehr zur Leine als zur Weser hin orientiert.

pensum. Für die Besteigung des Raabeturms Schwindelfreiheit erforderlich!
Einkehr: Restaurant Roter Fuchs (geöffnet am Wochenende und Feiertag), ansonsten in Delligsen.
Varianten: 1. In etwas kleinerem Rahmen lässt sich die Tour auch von Grünenplan aus durchführen. Man steigt Richtung Von-Langen-Platz auf, absolviert die Hilsrunde wie beschrieben und kehrt vom Lutherplatz am Ende via Steinbreite nach Grünenplan zurück. Gehzeit ca. 3.30 Std.
2. Die Unsicherheit des erwähnten Schleichpfades lässt sich ausschalten, indem man ab Lutherplatz etwas länger dem gut bezeichneten Ith-Hils-Weg folgt und erst in der nächsten markanten Rechtskurve nach links ausschert.

Der Einstieg liegt am *Birkholzweg* in **Delligsen** ❶. Damit gewinnen wir rasch Höhe und verlassen die Siedlungen. Nach rund 500 Metern links abzweigend und sofort wieder rechts auf einen Grasweg, der ins Birkholz eintaucht. Wir wählen also die urwüchsige Trasse im Kammbereich, überschreiten die erste Erhebung und aus einem kleinen Sattel mit dem von rechts einmündenden E11 (Markierung X bzw. X11) in ähnlicher Weise auch den **Bocksberg**, 288 m. Leicht fallend kommt man zum **Von-Langen-Platz** ❷, 255 m, an der *L484*, wo mehrere Wege beginnen. Mit dem X folgen wir weiterhin der dicht bewaldeten Kammlinie des Hils, die vorerst sanft ansteigt. Erst wo sich der Ith-Hils-Weg dazugesellt, wird es auch mal steiler. Es öffnen sich nun von jüngeren Stürmen freigelegte Bereiche. Bei der **Feuerschneisenhütte** ❸, 437 m, erhaschen wir einen überraschenden Aus-

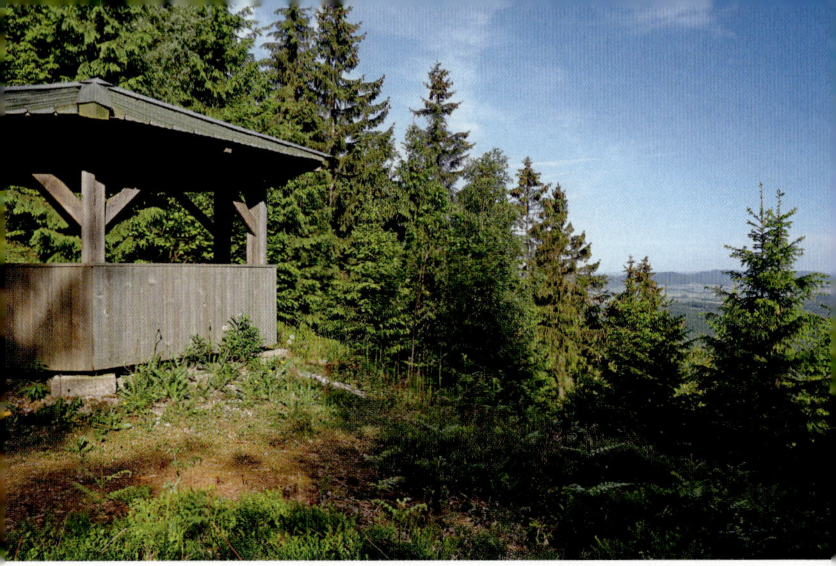

Die Feuerschneisenhütte am Hilskamm.

blick nordwärts in die Gegend um Duingen, ehe uns ein weiteres Steilstück zum absoluten Kulminationspunkt im Hils bringt: Die Bloße Zelle, 480 m, ist mit einem Stein gekennzeichnet. Kaum 10 Minuten später erreichen wir mit dem **Wilhelm-Raabe-Turm** ❹, 472 m, den gefühlten Höhepunkt der Tour. Tatsächlich schaut man nur von oben über die Baumwipfel ins Land hinaus – bei klarer Sicht bis zum Brocken im Harz! –, wobei die Besteigung der luftigen Eisenkonstruktion sogar ein wenig Mut abverlangt.
Vom Rastplatz am Großen Sohl führt ein Forstweg gegen Süden hinab zum **Roten Fuchs** ❺, 355 m, mit der am Wochenende geöffneten Gaststätte. Die Fortsetzung beginnt ostseitig auf dem unteren Forstweg. Nach einigen Kurven fällt dieser Richtung **Lutherplatz** ❻, 242 m, ab. Bei der Mehrfach-

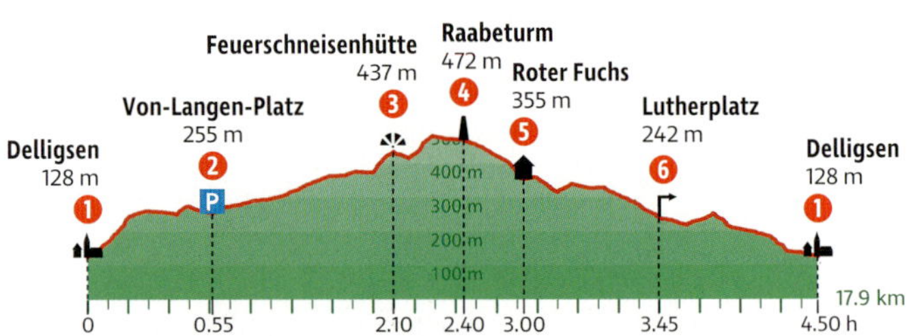

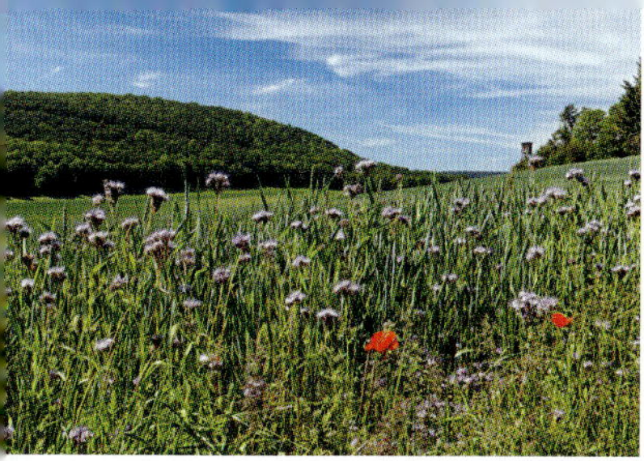

Selbst am profanen Feldrand findet man manches schöne Detail.

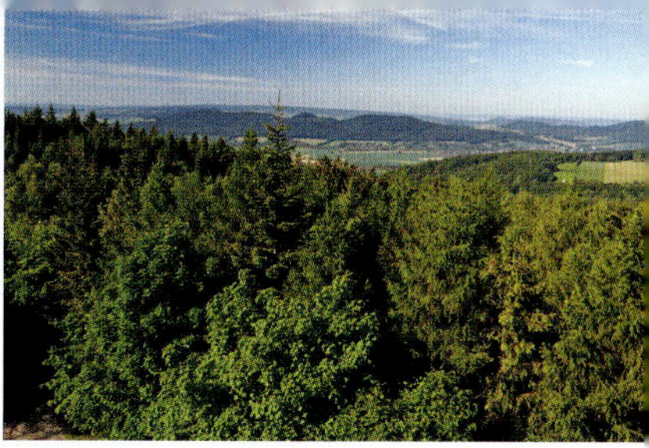

Der Ausblick vom Raabeturm ist natürlich buchstäblicher Höhepunkt.

kreuzung wandern wir rechts weiter und achten nach knapp 300 Metern auf den unbeschilderten Abzweig eines Grasweges. Man begleitet eine lichte Schonung und gelangt dann auf eine freie Wiese. Wir bleiben unmittelbar am Waldrand und entdecken nach lediglich gut 100 Metern mit wachem Auge einen Minipfad, der ins Gehölz eintaucht. Sehr verschlungen geht es dort zu, unter Umständen auch behindert durch die Vegetation, doch einmal gefunden, kann man eigentlich nicht fehlgehen. Gute 500 Meter misst die Traverse des Verhaus am Heimberg, ehe man auf der Südseite wieder in offenes Gelände hinaustritt, auf einem Feldweg anschließend noch den Kleinen Heimberg überschreitet und die Tour Richtung **Delligsen** 1 ausklingen lässt.

Leinebergland-Panorama vom Heimberg.

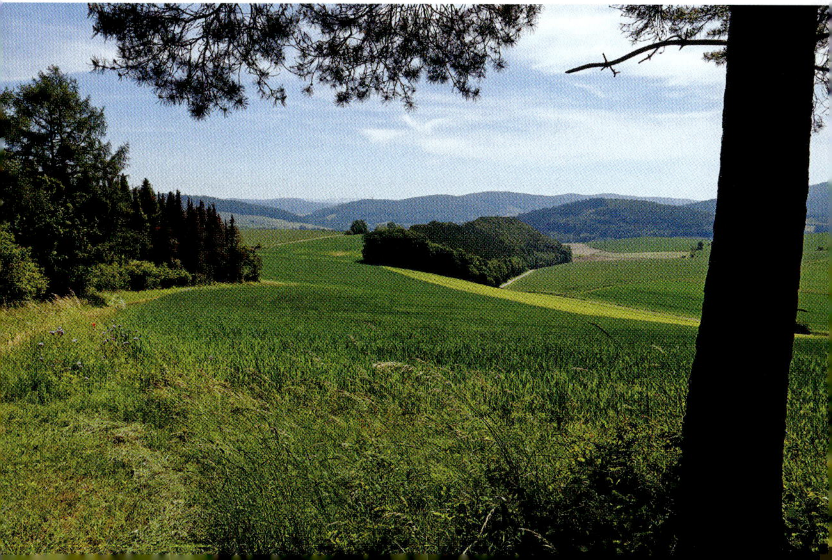

↗ 230 m | ↘ 230 m | 13.8 km

48 Duinger Wald und Duinger Seen

3.30 h

Die Wiesenwegrunde im Herzen des alten Pottlandes

Auf dieser Tour befinden wir uns im sogenannten Pottland, das im Übergangsbereich zwischen Weser- und Leinebergland liegt und früher eine der wichtigsten Regionen für das Töpferhandwerk in Niedersachsen, vielleicht sogar ganz Deutschlands, darstellte. Oberflächennah anstehende Tonvorkommen bildeten die Grundlage für die Herstellung qualitativen Steinzeugs. Bis in die 1960er-Jahre wurde in der Gegend auch Braunkohle gefördert. Aus der Renaturierung der Abbaugruben entstanden die Duinger Seen, heute überaus beliebte Anziehungspunkte zur Naherholung. Bevor wir dorthin gelangen, durchqueren wir aber zunächst einen Bereich des Duinger Waldes, welcher mit seinen eichenbestandenen Hutewäldern der Schichtstufe des Hils nördlich vorgelagert ist, und tangieren auch die Ostseite des Ith bei den Ortschaften Capellenhagen und Fölziehausen.

Ausgangspunkt: Duingen, Parkmöglichkeit beim Alten Sportplatz, ca. 210 m, an der Ecke Triftstraße/Bruchstraße. Nächste Bushaltestelle im Wedekindring (Linienverbindung vom Bahnhof Alfeld).

Anforderungen: Überwiegend befestigte Forst- und Flurwege, nur ab und zu auch grasiger oder erdiger Untergrund. Oft recht flacher Verlauf bzw. allenfalls gemäßigte Steigungen. Durchgängig und regelmäßig mit dem Kürzel DU5 signalisiert, daher leicht zu finden.

Zwischen Duinger Wald und Ith empfängt uns der Ort Capellenhagen.

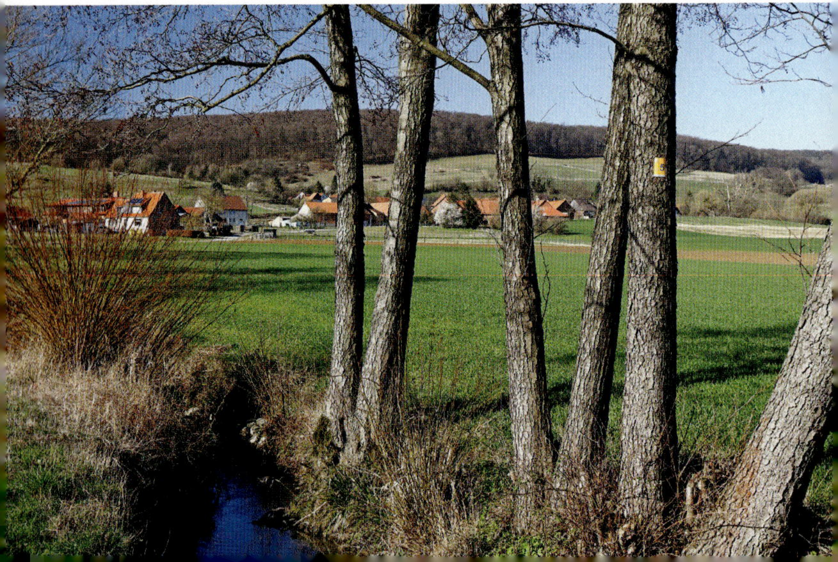

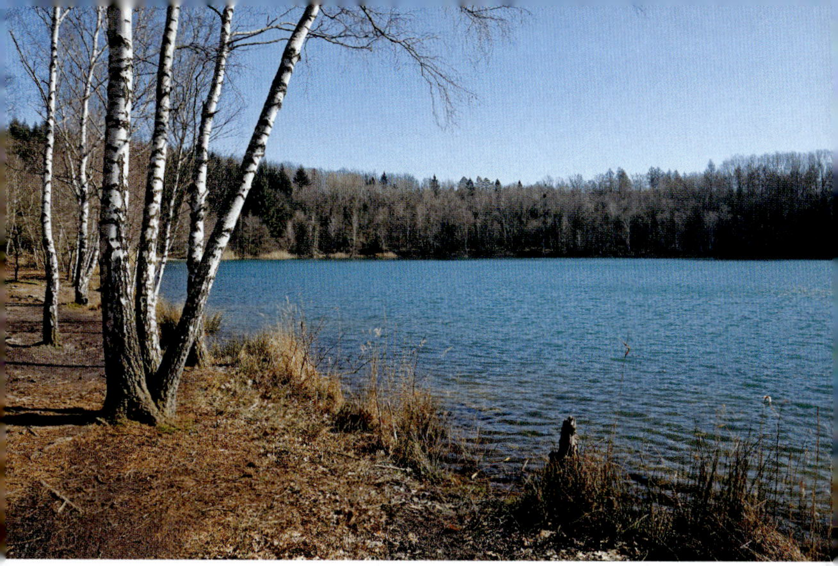

Der Bruchsee gehört zur Duinger Seenplatte.

Einkehr: Duingen (Pöttjerkrug, Duinger Grillhaus, Toni's Pizzaexpress, Lemmy's). Bruchsee-Kiosk. Waldhotel Humboldt.

Variante: Einstiegsmöglichkeiten in die Runde bestehen auch in Capellenhagen, beim Humboldtsee oder beim Bruchsee.

Beim Alten Sportplatz (*Triftstraße*) am südlichen Ortsrand von **Duingen** ❶ starten wir in die als Sackgasse gekennzeichnete Straße und biegen nach 500 Metern links ab (hier ein weiterer Parkplatz). Im Duinger Wald geht es nun kaum merklich steigend eine Weile gen Süden, ehe nach insgesamt 2,1 Kilometern bei einer Kreuzung der Rechtsabzweig zu beachten ist. Wir gewinnen etwas an Höhe und erreichen den Milchbrink oberhalb von Capellenhagen. Am Waldrand befindet sich eine Rasthütte. Über die Saale hinweg laufen wir ins Dorf **Capellenhagen** ❷, 226 m, hinein und kreuzen von der Straße *Am Anger* kommend die *B240*. Ein gutes Stück wird in offener Feldflur – zur Linken die Abhänge des Ith – zurückgelegt, ehe man zwischendurch ein Waldstück durchquert. Es gehört ebenso wie der Sollberg, den wir anschließend westseitig umwandern, zu einem Naturschutz-

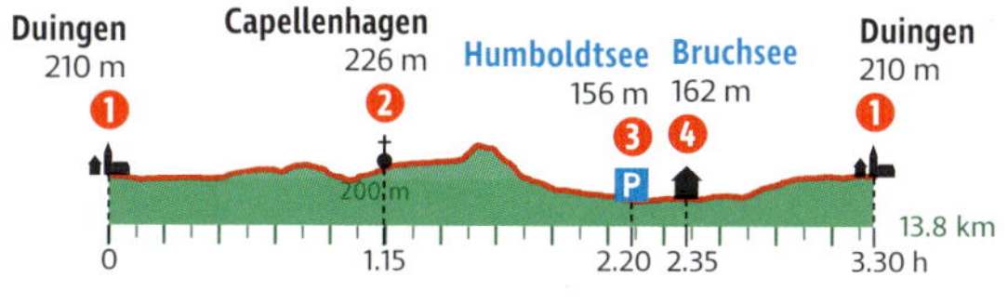

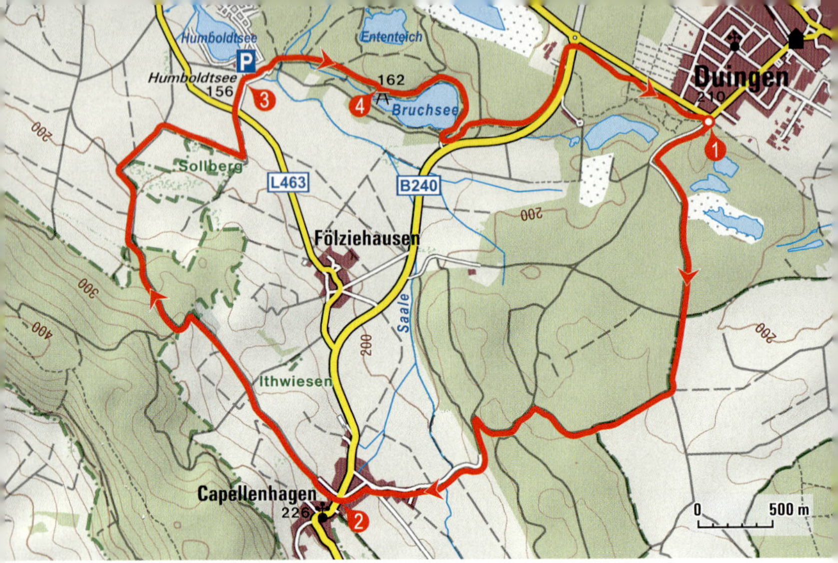

gebiet. Unser Feldweg nähert sich der *L463*, doch schlagen wir zuvor einen Grasweg nach rechts ein und kreuzen die Straße erst etwas später direkt hinüber zum Campingplatz beim **Humboldtsee** ❸, ca. 156 m. Nächstes Ziel ist jetzt der einen Kilometer entfernte **Bruchsee** ❹, ca. 162 m (Naturbaden mit Kioskbetrieb im Sommer). Wir passieren ihn nordseitig (am besten vom breiten Forstweg vorübergehend auf den ufernahen Pfad ausweichen) und rücken später vom südöstlichen Eck ins Gehölz ab. Man stößt auf den Radweg neben der *B240* und wandert vom Kreisel das letzte Stück parallel zur *Bruchstraße* auf einem Waldpfad zurück zum Ausgangspunkt ❶.

Am nördlichen Horizont erstreckt sich der Thüster Berg.

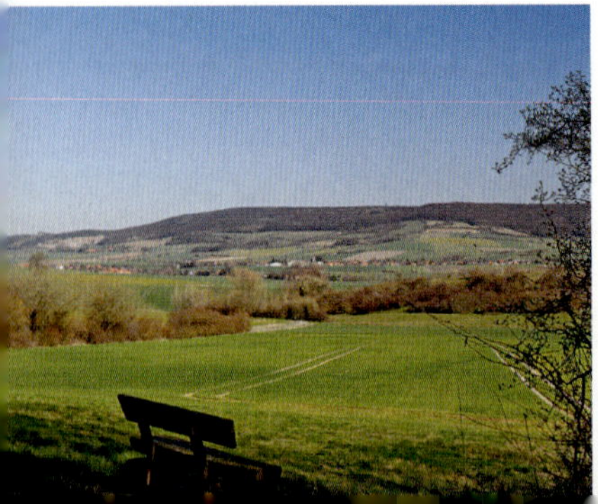

In Capellenhagen umgibt uns ein bäuerliches Ambiente.

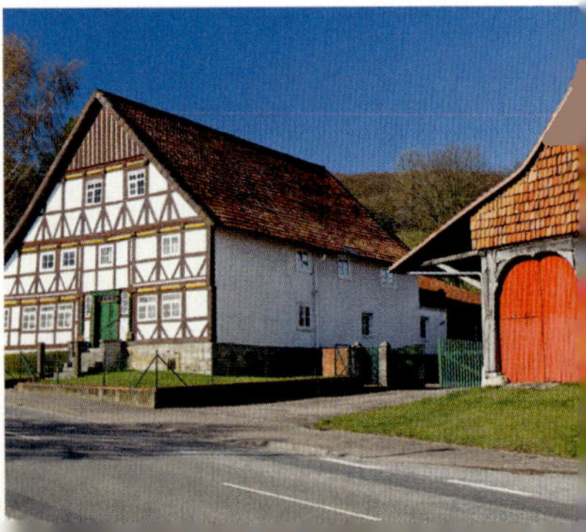

↗ 360 m | ↘ 360 m | 7.8 km

2.15 h

Zum Lönsturm am Thüster Berg

Von Salzhemmendorf auf den Kanstein

Östlich des Ith erhebt sich der Thüster Berg mit nahezu identischer maximaler Höhe, orientiert sich geografisch dabei aber schon zum Leinebergland hin. Auf seinem Scheitel, eigenständig Kanstein geheißen, befindet sich mit dem Lönsturm einer der erlesenen Aussichtspunkte der Region. Schon der Zugang von Salzhemmendorf über den sogenannten Klippenweg gilt als ausnehmend reizvoll, gekrönt durch eine formidable Aussicht, die bei klarer Luft bis ins Ostwestfälische Bergland, zum Harz sowie hinaus zur Landeshauptstadt Hannover reicht. Die oft versteckten Kanstein-Klippen sind besondere Entdeckungen für den Naturliebhaber, während der wirtschaftlich einst bedeutsame Kalkabbau einige prägnante Narben hinterlassen hat und zukünftig möglicherweise sogar wieder verstärkt wird.

Ausgangspunkt: Salzhemmendorf, 130 m, Parkmöglichkeit am Kirchplatz bzw. nächstgelegene Bushaltestelle »Friedhof«. Man kann auch den Wanderparkplatz im Felsenkellerweg (etwas höher) nutzen.

Anforderungen: Am Klippenweg praktisch durchwegs kleiner Naturpfad, streckenweise recht steil und an einer Passage sogar gesichert. Zurück auf breiten Wirtschaftswegen. Eine der kürzesten Touren in diesem Band, aber wegen des

Blick aus dem Gehölz ins nördliche Vorland.

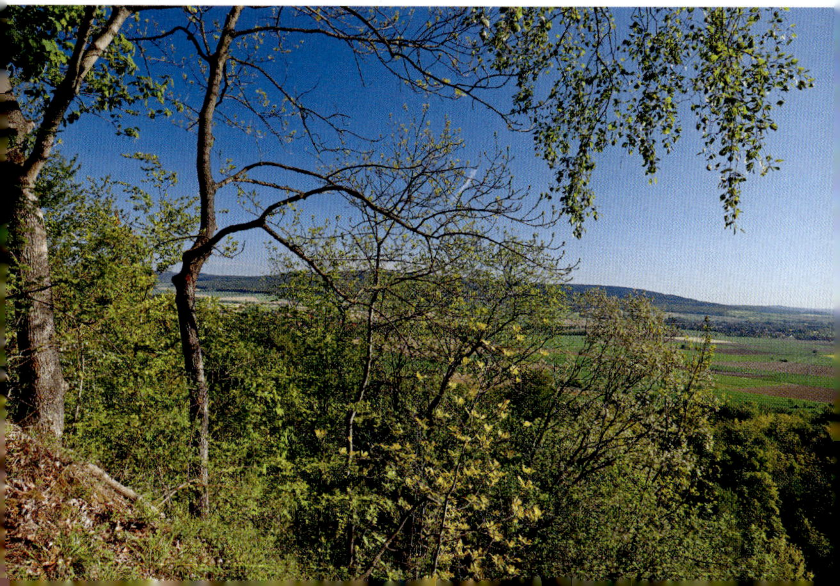

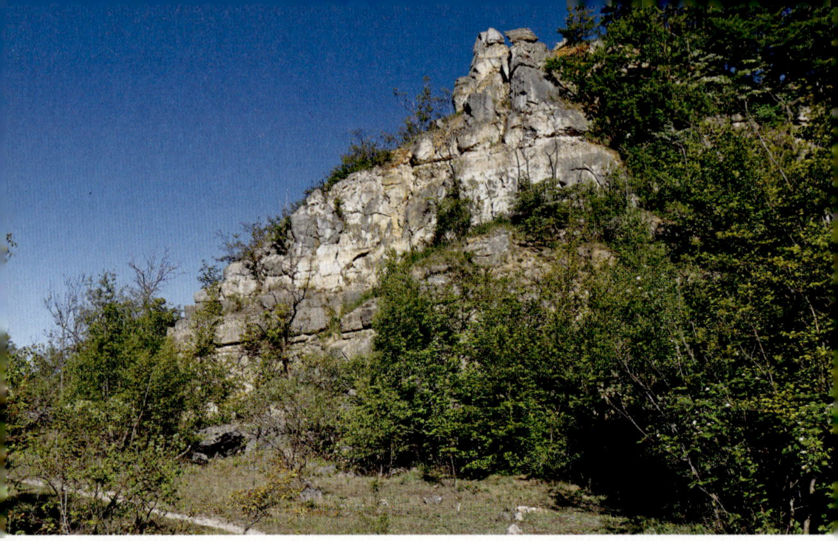

Felsformationen am dem Kanstein vorgelagerten Bockshorn.

Höhenunterschieds durchaus nicht mühelos. Insgesamt gut markiert.
Einkehr: Salzhemmendorf (Ratskeller, Thermalbad Restaurant).

Tipp: Im nördlichen Ortsteil von Salzhemmendorf kann die Ith-Sole-Therme besucht werden; Öffnungszeiten 9 bis 22 Uhr, ther.me.

Von der *Hauptstraße* in **Salzhemmendorf** ❶ biegen wir in den *Limberger Weg* ein und nehmen gleich die Treppe hinauf zum Parkplatz beim Schulgelände. Hier beginnt der Klippenweg zum Lönsturm, bezeichnet mit dem Symbol des Kansteinweges, zu dem sich auch jenes des Ith-Hils-Weges gesellt. Am Bockshorn passieren wir einen ersten Aussichtspunkt und tangieren kurz darauf das Steinbruchareal an seinem oberen Rand auf einer eigentümlichen Freifläche. Der kleine Naturpfad setzt sich im Wald fort und zieht im Bereich einiger Klippen kräftig an. Die bekannteste Felsformation ist als »Hexenküche« geläufig und mystifiziert. Erst weit oben

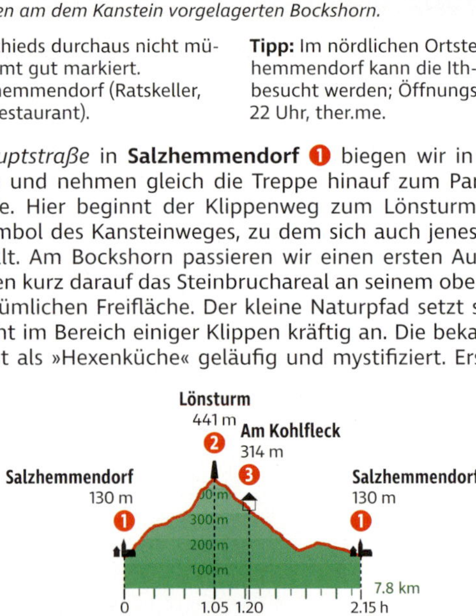

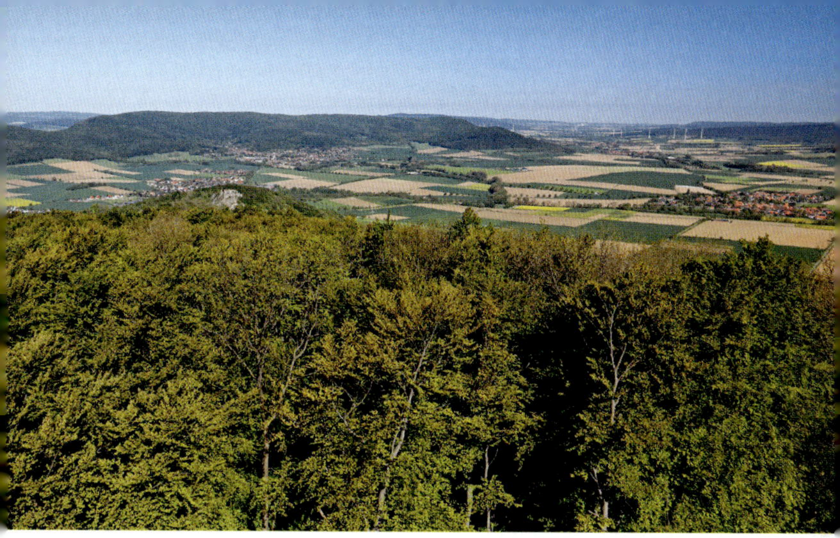

Das Panorama vom Lönsturm ist aller Ehren wert; hier in Nordwestrichtung.

stoßen wir auf eine breite Forststraße und treffen wenige Minuten später beim **Lönsturm** ❷, 441 m, ein.

Retour folgen wir der Forststraße in der Südflanke des Kanstein bergab. Sie beschreibt einige Schleifen, wobei wir uns bei der Gabelung und Rasthütte **Am Kohlfleck** ❸, 314 m, rechts halten (SA3). Der große Kalksteinbruch muss später unterhalb in der Feldmark umgangen werden (die alte, in manchen Karten noch verzeichnete Routenführung ist nicht mehr möglich). Nach kurzer Gegensteigung schließt sich der Kreis via *Charlottenburg* in den *Limberger Weg* hinein nach **Salzhemmendorf** ❶.

Rapsfelder vor der Silhouette des Ith.

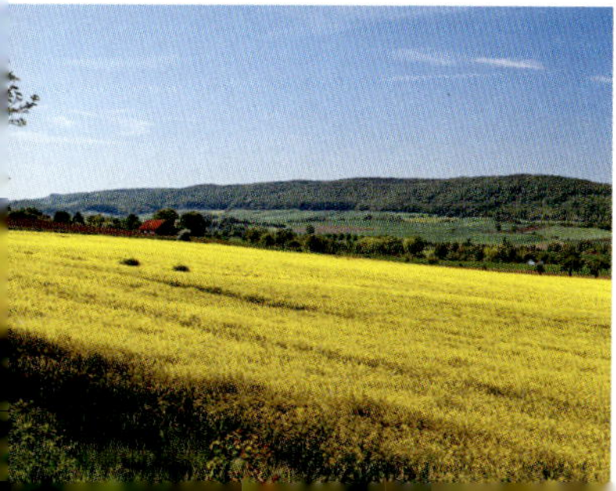

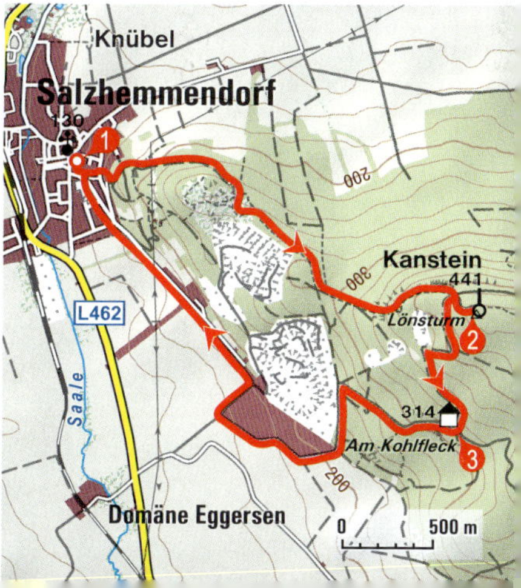

↗ 630 m | ↘ 630 m | 18.5 km

50 Ithkamm-Überschreitung

5.30 h

Über die Scheitellinie des Klippenzuges

Der Ith verspricht eine der reizvollsten Kammwanderungen im Weserbergland, weithin auf urwüchsigen, lauschigen Pfaden, die durch einen von Bärlauchteppichen bedeckten Buchenwald führen und von zahlreichen bizarren Juraklippen begleitet werden. Da die gesamte Längstransversale für einen Tag inklusive An- und Abreise etwas happig erscheint, werden in diesem Band zwei Ith-Touren vorgestellt. Dieser Vorschlag greift einen vorteilhaften Zubringer vom Dorf Harderode auf, um anschließend den mittleren und südlichen Kammbereich zu durchlaufen und am Ende Richtung Scharfoldendorf auszusteigen – ein Programm, das für den durchschnittlich geübten Wanderer das rechte Maß trifft.

Ausgangspunkt: Harderode, am südlichen Ortsausgang, ca. 127 m. Busverbindung von Bodenwerder und Hameln bzw. Bisperode.
Endpunkt: Scharfoldendorf, 139 m, Bushaltestelle »Mühlenstraße«. Verbindungen nach Bodenwerder sowie zum Bahnhof Stadtoldendorf.
Anforderungen: Auf dem Ithkamm lange Zeit schmale Fußpfade, später tendenziell breiter und komfortabler trassiert. Zu- und Abstieg sind recht steil. Streckenweise etwas Trittsicherheit vorteilhaft. Zuverlässige Markierung mit

Aus der Distanz erkennt man die lang gestreckte Topografie des Ith.

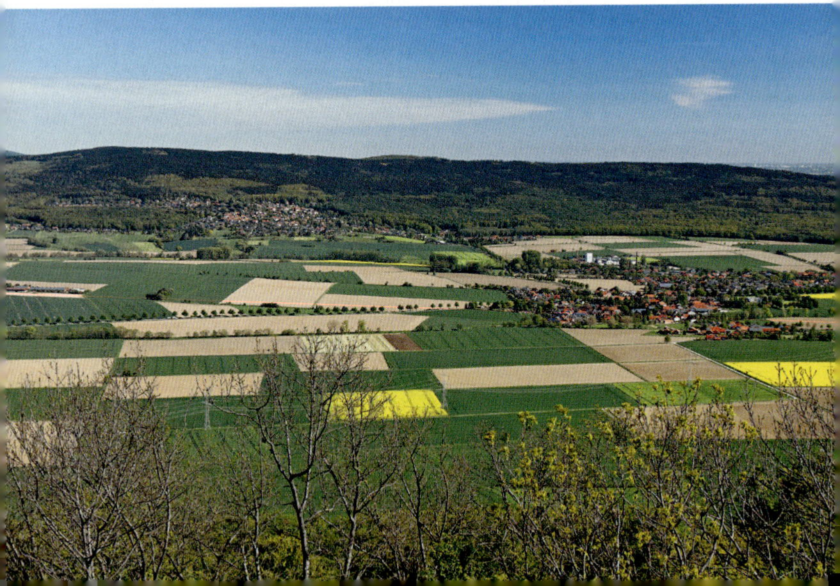

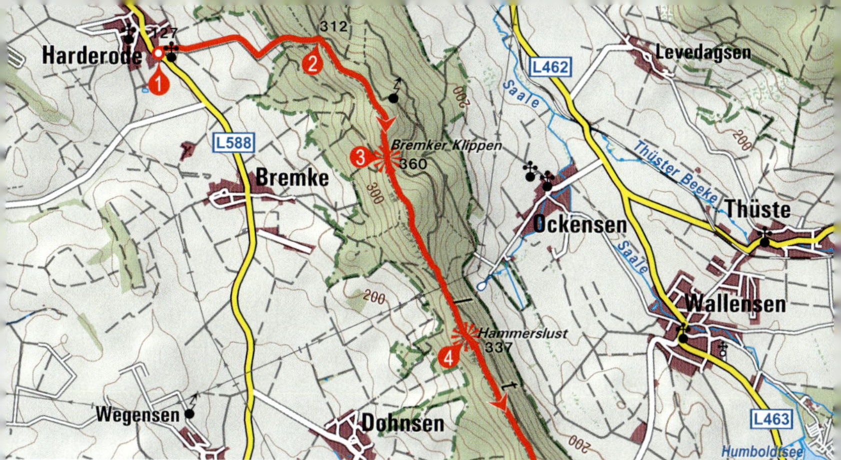

dem Ith-Hils-Weg; das Symbol taucht in dichten Abständen auf. Tagfüllende Tour.
Einkehr: Imbiss »Auf dem Ith«. Tinis Imbiss in Scharfoldendorf.
Variante: Wer den Ith in Gänze von Nord nach Süd überschreiten möchte, startet schon in Coppenbrügge (vgl. Tour 51). Dann wird es jedoch sehr anstrengend und von der Logistik mit Öffis eventuell umständlich.
Tipp: Der komplette Ith-Hils-Weg ist als gut 80 km messende Rundtour (vier Tagesetappen) ausführlich im Wanderführer »Südniedersachsen« beschrieben.

Am südlichen Ortsrand von **Harderode** ❶ schlagen wir den Feldweg am Friedhof vorbei ein und wandern zunächst noch auf Hartbelag, später geschottert und schließlich auf einem steilen Erdweg bis zum **Ithkamm** ❷, 312 m, hinauf. Hier verläuft der Ith-Hils-Weg häufig verschlungen und mitunter auch recht holprig. Rund 20 Minuten später passieren wir die **Bremker Klippen** ❸, danach einen Einsturztrichter und mit der **Hammerslust** ❹,

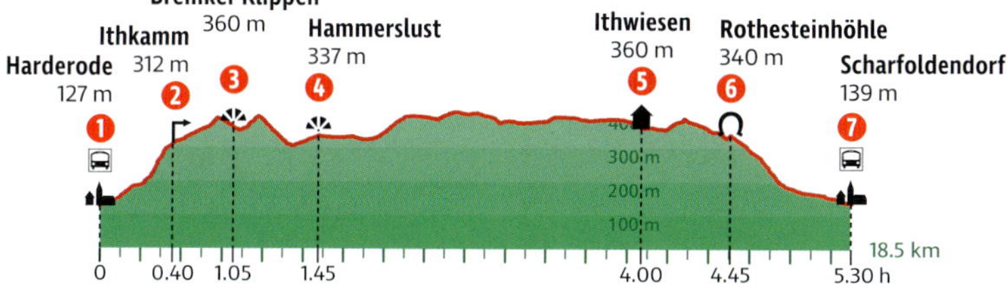

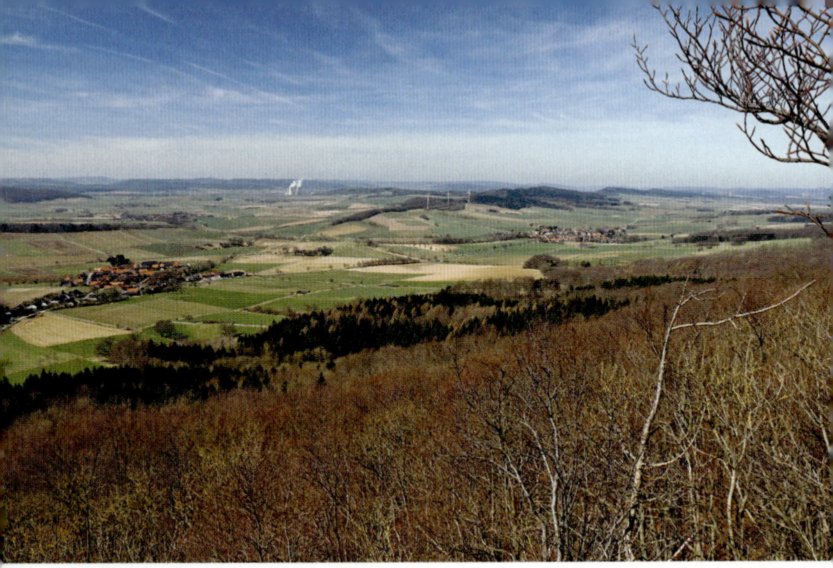

Fernblick von den Bremker Klippen bis über das Wesertal hinaus.

Im Ith tauchen immer wieder steil abbrechende Felsen auf, hier bei der Rothesteinhöhle.

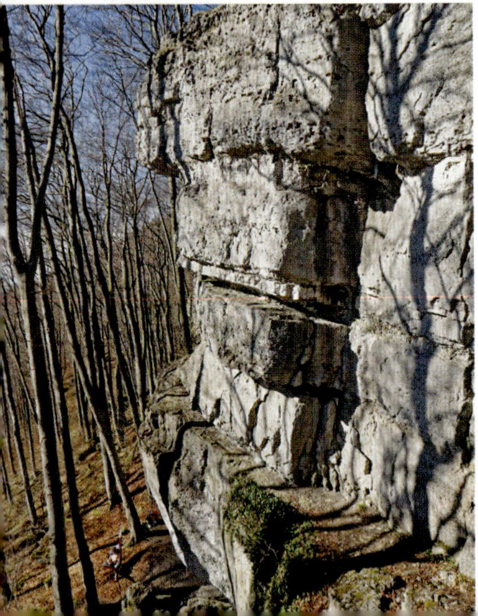

337 m, eine der schönsten Aussichtskanzeln überhaupt. Stets in Grundrichtung Süd bis Südost kommt man zur Abzweigung nach Wallensen voran, gewinnt in dichten Bärlauchfeldern noch etwas an Höhe und übertrifft vorübergehend sogar knapp die 400-Meter-Marke. Unser Weg schlängelt sich durch dichten Buchenwald und gibt längere Zeit kaum Ausblicke frei. Sukzessive wird er etwas breiter. In Abständen gewahren wir auf der rechten Seite einige für den Ith charakteristische Klippen, vor allem ein Stück weit vor Erreichen der *B240*, die wir im Bereich der **Ithwiesen** 5, 360 m, links versetzt kreuzen. Hier gibt es einen beliebten Biker-Treff (Imbiss-Stube), während das einstige Hotel auf der Passhöhe schon lange verwaist ist. Gleich daneben schlägt man das

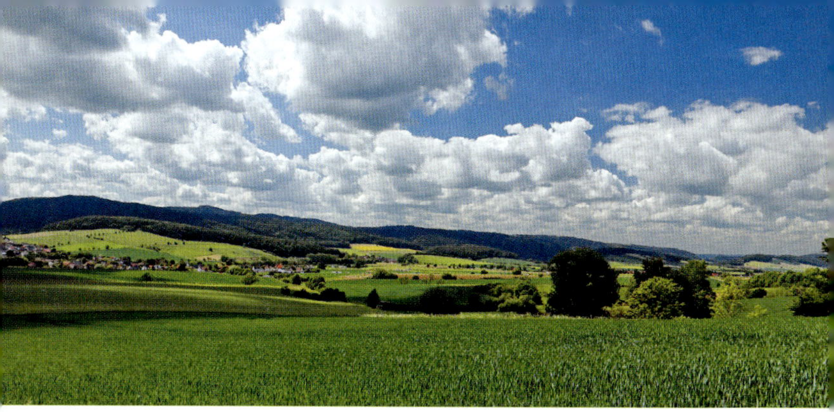

Am Ende lassen wir die Tour Richtung Scharfoldendorf ausklingen.

Sträßchen Richtung Segelflugplatz ein. Herrlich öffnet sich das Gelände der Ithwiesen – der Westliche Hils tritt in Erscheinung. Am Ende der Straße knickt unsere Route rechts ab und verliert an einem Waldhang Höhe. Zwischendurch kann links ein Abstecher zur **Rothesteinhöhle** 6 unternommen werden (die Höhle ist im Sommerhalbjahr zugänglich, von Oktober bis März wegen Fledermaus-Vorkommen gesperrt). Weiter unten trifft man auf einen breiten Forstweg und schert noch vor dem Dorf Holzen auf 266 Metern Höhe rechts aus (Beschilderung »Eschershausen«), um etwas verwinkelt durch die Feldmark nach **Scharfoldendorf** 7 abzusteigen. Man trifft *Am Krümpel* ein und geht bis in die *Mühlenstraße*.

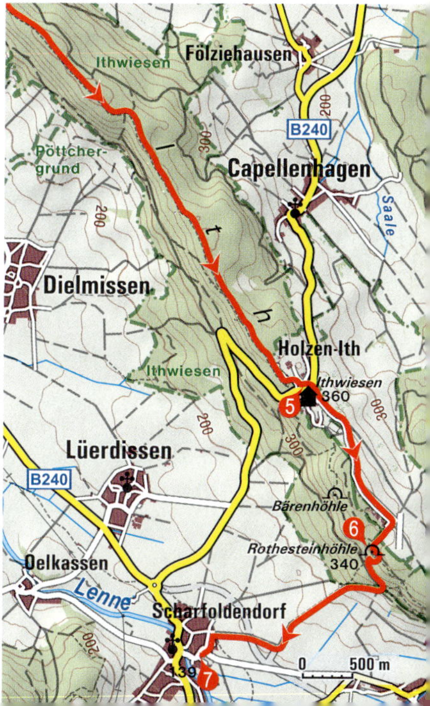

Frühblüher im Ith.

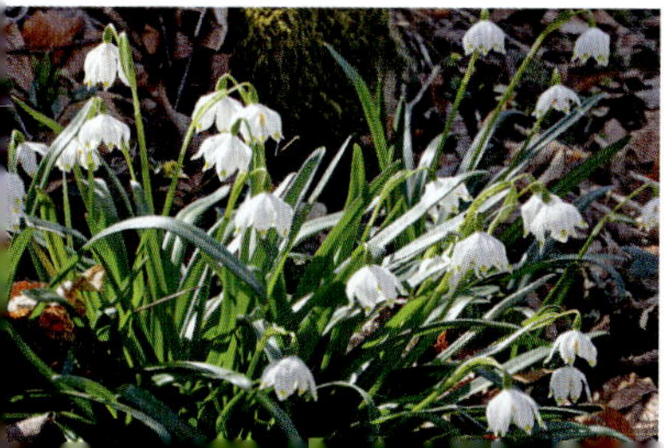

TOP

51 Im Nördlichen Ith

↗ 550 m | ↘ 550 m | 18.5 km

5.30 h

Rundtour von Coppenbrügge zum Ith-Turm

Der auffallend lang gestreckte Höhenzug des Ith erfreut sich bei Wanderern großer Beliebtheit. An seinen Steilhängen weithin mit Felsklippen durchsetzt, lockt er sogar Kletterer an. Lauschige Pfade und verwunschene, sagenumwobene Fleckchen verleihen Streifzügen hier ein besonderes Flair. So soll es an der Teufelsküche in grauer Vorzeit sogar einen heidnischen Kultplatz gegeben haben. Dieser Vorschlag konzentriert sich auf den nördlichen Bereich, der von Coppenbrügge aus in einer großzügigen Runde erkundet werden kann. Dabei steigen wir zunächst steil zum Kammweg auf, finden nach einer Weile mit dem Aussichtsturm am Krüllbrink das hauptsächliche Ziel und drehen kurz vor der Lauensteiner Platte in die entgegengesetzte Richtung ab, um den Ith nun an seiner Ostflanke zu traversieren. Auch hier warten noch schöne Passagen am Saum zwischen Wald und Feldflur, sodass man mit dieser gut ausgefüllten Tagestour vollauf zufrieden sein kann.

Ausgangspunkt: Bahnhof Coppenbrügge, ca. 145 m, an der Linie zwischen Hildesheim/Elze und Hameln/Löhne. Wer mit dem Auto anreist, kann vorteilhaft beim Hotel Felsenkeller starten (Parkplatz).

Diese markante Felsformation ist unter den Namen Adam & Eva bekannt.

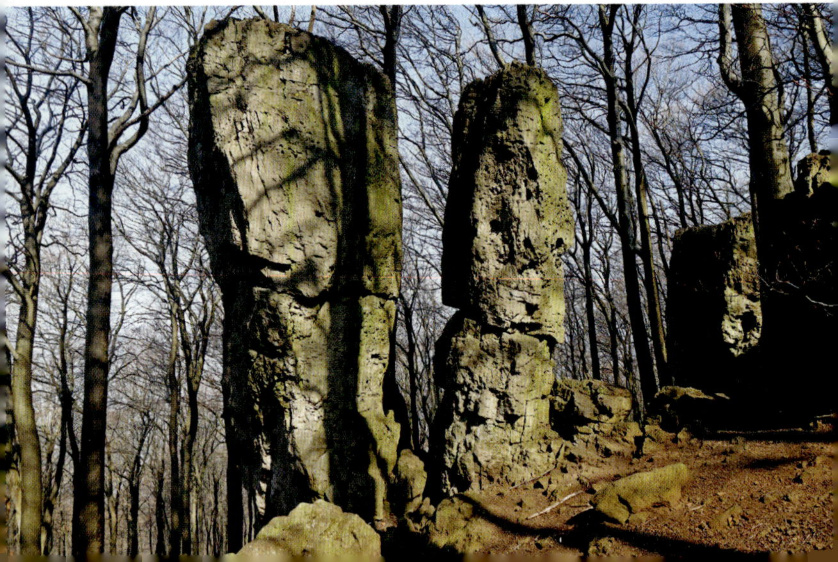

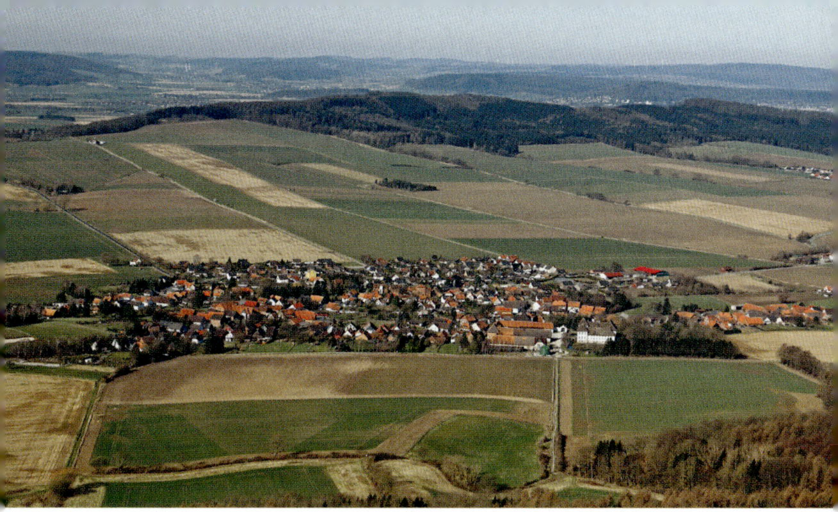

Am Krüllbrink liegt uns das Dorf Bisperode zu Füßen.

Anforderungen: Der größere Teil der Route verläuft auf Naturwegen, bis zum Ithkamm teilweise ziemlich steil, längere Abschnitte eher schmal. Elementare Trittsicherheit vorteilhaft. Ausdauer für eine schon recht ausgedehnte Tour. Orientierung bis Lauensteiner Platte problemlos, beim Rückweg verlangen einige kleinräumige Richtungswechsel Aufmerksamkeit.
Einkehr: Gaststätten in Coppenbrügge (Imbiss am Bahnhof, Felsenkeller, Jägerkrug, Restaurant Bulut Dönerhaus).
Variante: 1. Zum Ithkamm auch auf der Route des Ith-Hils-Weges, der direkt zur Felsformation Adam & Eva ansteigt (etwas kürzer).
2. Bei Wegpunkt 7 links aufwärts und auf kürzerer Linie, aber mit etwas mehr Höhenunterschied zurück nach Coppenbrügge.
Tipps: 1. Von der Lauensteiner Platte kann die Ith-Längsüberschreitung fortgesetzt werden. Man stößt nach einer Weile auf die im Kapitel 50 beschriebene Route.
2. Den mehrtägigen Ith-Hils-Weg findet man komplett und detailliert im Rother Wanderführer »Südniedersachsen«.

Vom Bahnhof in **Coppenbrügge** ❶ geht es zunächst zum Hotel Felsenkeller in der gleichnamigen Straße und weiter aufwärts zum Waldrand, wo man auf den Ith-Hils-Weg stößt. Anstatt diesem Richtung Ithkamm zu folgen, sei links haltend eine andere Route empfohlen, die an der geheimnisvollen Teufelsküche und dem felsigen **Fahnenstein** ❷, ca. 360 m, vorbeiführt. Es ergibt sich

Überraschende Begegnung im Bereich der Ithklippen.

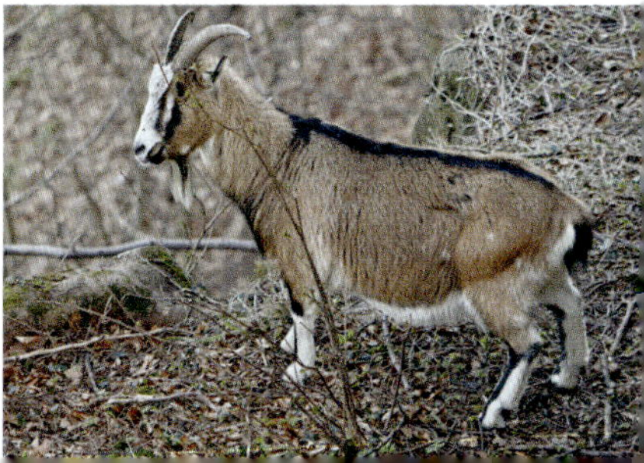

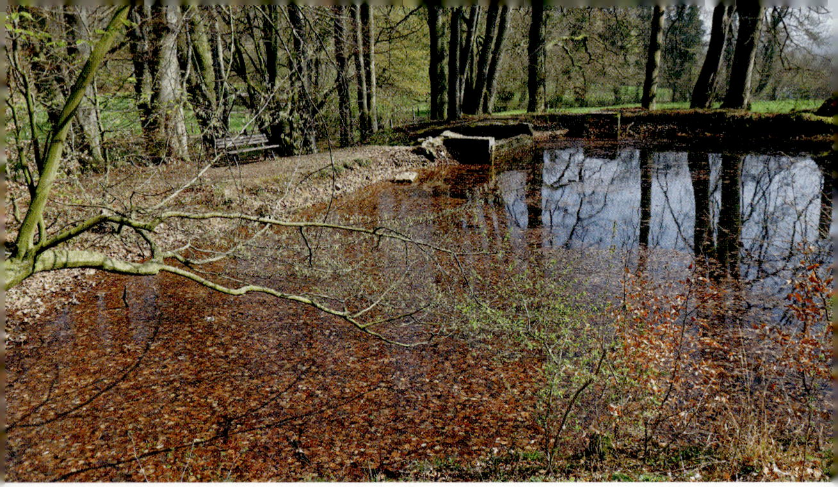

Am Lauenteich finden wir Gelegenheit zur Entspannung.

ein schöner Rückblick auf Coppenbrügge. Der schmale Pfad schließt zum Ithkamm auf und flacht dort ab, bleibt aber ähnlich urwüchsig. Nach einer Weile passieren wir die Felsformation **Adam & Eva** 3, ca. 390 m, wo sich der Ith-Hils-Weg dazugesellt. Auch im weiteren Verlauf tauchen auf der rechten Seite immer wieder Klippen auf, besonders markant etwa am Mönchsstein. Der Kammweg schlängelt sich reizvoll durchs Gelände und steuert den **Ith-Turm** auf dem **Krüllbrink** 4, 439 m, an. Das großzügige Weserbergland-Panorama ist wohl das gefühlte Highlight der Tour; direkt am Fuß des Berges liegt das Dorf Bisperode. Ähnlich geht es in südlicher Richtung weiter. Wir tangieren den großen Steinbruch an seinem oberen Rand und stoßen dann auf eine breite Forststraße, die Richtung **Lauensteiner Platte** 5, ca. 290 m, hinunterführt.

Der Ithturm zählt zu den beliebtesten Anlaufpunkten.

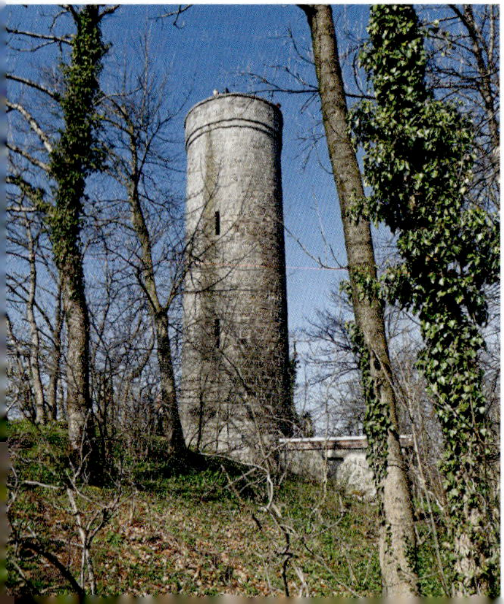

Kaum 200 Meter vor der Straße (*L425*) scheren wir allerdings vom Ith-Hils-Weg links aus und folgen einer Forststraße, die einige Kurven vollzieht und nun in Grundrichtung Norden führt. Bei einer Schranke

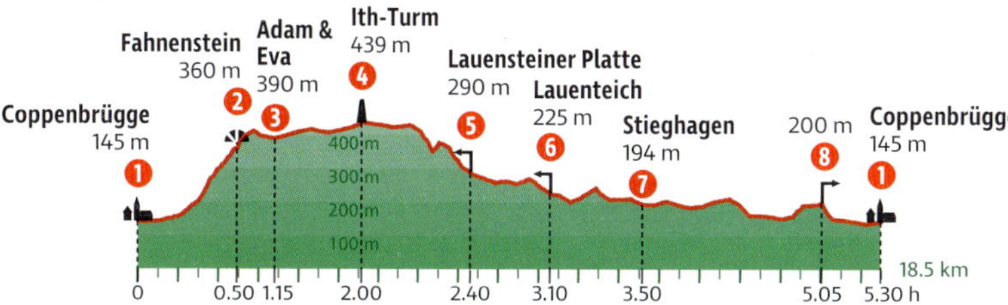

heißt es aufpassen 6: Wir zweigen links zum nahen Lauenteich ab und gelangen mit dieser kleinen Querverbindung zu einem anderen Forstweg, wenden uns bergwärts und dann sofort nach rechts. Dort steht das Schild »Am Apken Berg«. Der Naturpfad mündet nach einem markanten Linksbogen in eine breitere Trasse, wo das Symbol des Kansteinweges (weißes Dreieck auf schwarzem Grund) sowie das Kürzel SA1 auftauchen. Damit nun zu einer großen Freifläche, die zwischen den Wiesen nordwärts Richtung **Stieghagen** (»14 Eichen«) durchquert wird. Bald darauf gabelt sich die Route 7, 194 m. Obwohl Coppenbrügge links aufwärts ausgeschildert ist, bevorzugen wir den Waldrandweg außen herum. Nach nur 200 Metern vom Hartbelag links abzweigend ins Gehölz und dort auf einem Teilstück etwas schmal und verwachsen dahin. Der Weg wird aber mit Einmündung in einen Forstweg bald besser. Kurz darauf nehmen wir den von Lauenstein kommenden Ith-Hils-Weg auf und folgen diesem stets in Nähe zur offenen Feldflur um den Hohenstein herum. Oberhalb von Marienau sind wieder schöne Pfadabschnitte dabei. Nach einem kleinräumigen Links-rechts-Verlauf oberhalb des Krankenhauses ziehen parallele Wege ins freie Gelände hinunter. Wir verlassen also hier den Ith-Hils-Weg 8, ca. 200 m, treffen in der *Ithstraße* ein und vollenden die Tour beim Bahnhof **Coppenbrügge** 1. Wer indes beim Hotel Felsenkeller gestartet ist, quert noch ein bisschen weiter und hat dann nur noch einen kurzen Abstieg vor sich.

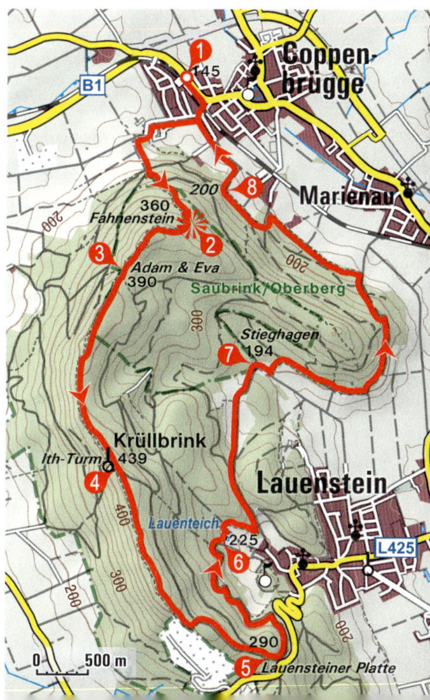

52 Der Bergmannsweg

5.30 h

Auf vorindustriellen Spuren von Bad Münder nach Osterwald

Im Osterwald wurde seit dem Ende des 16. Jahrhunderts, am benachbarten Nesselberg seit dem Ende des 18. Jahrhunderts bis zur Einstellung um 1925/26 Bergbau betrieben. Die Gewerke (Kohle, Ton, Sand- und Kalksteinbrüche) sowie weiterverarbeitende Betriebe beschäftigten viele Menschen aus den umliegenden Dörfern, die auf dem alten Bergmannsweg zu ihren Arbeitsstätten marschierten. Auf diesen Spuren können wir heute unterwegs sein und ein Kapitel früher regionaler Industriegeschichte nachvollziehen. Die Strecke zwischen Altenhagen I und Osterwald wartet mit etlichen informativen Tafeln auf. Daneben ergeben sich immer wieder schöne Landschaftseindrücke aus dem Östlichen Weserbergland. Der insgesamt gut 20 Kilometer messende Bergmannsweg lässt sich am besten unter Einbeziehung der Bahnverbindungen nach Bad Münder bzw. Osterwald absolvieren.

Ausgangspunkt: Deisterbahnhof Bad Münder, ca. 110 m, an der Bahnstrecke Hannover – Hameln – Paderborn.
Endpunkt: Bahnhof Osterwald, ca. 107 m, bei der Ortschaft Oldendorf. Mit der Weserbahn Richtung Hameln/Löhne bzw. Elze/Hildesheim.

Anforderungen: Streckenweise befestigte Flur- und Forstwege, dazu auch ein recht hoher Anteil Naturwege. Insgesamt gut mit einheitlichem Symbol markiert (Bergmann auf gelbem Grund); an einzelnen Stellen aber auch mal lückenhaft. Das mehrfache Auf und Ab

Die Wanderung beginnt in einer weitläufigen Senkenlandschaft.

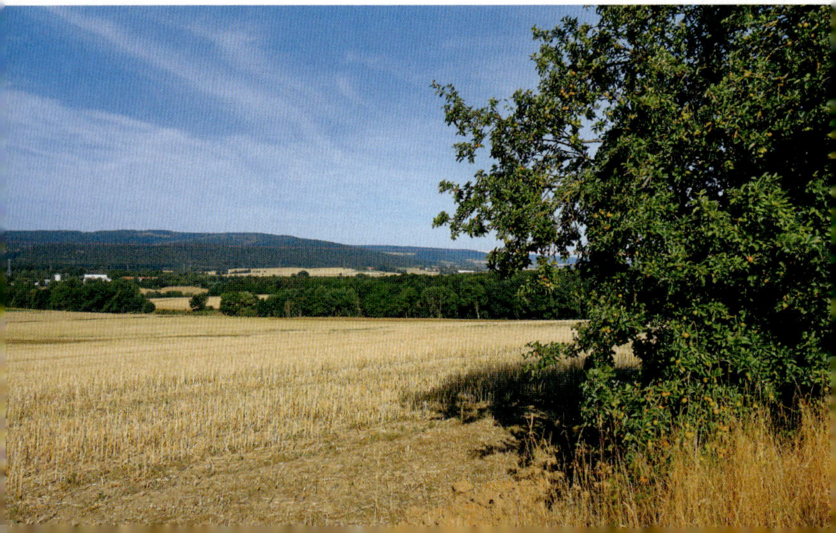

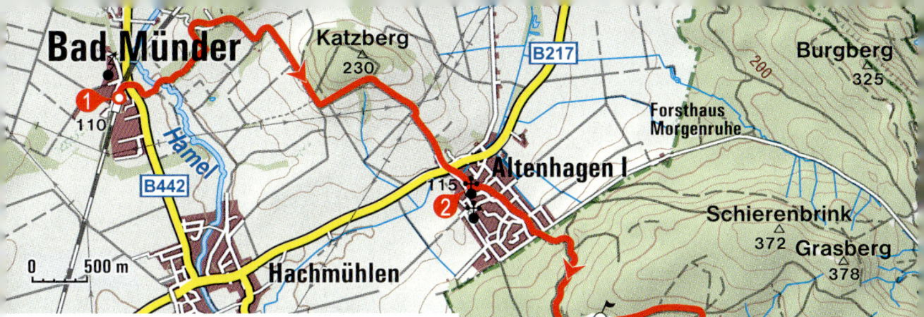

sowie die recht lange Strecke verlangen solide Kondition.
Einkehr: Osterwald (Café Zauberquell).
Tipp: Zur Abrundung kann in Osterwald das Schaubergwerk »Hüttenstollen« besucht werden (März bis Oktober). Führungen sonntags 13.15 und 14.30 Uhr, Museum zusätzlich mittwochs 15 bis 18 Uhr.

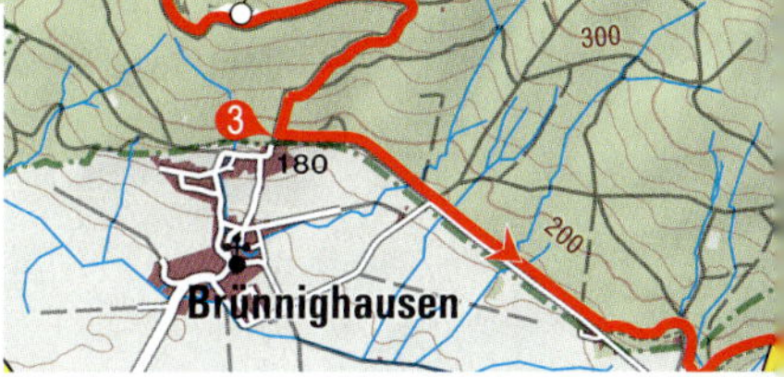

Wir starten am Deisterbahnhof in, besser gesagt nahe **Bad Münder** ❶, kreuzen umgehend die *B442* und in der Wiesenniederung in Kürze auch die Hamel. Nach einem Waldabschnitt nähern wir uns der Einschicht Mathildenthal und traversieren den Katzberg mit weitem Blick über die Fluren um Hachmühlen sowie bis gegen Hameln hinaus. Mit einer Gefällstrecke hinein nach **Altenhagen I** ❷, ca. 115 m, das durch die Straßen *Am Nesselberg* und *Rote Reihe* aufwärts durchschritten wird. Am Waldrand nach links und den Hinweis »Wanderweg« beachten. Über diese Abkürzung stoßen wir alsbald auf eine Forststraße, die im ausgedehnten Höhenzug des Nesselberges im Bogen allmählich aufwärts zieht. Dabei wird das Kulturdenkmal Kukesburg passiert, bevor man am höchsten Punkt der Tour den scharfen Rechtsknick wahrnimmt. Damit gegen **Brünnighausen** ❸, ca. 180 m, hinunter und unmittelbar am Wald-

Schautafeln am Bergmannsweg vermitteln historisches Wissen.

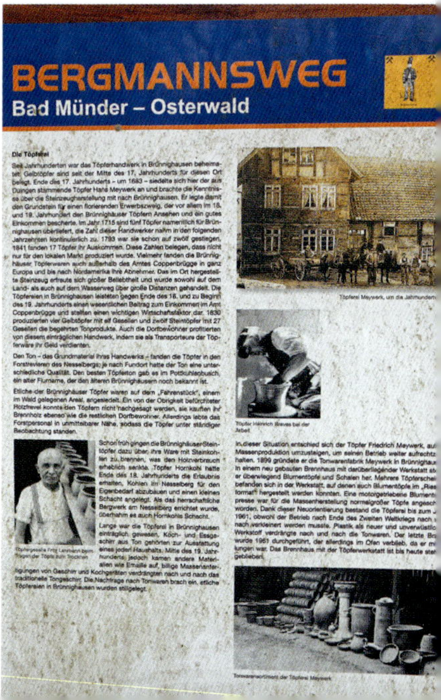

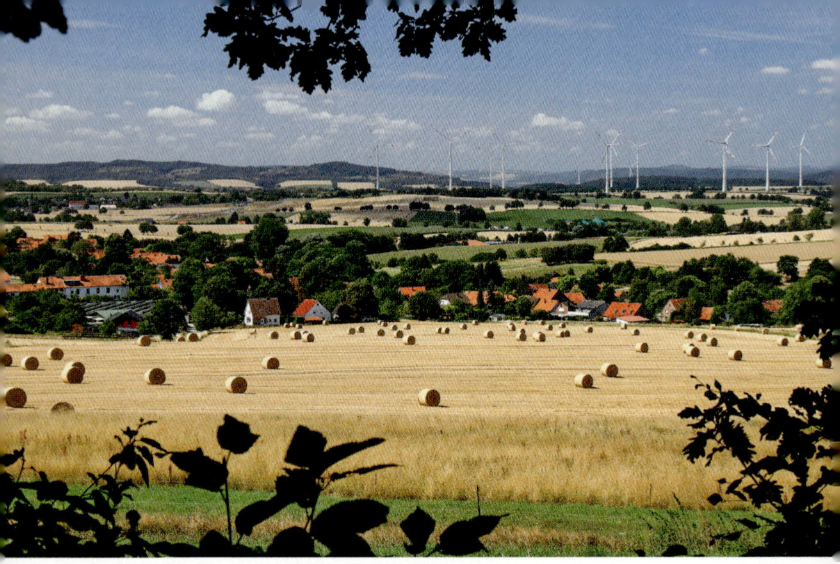

Bei Dörpe führt unsere Route anheimelnd am Waldrand entlang.

rand nach links. Ein längere Zeit nahezu geradlinig verlaufender Abschnitt bringt uns via Tivoli zur kleinen Siedlung **Nesselberg** (schöner Pfad parallel zur Straße). Dann dreht man ins Gehölz ab, kommt etwas verwinkelt am Forsthaus Eichhorst sowie an der **Pulvermühle** ❹, 175 m, bei Dörpe vorbei und folgt nach Kreuzen der *L422* dem sachte, aber stetig ansteigenden Waldrandweg via Rastpunkt »Drei Dicke Buchen« bis zum nächsten Höchstpunkt bei **Ikenburg**. Dieser Abschnitt zeichnet sich durch besonders schöne Ausblicke, etwa zum Nördlichen Ith, aus. Hinter dem Forsthaus Salzburg achten wir auf die Fortsetzung abwärts zur kleinen Siedlung **Salzburg** ❺, ca. 190 m, ebenfalls direkt am Südrand des großen Osterwaldes gelegen. Mitten durchs Gehölz schlängelt sich anschließend ein kleiner Pfad leicht auf und ab. Erst nach einer ganzen Weile mündet dieser in eine Forststraße, mit der man in der stattlichen Ortschaft **Osterwald** ❻, ca. 200 m, eintrifft. Wer nicht noch zum Hüttenstollen im *Steigerbrink* möchte, folgt am besten

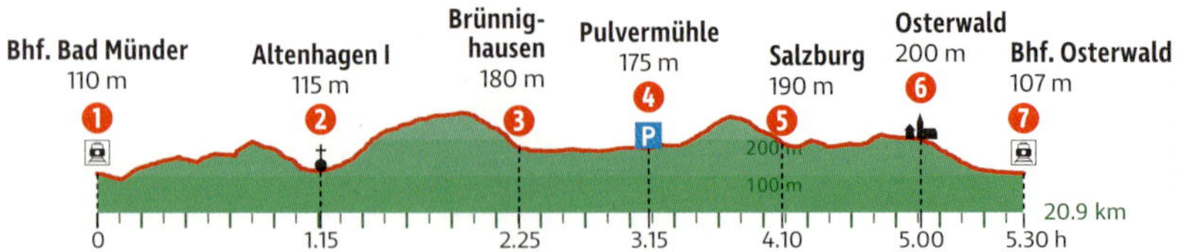

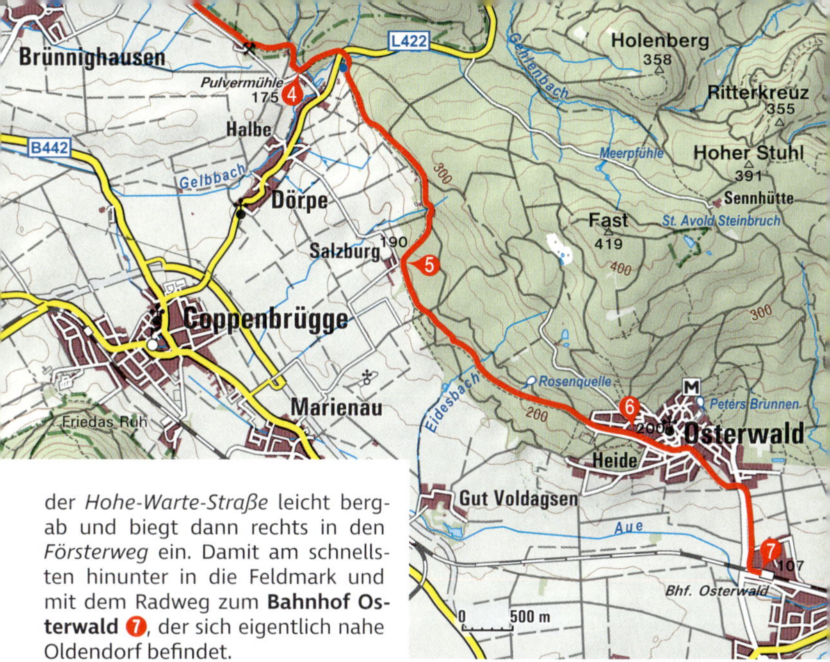

der *Hohe-Warte-Straße* leicht bergab und biegt dann rechts in den *Försterweg* ein. Damit am schnellsten hinunter in die Feldmark und mit dem Radweg zum **Bahnhof Osterwald** 7, der sich eigentlich nahe Oldendorf befindet.

Einige der alten Stollen sind unübersehbar.

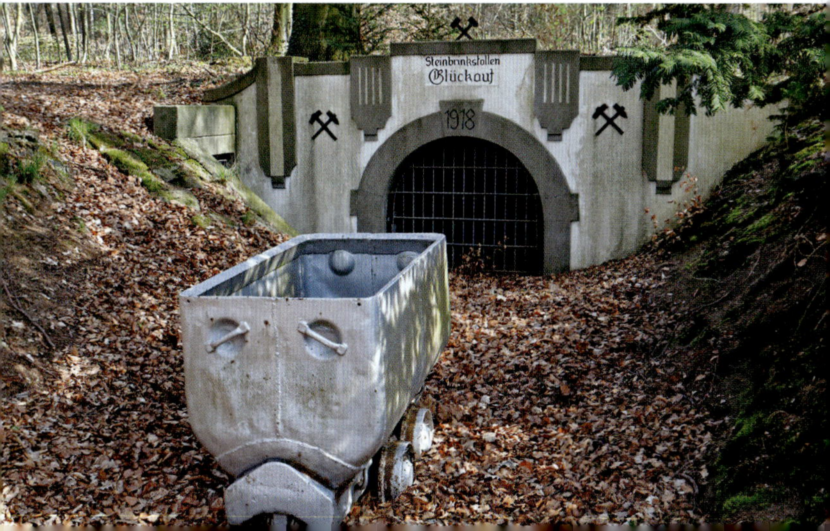

↗ 300 m | ↘ 300 m | 11.8 km

53 Im Saupark Springe

3.20 h

Rundtour am Kleinen Deister

Bereits seit dem 17. Jahrhundert bestand im Kleinen Deister ein königliches Hofjagdrevier. 1836–39 wurde dort der sogenannte »Saupark« durch Einfriedung mit einer gut 16 Kilometer langen Steinmauer eingerichtet. Sie gilt als längstes Denkmal Niedersachsens. Die Hof- und Staatsjagden fanden noch bis in die jüngere Vergangenheit statt. In der teils parkähnlichen, teils auch sehr urwüchsigen Umgebung bestehen gute Chancen, Wildtiere zu beobachten. Der Autor entdeckte auf seiner Erkundungstour sowohl Schwarzwild als auch das sonst sehr seltene Muffelwild. Wem dieses individuelle Erlebnis verwehrt bleibt, der kann zumindest im nahen Wisentgehege zahlreiche Tierarten beobachten.

Ausgangspunkt: Jagdschloss Springe, 113 m, an der L461 zwischen Springe und Eldagsen. Auch Bushaltestelle (Verbindung vom Bahnhof Springe).
Anforderungen: Im Kammbereich über den Burgberg sowie am Drakenberg unbefestigte Abschnitte, die bei feuchten Bedingungen unerquicklich werden können. Sonst problemlose Wege, beim ersten Anstieg relativ steil. Kaum markiert und nur ab und zu beschildert, aber allenfalls am Drakenberg mögliche Orientierungsschwierigkeiten. Ausdauer für eine Halbtagestour.
Einkehr: Wisentgehege, Café & Biergarten im Jagdschloss (Mo Ruhetag).

Erster Blickfang: das Jagdschloss Springe.

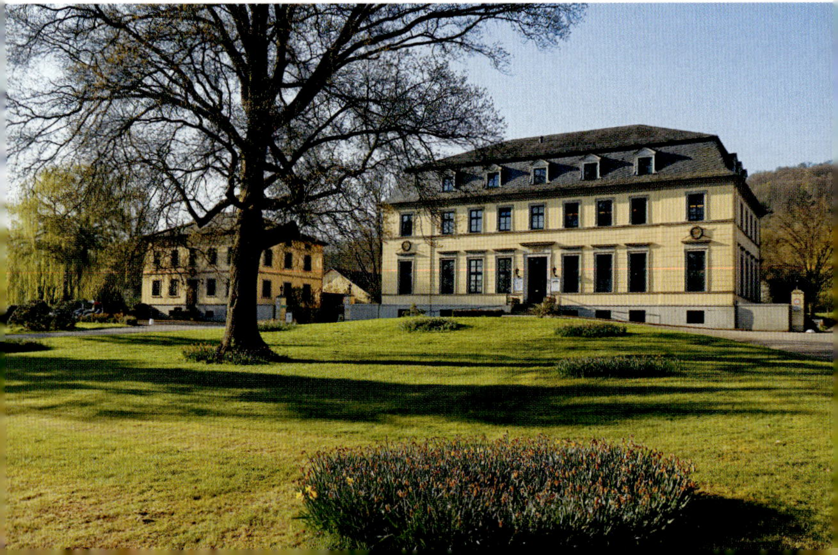

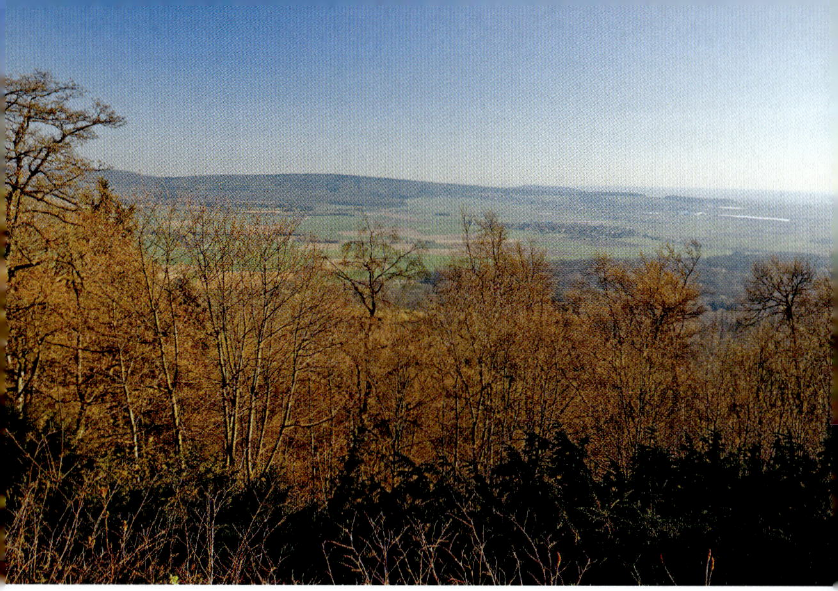

Der »Wilhelmsblick« geht am Deister vorbei und reicht bei klarem Wetter sogar bis Hannover.

Varianten: 1. Der holprige Erdweg am Drakenberg kann über die Forststraße problemlos umgangen werden.
2. Von der Unterstandshütte geradeaus direkt zurück zum Jagdschloss, ca. 2 km kürzer.
Tipps: 1. Wisentgehege Springe, geöffnet ganzjährig (von Mai bis September zwischen 8.30 und 18 Uhr, sonst etwas verkürzt). Hier sind viele einheimische Wildtierarten aus der Nähe zu beobachten.
2. Museum im Jagdschloss Springe mit natur- und jagdkundlicher Ausstellung. Öffnungszeiten 10 bis 16 Uhr (außer montags).

Vom Parkplatz beim **Jagdschloss Springe** ❶ betreten wir nach wenigen Schritten den Saupark. Bei der nächsten Kreuzung orientieren wir uns an der Beschilderung »Streittor« und gewinnen nun kräftig an Höhe. Unter ei-

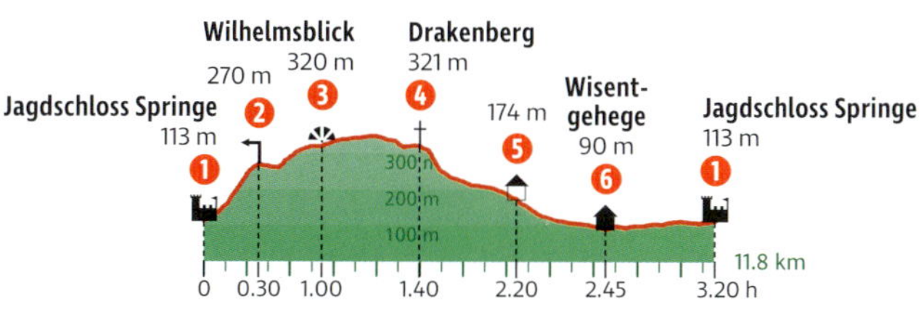

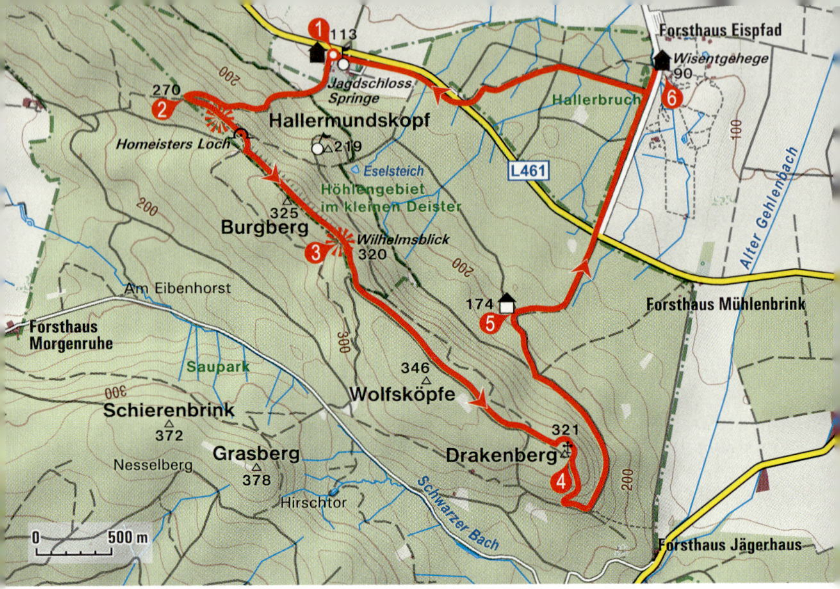

nigen Felsen entlang erreicht man die Kammlinie des Kleinen Deister und wählt dort den scharf links abzweigenden, mitunter etwas aufgewühlten Pfad ❷. Dieser schlängelt sich oberhalb der Klippen in Grundrichtung Südost dahin. Nach Kreuzen einer Forststraße wird die Schneise etwas breiter, führt jetzt über den Burgberg hinweg und tangiert beim **Wilhelmsblick** ❸, ca. 320 m, nochmals die Abbruchkante. Ein Fernblick bis in den Raum südlich der Landeshauptstadt Hannover tut sich auf. Etwas weiter stoßen wir wieder auf einen Querweg und kommen anschließend auf einer befestigten Trasse rascher voran. Aus dem Bereich der Wolfsköpfe mit etwas Gefälle zu einer weiteren Kreuzung, wo man nun unkompliziert die Forststraße rechts abwärts wählen könnte. Erscheint indes der schneisenartige Erdweg geradeaus gut gangbar, können wir diesem mit etwas abenteuerlichem Anstrich über den **Drakenberg** ❹, 321 m, hinweg folgen (der höchste Punkt befindet sich an der Kammlinie ein paar Meter links). Später zieht die Schneise recht steil hinunter zur besagten Forststraße, die mit einem Linksbogen auf die Nordostseite des Höhenzugs führt. Bei einer Unterstandshütte ❺, 174 m, gilt es sich zu entscheiden: entweder auf direktem Weg zum Jagdschloss oder rechter Hand leicht abwärts zur *L461* und geradeaus weiter entlang der *K213* (begleitender Radweg) bis zum beliebten **Wisentgehege** ❻. Nach einer ausgiebigen Besichtigung kehren wir über einen bequemen Waldweg, zuletzt mit dem Radweg neben der Straße, zum **Jagdschloss Springe** ❶ zurück.

↗ 720 m | ↘ 660 m | 25.4 km

6.45 h

Deisterkamm-Überschreitung 54

Von Bad Nenndorf über drei Aussichtstürme bis nach Springe

Als einer der nördlichsten Gebirgszüge Deutschlands lockt der Deister vor allem aus dem bevölkerungsreichen Großraum Hannover jede Menge Naherholungssuchende in seine Wälder. Auch wenn die meisten von ihnen bescheidenere Ambitionen hegen – als engagierte Wanderer wollen wir uns hier durchaus eine großzügige Überschreitung vornehmen. Sie reicht von Bad Nenndorf im Nordwesten, das aufgrund seiner starken Schwefelquellen Bedeutung erlangte, bis nach Springe im Südosten und misst gut 25 Kilometer mit einigem Auf und Ab. Wirklich schroffe Formen zeigt der Deister nur selten; es dominiert vielmehr der weite Schwung. Wegen des meist dichten Waldkleids darf man über die Stunden zwar nicht allzu viel Aussicht erwarten, doch drei Türme vermitteln auch Eindrücke von der Umgebung. Nach einem lieblichen Auftakt kommen wir als Erstes zum Strutzturm. Auf den Höhen des Deisterkamms empfangen uns später Nordmannsturm und Annaturm, jeweils mit angeschlossenen Lokalen (und daher nur bei deren Öffnung, in der Regel zwischen 10 und 17 oder 18 Uhr, zugänglich). Das Finale erlaubt gewissen Gestaltungsspielraum, wobei der Steilpfad am Bielstein eine besonders pfiffige Option darstellt.

Zum Auftakt: das ehemalige Schwefelbadehaus in Bad Nenndorf.

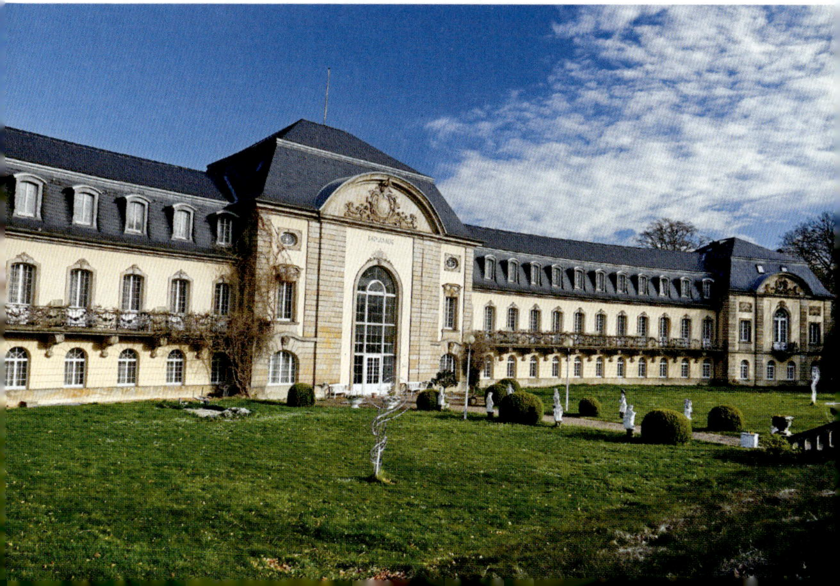

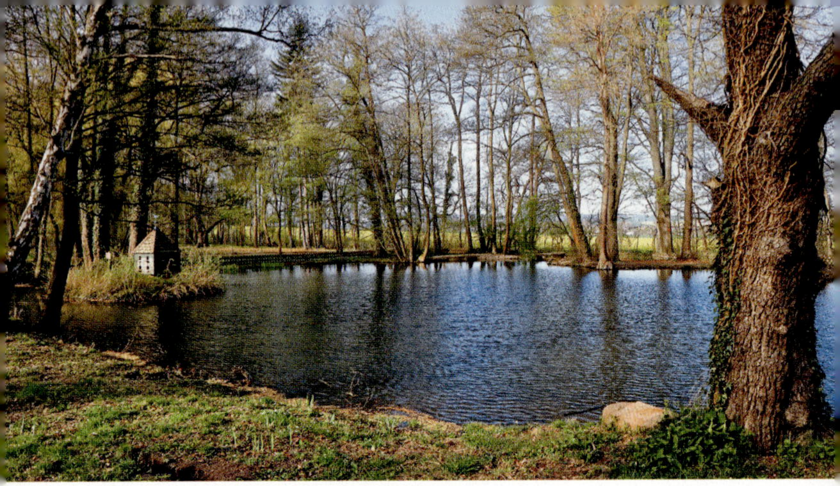

Im Erlengrund gleich südlich von Bad Nenndorf.

Ausgangspunkt: Bahnhof Bad Nenndorf, 60 m, an der Linie S1 von Hannover nach Haste.
Endpunkt: Bahnhof Springe, 117 m, an der Linie S5 zwischen Hameln und Hannover.
Anforderungen: Sehr lange Wanderung für Ausdauernde. Im ersten Drittel häufig naturbelassene Wege, etwa ab dem Bereich der Heisterburg mehrheitlich befestigte Forststraßen. Abstieg vom Bielstein auf steilem, schmalem Pfad, der elementare Trittsicherheit erfordert. Bis auf dieses kurze Stück ist die Tour gut beschildert und markiert.
Einkehr: Bad Nenndorf, Cecilienhöhe (derzeit wegen Umbau geschlossen), Mooshütte (Mo Ruhetag), Waldgaststätten Teufelsbrücke (Mo+Di Ruhetag), Nordmannsturm (Mo Ruhetag) und Annaturm (Mo Ruhetag), Springe.
Varianten: 1. Von der Cecilienhöhe auf direktem Weg zur Mooshütte (ohne Strutzturm). Andererseits kann man auch die Mooshütte auslassen und beim Turm dem Hinweis Richtung Teufelsbrücke folgen.
2. Bleibt man hinter dem Annaturm am rechts abzweigenden E1, kommt man über Köllnischfeld von Westen nach Springe hinein.
3. Wer den schmalen Pfad am Bielstein vermeiden möchte, nimmt am besten bei der Kreuzung »Laube« (Wegpunkt 10) den Rechtsabzweig nach Springe.

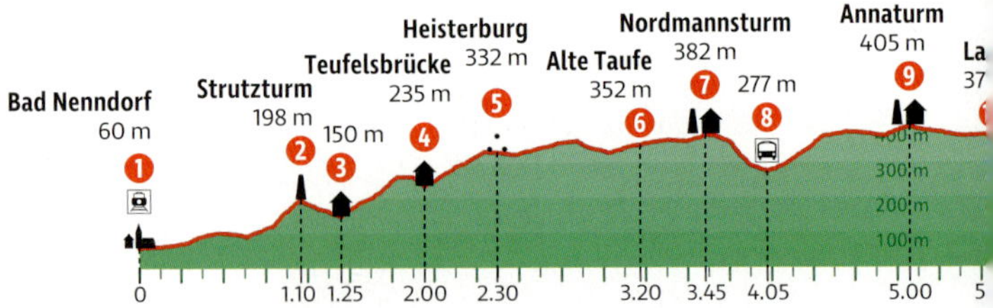

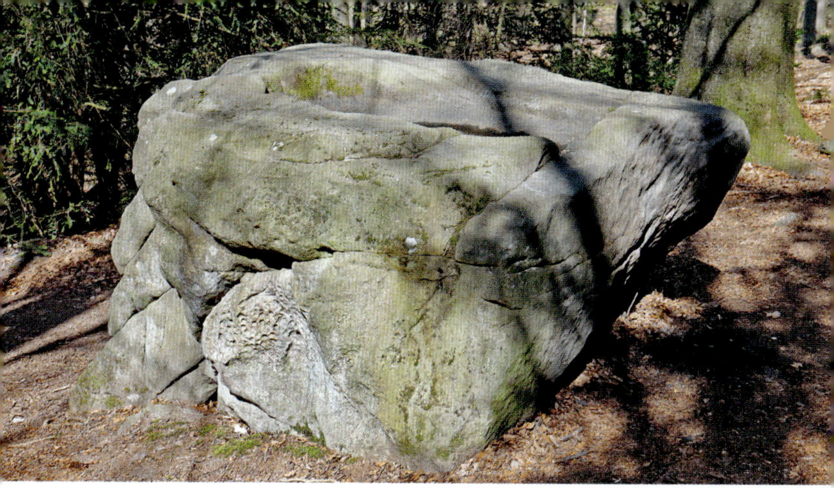

Der Felsblock der Alten Taufe gibt Rätsel auf.

Vom Bahnhof in **Bad Nenndorf** ❶ bringt uns die *Bahnhofstraße* Richtung Zentrum. Dort linker Hand in den Kurpark, wo wir der Beschilderung »Deister« sowie dem Kürzel XE1 folgen. Eine besondere Attraktion ist die »Süntelbuchenallee« mit ihren knorrigen Bäumen. Nach Kreuzen der *B65* kommen wir in den Erlengrund mit seinen zwei Teichen und beginnen nun das Bergauf an den äußersten Ausläufern des Deister. Kurz nachdem die Autobahn unterquert ist, erreichen wir die **Cecilienhöhe** und wählen den Waldweg hinauf zum **Strutzturm** ❷, 198 m, der leider nicht mehr bis über die Baumkronen hinausreicht. Ein paar Meter zurück lotst uns die übliche Bezeichnung des E1 gen Osten leicht ab-

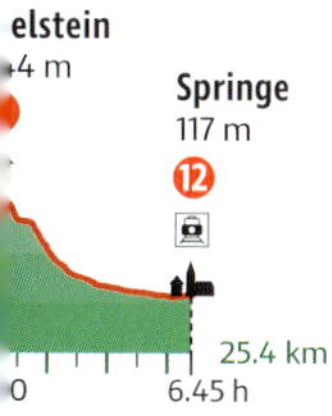

Einer von drei Aussichtstürmen: der Nordmannsturm.

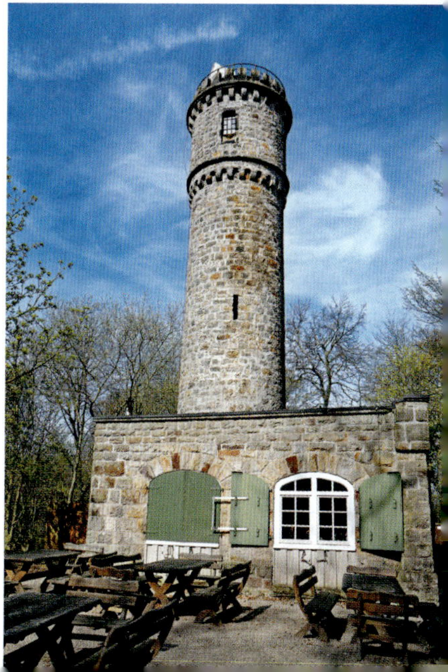

wärts und mit einem Bogen zum stattlichen Ausflugslokal **Mooshütte** ❸, ca. 150 m.

Anschließend geht es eine ganze Weile bergauf, unterbrochen nur durch einen kurzen Zwischenabstieg zur sagenumwobenen **Teufelsbrücke** ❹, ca. 235 m, wo sich eine Waldgaststätte befindet. Dort setzen wir die Tour halb rechts fort und sollten ein Stück weit oberhalb den kurzen Abstecher zur Aussichtskanzel an der **Rodenberger Höhe** nicht versäumen. Anschließend nähert man sich der **Heisterburg** ❺, 332 m, deren mittelalterlicher Wall im Grundriss einer Viereckschanze angelegt wurde. Bei der nächsten fünfarmigen Kreuzung halten wir uns halbrechts und sind damit auf dem Deisterkamm unterwegs. Wir passieren einen riesigen Antennenstachel und schweifen später kurz ab, um die sogenannte **Alte Taufe** ❻, 352 m, einen großen Steinblock mit eigenartiger Eintiefung, zu begutachten. Die Bedeutung als etwaige Opferstätte oder als Taufstein zu Zeiten der Christianisierung ist ungeklärt. Etwa anderthalb Kilometer weiter empfängt uns der schmucke **Nordmannsturm** ❼, 382 m, samt Waldgaststätte: einer der beliebtesten Anlaufpunkte schlechthin im Deister.

Eine deutliche Gefällstrecke führt dem **Nienstedter Pass** ❽, 277 m,

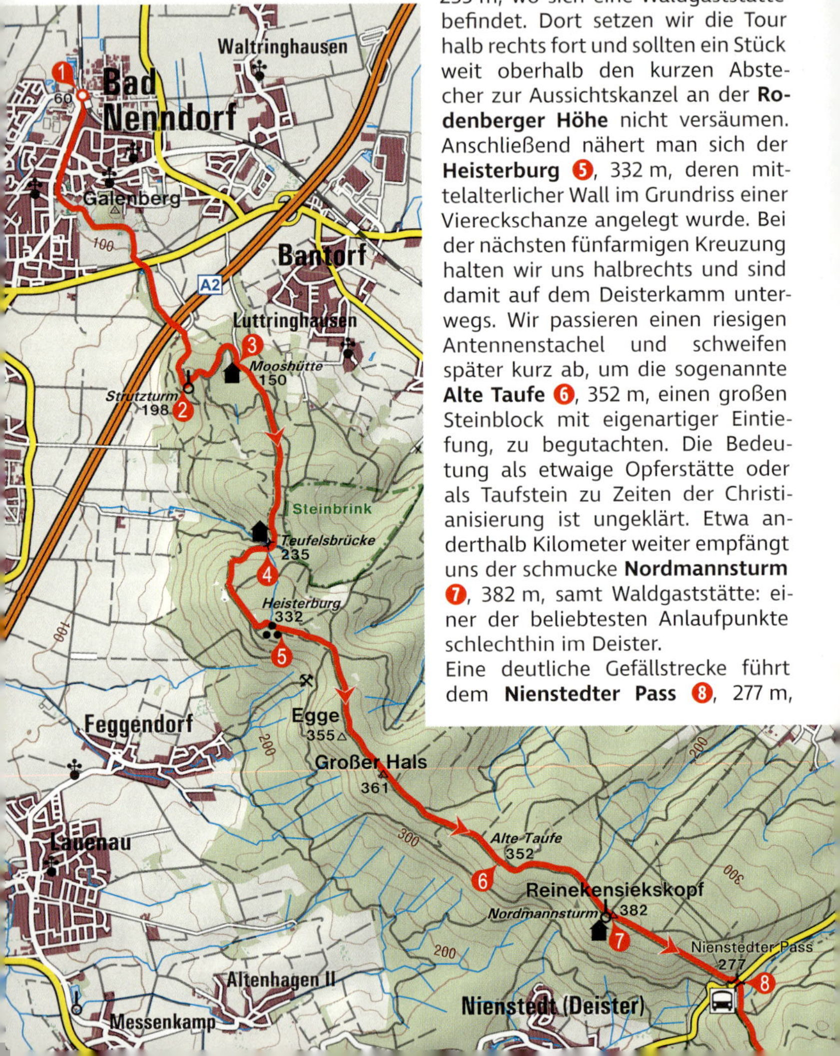

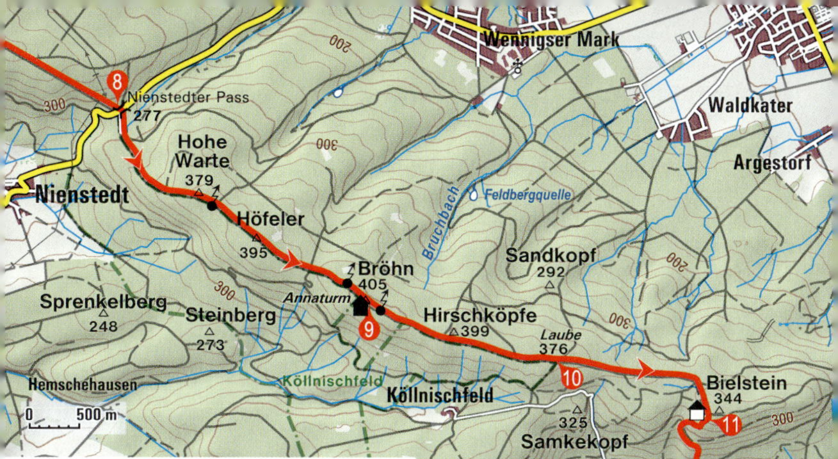

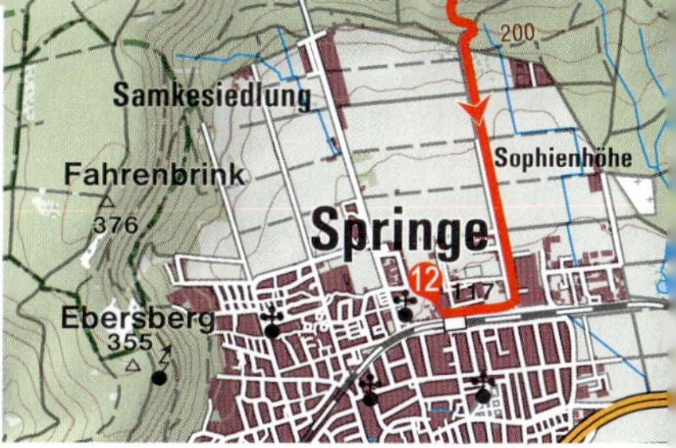

entgegen, wo wir nach Kreuzen der Straße die nächste längere Gegensteigung einleiten. Von der Hohen Warte wandern wir an einigen Flugsicherungsanlagen vorbei und machen dann am **Annaturm** ❾, 405 m, auf dem **Bröhn** Station. Auch hier gibt es eine Einkehrmöglichkeit. Bald danach zweigt der E1 rechts ab. Allerdings bleiben wir am breiten Hauptweg und kommen zur großen Kreuzung bei der **Laube** ❿, 376 m. Obwohl Springe hier nach rechts ausgewiesen wird, gehen wir zunächst noch geradeaus, bei der Wöltjebuche dann rechts und mit einer letzten Gegensteigung auf den **Bielstein** ⓫, 344 m. Direkt bei der Unterstandshütte setzt ein schmaler Pfad bergab ein. Er ist ziemlich abschüssig und verlangt Konzentration. Weiter unten quert man auf einem größeren Weg vorübergehend nach links, ehe sich erneut ein Pfad fortsetzt. Im Schlängelkurs bis zu einem Forstweg und damit zum nahen Waldrand. Auf der asphaltierten *Rathenaustraße* schnurgerade ins Gewerbegebiet hinunter und schlussendlich rechts in die *Industriestraße*, die uns zum Bahnhof von **Springe** ⓬ bringt.

Auf der Rodenberger Höhe öffnet sich ein Fernblick.

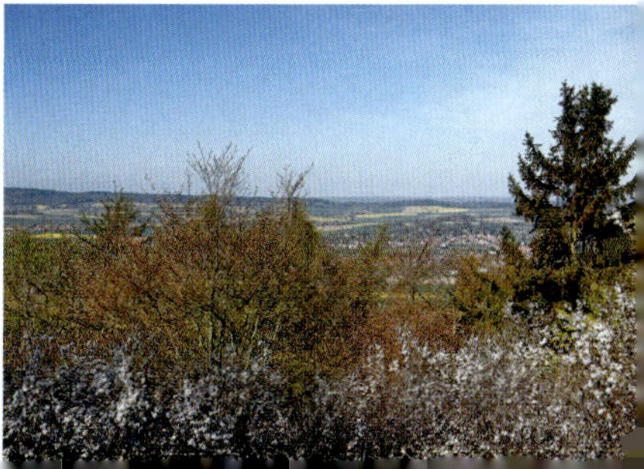

↗ 380 m | ↘ 380 m | 14.3 km

55 Von Hameln nach Fischbeck

3.45 h

Über Holtensen zur altehrwürdigen Stiftskirche

Hameln ist die größte Stadt an der Oberweser. Mit ihrem Kern, der etliche sehenswerte Bauten im Renaissance-Stil zeigt, sowie dem bereits um 955 geweihten und im 12. Jahrhundert prächtig ausgebauten Stift Fischbeck gründet der Rahmen dieser Tour auf kulturellen Besonderheiten. Dazwischen spielt allerdings die Natur der umgebenden Wälder und Fluren die Hauptrolle. Der Schweineberg etwa ist bekannt für seine großen Märzenbecher-Vorkommen. Beim nördlichen Bogen nehmen wir auch den weit geschwungenen Süntel in Augenschein. Leider ist der Bismarckturm als erstes Anlaufziel aktuell nicht zugänglich, die Gaststätte nebenan verwaist. Ein überaus idyllisches Lokal findet man aber mit dem Forsthaus Heisenküche.

Ausgangspunkt: Hameln, 68 m, in der Altstadt (Marktkirche). Vom Bahnhof aus fallen bis dorthin etwa 1,5 km zusätzlich an: via Bahnhofstraße zur Bundesstraße 217 und weiter in die Osterstraße (Fußgängerzone).

Endpunkt: Fischbeck, 71 m. Bushaltestelle in der Bahnhofstraße unweit des Stifts.

Anforderungen: Häufig naturbelassene Wege, kurzzeitig sogar mal pfadlos auf Grasnarbe, nur in den Siedlungsbereichen (Hameln, Holtensen, Fischbeck) Hartbelag. Bis Holtensen solide beschildert, danach mangelhaft – bis zum Finnenberg braucht es daher etwas Orientierungsgabe.

Direkt im Zentrum von Hameln soll's losgehen.

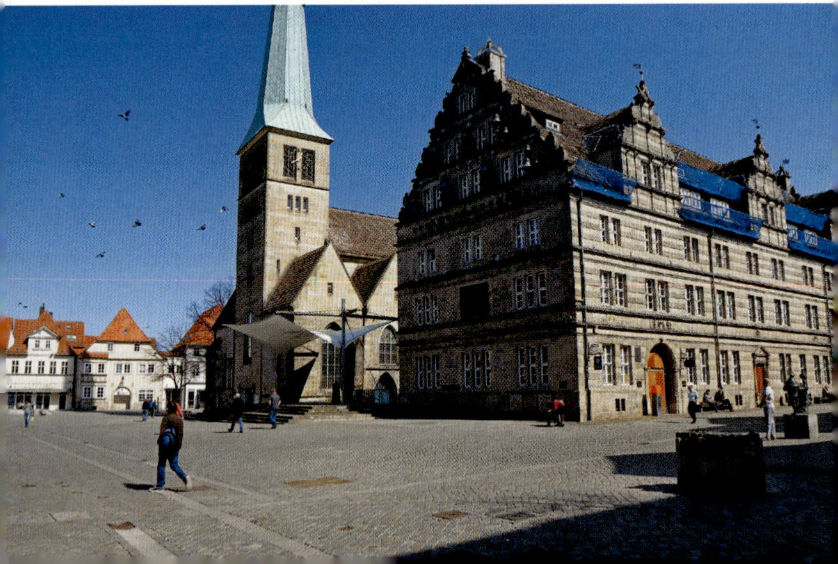

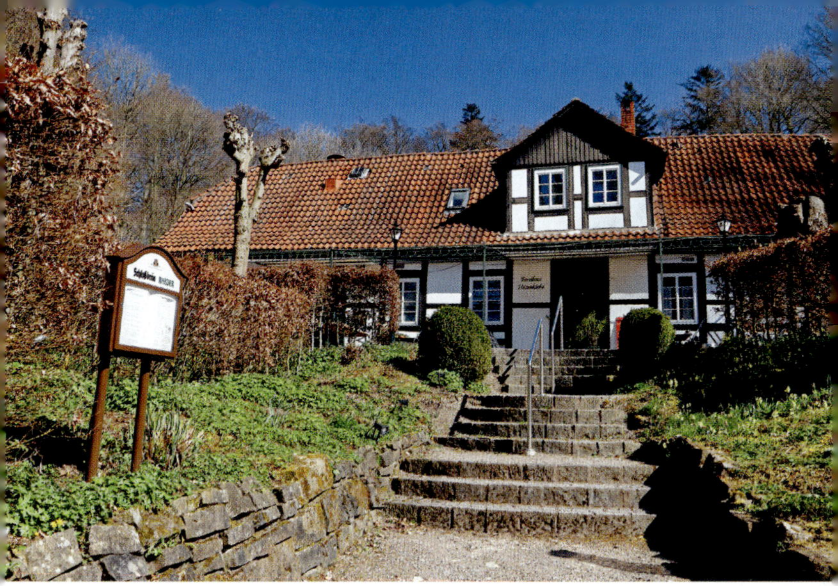

Die Waldgaststätte »Heisenküche« liegt auch am Weserberglandweg.

Einkehr: Zahlreich in Hamelns Altstadt, Forsthaus Heisenküche (Mo+Di Ruhetag), Fischbeck (Bierscheune, Hotel Café am Stift, Jannis, Schaumburger Hof).
Varianten: 1. Vom Bahnhof Hameln auch etwas direkter über den Basberg Richtung Heisenküche.
2. Vor dem Schlussabstieg kann der Große Finnenberg noch umwandert werden (1 km länger).
Tipp: Im Stift Fischbeck finden auch öffentliche Führungen mit Besuch der Stiftskirche statt (Infos unter stift-fischbeck.de).

In **Hameln** ❶ verlassen wir die Altstadt nordwärts, biegen von der *B83* rechts in die *Süntelstraße* ab, passieren hinter einem Bahnübergang die ehemalige Kaserne und folgen beim Schulzentrum Nord dem Hinweis zum Bismarckturm. Nach gut 2 Kilometern sind wir aus dem Stadtgebiet heraus und nehmen bei einem Teich den mit X ansteigenden Waldweg auf, der uns nun rasch zum **Bismarckturm** ❷ bringt und anschließend noch etwas weiter empor bis auf rund 200 Meter Meereshöhe. Ein Zwischenabstieg durch den Friedrichswald führt zu einer Straße mit

Fischbeck ist als Zielort dieser Streckenwanderung auserkoren.

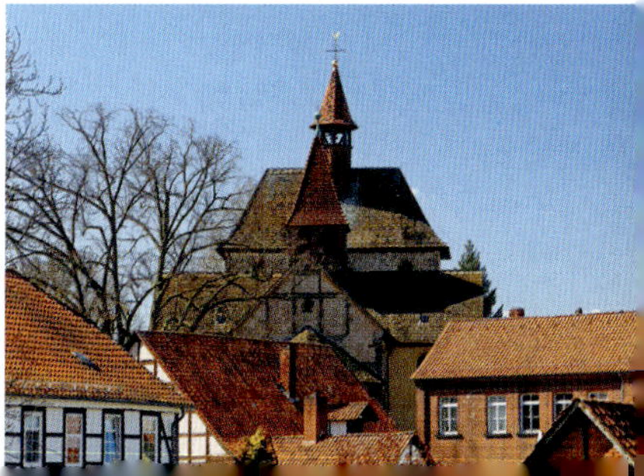

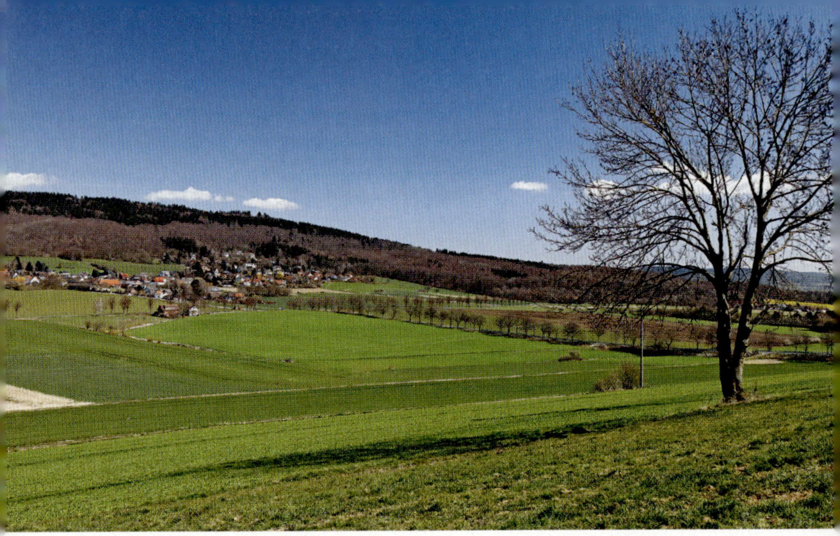

Blick auf Welliehausen am Abhang des Süntel.

dem Forsthaus **Heisenküche** ❸, 137 m, gleich dahinter. Bis auf die Waldhöhe des **Schweinebergs** ❹, ca. 265 m, sind wir nun vorübergehend auf dem Weserberglandweg unterwegs, scheren dann aber links aus (gelbe Route Nr. 4) und wandern auf einem schönen Pfad, zeitweise am Waldrand entlang, Richtung **Holtensen** ❺, 177 m. Wir durchqueren das Dorf vom *Büchenbusch* in die *Welliehäuser Straße* und wenden uns vor dem nördlichen Ortsausgang nach links in die *Hoyastraße*, noch vor der Kirche dann halbrechts. Wo der Feldweg später abknickt, verlassen wir diesen, um geradeaus dem breiten Grasstreifen am Waldrand entlang zu folgen. Dabei kann man sich auch gut an der parallelen Stromleitung orientieren. Nach rund 600 Metern trifft man somit wieder auf einen anderen Feldweg. Wo dieser oberhalb von Pötzen befestigten Untergrund erhält, geht es scharf links ❻ und sofort wieder rechts. Wir bewegen uns also weiterhin in Waldrandnähe, überschreiten die Kuppe Lehmschöt und kommen nach einem markan-

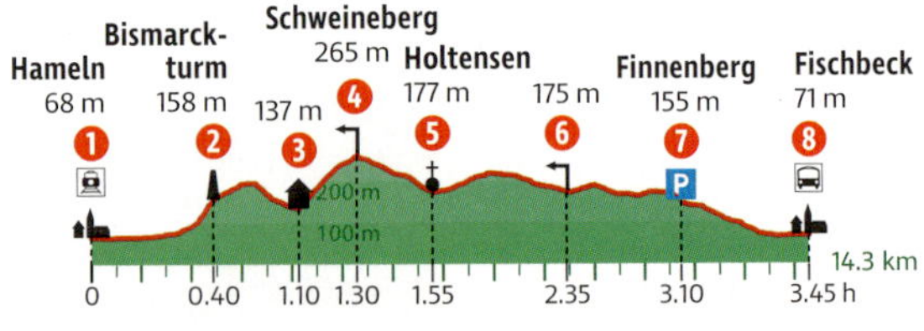

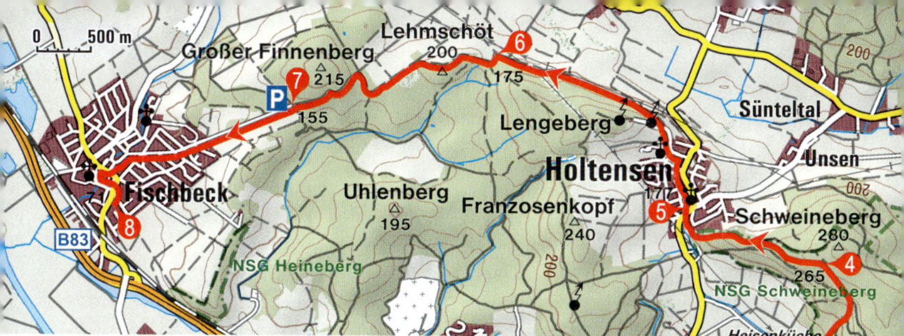
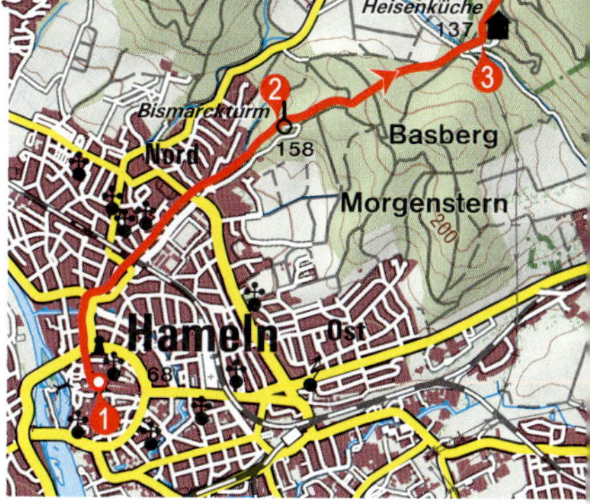

ten Rechtsbogen zu einer Kreuzung vor dem Großen Finnenberg. Mit dem Hinweis »Fischbeck« biegen wir nach links in das Sträßchen ein, treten beim **Parkplatz »Finnenberg«** 7 wieder in freies Gelände hinaus und lassen die Tour jetzt Richtung **Fischbeck** auslaufen. Dabei wird man noch einen kleinen Schlenker am Stift vorbei unternehmen, ehe die etwa 300 Meter entfernte Bushaltestelle 8 in der *Bahnhofstraße* den eigentlichen Endpunkt bildet.

Auf halber Strecke kommen wir durch Holtensen.

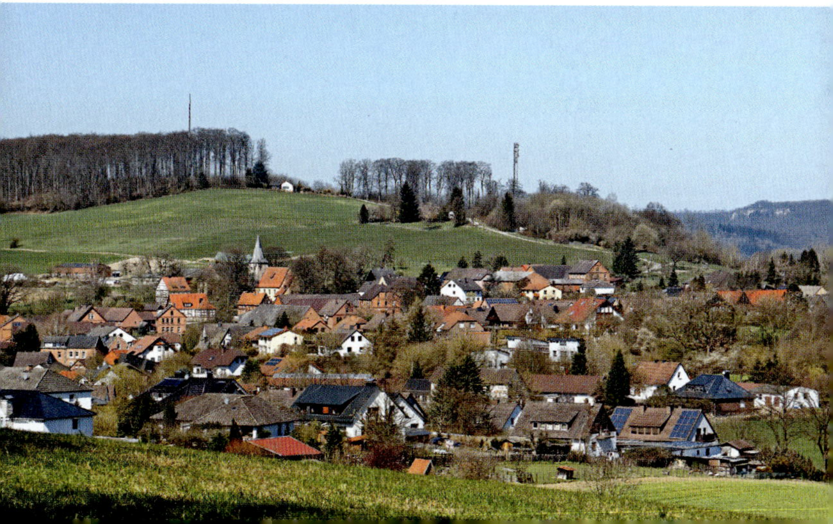

↗ 400 m | ↘ 430 m | 16.1 km

56 Von der Hämelschenburg zum Klütturm

4.15 h

Über Groß Berkel zum Hamelner Hausberg

Das pittoreske Wasserschloss der Hämelschenburg gilt als herausragendes Bauwerk der Weserrenaissance und ist für uns der Startpunkt zu einer abwechslungsreichen Tour, die in Hamelns Altstadt enden soll. Das erste Drittel verläuft am Eichberg vorbei Richtung Groß Berkel, anschließend durchstreifen wir die südwestlichen Hamelner Stadtwälder über den Riepen zum Klüt. Auf diesem strategisch günstigen Bergrücken errichtete das Kurfürstentum Hannover im 18. Jahrhundert die gewaltige Festung Hameln, die ihr den Ruf eines »Gibraltar des Nordens« eintrug. Doch die Wehranlagen hatten nicht lange Bestand: Nachdem Napoleon hierzulande als Aggressor in Erscheinung getreten war, wurden sie 1808 auf seinen Befehl hin geschleift, sprich abgetragen. Heute können wir vom Klütturm das schönste Hamelner Stadtpanorama ganz friedvoll genießen – vorteilhaft ausgeleuchtet ohne Gegenlicht im Übrigen eher in der zweiten Tageshälfte.

Ausgangspunkt: Hämelschenburg, 94 m. Busverbindung von den Bahnhöfen Hameln oder Emmerthal.
Endpunkt: Hameln, 68 m, bei der Marktkirche im Zentrum. Nächste Bushaltestellen entlang des Altstadtrings, der Bahnhof liegt ca. 1,5 km entfernt.
Anforderungen: Größerer Anteil an befestigten Forstwegen, aber auch einige naturbelassene Pfadabschnitte, beim Abstieg vom Klüt kurzzeitig recht steil. Auf über der Hälfte der Strecke nur we-

Zeitlos schöner Blickfang: die Hämelschenburg.

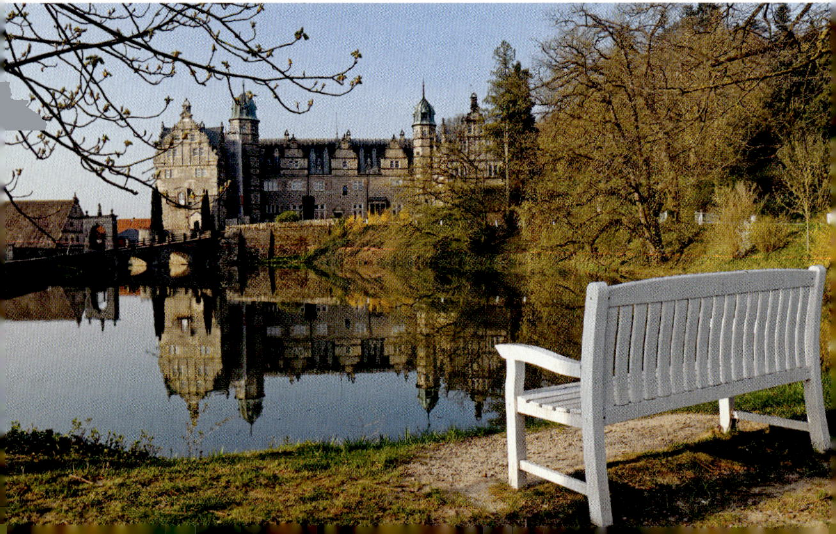

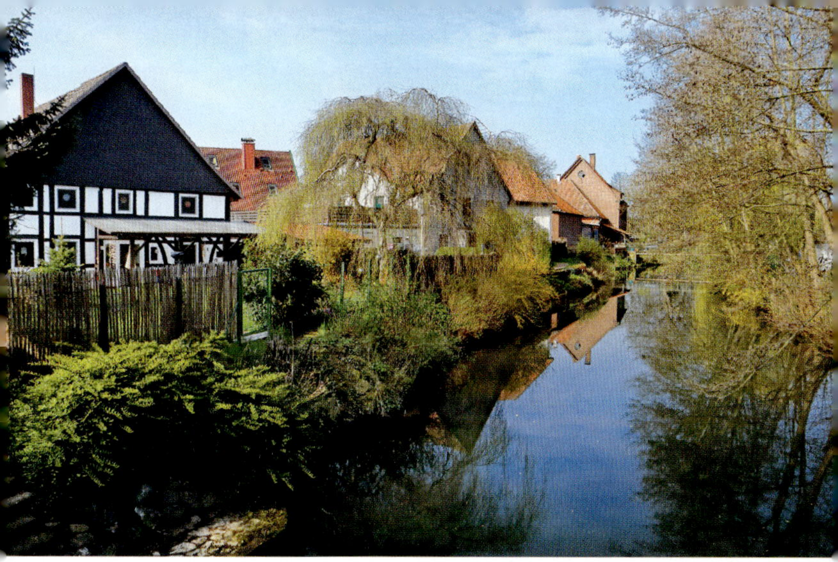

In Groß Berkel überschreiten wir die Humme.

nig bezeichnet, deshalb Orientierungsvermögen angezeigt.
Einkehr: Hämelschenburg (Café beim Schloss), Groß Berkel (Odysseus, Falafelfänger), Forsthaus Finkenborn (Mo+Di Ruhetag), viele Möglichkeiten im Stadtkern von Hameln.
Tipp: Besichtigung von Schloss Hämelschenburg (Mitte April bis Ende Oktober, außer montags, ab 10 Uhr).

Vom Teich bei der **Hämelschenburg** ❶ führt der leicht ansteigende *Hamelsche Weg* rasch aus der Siedlung in die Feldmark und weiter in ein Waldstück. Wir folgen der Bezeichnung des X6 sowie des Pilgerwegs in einer Rechts-Links-Kombination und haben dann eine lange Gerade gen Norden vor uns, ehe die genannten Symbole nach rechts weisen ❷. An dieser Kreuzung behalten wir die Richtung vorerst bei, wählen also den Grasweg, der sich bald zu

Seit 1843 befindet sich der Klütturm auf dem Hamelner Hausberg.

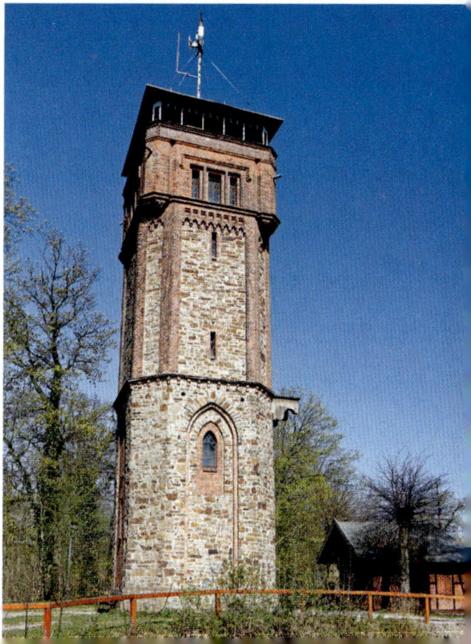

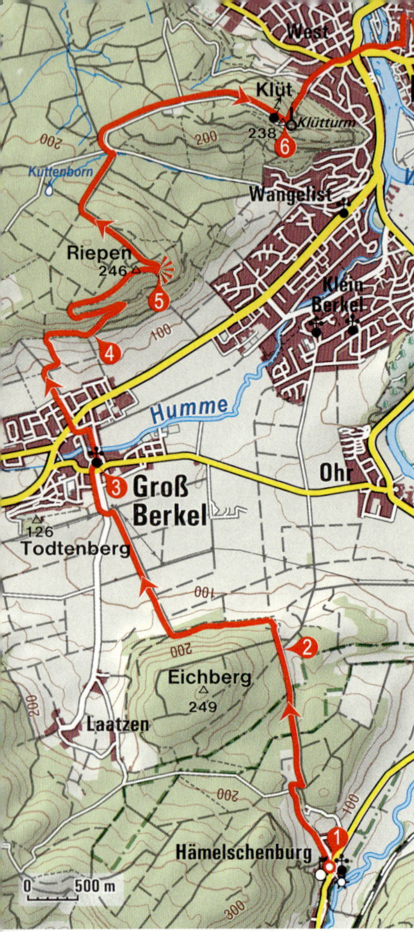

verlieren scheint. Geht man allerdings ein paar Schritte am Feldrain weiter, taucht wieder ein schmaler Pfad auf. Mit einem Linksknick über einen trockenen Graben hinweg und nun stets am nördlichen Waldrand des Eichberges streng gegen Westen – zunächst auf ganz schmaler Spur, danach breiter trassiert. Bei der zweiten Möglichkeit drehen wir rechts in die offene Feldflur ab und nähern uns der größeren Ortschaft **Groß Berkel** ❸, 79 m, in die wir über die *Laatzener Straße* eintreten. An der Kirche vorbei in den *Koppelweg*, dann links *An der Bahn* und die Bundesstraße kreuzend in den *Grasweg*, der am Gegenhang allmählich aufwärts zieht. Wir nähern uns dem südlichen Fuß des Riepen, gehen wiederum am Waldrand nach rechts und schlagen kurz nach P. 134 eine bergauf abzweigende Forststraße ein ❹. Mit einigen weit ausholenden Schleifen gewinnt man das Plateau

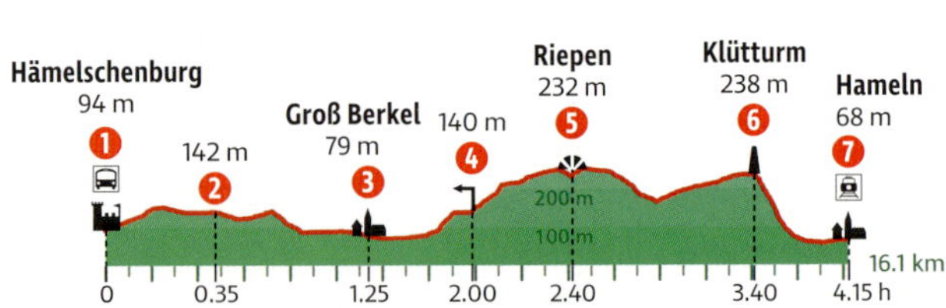

des Höhenzuges, nimmt dort Kurs Richtung Osten und erreicht anhand der gelben Symbolik HM1 den südseitig orientierten Aussichtspunkt mit Unterstandshütte am **Riepen** 5, ca. 232 m. Nach einem markanten Linksbogen um eine auffallend »löchrige« Landschaft (ehemalige Keupersandsteinbrüche) wandern wir eine Weile geradeaus, ehe man mit der Bezeichnung X9 nach rechts abbiegt. Weiter unten – bei der Kreuzung mit der Klützufahrt im Wiengrund – werden zwei Weiher passiert. Parallel zur Straße geht es nun via **Finkenborn** allmählich wieder bergauf, schließlich auf einem Waldlehrpfad bis zum **Klütturm** 6, 238 m. Das nebenstehende Restaurant ist derzeit allerdings verwaist. Nach ausgiebiger Würdigung der Aussicht folgt man am steilen nordöstlichen Waldhang den Schleifen bergab, später direkt auslaufend ins Hamelner Stadtgebiet. Wir überschreiten die Weser auf der Münsterbrücke und halten uns links Richtung Fußgängerzone. Bei der Marktkirche St. Nicolai in **Hameln** 7 liegt der nominelle Endpunkt.

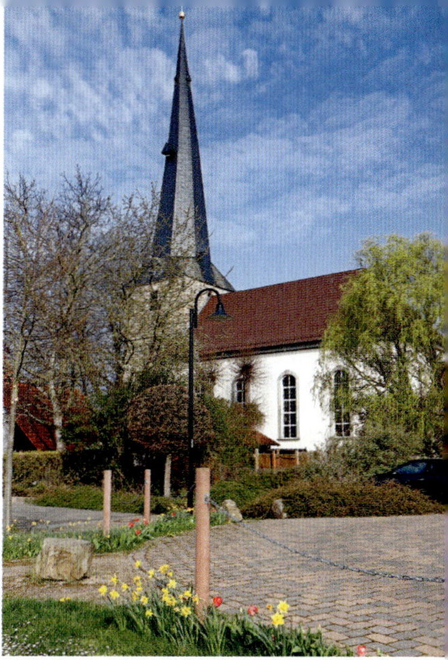

St. Johannis in Groß Berkel.

Beeindruckendes Finale: der Blick vom Klüt auf Hameln.

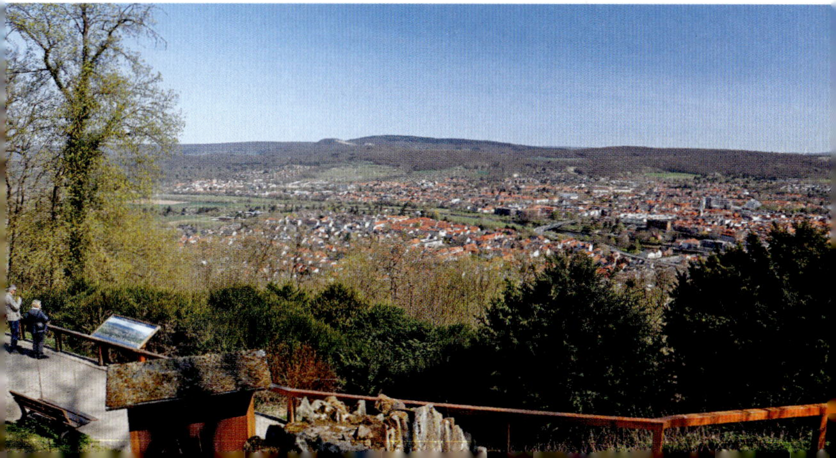

↗ 200 m | ↘ 200 m | 10.3 km

57 Von Schloss Schwöbber über den Lüningsberg

2.45 h

Gemütliche Runde beim Flecken Aerzen

Seit Anfang des 16. Jahrhunderts war das Gut Schwöbber im Besitz des Adelsgeschlechts derer von Münchhausen, dem später auch der berühmte »Lügenbaron« angehörte. Ab 1570 entstand dort mit dem Wasserschloss eines der bedeutendsten Bauwerke der Weserrenaissance, namhaft auch wegen der edlen Parkanlagen. Heute ist im Schloss ein 5-Sterne-Hotel untergebracht, mit einem Golfareal in der Umgebung. Vom sehenswerten Startpunkt schlagen wir eine Runde um und über den Lüningsberg, die unter den gemütlichen Touren dieser Auswahl einzureihen ist. Man kommt im Verlauf auch auf die Aerzener Seite vor der Kulisse des Pyrmonter Berges.

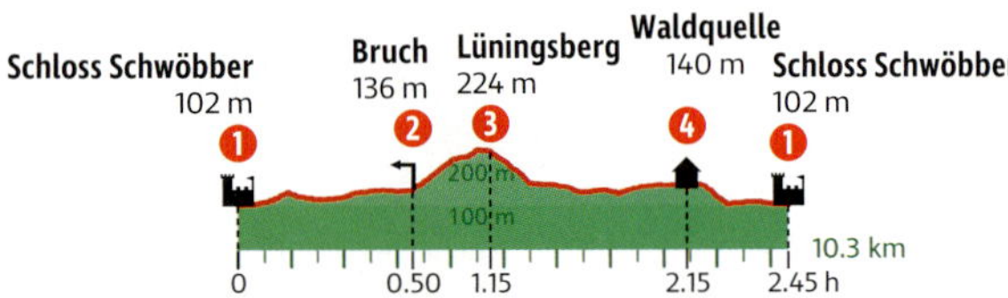

Ausgangspunkt: Schloss Schwöbber, 102 m, zwischen Königsförde und Grupenhagen (südwestlich von Hameln). Stichstraße zum Parkplatz direkt beim Schloss; Bushaltestelle vorn an der L432 (Verbindung von Hameln – Groß Berkel).
Anforderungen: Relativ großer Anteil von Naturwegen, auf gut 1 km bei Nässe etwas unangenehm, sonst unproblematisch, auch in konditioneller Hinsicht.
Einkehr: Hotel-Restaurant Waldquelle (Mo+Di Ruhetag, Fr bis So auch mittags), Schlosshotel Münchhausen (nobel).
Variante: Zu Beginn nicht am Waldrand entlang nach Bruch, sondern mit Nr. 8 parallel dazu etwas höher durch den Forst (bei feuchten Bedingungen ratsam).

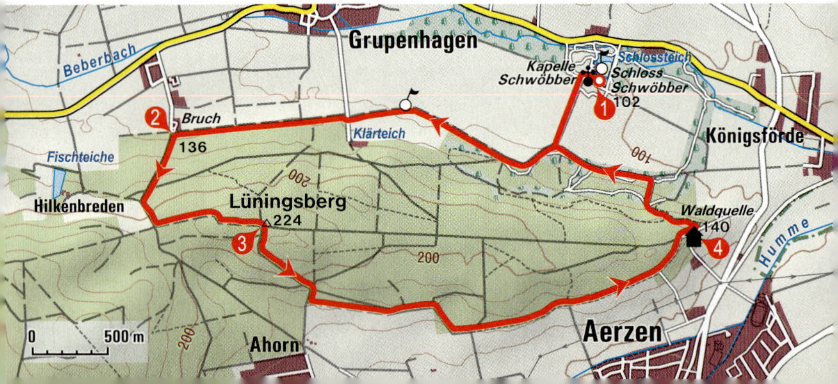

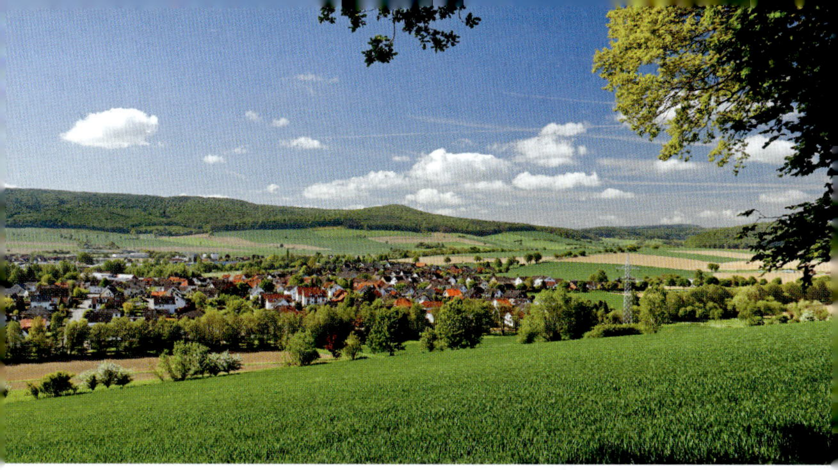

Auf der Aerzener Seite des Lüningsbergs.

Vom **Schloss Schwöbber** ❶ südwärts zum Waldrand und dort mit Nr. 8 nach rechts. Bei der nächsten Gabelung bleibt man wegen der besseren Aussicht vorteilhaft vor dem Gehölz, nutzt also den unteren Weg, welcher am Zehnt-Denkmal vorbeiführt und das Forsthaus abseits (oberhalb) lässt. Später ist die Trasse für eine Weile unbefestigt und die Grasnarbe eventuell etwas aufgewühlt. Bei den Häusern von **Bruch** ❷, ca. 136 m, links aufwärts und bald gemeinsam mit der Variante zur Kammhöhe, wo man auf den Hansaweg (X9) stößt. Wir orientieren uns hier links, folgen diesem bis auf den **Lüningsberg** ❸, 224 m, und bei der nächsten Kreuzung rechts abwärts. Damit zum südseitigen Waldrand, wo sich das Blickfeld über die Aerzener Gegend öffnet. Wiederum auf Naturpfaden geht es an einer Schutzhütte vorbei und leicht auf und ab bis zum schön gelegenen Hotel-Restaurant **Waldquelle** ❹, ca. 140 m. Man achtet auf den kleinen Pfad, der ins Gehölz eintaucht (weiterhin X9), ein Stück weit abwärts leitet und schließlich nach links verlassen wird, um den Kreis Richtung **Schloss Schwöbber** ❶ zu schließen.

Heiteres Landschaftsbild bei Grupenhagen.

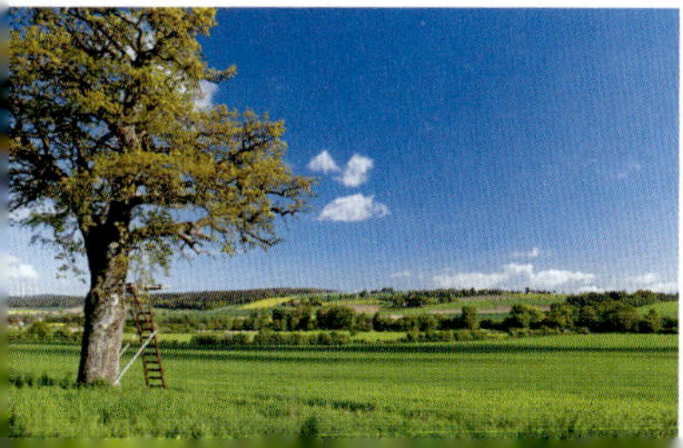

Das Wasserschloss Schwöbber zählt zu den Bauten der Weserrenaissance.

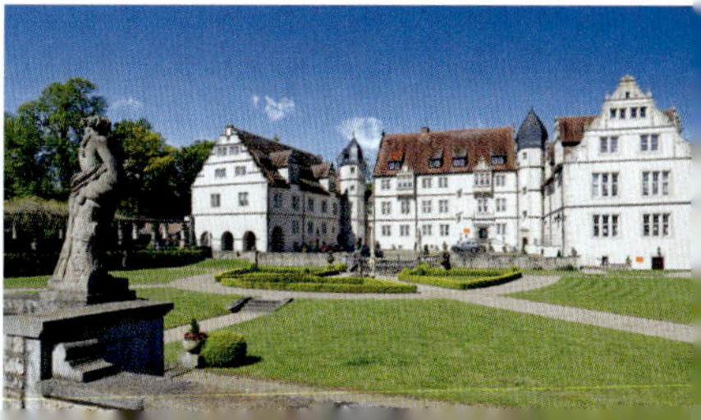

↗ 540 m | ↘ 540 m | 21.7 km

58 Hohe Asch und Windmühlenstumpf

6.00 h

Im Lipperland zwischen Alverdissen, Reine und Sonneborn

Das wellige Lipperland bietet mit seinen oft freien Szenerien immer wieder herrliche Aussichten. Die speziell herausragenden Punkte dieser Wanderung, die uns im großen, tagfüllenden Bogen von Alverdissen über Reine und Sonneborn führt, sind die Hohe Asch sowie der Windmühlenstumpf (auch »Mühlenpott« genannt). Landschaftlich werden also ausgiebige Impressionen eingefangen. Leider hat man auf den typischen Flurwegen jedoch häufig Teerbelag unter den Sohlen, außer streckenweise über die Hohe Asch und am verschlungenen Mühlenberg.

Ausgangspunkt: Alverdissen, 259 m, Stadtteil von Barntrup. Busverbindungen nach Barntrup und Bösingfeld mit Anschlüssen z. B. nach Lemgo.
Anforderungen: Ziemlich lange Wanderung, in der ersten Hälfte bis gegen Dudenhausen öfters auf Naturpfaden, danach fast nur noch Hartbelag. Die Überschreitung des Mühlenbergs hinter Reine ist mangels Markierung etwas kompliziert zu finden und teils auch verwachsen (im Zweifel über die Straßen ausweichen). Gute Ausdauer wichtig.
Einkehr: Alverdissen (Restaurant Hermes).
Variante: Verkürzte Runde von Dorotheental zurück nach Alverdissen.

Das Dörfchen Reine liegt direkt an unserer Route.

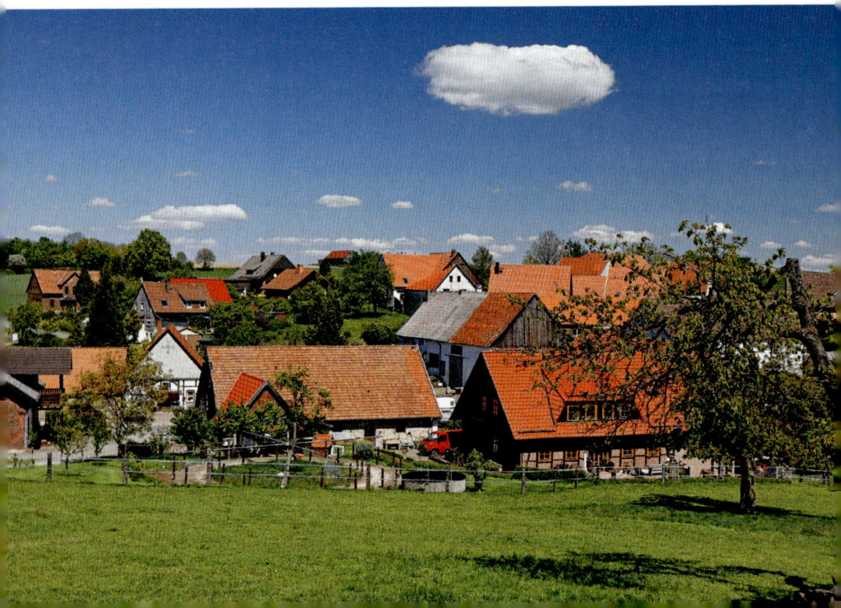

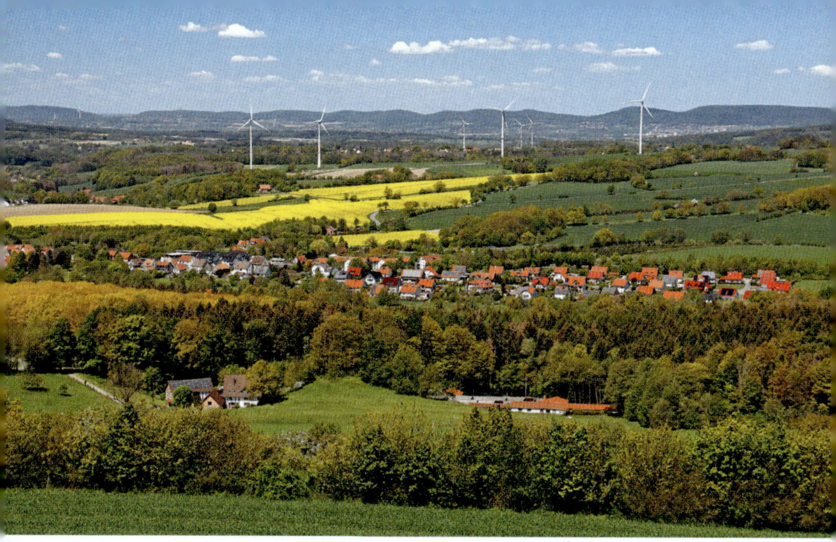

Ausblick von der Hohen Asch über die Umgebung von Bösingfeld.

Aus der *Schlossstraße* in **Alverdissen** ❶ biegen wir links in den *Bruchweg* ein, der nordwärts aus dem Ort heraus in die wellige Feldmark führt. Wir beachten die Bezeichnung X5, verlassen damit das Teersträßchen und durchwandern etwas verwinkelt das Gehölz der Großen Egge. Die *K57* wird wenige Schritte nach links versetzt gekreuzt. Damit hinauf nach **Hummerbruch** ❷, ca. 335 m, wo wir vom *Streitbuschweg* nach rechts in die *Lütkenbergstraße* abdrehen. Hinter einem einzelnen Anwesen links und aus der Senke wieder ansteigend am Forsthaus vorbei gegen die von Windrädern besetzten Höhen hinauf. In Kürze treffen wir dann beim Aussichtsturm auf der **Hohen Asch** ❸, 371 m, ein. Auf schönem Naturpfad geht es links um die bewaldete Kuppe herum und ostwärts zur *K58*, die bei einem Einzelhaus in einer Kurve jedoch nur tangiert wird. Wir nutzen den Wanderweg abseits der Straße, um nach **Reine** ❹, 236 m, zu gelangen. Die Straße nach Drostenhof wird hier rechts haltend gekreuzt, um die Wanderung über den

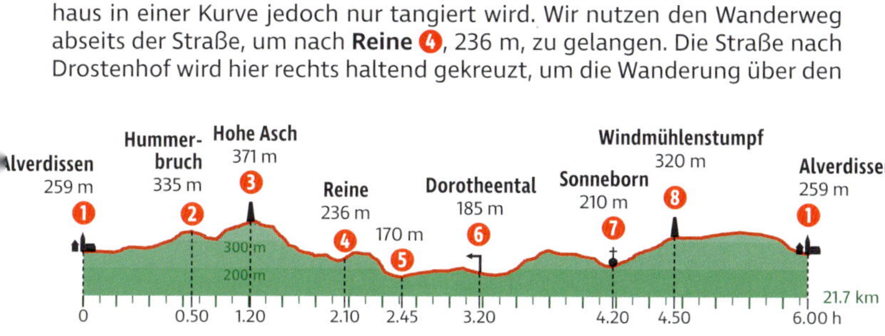

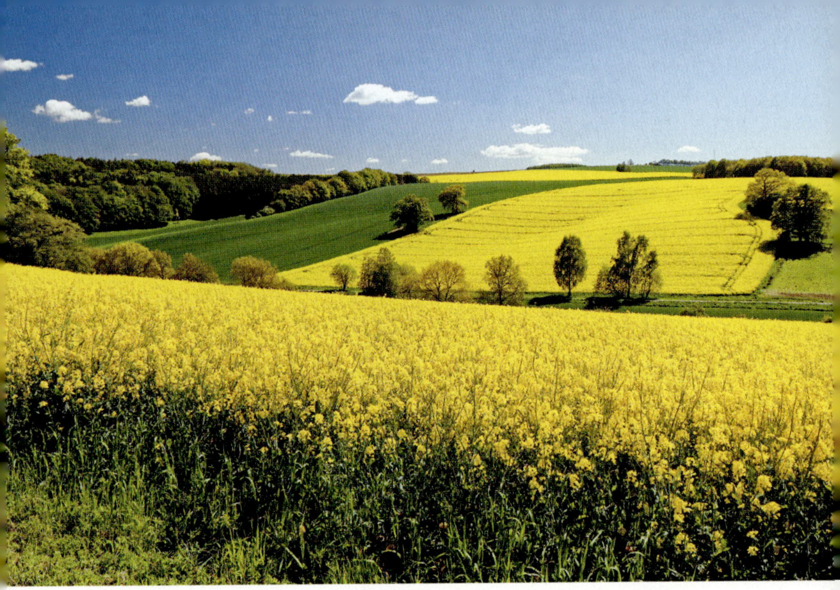

Zur Zeit der Rapsblüte zeigt sich die wellige Landschaft besonders leuchtend.

Mühlenberg fortzusetzen. Kurz bevor der Flurweg das begleitende Gehölz vollständig passiert hat, tauchen wir rechts ohne jeglichen Hinweis in dieses ein, verlieren deutlich an Höhe und schwenken derweil links, um in die Sohle des **Hummetals** zu gelangen (teils etwas verwachsener Erdweg). Unten am kleinen Bach entlang gen Süden zu einem Teich und ein paar Meter weiter zu einem Gehöft **5**, ca. 170 m.
Wir gehen jetzt auf der Zufahrt Richtung Dudenhausen und kreuzen die *K59* etwas nach rechts versetzt. Der asphaltierte Feldweg vollzieht einen Bogen via **Dorotheental** **6**, ca. 185 m, und biegt dort scharf links in die Eintalung ab. Die jetzt mit dem Kürzel B markierte Route lässt sich an einem Waldhang hinauf geschickt abkürzen. Wir passieren Kropsheide inmitten welliger Weiden und genießen von den Höhen bald darauf schöne Blicke ins östlich gelegene Grießetal. Der asphaltierte Wirtschaftsweg führt am Kallberg in leichtem Gefälle dahin und knickt später rechts Richtung **Sonneborn** **7**, ca. 210 m, ab. An der *Hauptstraße* angekommen, geht es im *Friedrichsweg* ansteigend weiter

Die einstige Windmühle auf dem Saalberg dient nun als Aussichtsturm.

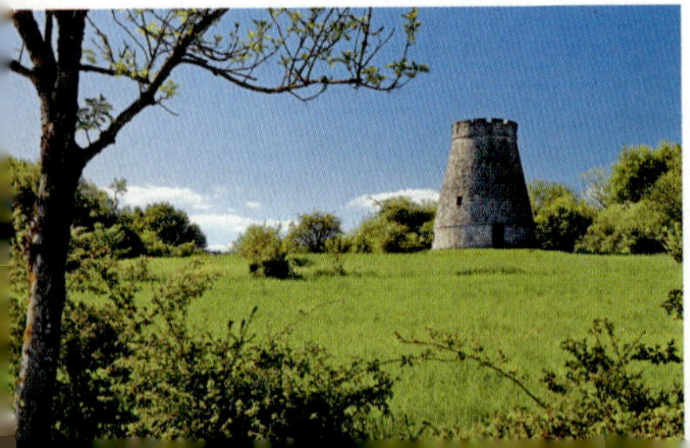

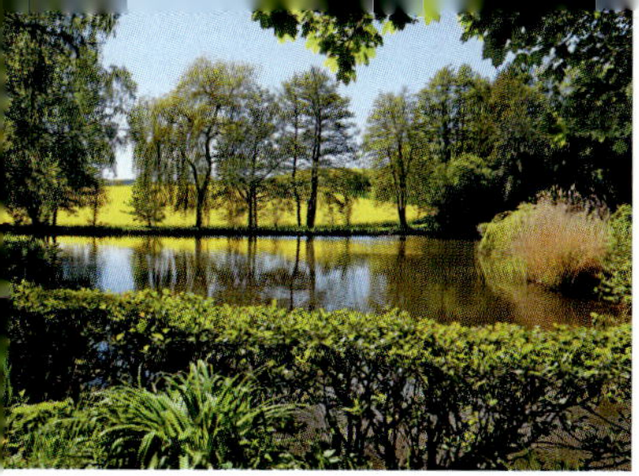

Kleinod im Hummetal.

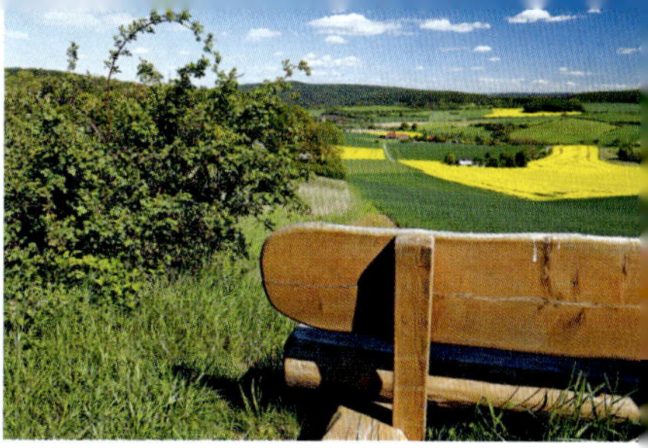

Rastbank über dem Grießetal.

und in der freien Gemarkung bis zum **Windmühlenstumpf 8**, ca. 320 m, empor. Anschließend orientieren wir uns in Nordrichtung und wandern über die zugigen Höhen des Saalberges an etlichen Windrädern vorbei. Erst nach geraumer Zeit senkt sich das Asphaltsträßchen schlussendlich hinab nach **Alverdissen 1**.

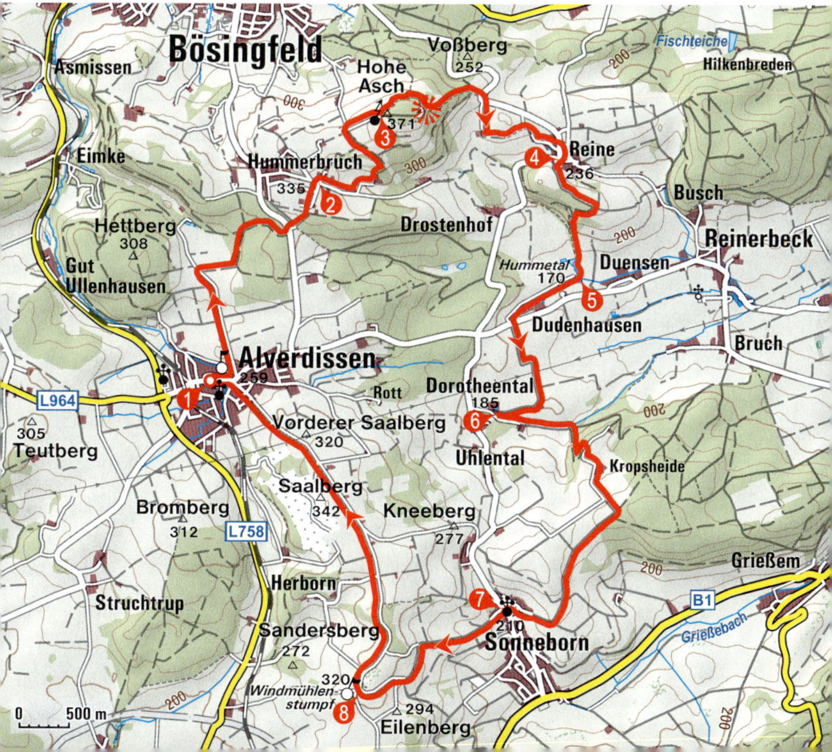

TOP

59 Steinberg und Burg Sternberg

↗ 380 m | ↘ 380 m | 13.2 km

3.45 h

Landschaftspark, Mittelalterambiente und Fernblicke übers Lipperland

Dörentrup, Hillentrup, Schwelentrup – solcherlei wiederkehrende Namensbestandteile gehen laut Forschung auf eine altsächsische Besiedlung im frühesten Mittelalter zurück und bedeuten soviel wie »Dorf«. Hier wollen wir eine Runde durchs Herz des Lipper Berglandes absolvieren, die beachtliche Facetten aufweist. Im Mittelpunkt steht natürlich die anmutig gewellte Landschaft mit ihren Waldzügen und großzügig geschwungenen landwirtschaftlichen Flächen – am besten und weitesten zu überschauen vom Steinberg, der früher militärisch genutzt wurde und im Zuge einer Erdaufschüttung heute die höchste Erhebung in Nordlippe darstellt. Gediegene Plätze, um zumindest einen Ausschnitt des Panoramas zu bestaunen, gibt es auch vorher und nachher noch genug. Kulturell sind hingegen die gräfliche Burganlage von Sternberg sowie ihr Vorläufer Alt Sternberg (in Luftlinie rund 1,5 Kilometer entfernt und heute noch als mächtige Wallanlage im Wald erkennbar) von Interesse. Und gleich zu Beginn der Tour durchschreiten wir den erholsamen Landschaftspark in Hillentrup mit der sogenannten Pottkuhle. Der stattliche See ist ein Relikt des einstigen Tonabbaus.

Ausgangspunkt: Schwelentrup, ca. 170 m, Parkplatz und Bushaltestelle »Grünental« an der Sternberger Straße. Busanschlüsse Richtung Barntrup, Lemgo und Bösingfeld.

Anforderungen: Häufig schöne, natur-

An der Pottkuhle in Schwelentrup.

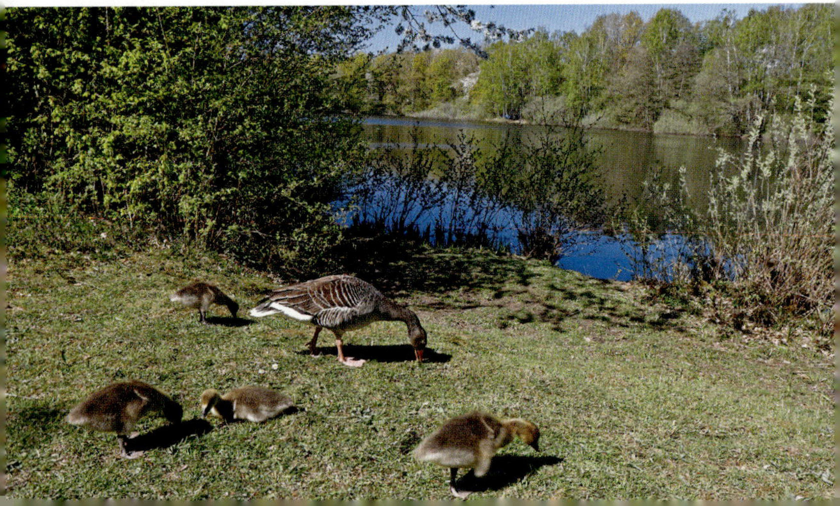

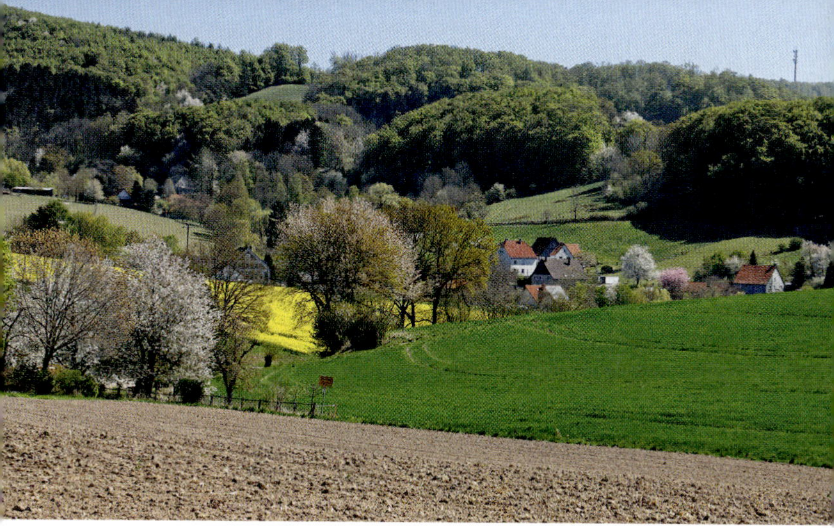

Bei Krusfeld wähnen wir uns in ziemlicher Abgeschiedenheit.

belassene Wege mit viel Abwechslung. Ein Großteil der Strecke ist mit X9 markiert, sonst auch lokale Wegnummern. Bei Verzweigungen und Richtungswechseln ist etwas Aufmerksamkeit gefordert.
Einkehr: Burgcafé Sternberg (geöffnet am Wochenende).

Varianten: 1. Anfangs durch den Kurpark von Schwelentrup und westwärts Richtung Mühlenberg.
2. Die Schleife über Burg Sternberg kann ausgelassen werden, wenn man vorzeitig vom Stühneberg nach Schwelentrup absteigt.

Vom Parkplatz »Grünental« in **Schwelentrup** ❶ zuerst links am Mühlingsbach entlang, bei den Tennisplätzen dann auf die rechte Seite wechselnd und mit der lokalen Bezeichnung A1 zum Landschaftspark, wo uns ein malerischer See (Pottkuhle) empfängt. Am besten passieren wir das Südufer (nördlich ebenfalls möglich). Anschließend durch die Straße *Auf dem Papierkamp* nach **Hillentrup** ❷ hinein und via *Drosselweg* und *Dockenweg* nordwärts am Hang entlang. Ein markanter Rechtsknick bergwärts (jetzt vorübergehend asphaltiert) bringt uns zur Grillhütte und hier links mit A5 gegen den Mühlenberg hinan. Wir tauchen ins Gehölz ein und haben einen idyllischen Pfad vor uns, ehe wir auf der anderen Seite des Rückens auf die wichtige Markierung X9 (Hansaweg) stoßen. Daran orientiert man sich jetzt längere Zeit bis Linderhöfe. Ein kurzes Stück verläuft auf einer verkehrsarmen Straße, die wir vor **Krusfeld** ❸ links haltend verlassen. Unser Weg zieht zwischen Feldfluren aufwärts, teilweise in der Art eines Hohlweges. Später auf Forstwegen noch höher und rechts eindrehend Richtung **Stein-**

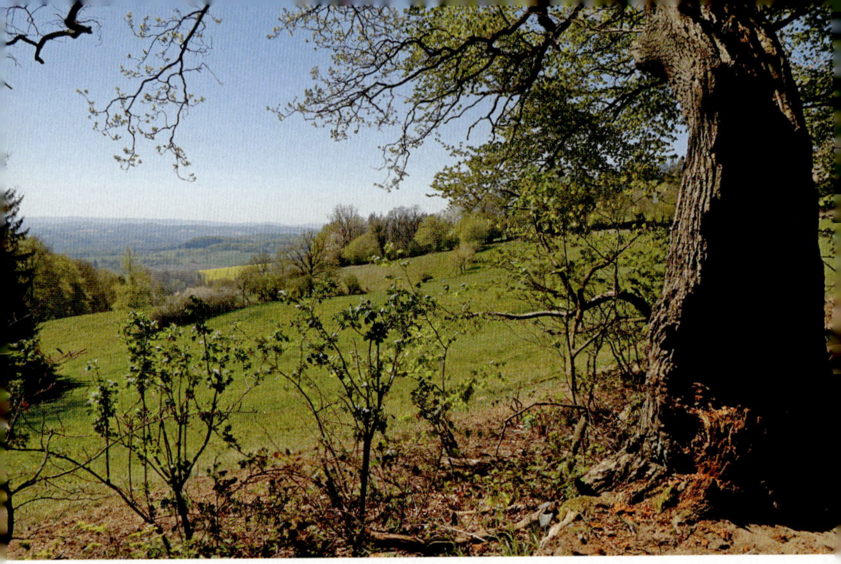

Am Mühlingsberg erwarten uns aussichtsreiche Waldrandpassagen.

berg ❹, 396 m, dem eine buchstäblich überragende Bedeutung zukommt. Vom aufgeschütteten Erdhügel blickt man ringsum ins Land. Die Fortsetzung ist anfangs etwas verwinkelt und führt dann wunderschön an den Hängen des Mühlingsbergs entlang – zwischendurch an **Alt Sternberg** ❺ sowie an einem Aussichtspunkt vorbei. Neben X9 tauchen auch A6, E1 und die Symbolik des Burgensteigs auf. Der Stühneberg wird zunächst westseitig traversiert, nach einem ausgeprägten Eck (Unterstand) dann auch in seiner Südflanke. Damit Richtung Linderhöfe und rechts hinauf zur **Burg Sternberg** ❻ auf einem Bergsporn. Direkt vor dem Burgtor leiten wir mit der Bezeichnung A4 das finale Bergab ein. Der ordentliche Waldsteig ist stellenweise mal etwas steiler, generell aber gut verfolgbar. Weiter unten auf die Forststraße im Eselsbachtal, die an einem See vorbei in den *Försterweg* übergeht. Damit schließt sich der Kreis in **Schwelentrup** ❶.

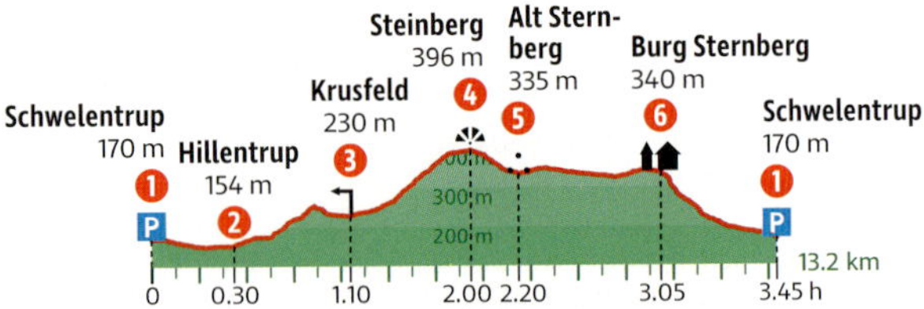

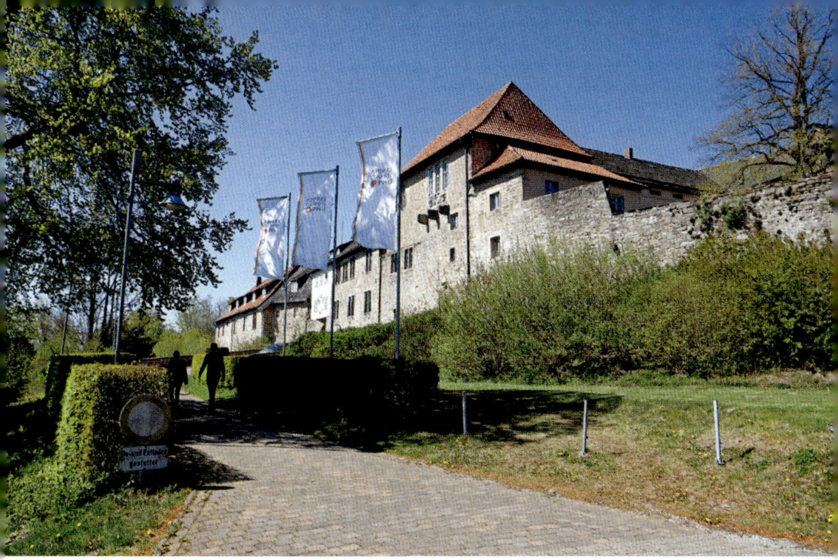

Kulturelles Highlight ist natürlich die Burg Sternberg, ein ehemaliger Grafensitz.

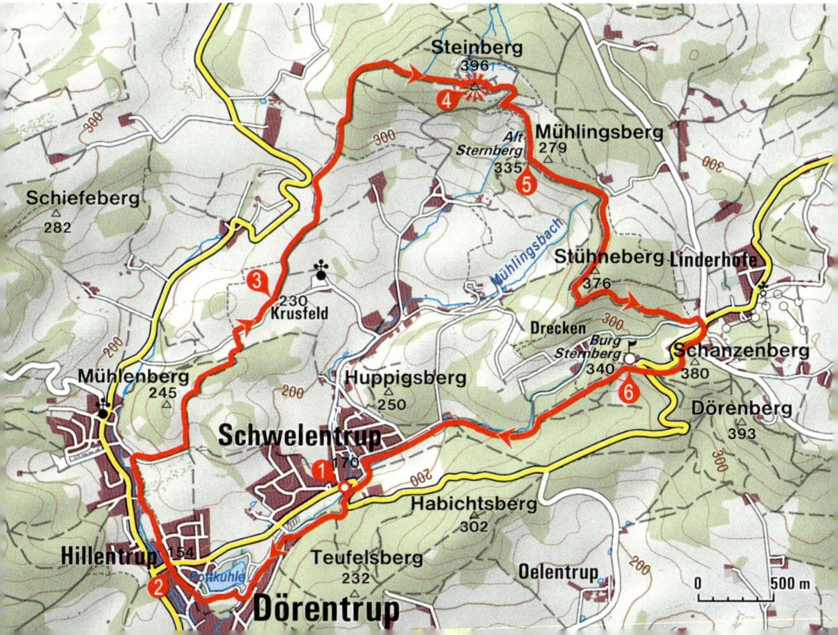

↗ 450 m | ↘ 450 m | 17.7 km

60 Rundtour im Kalletal

4.45 h

Mit Bonstapel und Bentorfer Windmühle

Das typisch wellige Relief im Lipperland mit seinem Wechselspiel aus offenen Fluren und bewaldeten Höhen prägt auch das Kalletal. Naturidyllen inmitten einer bäuerlichen Kulturlandschaft laden förmlich ein zum Erkunden und Entdecken, wobei sich immer wieder auch herrliche Blicke in die Ferne ergeben. Fragt sich nur, welche der zahlreichen Wege zu einer gelungenen Tour zusammenstellen ... Mit diesem Vorschlag bewegen wir uns im Bereich der Westerkalle und tangieren schon den Landkreis Herford, dessen höchste Erhebung – der 342 Meter hohe Bonstapel – integriert werden soll. Leider ist ausgerechnet hier die Aussicht zugewachsen, doch der Abstecher zum Findling zuoberst kostet kaum eine halbe Stunde. An eigenartigen Erdfällen vorbei steuern wir anschließend die Ortschaft Bentorf an, wo als kulturelle Besonderheit eine Windmühle bewundert werden kann. Durch die erholsamen Buchenwälder links und rechts der Westerkalle geht es schließlich zurück nach Hohenhausen, dem Hauptort der Gemeinde Kalletal.

Ausgangspunkt: Hohenhausen, 160 m, Parkplatz »Rathaus« in der Herforder Straße. Busverbindung zwischen Lemgo und Langenholzhausen.

Anforderungen: Jeweils hälftig naturbelassene und befestigte Wege bzw. Straßen. Schon eher längere Tour, auch mit einigem Bergauf. Zwischen Bonstapel

Abwechslungsreiches Mosaik aus Wald und Flur mit eingebetteten Streuhöfen.

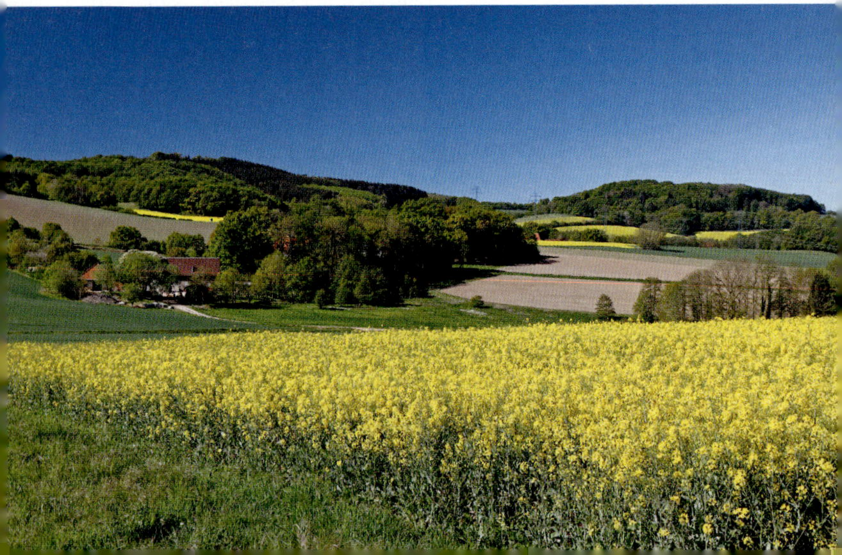

und Bentorf gut bezeichnet (Kalletalweg), sonst eher spärlich bzw. lückenhaft.
Einkehr: Westdorf (Zum Stillen Eck), Bentorf (Bentorfer Krug). Hohenhausen (Landhaus Kopenhagen, Erciyes Döner, Hotel Landhaus Lindenkrug).
Variante: Am Wihupsberg können auch parallele Routen weiter oben gewählt werden. Allerdings fällt dann nochmals eine anstrengendere Gegensteigung an und die Strecke verlängert sich entsprechend.
Tipp: Der Hofladen Klemme in Dalbke offeriert regionstypische Produkte.

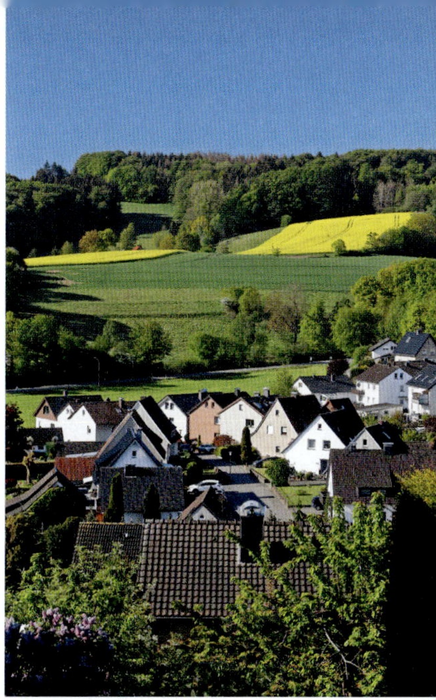

Westorf erreichen wir nach rund einer Wanderstunde.

In **Hohenhausen** ❶ orientieren wir uns Richtung Westen, entweder entlang der Durchgangsstraße oder besser vom Parkplatz am Rathaus durch die Wohnstraße *Lohbrede*. Ein abfallender Weg führt zu einem Teich; wenige Minuten später kommen wir zum Freibad Kalletal, wo ebenfalls eine gute Parkmöglichkeit zum Einstieg in die Tour besteht. Nun mit der (eher selten auftauchenden) Bezeichnung X4 im *Römerweg* aufwärts und außerhalb der Siedlung vom Teersträßchen links abrückend zum Waldrand am Brunsberg. Dieser wird nordseitig zur Hälfte umrundet, womit wir uns der Ortschaft **Westorf** nähern. Dort wählt man die oberste Straße namens *Hochweg* und gelangt zum Friedhof am westlichen Ortsrand ❷. Ein paar Schritte weiter biegen wir links aufwärts in die *K40* ein und legen dort gut 400 Meter zurück (Obacht auf den Verkehr), bis rechter Hand ein ansteigender Feldweg eingeschlagen werden kann. Nach einem Linksbogen durchqueren wir ein Waldgebiet und gelangen dahinter zu einer großen Kreuzung ❸, wo der **Bonstapel** ❹, 342 m, aus-

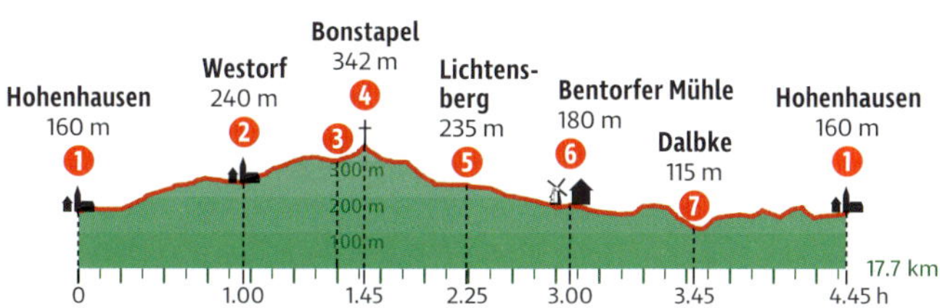

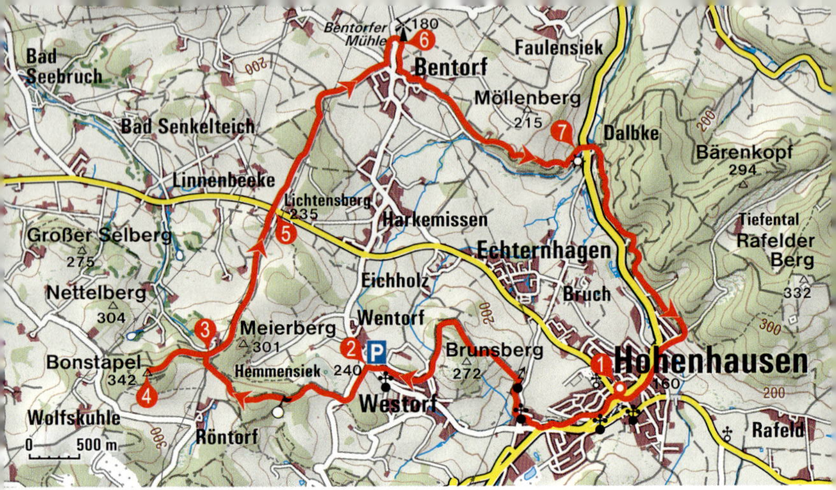

gewiesen wird. Ein Abstecher von 600 Metern und wir stehen am höchsten Punkt der Tour.

Zurück bei der Kreuzung folgen wir dem Symbol des Kalletalweges und haben bald einen besonders schönen Abschnitt in einem lauschigen Hohlweg vor uns. Das Gefälle leitet hinaus in offenes Gelände zwischen Streuhöfen wie Niehage. Über eine Geländewelle hinweg nach **Lichtensberg** ❺, und bei der Straße wenige Schritte nach links versetzt auf die Fortsetzung, die uns weiterhin in Grundrichtung Nordost an einem Naturdenkmal vorbeiführt: Der tiefste der Erdfälle befindet sich direkt am Wegesrand. Später erfolgt die Einmündung in einen asphaltierten Flurweg, der uns in die Ortschaft **Bentorf** bringt. Hier lohnt sich ein kleiner Abstecher zur sehenswerten **Bentorfer Mühle** ❻, 180 m.

Ansonsten von der Kreuzung durch die Straße *Zum Königsborn* allmählich abwärts. Wir bleiben links vom Bentorfer Bach und folgen – wo sich dieser markanter einschneidet – im Anschluss einem kleinen Naturpfad, der ein Stück weit nach oben ausweicht, den Waldhang quert und sich später

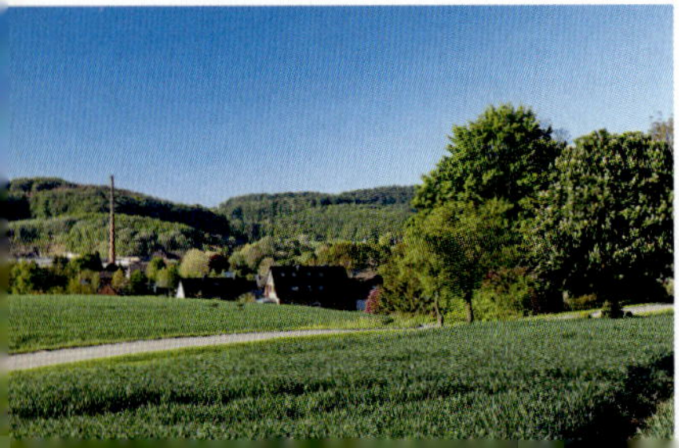
Szenerie bei Hohenhausen.

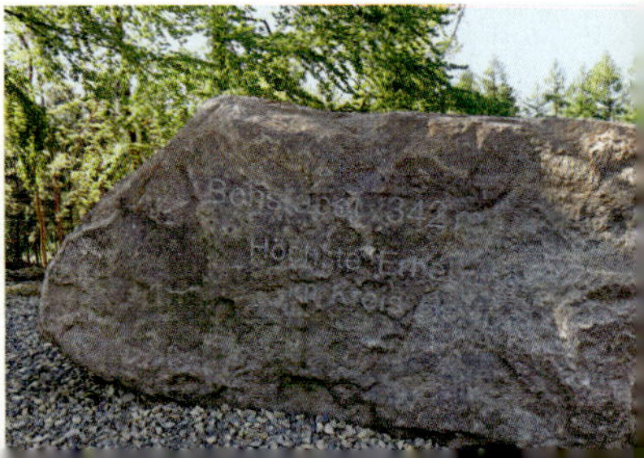
Der Abstecher zum Bonstapel ist optional.

mit zwei Schleifen zur kleinen Ansiedlung **Dalbke** 7 mit dem Hofladen Klemme absenkt. Vorn an der Straße kurz nach rechts und dann auf die andere Seite. Schon nach wenigen Metern Gegensteigung wählen wir den nicht bezeichneten Weg nach rechts, der bald in einen breiteren einmündet. Bis zu einem Wanderparkplatz verbleiben wir in Nähe der parallel verlaufenden *B238*, biegen dann ein wenig nach oben aus, achten aber auf die Fortsetzung eines unbefestigten Weges nach rechts. Damit stets südwärts weiter am Sockel des Waldhanges entlang, einmal im Anschluss knapp links versetzt und noch ein paar Meter ansteigend, ehe die Route über den *Steinernkamp* (am Landhaus Kopenhagen vorbei) nach **Hohenhausen** hineinläuft. Dort durch die *Rintelner Straße (B238)* noch leicht aufwärts bis zum Ausgangspunkt 1.

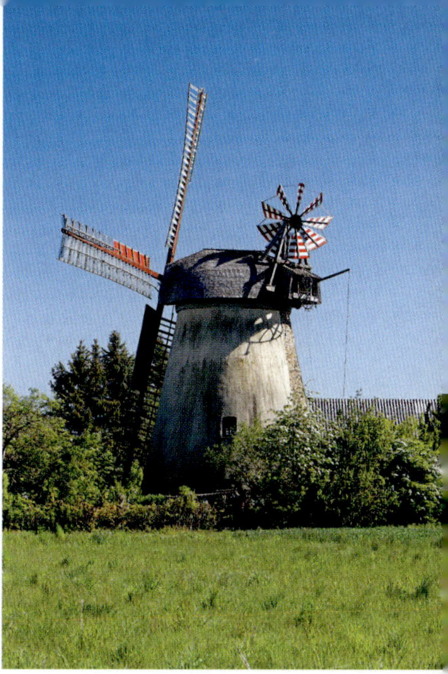

Echter Hingucker: die Bentorfer Mühle.

Ententeich bei Dalbke im Kalletal.

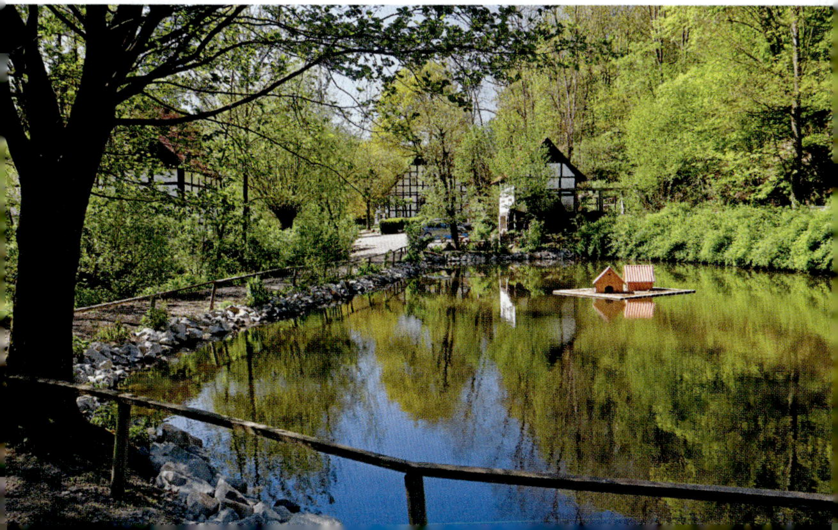

↗ 300 m | ↘ 300 m | 8.3 km

61 Rumbecker Berg

2.20 h

Wo bis 2018 der Ludwigsturm stand

Südlich der Weser zwischen Rinteln und Hessisch Oldendorf, also quasi dem Wesergebirge gegenüber, erhebt sich ein bewaldeter Höhenzug, der im Rumbecker Berg kulminiert. Bis vor Kurzem hat dort der Ludwigsturm eine weite Rundschau über das Schaumburger Land sowie das nördliche Lipperland ermöglicht. Doch wurde dieser wegen Baufälligkeit leider abgerissen. So genießen wir hauptsächlich die erholsamen Buchenwälder und inspizieren anfangs den Standort der einstigen Burg Hohenrode (auch als Hünenburg bezeichnet), eine mittelalterliche Anlage des Grafen Konrad I. von Rohden, die von den Schaumburger Rivalen bereits nach wenigen Jahren zerstört wurde.

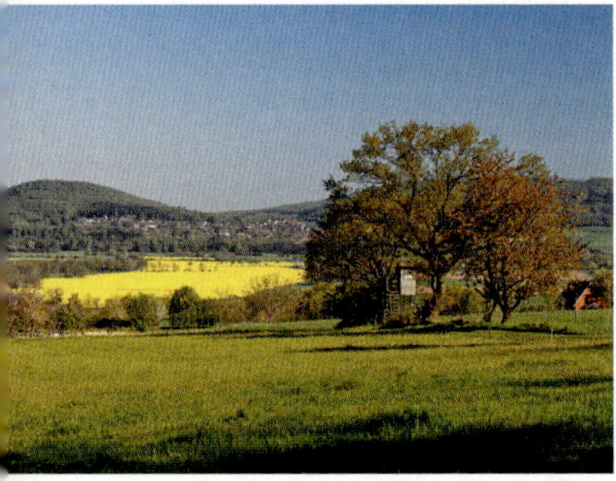

Gegen Ende sind wir wieder wesertalseitig unterwegs.

Ausgangspunkt: Hohenrode, Parkplatz »Hünenburg«, ca. 115 m, am Waldrand. Bushaltestelle weiter unten im Ortskern (Verbindung mit Rinteln).
Anforderungen: Kleiner, etwas verwachsener Pfad zur Hünenburg, danach öfters Forststraßen, aber auch noch einzelne naturbelassene Abschnitte. Vergleichsweise kurze Tour, nur selten bezeichnet, deshalb etwas Orientierungssinn nötig.
Einkehr: Keine.
Variante: Vom Rumbecker Berg mit der Forststraße direkt Richtung Taubenberg, dabei aber keine Aussicht ins Extertal.
Tipp: Auenlandschaft Oberweser bei Hohenrode.

Vom Wanderparkplatz bei **Hohenrode** ❶ beginnen wir auf dem Forstweg und zweigen schon nach 250 Metern ohne Hinweis scharf links ab. Etwas höher setzt ein schmaler Pfad ein, der uns über eine Blöße (Windbruch-

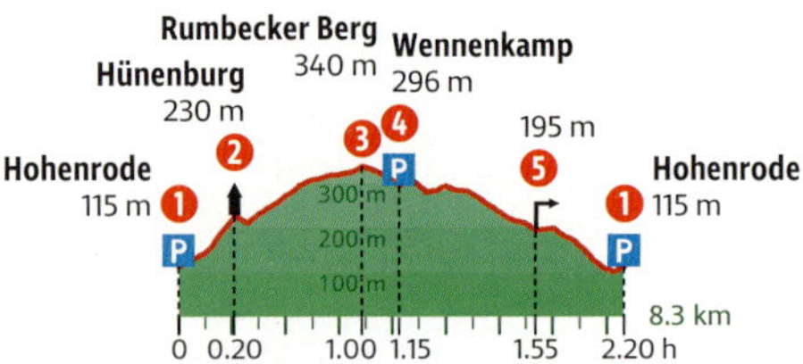

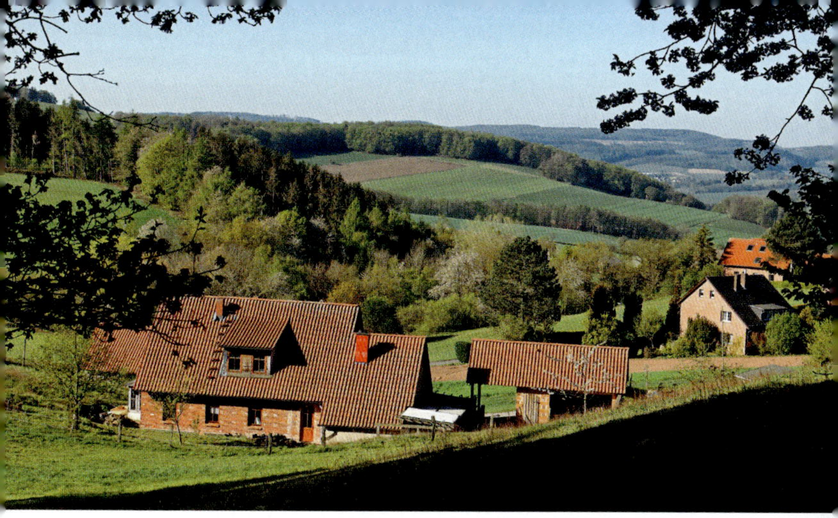

Bei Wennenkamp öffnet sich die Landschaft.

hang) phasenweise relativ steil zur **Hünenburg** ❷, 230 m, hinaufbringt. An der Wegspinne dahinter wählen wir die halbrechts weiter bergwärts ziehende Forststraße. Bei der Gabelung am Herkenberg rechts und nach knapp 500 Metern links ausscherend zum **Rumbecker Berg** ❸, 340 m. Ohne Turm lässt der Baumbestand leider keine Aussicht zu, ein verschwiegener Rastplatz bleibt es aber trotzdem. Um dennoch einmal freie Blicke über die Hügelwellen des Extertals zu erhaschen, orientieren wir uns anschließend abwärts zum Waldrand bei **Wennenkamp** ❹, wo sich der Wanderparkplatz »Ludwigsturm« befindet. Es schließt sich ein recht verschlungener Abschnitt an, später in einen breiten Forstweg einmündend (Markierung X5), mit dem wir die Höhe am Taubenberg gewinnen. Links haltend bleiben wir X5 einen weiteren Kilometer lang treu, ehe es bei der nächsten großen Kreuzung mit einem Rechtsknick bis oberhalb von Strücken ❺, ca. 195 m, hinabgeht. Dort erneut rechts und immer am Waldrand entlang nach **Hohenrode** – zuletzt noch mit ein wenig Gegensteigung zurück zum Parkplatz ❶.

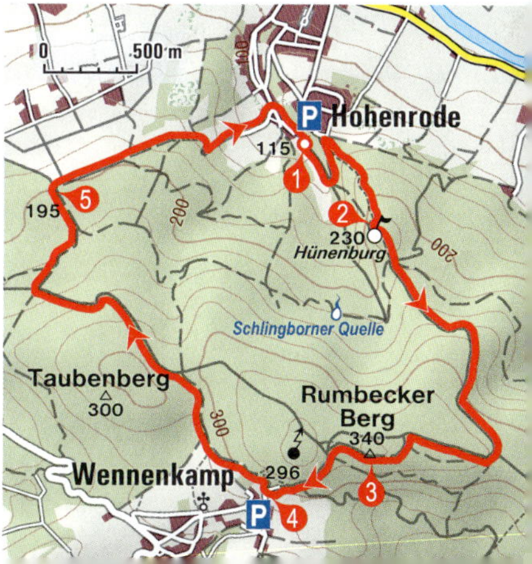

TOP

62 Hohenstein

↗ 240 m | ↘ 240 m | 7.6 km

2.00 h

Vom Blutbachtal auf die höchste Klippe weit und breit

Den Hohenstein haben wir im Zuge des großen Weserberglandweges (11. Etappe) bereits kennengelernt. Vor allem von der Teufelskanzel bietet sich ein atemberaubender Tief- und Fernblick, sodass dieses Ziel am Südrand des Süntelplateaus natürlich besonderen Stellenwert besitzt und im Rahmen einer kleinen Rundtour nochmals genauer vorgestellt werden soll. Wir beginnen sie im tief eingekerbten Blutbachtal, dessen Name an eine Schlacht der sogenannten Sachsenkriege Karls des Großen erinnert. Im Jahr 782 wurde den Franken auf dem nahen Dachtelfeld eine Niederlage beigebracht – das Wasser soll sich vom Blut der Erschlagenen rot gefärbt haben. Für den Verlauf der Geschichte war dieses Ereignis allerdings nicht entscheidend: Die alteingesessenen Stämme der Sachsen wurden trotz erbitterten Widerstands letztlich zwangschristianisiert, nachdem noch so mancher Boden im norddeutschen Raum von Blut getränkt worden war …

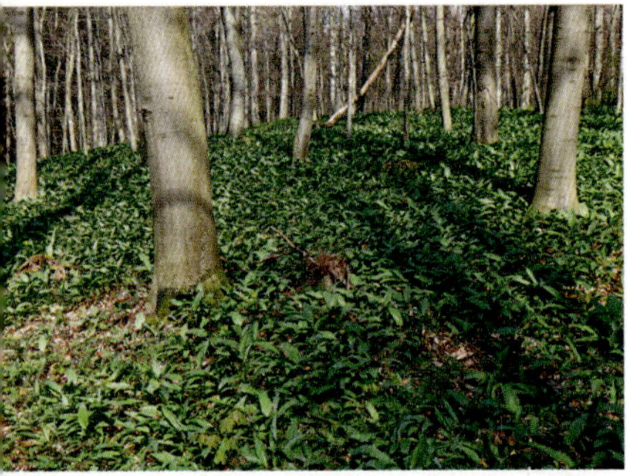

Buchenwald mit dichtem Bärlauchteppich.

Ausgangspunkt: Parkplatz Kreuzsteinquelle, 136 m. Zufahrt von Hess. Oldendorf über Zersen und dort in die Kneippstraße. Oder aus der Ortschaft Bensen Richtung Pappmühle und noch 500 m weiter zum Parkplatz.
Anforderungen: Gut ausgebaute Wege bzw. abschnittsweise Forststraßen, am Treppenweg recht steil mit vielen Stufen. Durchgängig bezeichnet mit HO8, auf der Hälfte der Strecke zudem als Weserberglandweg (XW).
Einkehr: Hotel Papp-Mühle (Do Ruhetag, nur wenig südlich des Ausgangspunkts gelegen), Baxmannbaude (am Wochenende).

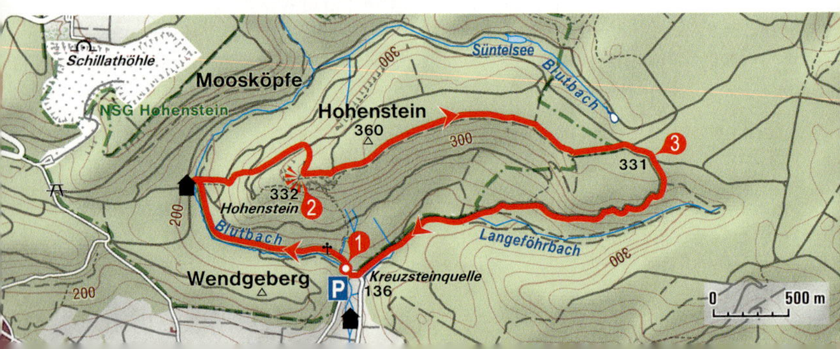

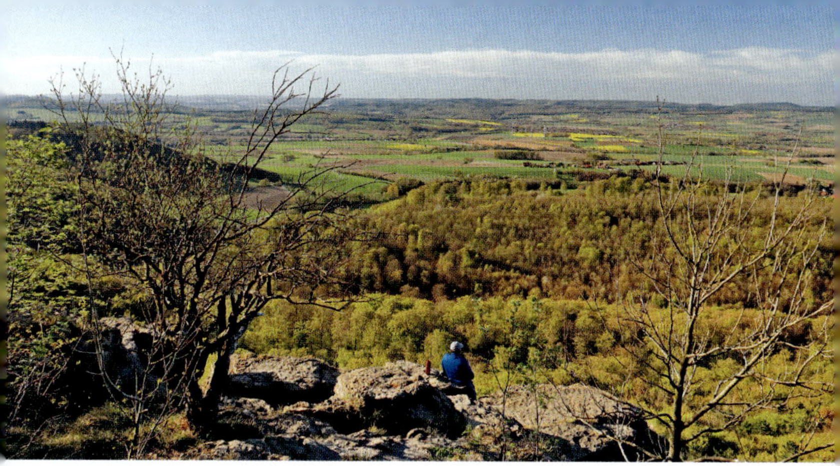

Die Felsklippen am Hohenstein zählen zu den Glanzpunkten im Weserbergland – schon der fantastischen Aussicht wegen.

Variante: Eine spannende Variante eröffnet der Pfad unter den Klippen entlang. Wo der Treppenweg die Schleifen der Forststraße das zweite Mal kreuzt, folgt man dieser und kommt in der nächsten Linkskehre zum unbeschilderten Abzweig. Der schmale Pfad laviert insgesamt schräg aufwärts und erreicht das Kammplateau kurz hinter dem Grünen Altar. Etwas Trittsicherheit erforderlich!

Vom Parkplatz bei der **Kreuzsteinquelle** ❶ geht es mit HO8 auf einem Asphaltsträßchen ins Blutbachtal hinein. Bei der Kreuzung nahe der Baxmannbaude rechts und nun auf dem sogenannten Treppenweg kräftig bergauf (grünes Symbol des Weserberglandweges). Damit kommen wir direkt zur Teufelskanzel am **Hohenstein** ❷, 332 m. Oben folgen wir dem angenehmen Wanderweg am Grünen Altar (Aussichtskanzel) vorbei gen Osten. Während rechts der Hang stets jäh und felsdurchsetzt abfällt, liegt linker Hand ein Buchenwaldplateau hingebreitet. Nach einer Weile scheren wir vom Weserberglandweg nach rechts aus ❸, 331 m, und steigen weiterhin mit HO8 auf einer Forststraße ins Föhrtal ab, um den Kreis Richtung Parkplatz ❶ zu schließen.

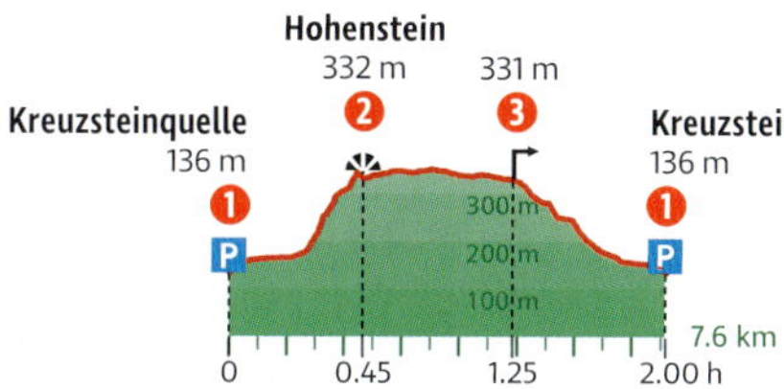

↗ 250 m | ↘ 250 m | 12.7 km

63 Aus dem Auetal zum Schrabstein

3.30 h

Von Rehren über Langenfeld und Hattendorf

Zwischen Bückeberg, Wesergebirge und Süntel erstreckt sich das Auetal mit der gleichnamigen Gemeinde, zu der insgesamt 15 einzelne Ortschaften vereint sind. Gen Süden steigt das Gelände Richtung Schrabstein an, dessen Klippen jenseits in den Schneegrund abbrechen. Am oberen Zufluss dieses tiefen Einschnitts befindet sich der Langenfelder Wasserfall. Nach einem weiten Bogen durch die Feldmark bei Hattendorf, wo seltene Ackervegetation unter Schutz steht, durchlaufen wir zum Ende das Quelltal der Bückeburger Aue auf lauschigem Waldpfad. Summa summarum eine abwechslungsreiche Runde, bei der auch Fernblicke (etwa zum Deister und zum Bückeberg) nicht fehlen.

Ausgangspunkt: Parkmöglichkeit beim Sportplatz Auetal in Rehren, ca. 175 m. Busverbindungen von den Bahnhöfen Rinteln bzw. Haste.
Anforderungen: Feld- und Forstwege, teils mit Hartbelag, sowie einige kleinere Naturpfade im Wechsel. Die Orientierung erfolgt anhand lokaler Bezeichnungen, allerdings keine einheitliche Route. Abstecher zu den Aussichtspunkten verlangen etwas Instinkt.
Einkehr: Gegebenenfalls in Rehren, sonst keine am Weg.
Tipps: Heimatmuseum in Hattendorf. In der Nähe von Langenfeld befindet sich die Schillat-Höhle (vgl. Tour 11).

Bei der Langenfelder Höllenmühle.

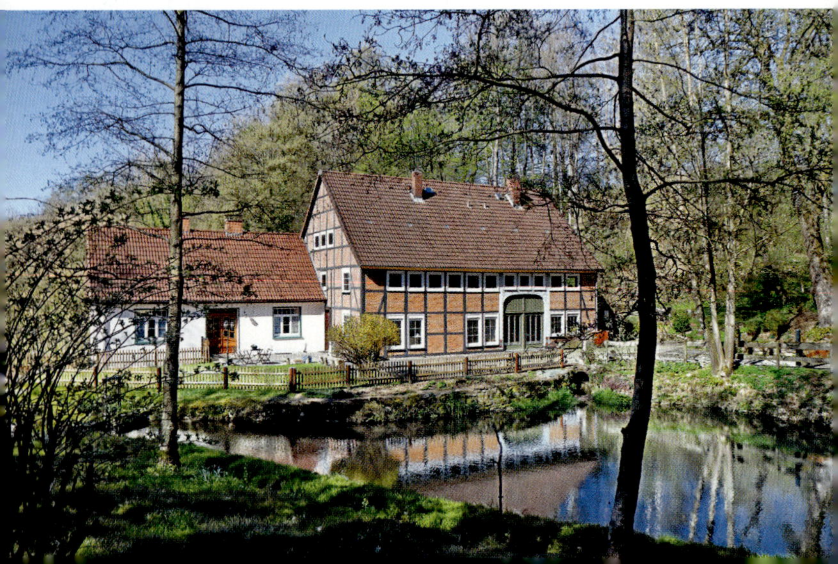

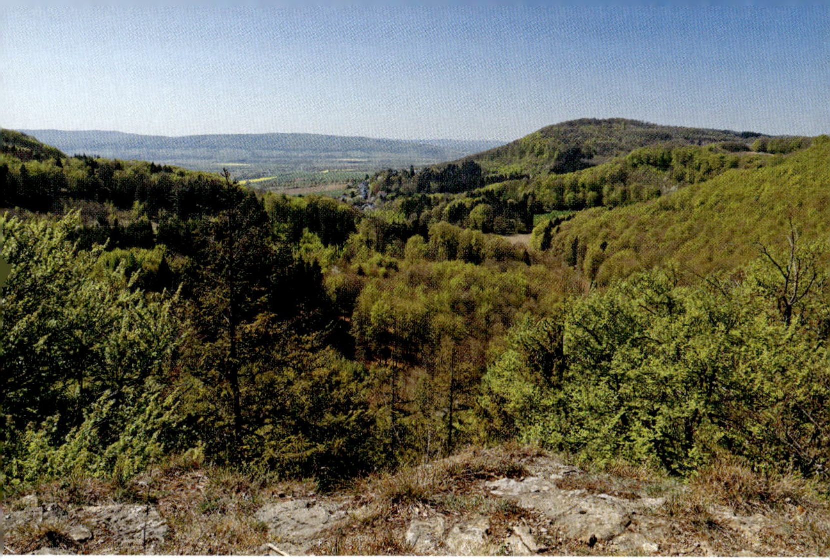

Im Bereich des Schrabsteins warten zwei tolle Aussichtskanzeln auf ihre Entdeckung.

Vom Sportplatz in **Rehren** ❶ folgen wir der ansteigenden Straße ins nahe Rannenberg, dessen Anwesen (u. a. einige schöne Höfe) sich ein Weilchen hinziehen. Man achte auf das Symbol des Pilgerweges (Loccum – Volkenroda), das schließlich links in die Straße *Zur Hünenburg* weist. Weiter oben lassen wir es aber rechts abziehen und wählen den unbeschilderten Grasweg, der als kleiner Pfad in den Wald eintaucht und dort in Kürze auf eine quer verlaufende Forststraße trifft. Damit gen Osten, bis nach rund 700 Metern (bzw. ca. 130 Metern hinter einer anderen Einmündung) ein etwas unscheinbarer Pfad nach rechts abzweigt. Wenn man diesem folgt, gelangt man – zuletzt etwas abwärts – zu einem Felsabbruch mit herrlichem Ausblick Richtung Rohdental und bis ins Wesertal ❷. Die nächste Möglichkeit eines Abstechers ergibt sich am **Schrabstein** ❸, wo man sogar eine kleine Extra-Schleife ausgeht (recht deutlich gepfadet). Anschließend weiter mit HO3 in die Nähe des Langentaler Wasserfalls und von der Höllenmühle

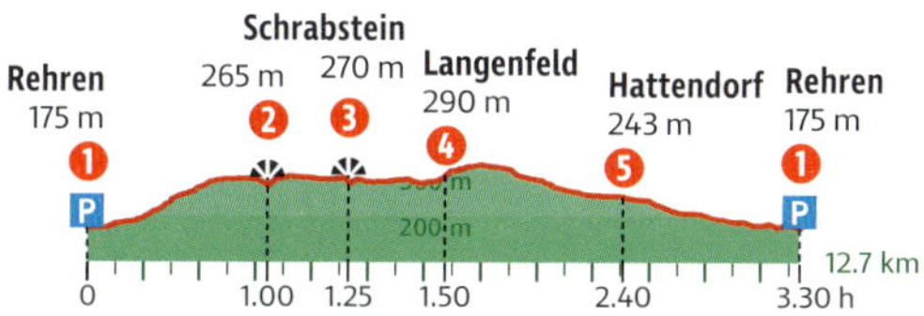

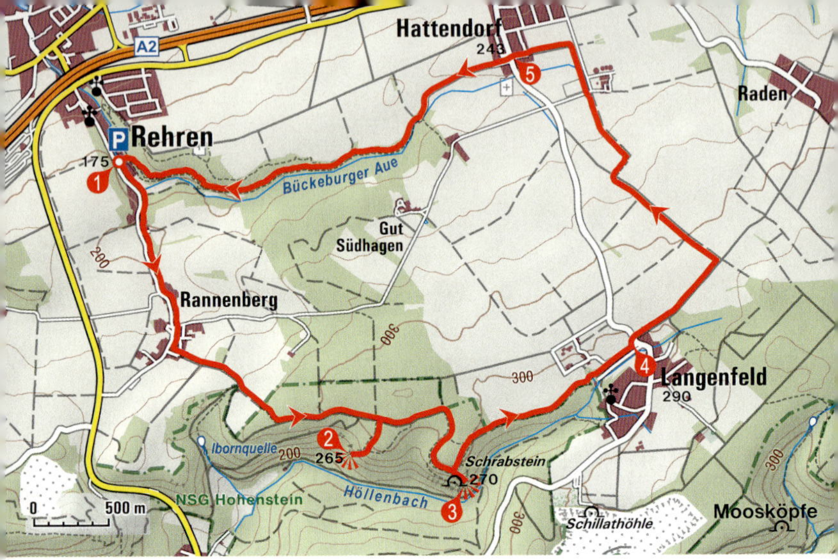

wieder leicht ansteigend bis zum nördlichen Ortsrand von **Langenfeld** ❹, ca. 290 m. Wenige Schritte nach links versetzt geht es auf einem Flurweg weiter. Mit einem Linksknick folgen wir dann der Bezeichnung AU2, bei einem Aussichts-Unterstand rechts ausgreifend und zwischen Hattendorfer Sportplatz und Biogas-Anlage hindurch. Dahinter nehmen wir die nächste Möglichkeit nach links (demnach AU2 verlassend) und kommen zum Heimatmuseum in **Hattendorf** ❺, ca. 243 m. Die Straße *Zum Rissbrink* bringt uns zum Schützenhaus im urwüchsigen Tal der Bückeburger Aue, das jetzt den finalen und wohl auch schönsten Wegabschnitt vermittelt. Ein kleiner Wanderpfad (AU1) schlängelt sich hier durchs Gehölz; nebenan plätschert der Bachlauf, sofern er nicht bereits trockengefallen ist. Damit schließt sich die Runde Richtung **Rehren** ❶.

Immer wieder herzerfrischend: farbenfrohe Rapsfelder im Frühling.

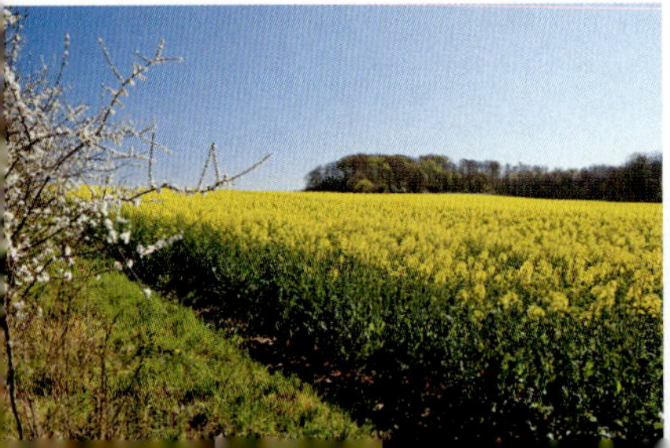

Rannenberg lassen wir beim anfänglichen Aufstieg hinter uns.

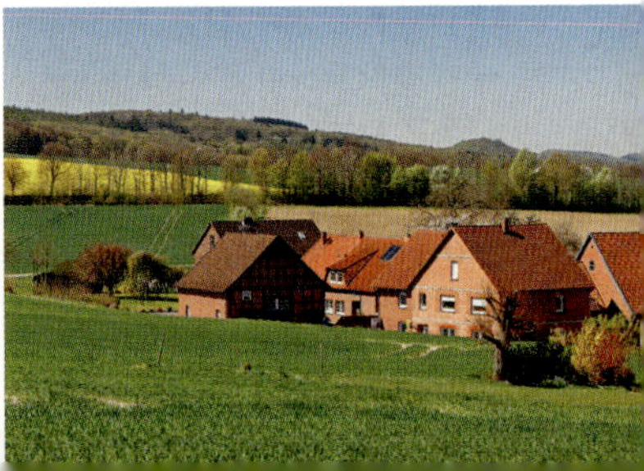

↗ 220 m | ↘ 220 m | 6.6 km

1.50 h

Kleine Schaumburger Runde

Zur Paschenburg am Kamm des Wesergebirges

Auf dem Nesselberg, einem dem Wesergebirgskamm unmittelbar vorgelagerten Bergsporn, thront seit dem 13. Jahrhundert wie hingemalt die Stammburg der Grafen von Schaumburg und Holstein. Sie fungierte letztlich auch als Namensgeber für das historische Schaumburger Land sowie den heutigen Landkreis Schaumburg. Schon der kulturellen Wertschätzung wegen sollte man dieses Ziel nicht versäumen, zudem ist die Aussicht über das Wesertal insbesondere vom »Dicken Turm« ganz stimmungsvoll. Aus dem obersten Stockwerk des Wesergebirges grüßt die Paschenburg herab, in diesem Fall allerdings keine wirkliche Festung, sondern ein traditionsreiches Ausflugs- und Eventgasthaus mit außergewöhnlichem Panorama. Dies nehmen wir zum Anlass für einen kleinen Erkundungsstreifzug durch die Buchenwälder des Wesergebirges. Dabei kommt man auch an den markant ausgewitterten Springsteinen vorbei.

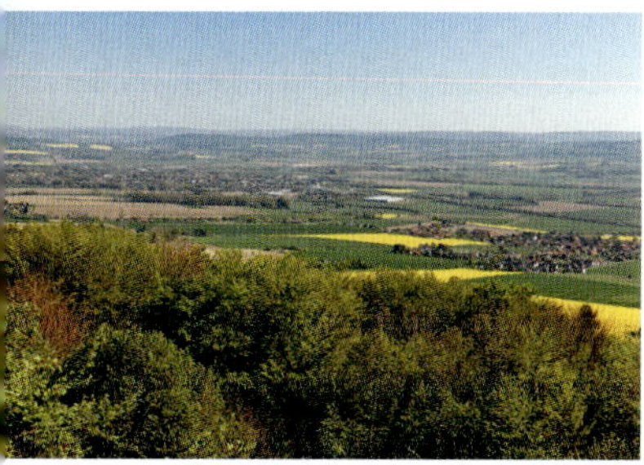

Ein weitreichender Blick über die Weserniederung ergibt sich von der Paschenburg.

Ausgangspunkt: Burg Schaumburg, ca. 210 m. Zufahrt von der B83 zwischen Deckbergen und Hess. Oldendorf oder aus Richtung Rehren (Anschlussstelle der A2) über die Paschenburger Straße (K72).

Anforderungen: Schöne Waldwege, teilweise unbefestigt. Eine der kürzesten Touren in diesem Band, gut beschildert (RI6 sowie am Kammweg auch XW).

Einkehr: Burg Schaumburg, Hotel-Restaurant Schaumburger Ritter, Paschenburg (Di+Mi Ruhetag).

Variante: 1. Man kann auch RI5 etwas tiefer durch den Hang folgen.
2. Eine Verlängerungsmöglichkeit besteht darin, dass man am Kammweg weiter nach Osten ausholt und mit RI7 oder RI5 zur Schaumburg zurückkehrt (insgesamt ca. 11–12 km).

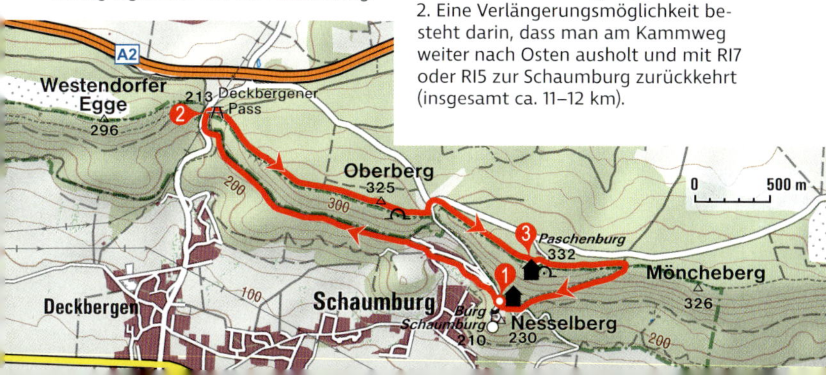

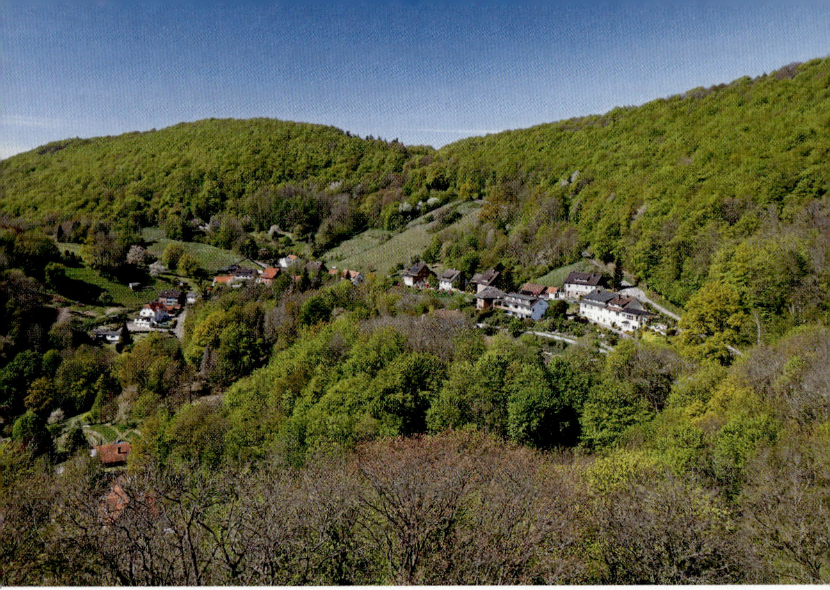

Impression von der Schaumburg am Südhang des Wesergebirges.

Ob man die **Burg Schaumburg** ❶ lieber vor oder nach der Tour näher inspiziert, bleibt jedem selbst überlassen – die Wanderung beginnt jedenfalls in der *Burgstraße* und führt erst einmal ein Stück weit abwärts, ehe man sich *Am Block* steil aufwärts wendet. Rasch erreicht man einen Hangweg, der nun längere Zeit fast höhengleich dahinzieht (Markierung RI6). Nach den Springsteinen nähern wir uns dem **Deckbergener Pass** ❷, 213 m, und biegen dort rechts auf den Kammweg ein, der nun zusätzlich als Weserberglandweg (XW) gekennzeichnet ist. Nach kräftigem Bergauf befinden wir uns direkt oberhalb der Springsteine, wandern ostwärts dem sogenannten **Pionierpass**, 279 m, entgegen und setzen den Weg nach kurzem Zwischenabstieg Richtung **Paschenburg** ❸, 332 m, fort. Rund 600 Meter dahinter zweigt ein guter Weg spitzwinklig nach rechts ab und bringt uns direkt zurück zum Ausgangspunkt ❶.

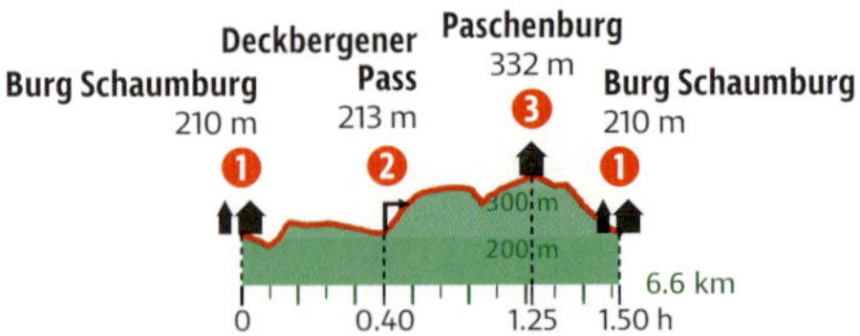

6.15 h

Von Stadthagen nach Bückeburg

Zu den Dinosaurierfährten am Bückeberg und über den Harrl

Ganz im Norden des Weserberglandes wird auch der Bückeberg meist noch dazugezählt. Es ist der letzte nennenswerte Höhenzug, bevor das Gelände gleichsam in die Norddeutsche »Pampa«, sprich Tiefebene, übergeht. Stadthagen, die Hauptstadt des Landkreises Schaumburg, Obernkirchen, die durch ihre Sandsteinbrüche bedeutsam gewordene Bergstadt, Bad Eilsen als Kurort sowie Bückeburg, die ehemalige Residenzstadt der Grafschaft Schaumburg-Lippe, liegen allesamt in der Nähe. Mit perfekter Verkehrsinfrastruktur starten wir bereits in Stadthagen, nähern uns dem Bückeberg (dessen Name übrigens vom plattdeutschen »Beuke« für Buche herrührt) von der Nordseite und entdecken später auf einer Sandsteinplatte die versteinerten Fährten einstiger Dinosaurier. Sie hinterließen ihre – mittlerweile ganz gut aufgeschlüsselten – Fußabdrücke vor unvorstellbaren rund 140 Millionen Jahren (Untere Kreide) im Bereich einer Lagune. In Bad Eilsen liegt der Bückeberg hinter, das kleinere Anhängsel des Harrl hingegen noch vor uns. Dessen Überschreitung führt am Idaturm vorbei und läuft schlussendlich ins sehenswerte Städtchen Bückeburg aus.

Unscheinbare Vertiefungen, doch welch Historie: Dinosaurierabdrücke am Obernkirchener Bückeberg.

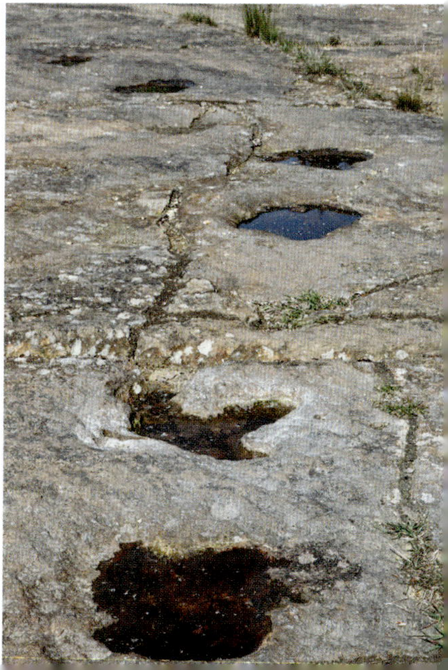

Ausgangspunkt: Bahnhof Stadthagen, ca. 65 m.
Endpunkt: Bahnhof Bückeburg, ca. 64 m. Beide liegen an der Strecke Hannover – Minden und werden etwa zweimal stündlich von Regionalzug sowie S-Bahn bedient.
Anforderungen: Längere Strecken auf befestigten Forstwegen, in den besiedelten Bereichen Hartbelag, zwischendurch aber auch ein paar naturbelassene Abschnitte, etwa der Pfad am Krummen Bach. Wichtig ist eine gute Ausdauer – oder man begnügt sich mit Teilstrecken.
Einkehr: Stadthagen (diverse), Wendthagen (Restaurant Olymp), Bad Eilsen (diverse), Idaturm (am Wochenende von 11 bis 19 Uhr geöffnet), Bückeburg (diverse).
Variante: 1. Falls die Strecke zu lang

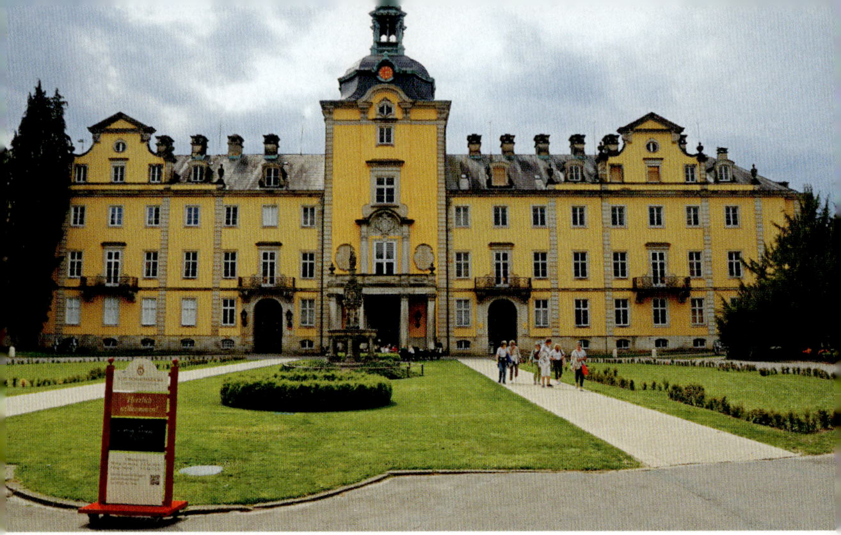

Verschiedene Ansichten vom Residenzschloss Bückeburg.

erscheint, kann der Startpunkt nach Wendthagen vorverlegt werden (Bushaltestelle »Kreuzung« beim Wegpunkt 3, Linie vom Bahnhof Stadthagen). Man spart damit 6 km.
2. Auf den Höhen des Bückebergs über die Steinbrüche und am JBF-Zentrum vorbei.
3. Kleinere Varianten am X11 nach örtlicher Markierung.

Tipp: Für eine Erfrischung im Bergbad Bückeburg Badesachen mitnehmen.

Vom Bahnhof in **Stadthagen** ❶ gehen wir durch die *Bahnhofstraße* Richtung Zentrum. Dort gegebenenfalls zum Mausoleum und dann dem Symbol des Pilgerweges (Loccum – Volkenroda) folgend durch den Schlosspark ❷ gen Süden, mit Fortsetzung in der *Brunnenstraße*. Rechts haltend kommen wir zur Straße *St. Annen*, begleiten diese gut 300 Meter und zweigen dann links in die *Bergstraße* ab. Unter der Umfahrungsstraße hindurch in den Stadtteil Krebshagen, dort in die *Kampstraße*, die wir jedoch nach rechts verlassen, um nun dem schmalen Pfad am Krummen Bach entlang zu fol-

Schloss Stadthagen gilt als ältestes und einflussreichstes Bauwerk der Weserrenaissance.

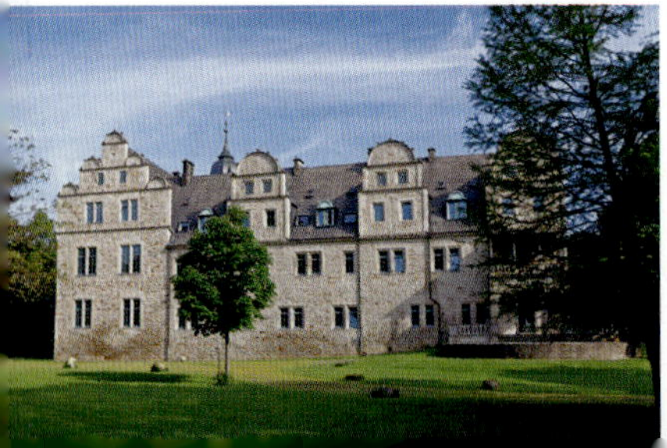

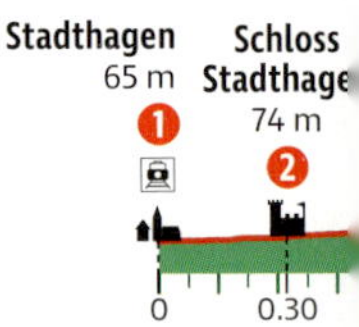

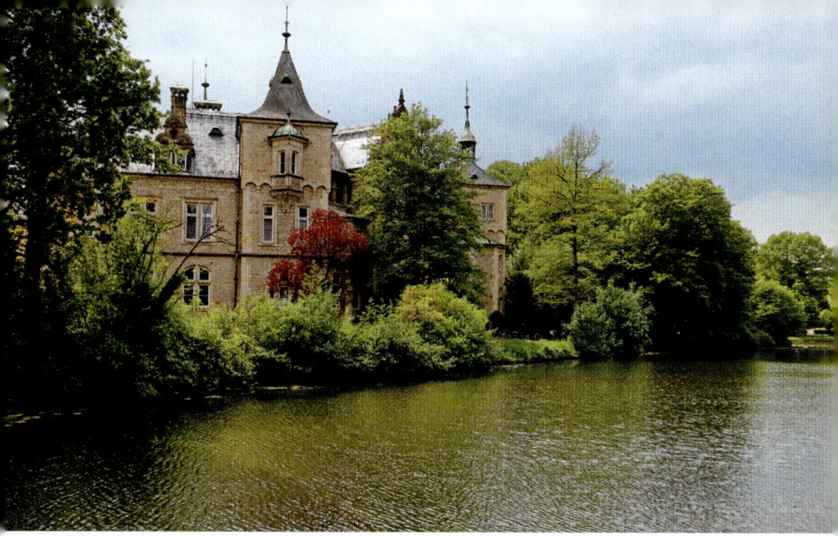

gen. Wo der *Kohlenweg* kreuzt, gehen wir (im Unterschied zur Pilgerweg-Bezeichnung) am besten geradeaus weiter und stoßen ein paar Minuten später auf die *Hauptstraße* in **Wendthagen**. 300 Meter nach rechts versetzt biegen wir bei einer Bushaltestelle ❸, 144 m, und dem Restaurant Olymp bergwärts in den *Schaumburger Weg* ein. Dieser bringt uns in den Wald der Bückeberge, wo nach beständiger Steigung – am Bremsschacht 7 des ehemaligen Steinkohlebergbaus vorbei – im Bereich des Hochplateaus ein **Steinbruch** ❹, 348 m, erreicht wird. Hier können freigelegte Dinosaurierspuren besichtigt werden.

Auf der Fortsetzung gen Westen halten wir die Höhe vorläufig. Erst nach einer Links-Rechts-Kombination (auf Markierung X11 achten) setzt ein Gefälle ein. 1,5 Kilometer weiter wird bei einer Kreuzung links abgebogen ❺, ca. 284 m. Nächstes Ziel ist mit einer längeren Geraden (der zwischenzeitliche Schlenker des X11 kann ignoriert werden) die sogenannte **Meinser Brü-**

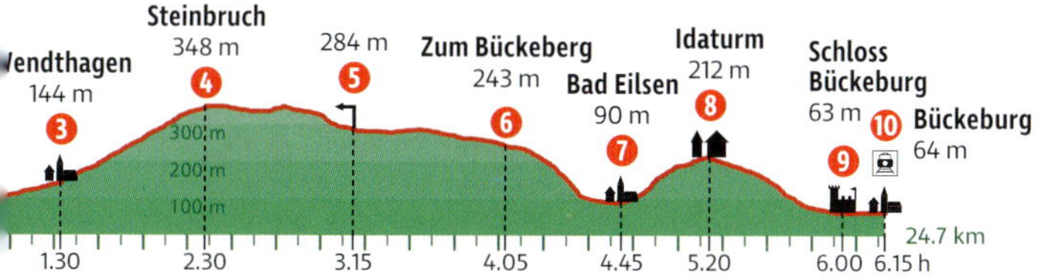

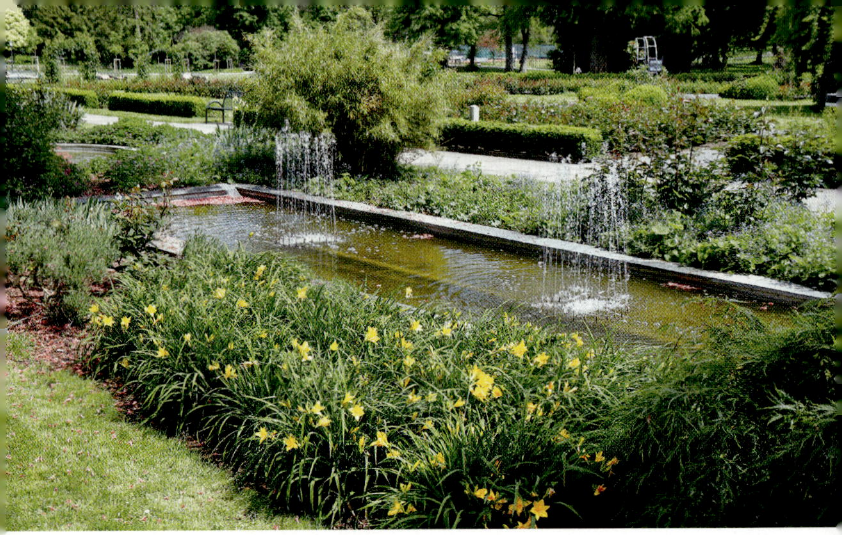

Springbrunnen im Kurpark von Bad Eilsen.

cke an der *K76*. Man rückt von der Straße sofort wieder nach rechts ab und begeht nun einen Erdweg leicht abwärts zur *L442*, auch **»Zum Bückeberg«** 6 genannt. Vorsicht beim Kreuzen der viel befahrenen, unübersichtlichen Kreuzung! Neben der nach Krainhagen führenden *K10* verläuft ein kleiner Fußpfad, wobei wir anschließend aber nicht den Rechtsbogen mit-

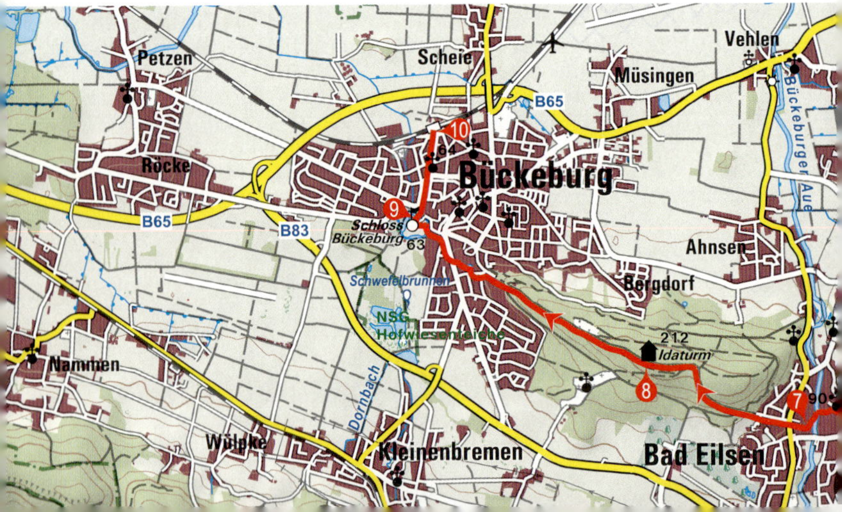

vollziehen, sondern geradeaus Kurs bergab nehmen. Damit in den Siedlungsbereich von **Bad Eilsen**, durch die *Parkstraße*, links haltend über die Gleise der Museumsbahn und hinein in den Kurpark ⑦, ca. 90 m. Nachdem die *Bückeburger Straße* gekreuzt ist, bringt uns die *Harrlallee* in das Waldgebiet am Gegenhang (Bezeichnung X4). Hier ist der **Idaturm** ⑧, 212 m, auf dem Harrl unser nächstes Ziel – allerdings nur zugänglich, wenn am Wochenende auch die Gaststätte öffnet. Mit der Überschreitung des Höhenzuges auf angenehmen Wegen nähert sich diese Tour allmählich ihrem Ende in Bückeburg. Wir laufen am Bergbad vorbei und gelangen durch einen kleinen Park sowie am Kreisel *(Georgstraße)* links zum stattlichen **Schloss Bückeburg** ⑨, 63 m, dem Stammsitz des Fürstenhauses Schaumburg-Lippe. In nördlicher Richtung verbleibt schließlich noch ein Kilometer bis zum Bahnhof ⑩.

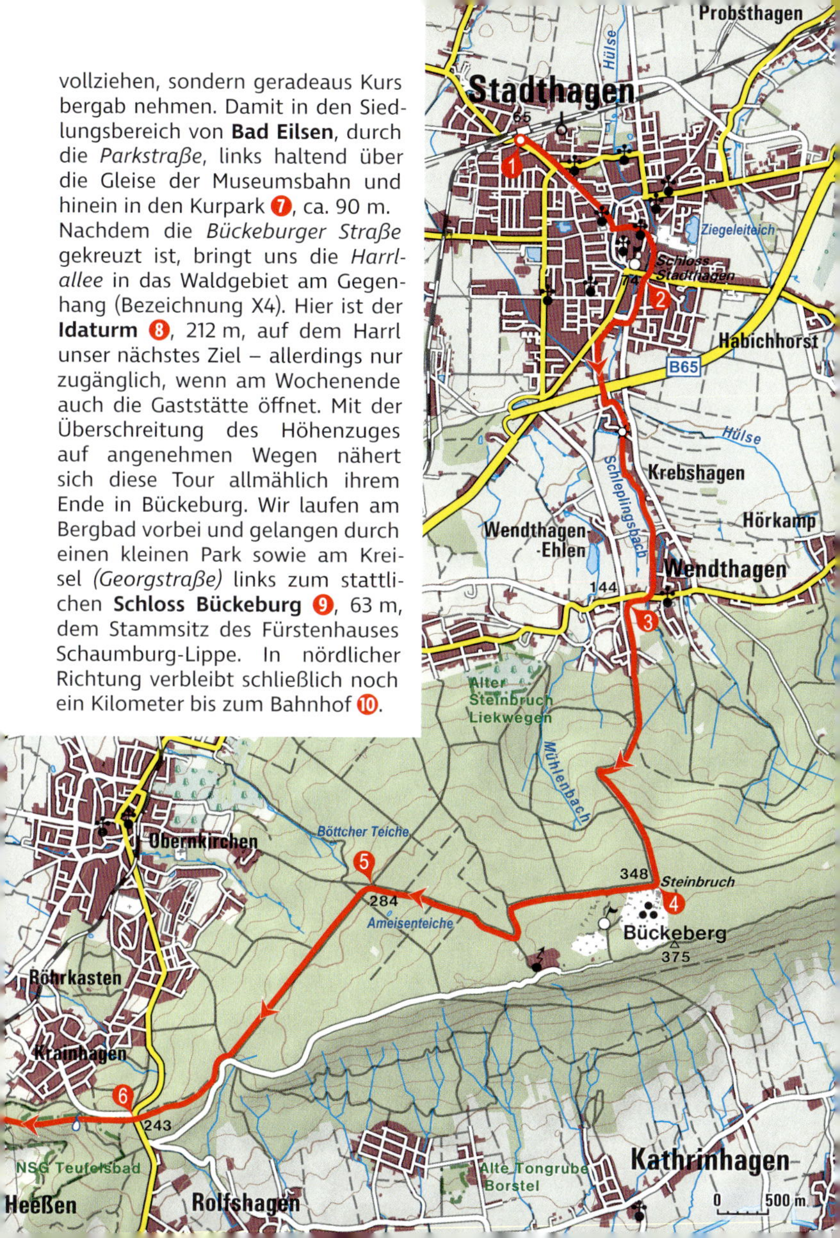

↗ 20 m | ↘ 20 m | 9.0 km

66 Weserniederung bei Stemmen

2.20 h

Rundwanderung vom »Campingpark Kalletal« am Stemmer See

Diese Tour ist insofern untypisch, als sie sich komplett in den Weserauen abspielt und keinerlei Steigungen aufweist. Die Höhenzüge gehen hier also ziemlich auf Distanz, im Norden der lange Kamm des Wesergebirges, im Süden die Hügel zwischen Kalle- und Extertal. Am Stemmer See ist ein Anziehungspunkt insbesondere für Camper entstanden. Wir wollen dort starten und tangieren zunächst den angrenzenden Schlosssee, auf dem auch Wasserskifahren praktiziert wird. Kernstück der Wanderung ist dann das Ausgehen einer malerischen Weserschleife. So unmittelbar nah kommt man dem Fluss sonst selten.

Ausgangspunkt: Campingpark Kalletal am Stemmer See, ca. 53 m. Busverbindung vom Bahnhof Vlotho (Haltestelle »Seeweg« in Stemmen).
Anforderungen: Anfangs am Schlosssee kleiner Pfad und auf einem ca. 500 m langen Abschnitt entlang der Weser nur eine verwachsene Spur. Sonst zumeist breite Flurwege, teils mit Hartbelag. Komplett flache Wanderung. Ohne Beschilderungen ist Orientierungssinn notwendig, damit man nicht die »falschen« Flurwege erwischt.
Einkehr: »Currywerk« im Campingpark. Ristorante Da Nico in Stemmen (Di Ruhetag).
Hinweis: Badebetrieb inzwischen nur noch für Übernachtungsgäste.
Tipp: In der Nähe liegen zwei fotogene architektonische Ziele, die von außen zu besichtigen sind: Schloss Varenholz und Kloster Möllenbeck (mit dem Hofgarten, der auf der Domäne in der Sommersaison als Café betrieben wird).

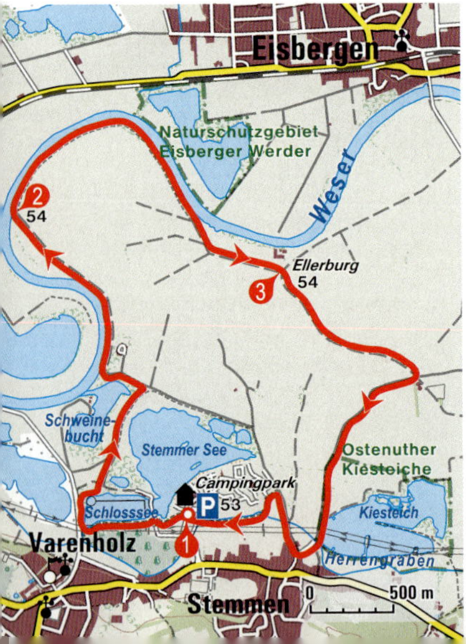

Von den großen Parkplätzen am **Campingpark** ❶, 53 m, orientieren wir uns zunächst gen Westen und umwandern den Schlosssee zur Hälfte südseitig auf kleinem Pfad. Vom Nordufer abrückend nehmen wir einen schönen, gassenartigen Weg parallel zur Schotterstraße, auf

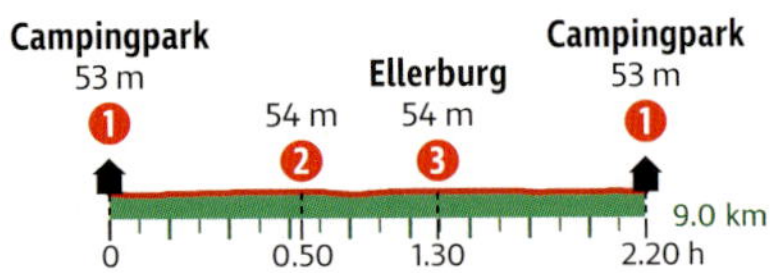

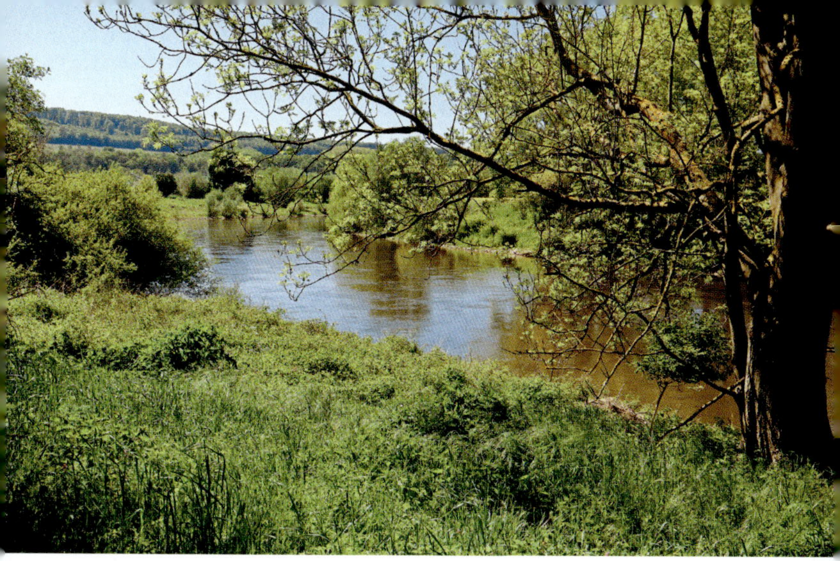

Diese Tour vermittelt unmittelbare, naturnahe Eindrücke von der Weser.

die dann jedoch gewechselt werden muss, und zwar etwa dort, wo ansonsten allmählich ein Rechtsbogen eingeleitet wird. Dafür gilt es einen Durchschlupf in der oft dichten Hecke zu finden. Der breite Flurweg führt nun direkt auf die Weser zu. Wir begleiten den Fluss, zwischenzeitlich mit etwas mehr Abstand, und kommen zum Ende des breiten Weges ❷. Jetzt schleichen wir einfach zwischen Feldrain und dem mit Gras oder Gestrüpp bewachsenen Uferstreifen entlang. Einige hundert Meter sind dabei undeutlich zurückzulegen und können bei Nässe auch unerquicklich werden. Danach wird es sukzessive komfortabler, zunächst als Traktorspur, dann auf glatterer Grasnarbe und schließlich als Flurweg mit Hartbelag. Wir kommen in unmittelbare Nähe der einschichtigen **Ellerburg** ❸, 54 m, drehen dort rechts ab und folgen gut einen Kilometer der Zufahrt, ehe rechts abgebogen wird. Diese Route führt nun rechts an einem Baggersee vorbei direkt Richtung Stemmen. Kurz vor der Ortschaft wendet man sich erneut scharf rechts und tangiert zuletzt auf schönem Spazierweg das Campingareal, das hinter einer hohen Hecke verborgen bleibt. Damit zurück zum Parkplatz ❶.

Auch Kühe finden am Uferstreifen ihr Weideplätzchen.

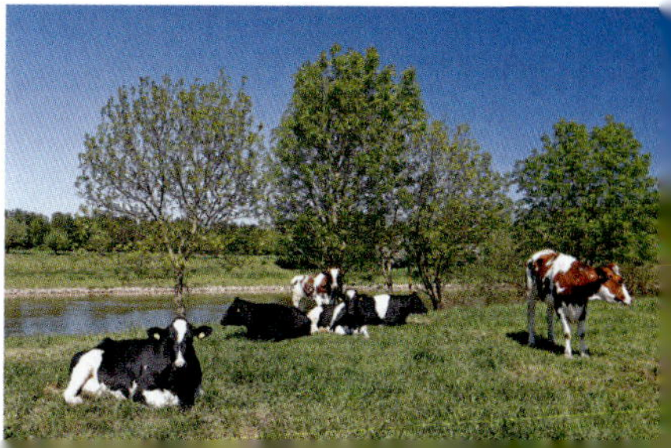

TOP

67 Aussichtspunkte bei Porta Westfalica

↗ 440 m | ↘ 440 m | 10.5 km

3.15 h

Portakanzel und Fernsehturm, Kaiser Wilhelm und Wittekindsburg

Der Weserdurchbruch zwischen Wiehengebirge und Wesergebirge ist die berühmte »Westfälische Pforte«, für unseren Fluss das Tor hinaus ins Flachland und wohl auch ein bisschen in die Monotonie ... An dieser Schwelle setzt das Weserbergland allerdings nochmals zu einem mächtigen landschaftlichen Schlussakkord an. Sicher kein Zufall, dass hier zu Ehren Kaiser Wilhelms I. auch eines der letzten nationalen Großdenkmäler des ausgehenden 19. Jahrhunderts entstand und damit ein Besuchermagnet ersten Ranges. Der alte »Willem« grüßt vom Ausläufer des Wittekindsbergs herab, also aus dem Wiehengebirge, während gegenüber am Jakobsberg des Wesergebirges die romantische Portakanzel und nicht zuletzt der riesige Fernsehturm – Denkmal unserer technisierten Zeit und doch irgendwie schon wieder überholt – ebenso großartige Panoramablicke bieten. Dementsprechend handelt es sich eigentlich um zwei Touren, die in diesem finalen Kapitel vorgestellt werden, wegen der räumlichen Nähe und zeitlichen Überschaubarkeit aber gut kombiniert werden können.

Dieses schauen wir uns natürlich auch aus der Nähe an.

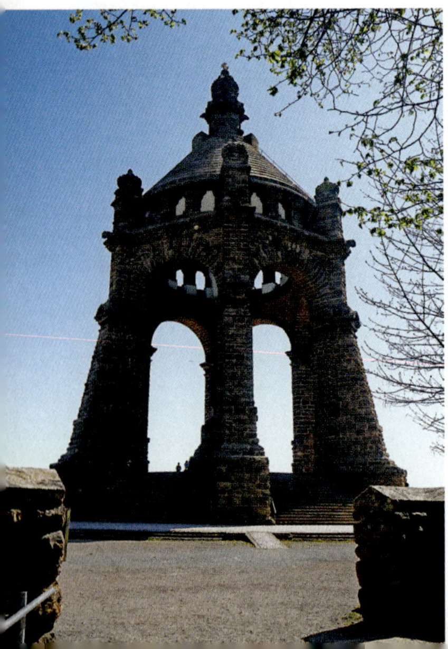

Ausgangspunkt: Porta Westfalica, ca. 60 m. Ideale Parkmöglichkeit in der Hauptstraße unweit der katholischen Kirche (in der Nähe liegt auch der Bahnhof). Für die Tour zum Denkmal allerdings besser jenseits der Weser beim Kaiserstein an der Portastraße. Mit der Bahn ist Porta Westfalica von Minden, Bielefeld, Braunschweig/Hannover, Nienburg, Rheine und Köln/Düsseldorf zu erreichen.
Anforderungen: Größtenteils gut angelegte, naturbelassene Wege, dabei auch steilere Abschnitte. Besonders urwüchsig, teils schmal und ohne Markierung in der Südflanke des Wittekindsberges; dort etwas Trittsicherheit vorteilhaft.
Einkehr: Kiosk am Fernsehturm (nur am Wochenende), Imbiss an der Kaiserstraße, Wittekindsburg (Do bis So jeweils nachmittags). Zudem zahlreiche Lokale im Stadtgebiet.
Variante: In den Südflanken von Jakobs-

Einen tollen Ausblick gewährt die Portakanzel; gegenüber unverkennbar das Wilhelmsdenkmal.

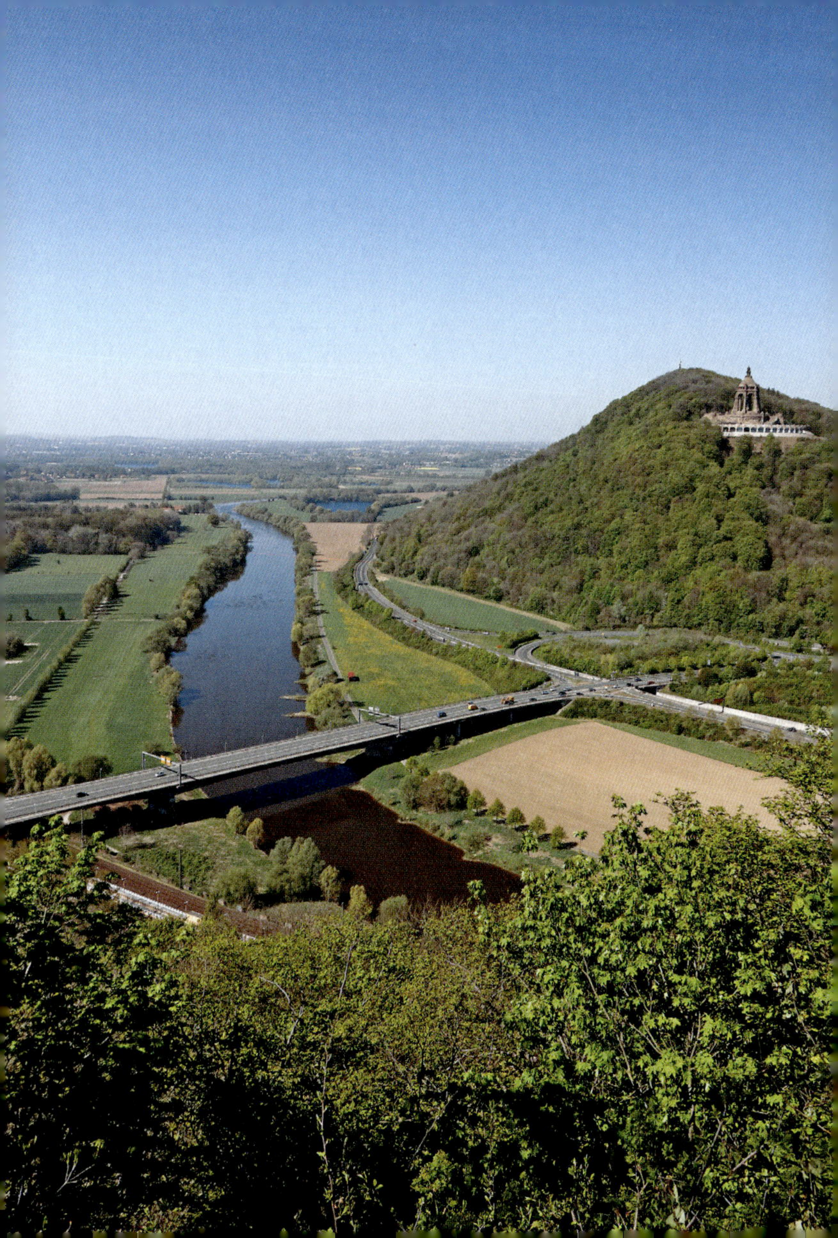

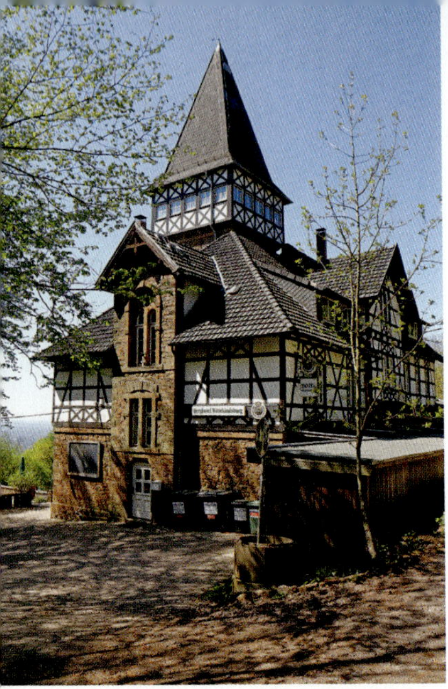

Architektonisch ansprechend: das Bergrestaurant Wittekindsburg.

berg und Wittekindsberg jeweils verschiedene Verläufe möglich, der Wolfsschluchtweg ist allerdings wahrscheinlich längerfristig gesperrt. Auch nordseitig ist ein Abstieg machbar.

Nur wenige Schritte vom empfohlenen Parkplatz in **Porta Westfalica** ❶ entfernt, erfolgt der Einstieg steil bergauf. Nach einer Stufenpassage verlässt man die Markierung XW und folgt linker Hand dem Hinweis zur **Portakanzel** ❷, 186 m, die mit abermaligem Linksschwenk beim Wasserbehälter angesteuert wird: ein sehr idyllischer Ausguck ins Wesertal. Auf dem ansteigenden Weiterweg passieren wir das Schlageter-Denkmal, dessen Plattform allerdings schon vom Baumbestand überragt wird, und kommen zum Fernsehturm auf dem **Jakobsberg** ❸, 235 m, der an Wochenenden sowie während der Ferien in NRW bestiegen werden kann. Rund zwei Gehminuten dahinter mit dem Schwollmannsweg scharf nach rechts und in schöner Routenführung an ehemaligen Sandsteinbrüchen vorbei allmählich abwärts, schließlich mit XW zurück Richtung Parkplatz ❶.
Wer die zweite Tour zu Fuß anschließen möchte, überschreitet im verkehrsgeplagten Tal die große Weserbrücke und steigt beim **Kaiserhof** ❹ linksseitig am Wittekindsberg ein (hier natürlich auch größere Parkplätze, inklusive Bus-Shuttle zum Denkmal). Wir achten auf die Bezeichnung A2,

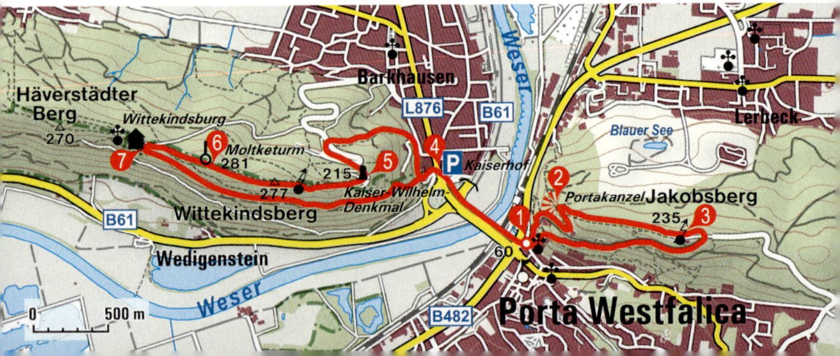

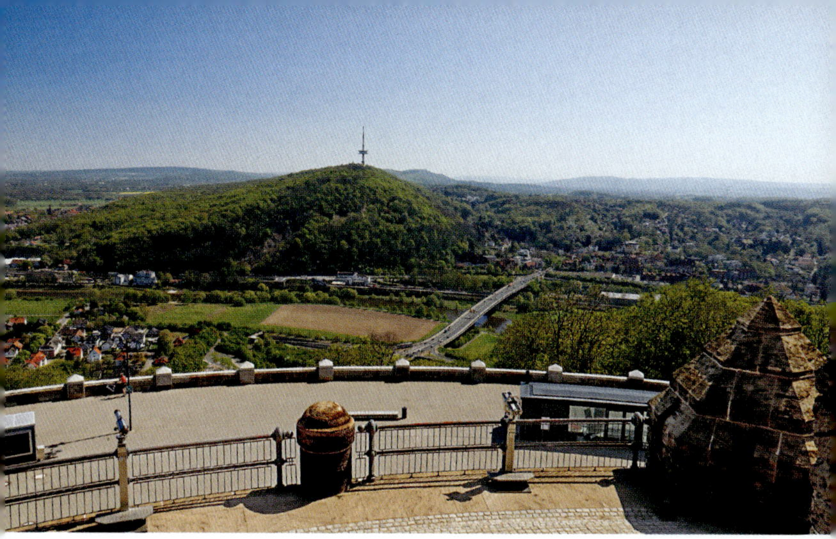

Der Gegenblick vom Denkmal hinüber zum Jakobsberg (mit Fernsehturm).

die sich an der Nord- bzw. Nordostflanke bergauf schlängelt. Man kreuzt später zweimal die Bergstraße und dreht nach links ab Richtung **Kaiser-Wilhelm-Denkmal** ❺, ca. 215 m, einem pompösen Monument, das an schönen Tagen gleichsam überrannt wird. Auf dem angenehmen Wittekindsberg-Kammweg geht es anschließend noch etwas weiter aufwärts bis zum **Moltketurm** ❻, 281 m. Knapp 500 Meter dahinter (über eine Kreuzung hinweg) lädt die **Wittekindsburg** ❼ zur Rast. Direkt bei der Aussichtsplattform setzt in Gegenrichtung ein kleiner, etwas unscheinbarer Pfad ein (ohne Beschilderung). Wir folgen ihm in absteigender Linie, wählen bei einer Gabelung die obere Spur und haben einen beinahe wild anmutenden Verlauf in ausgesprochen urwüchsig wirkendem Steilwald vor uns. Um ein Eck geht es nicht weiter, stattdessen setzt nach rechts ein steiler Zickzackverlauf ein. Damit hinunter zu den Parkplätzen beim **Kaiserhof** ❹ und gegebenenfalls wieder über die Weserbrücke retour zum Startpunkt ❶.

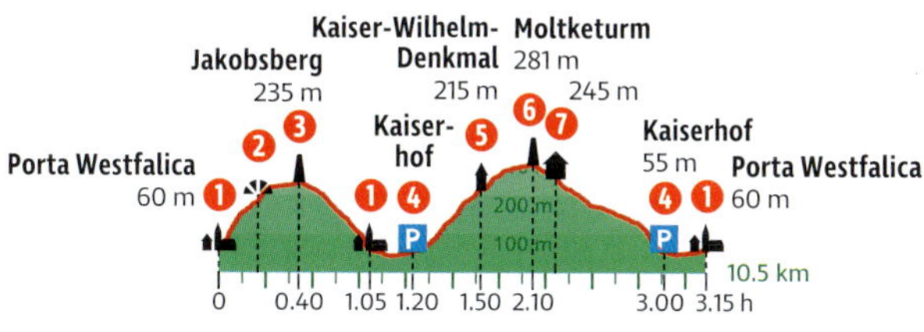

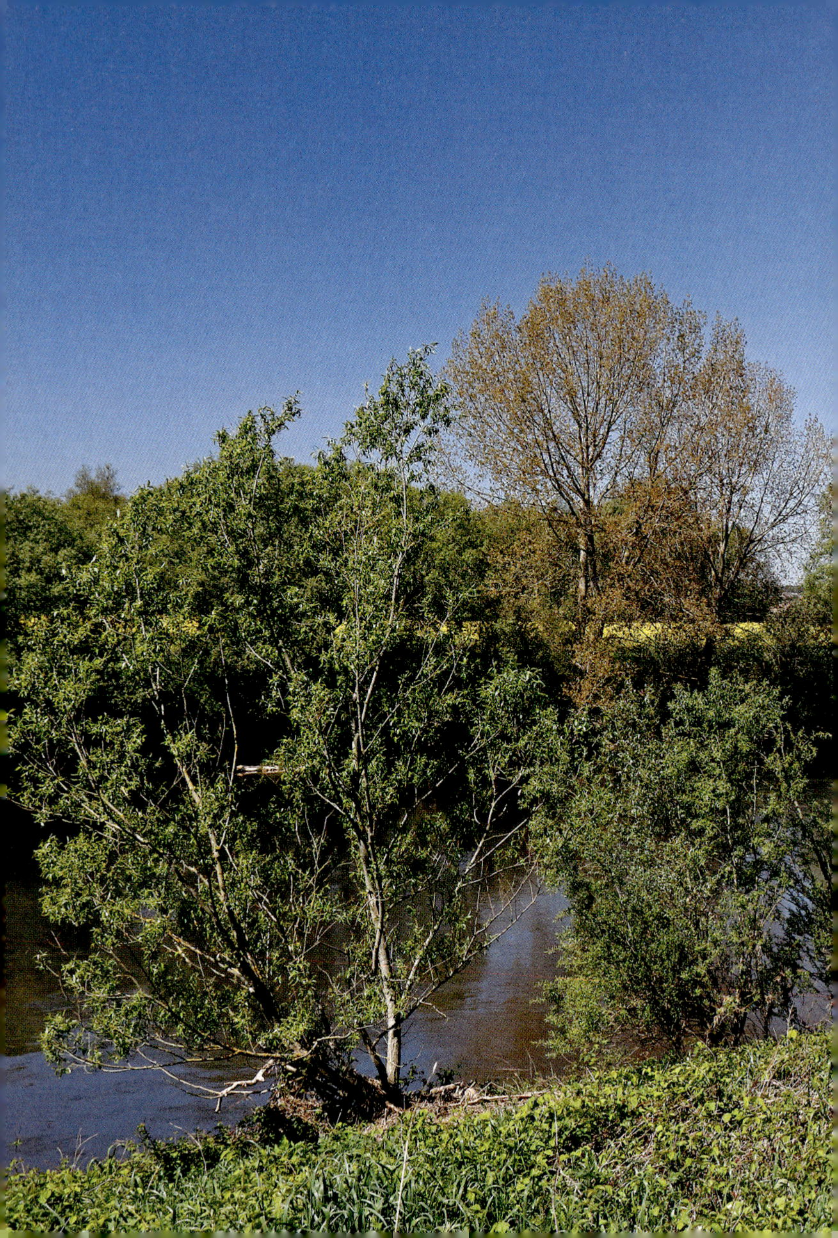

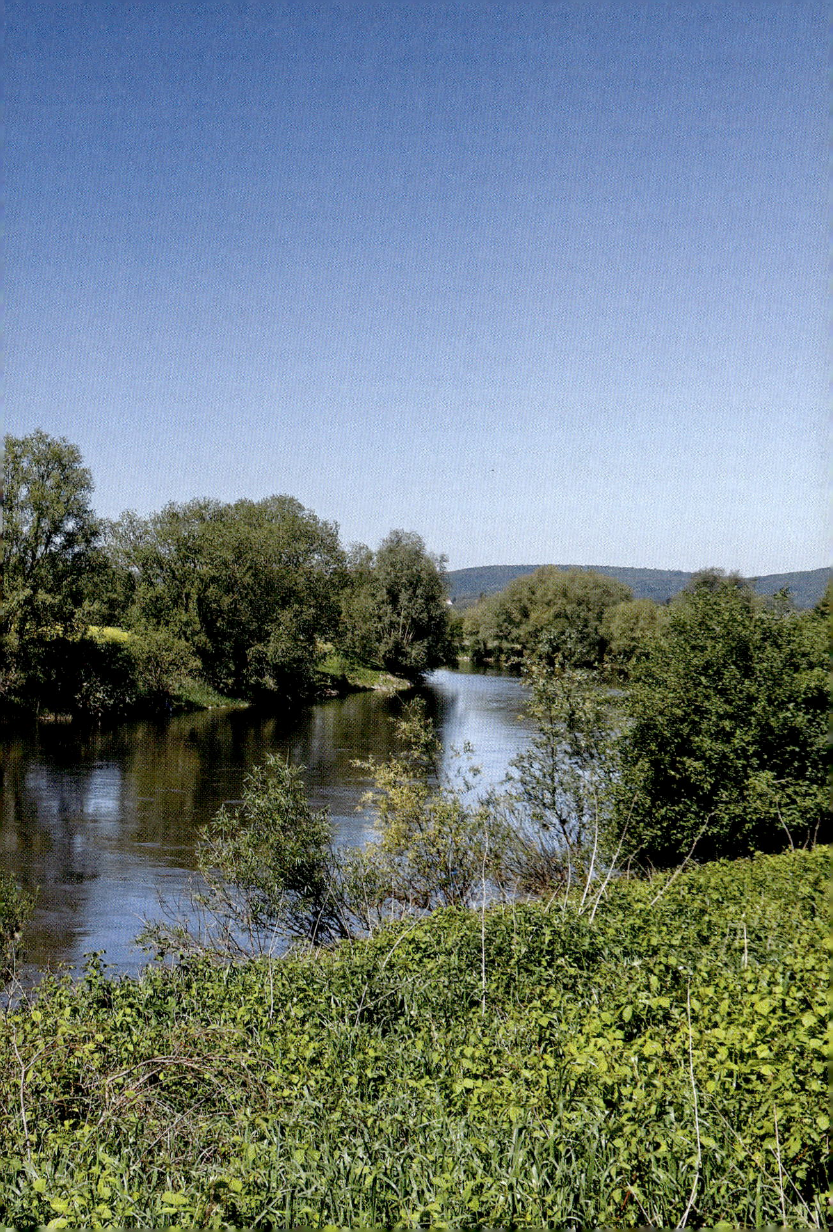

STICHWORTVERZEICHNIS

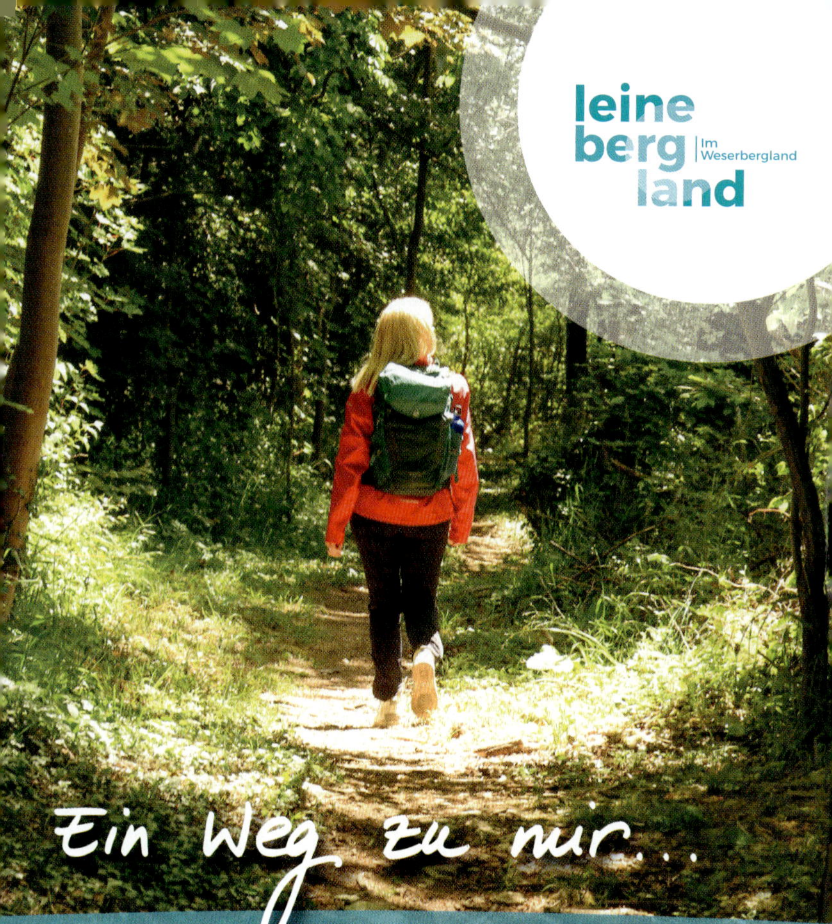
leine
berg
land
Im Weserbergland
Ein Weg zu mir...

Umschlagbild: Das Wesertal bei Rühle und Pegestorf.

Bild im Innentitel: Spektakulärer Blick vom Weser-Skywalk bei Karlshafen.

Bild S. 2: Bohlenweg im Mecklenbruch.

Bild S. 27/28: Brevörde vermittelt ein schmuckes, geschlossenes Ortsbild.

Bild S. 250/251: Gen Norden bekommt die Weser allmählich mehr Raum.

Alle 270 Fotos vom Autor.

Kartografie:
67 Wanderkärtchen im Maßstab 1:50.000 / 1:75.000
Geodaten © OpenStreetMap und Mitwirkende
Kartografisches Design: SHOCart (CZ), shocart.cz
2 Übersichtskärtchen im Maßstab 1:700.000 und 1:1.000.000
© Freytag & Berndt, Wien

Werk-Nr.: 4573

7., aktualisierte Auflage 2024

ISBN 978-3-7633-4779-7

MIX
Papier | Fördert gute Waldnutzung
FSC
www.fsc.org
FSC® C147178

Wir freuen uns über jeden Korrekturhinweis zu diesem Wanderführer!
Bitte per E-Mail an: leserzuschrift@rother.de

ROTHER BERGVERLAG · Keltenring 17 · D-82041 Oberhaching
Tel. +49 89 608669-0 · rother.de